U0585897

数字时代图书馆学情报学研究论丛

（第二辑）

本书为武汉大学自主科研项目（人文社会科学）研究成果，得到“中央高校基本科研业务费专项基金”资助

国故新证

THE NEW DEMONSTRATION OF THE CHINESE NATIONAL CULTURAL HERITAGE

司马朝军　著

图书在版编目(CIP)数据

国故新证/司马朝军著. —武汉：武汉大学出版社,2010. 11
数字时代图书馆学情报学研究论丛. 第2辑
ISBN 978-7-307-07815-4

Ⅰ. 国… Ⅱ. 司… Ⅲ. 国学—研究—中国 Ⅳ. Z126

中国版本图书馆 CIP 数据核字(2010)第 102497 号

责任编辑:詹　蜜　　责任校对:刘　欣　　版式设计:马　佳

出版发行：**武汉大学出版社**　(430072　武昌　珞珈山)
(电子邮件：cbs22@ whu. edu. cn　网址：www. wdp. com. cn)
印刷:武汉中远印务有限公司
开本：720×1000　1/16　印张:25. 5　字数:363 千字　插页:2
版次:2010 年 11 月第 1 版　2010 年 11 月第 1 次印刷
ISBN 978-7-307-07815-4/Z · 100　定价:40. 00 元

自　序

子曰："温故而知新，可以为师矣。"吾今为之下一转语，曰："温故而知新，可以为大师矣。"或曰："孔子吐词为经，一字千金。尔何人斯，胆敢篡改孔子之语?"对曰："孔子之言，并非句句皆是真理。此语虽善，犹未至善。今添加一字，聊为补足其说耳。"

居孔子之世，礼崩乐坏，天下无师。孔子周游列国，无功而返，温三代之故，整理六经，阐发新知，终为万世之师矣。居今之世，滔滔者天下皆"大师"也。中古之时，魏晋人分九品，今日之师亦有九品之分。惟上上之师寥若晨星，而下下之师车载斗量，多如牛毛矣。

现代通儒杨树达先生尝撰《温故知新说》，大旨谓："温故而不能知新，其病也庸。不温故而欲知新，其病也妄。"伟哉斯论！此文有的放矢，矛头所向正在黄侃、胡适二氏。《积微居日记》载："温故而不能知新者，谓黄侃；不温故而求知新者，谓胡适也。"黄侃、胡适分居新旧营垒，形同水火，不共戴天，伪古伪新，分庭抗礼。新旧之争，至是而极矣。至若黄侃温故而不能知新，其病也庸，故花天酒地，无聊之至；胡适不温故而欲知新，其病也妄，故信口开河，浅薄透顶。黄侃荒淫无耻之事，已大体载入拙编《黄侃年谱》。吾当初虽自章黄之学入门，亦不得为之讳也。胡适自谓："但开风气不为师。"非不为也，是不能也。其浅薄之为人，肤浅之学识，何足为后世师法？彼所开之风气，主全盘西化之说，仇视传统，厚诬古人，蔑古立说，所谓整理国故而国故亡，至今仍然遗毒无穷，无怪乎牟宗三先生直以浅薄斥之耳。

温故而不知新，尚且号曰旧学之大师；知新而不温故，亦可呼之为新文学之开山。如此庸妄巨子，尚得尸二十世纪学界之大位，故吾曰："温故而知新，可以为大师矣。"绝圣弃智，绝伪弃诈，绝巧弃利，或独学而时习之，或丽泽而讲习之，优游涵泳，渐修顿悟，忽有一日，新知终如万斛泉水汩汩涌现焉。

观衢道人记于己丑人日

前言

国故之学，“五四”以降惨遭厄运，近年又渐成显学。“周虽旧邦，其命维新。”国故新证，这是一项永无终点的伟业，也绝非一人之力可以完成。诸如章太炎、刘师培、黄侃、王国维、杨树达、余嘉锡、刘永济、陈寅恪、于省吾、钱钟书，一个个先行者为我们留下了丰硕的成果。

屈指算来，我问学国故已有二十余年。由小学而经学而文献学而四库学，几度转向，战线越拉越长。四库学、文献学方面已有多种论著问世，而小学与经学方面的论著一直压在箱底，现在得到机会结集出版，欣喜之余，也颇有阮郎羞涩之感——只有出书的时候才知道该写的东西没有写好，就好像学生在考试的时候才知道该念的书没有念好。反复盘点，只有这几篇不像样的东西。其中既有过去已经发表的，如《论卦辞深层结构》最初在纪念商承祚先生95周年诞辰学术研讨会上宣读，初稿以《元亨利贞考》发表在《船山学刊》上，增订稿发表在《孔子研究》上；《乐庵语录真伪考》发表在上海图书馆主办的《图书馆杂志》上；也有最近的收获，如关于《黄侃传》卷首所冠徐复一序的辨伪，就是近期完成的一点小考证。

本书共由七篇论文缀合而成，以经学为主，兼顾其他。这是我的学术论文集的第二种。第一种即专题论文集《文献辨伪学研究》。此种为综合性质的论文集，因为所谈辨伪、考据皆为国故之学，疏通证明，博及群书，实事求是，信而有征，推陈出新，断以己见，故不避狂妄之嫌疑，斗胆命以此名。当然，“国故新证”也可以看做是笔者全力以赴、孜孜以求的学术目标。需要特别说明的是，文中待考之处尚多，因时间与学力的双重限制，未能从容解答，日后当竭力索解，亦望天下同道不吝赐教。

至若江南有巫师者，少盗虚声，老不省事，性惟狡诈，言不诚实，嫉贤妒能，天下共知。彼日诵圣贤之书，却怀虎狼之心，仇视后进，信口雌黄，毁人不倦，语不伤人死不休，拼命诽谤同路人。早春二月，连日苦雨，春寒料峭。忽闻巫师以诳诞无实之言，深文周纳，锻炼罗织，毁我名节。无妄之灾，从天而降，有如五雷轰顶。苦闷之极，始知人性之恶、人际之险。子曰："仁者爱人。"师者，传道之人也。师者若非仁者，所传之道定非圣人之道也。俗曰："经师易得，人师难求。"如此巫师者，岂可谓之经师乎？岂可谓之人师乎？呜呼！小人之得志于一时，靡所不至，其诋诬正人君子，皆指为歹人。有道是："公道自在人心。"无耻之尤必将为世唾骂——"曾狗彘之不若也！"宋儒邵雍《小人吟》云："小人无耻，重利轻死。不畏人诛，岂顾物议？"阿弥陀佛！善哉善哉！

文末缀以韵语，聊以纪事抒怀：

淡泊以欺世，宁静以盗名。多少假诸葛，不怕露原形。
经师不易得，人师更难求。惟有小人儒，处处显风流。
太极圈儿大，可惜心眼小。先生帽儿高，可惜不知道。
仁者泛爱众，智者乐山水。卖弄小聪明，真是活见鬼。
何必学孟德，辜负天下人。何必学厚黑，欺负老实人。
孔雀有剧毒，难免掩文章。虎毒不食子，不愧山大王。
飞天不是人，妖魔下凡尘。长袖虽善舞，难骗三眼神。
伪书诚可恨，伪人更可鄙。心术若不正，竹帛亦蒙耻。

献　堂

己丑寒食

目 录

第一篇　论卦辞深层结构

《易经》产生于前轴心时代（殷周之际），是中国传世文献中最早的原始宗教经典。自孔子以后，《易经》走上了理性化的诠释之路，原本反映祭祀文化特征的意义被曲解、被丢失。通过深入分析“元亨利贞”，我们发现卦辞由祭祀辞和占卜辞两部分构成。下面我们将对卦辞的祭祀分类体系作比较详尽的分析，试图提出“卦辞即祭祀分类辞”的新观点，并揭示其文化史意义。

一、元亨利贞

“元亨利贞”是《易经》中最重要的术语，也是破译卦辞深层结构关键性词语。过去对它的解释相当多，最具代表性的说法有以下三种：

第一，“四德说”。《乾·文言》：“元者善之长也，亨者嘉之会也，利者义之和也，贞者事之干也。君子体仁足以长人，嘉会足以合礼，利物足以和义，贞固足以干事。君子行此四德者，故曰《乾》元亨利贞。”孔颖达《周易正义》卷一：“元亨利贞者，是乾之四德也。《子夏传》云：‘元，始也；亨，通也；利，和也；贞，正也。’言此卦之德，有纯阳之性，自然能以阳气始生万物，而得元始、亨通，能使物性和谐各有其利，又能使物坚固贞正得终。”程颐《伊川易传》卷一：“元亨利贞，谓之四德。元者万物之始，亨者万物之长，利者万物之遂，贞者万物之成。”唐明邦等人亦认为：“元亨利贞，谓之‘四德’，象征事物具有生长、发育、成熟、收藏四个阶段。卦辞并未阐发其具体含义。《彖传》将此变化过程普遍化，使之成为自然、社会、人事变化的普遍进程。”①

第二，“四季说”。汉代扬雄最早将元、亨、利、贞与春、夏、秋、冬对应，尚秉和加以发挥：“盖天之体，以健为用；而天之德，莫大于四时。元亨利贞，即春夏秋冬，即东南西北。”② 黄寿祺等人认为：“尚先生此说，既使《乾》卦‘四德’寓意了然，又使《彖传》大旨益增明确，实甚可取。”③

第三，“贞兆说”。此说以李镜池为代表，李氏认为：“这是两个贞兆辞。《周易》蓍筮，和殷人龟卜的卜辞一样，有一套标志吉凶休咎的专门术语，卜辞有吉、大吉、弘吉、亡巛、亡哉（灾）、亡戾、弗悔等；《周易》有吉、大吉、亨、元亨、光亨、小亨、利贞、无咎、无悔、悔、吝、厉、悔亡、凶等。元亨约同于大吉。元，大也。亨，通也。利贞，利于贞问，即吉……这里的‘元亨’、‘利贞’表明是两个吉占。”④

我们以“元亨利贞”为关键词，检索《文渊阁四库全书》电子版，正文中出现 3 617 个匹配，注释中出现 620 个匹配，共计 4 237个匹配。如果对此作一穷尽性的研究，足以写成一部《元亨利贞考》。从《周易》研究史来看，义理派倾向于“四德说”，象数派倾向于“四季说”，考证派倾向于“贞兆说”。“四德说”与“四季说”皆明显割裂文义，一字一逗不符合《易经》句法，连《周易评注》也承认“卦辞并未阐发其具体含义”。这两种说法与《易经》原文没有多大的联系，是比附出来的，本文不拟详驳。“贞兆说”在现在得到了较多的认同。如有的学者说：“‘元亨’的意思是‘大通’，即非常通达顺利，没有阻碍或困难，‘利贞’的意思是利于卜卦问事，问什么事都有好结果。”⑤ 非常令人遗憾的是，这种说法经不起推敲。某一卦既然已经得到了“大通”的断

---

① 唐明邦主编：《周易评注》，中华书局 1995 年版，第 3 页。

② 尚秉和：《周易尚氏学》，中华书局 1980 年版，第 13 页。

③ 黄寿祺、张善文：《周易译注》，上海古籍出版社 2004 年版，第 7 页。

④ 李镜池：《周易通义》，中华书局 1981 年版，第 1 页。

⑤ 詹鄞鑫：《八卦与占筮破解》，中州古籍出版社 1991 年版，第 69 页。

语，又有什么必要再加上一个“利于卜卦问事”呢？这不有点画蛇添足了吗？可见，“贞兆说”也只是一种臆解。应该承认，“贞兆法”有相对合理的一面，在句法上明显优于前二说，把“吉、大吉、利贞、无咎、无悔、悔、吝、厉、悔亡、凶”看做是占卜术也是正确的。占卜作为一种预测吉凶祸福的方法，形成了一整套专门术语。甲骨卜辞有一套，《周易》也有一套，且与卜辞大致相同。李氏把“亨、元亨、光亨、小亨”也看做是占卜术语，似乎于古无据。

二、亨之本义

李镜池为什么把这些词看做是占卜术语呢？主要原因是他把“亨”全部解释为“通”。不错，亨是有“通”义，如《广韵·庚韵》：“亨，通也。”但这个义项是引申义而非本义。那么，“亨”的本义是什么呢？《说文解字》云：“亨，献也。象进孰物形。《孝经》：‘祭则鬼亨之。’”《汉语大字典》按：“宗庙为亯献鬼神之处，故后世亯、飨多混用。”①《广雅·释言》：“亯，祀也。”王念孙《广雅疏证》云：“亯与享同。”《字汇》：“享，祭也。”又曰：“亨，即古享字。”《书·泰誓下》：“郊礼不修，宗庙不享。”孔颖达疏：“不享，谓不祭祀也。”闻一多认为：“《易》亨字皆当读为享，‘元亨’犹大享也。”② 黄焯云：“惟亨享实为一字，古音读入唐部，特隶书与今音为二耳。”③ 裘锡圭云：“‘亨’和‘享’本来是一字异体……用法并无区别。本来，祭享、享受的‘享’也可

① 徐中舒主编：《汉语大字典》（缩印本），四川辞书出版社 1993 年版，第 120 页。

② 闻一多：《周易义证类纂》，载于《十家说易》，岳麓书社 1993 年版，第 547 页。

③ 黄焯：《经典释文汇校》，中华书局 1980 年版，第 17 页。

以写作'亨'……这两个字分工可能是在唐代才基本固定下来的。"① 亨与享本为一字异体。亨的本义是享祀、祭祀。"享通"是由"享祭"引申出来的，因为享祭的目的是为了通神，在祭祀活动中，人们和神灵相交通，与祖先的灵魂相交通。马王堆汉墓帛书本《周易·乾卦》作"元享利贞"，马王堆帛书整理小组的专家们认为"享"是错别字②，这种处理应该说是不恰当的。我们通过综合考察全部《易经》中的"亨"字，得出的结论与闻一多是一致的，即"亨"为"祭祀"，别无他义。"元亨"即大祭，"光亨"亦为大祭，"野亨"即郊祭，"小亨"即小祭，还有"亨小"，也是小祭③。"亨"有"通"义，始于《易传》，如《易·坤》："品物咸亨。"孔颖达疏："品类之物，皆得亨通。"《易经》作于殷周之际，其时祭祀之风尚流行。据出土文献可知，《易传》出于孔子及其学派，时在春秋末期，已由前轴心时代进入轴心时代，祭祀较为罕见。笔者认为，《易经》为前轴心时代作品，其中的"亨"之正诂为"祭祀"，这正是前轴心时代特征的最好表征；而《易传》作为轴心时代的杰作，"亨，祀也"的古训已被新训取代，表明祭祀此时已由大传统变为小传统，由中心退居边缘。孔子有鉴于此，从《易经》最基本的概念——"亨"下手，名曰"述而不作"，实则偷梁换柱，釜底抽薪，将其非理性的色彩一洗而空之，从此《易经》走上了一条理性化的诠释之路。也正由于此，《易经》的祭祀真相遂被掩盖达两千年之久。

三、卦辞类别

通过分析全部卦辞，我们发现卦辞存在两个性质不同的类别，

---

① 王问渔主编：《训诂学的研究与应用》，内蒙古人民出版社 1986 年版，第 28 页。

② 参见《文物》1984 年第 3 期。

③ 司马朝军：《易经"未济亨小狐汔济"的句读》，《古汉语研究》1996 年第 2 期。

一属祭祀类，一属占卜类，泾渭分明，不容混淆。乾卦“元亨利贞”，“元亨”属祭祀类，“利贞”属占卜类；坤卦“元亨利牝马之贞君子有攸往……安贞吉”，“元亨”属祭祀类，“利牝马之贞”以下属占卜类；屯卦“元亨利贞勿用有攸往利建侯”，“元亨”属祭祀类，“利贞，勿用有攸往，利建侯”均为占卜记录；蒙卦“亨匪我求童蒙童蒙求我初筮告再三渎渎则不告利贞”，“亨”字表祭祀，“初筮告再三渎渎则不告”讲占卜规则，“利贞”表占卜结果；需卦“有孚光亨”即以俘虏为祭品举行大祭，属祭祀类，“贞吉，利涉大川”是占卜记录，属占卜类；讼卦“有孚窒惕”属祭祀类，“中吉，终凶，利见大人，不利涉大川”均为占卜记录；师卦“贞大人吉，无咎”是卜辞，祭祀类空缺；比卦“吉，原筮元永贞，无咎，不宁方来后夫凶”均为占卜记录，祭祀类阙如；小畜卦“亨”表祭祀类，“密云不雨，自我西郊”为占卜记录；履卦原作“虎尾不咥人亨”，“亨”为祭祀类，“虎尾，不咥人”其义难明，但属卜辞无疑；泰卦“亨”表示祭祀类，“小往大来，吉”显为卜辞；否卦“之匪人”三字争议极大，或以为连卦名读作“否之匪人”，或以为“之匪人”属衍文。笔者认为，“重卦名”说于例难通，“衍文”说也有横删之嫌，“之匪人”指称待祭之人牲，应属祭祀类，“不利君子贞，大往小来”为占卜记录；同人卦“于野亨”，野亨即郊祀，或称郊祭，郊祭祭天地，属头等大祭。一般标点为“同人于野，亨”。采用重卦名的办法，遂将郊祭之义掩盖，不可取。“利涉大川，利君子贞”属占卜记录；大有卦“元亨”属祭祀类，占卜类空缺。本卦爻辞有“公用亨于天子”，陆德明《经典释文》：“用亨，京云：‘献也’。干云‘亨，宴也。’姚云：‘亨，祀也。’”“公用亨于天子”正为“元亨”之注脚，表示大祭；谦卦“亨”表示祭祀类，“君子有终”为占卜结果；豫卦“利建侯，行师”为占卜类，祭祀类空缺，但“建侯，行师”为国之大事，祭祀可能用大祭；随卦“元亨”表示大祭，该卦上六爻云：“王用亨于西山。”朱子《周易本义》：“亨，亦当作祭享之享。”《经典释文》陆注：“享，祭也。”西山一般认为指岐山，为周族发祥之地。朱子《周易本义》云：”自周而言，岐山在西。”爻辞之

"王用亨于西山"与卦辞之"元亨"文义互足。"利贞，无咎"则为占卜记录；蛊卦"元亨"表示祭祀类，"利涉大川，先甲三日，后甲三日"表示占卜类；临卦"元亨"属祭祀类，"利贞，至于八月有凶"表示占卜类；观卦"盥而不荐，有孚颙若"属祭祀类，盥、荐皆为祭祀专门术语。盥，洗手，为祭祀仪式中向神进献祭品前的最初一道程序，朱子《周易本义》云："盥，将祭而洁手也。"《周易集解》引马融注："盥者，进爵灌地以降神也：此是祭祀盛时"，"祭祀之盛，莫过初盥降神"。高亨《周易古经今注》云："古祭祀先灌后荐。《礼记·郊特牲》'既灌然后迎牲，迎牲而后献荐'即其证。"荐为进献食品。朱子《周易本义》云："荐，进也，进祭物以献神也。"、"盥而不荐"，即只行灌礼而不行荐礼。"有孚颙若"指以俘虏为祭品；噬嗑卦"亨"属祭祀类，"利用狱"为占卜类；贲卦"亨小"连读，表示小亨，为祭祀类，"利有攸往"为占卜记录；剥卦"不利有攸往"为占卜类，祭祀类缺如；复卦"亨"为祭祀类，"出入无疾，朋来无咎，反复其道，七日来复，利有攸往"均为占卜记录；无妄卦"元亨"表示大祭，"利贞，其匪正有眚，不利有攸往"为占卜类；大畜卦"利贞，不家食吉，利涉大川"，颐卦"贞吉，观颐，自求口实"均为占卜类，两卦祭祀类空缺；大过卦"亨"为祭祀类，"栋桡，利有攸往"为占卜类；坎卦"有孚维心，亨"指以俘虏为祭品，属祭祀类，"行有尚"为占卜记录；离卦原作"利贞亨，畜牝牛吉"，"亨"为祭祀类，"利贞，畜牝牛吉"为占卜类；咸卦、恒卦祭祀类均系一"亨"字，其他为占卜类；逐卦"亨小"表小祭，"利贞"为占卜；大壮、晋，明夷、家人均阙祭祀类；睽卦"小事吉"，小事即小祀，表示祭祀类，"吉"为占卜结果；蹇、解二卦仅有占卜记录；损卦卦辞比较复杂："有孚元吉无咎可贞利有攸往曷之用二簋可用亨"，需要离析为二："有孚，曷之用？二簋可用。亨"为祭祀类，"元吉，无咎，可贞，利有攸往"为占卜类；益卦"利有攸往，利涉大川"为占卜类，祭祀类空缺，但六二爻有云："王用享于帝"，朱骏声《六十四卦经解》云："享帝，祭天也。"可证益卦当用大祭；央卦"扬于王庭，有孚"为祭祀类，指以俘虏为祭品，

"有厉，告自邑，不利即戎，利有攸往"为占卜类；垢卦"女壮"疑以女人为祭品，"勿用。取女"为占卜记录；萃卦卦辞比较复杂："亨，王假有庙，利见大人。亨，利贞，用大牲吉，利有攸往。"马王堆帛书《六十四卦》作："卒，王假有庙，利见大人，亨，利贞。用大牲，吉。利有攸往。"可证今本萃卦第一个"亨"为衍文。今将其离析为二："王假有庙，亨，用大牲"为祭祀类。《彖传》云：…王假有庙'，至孝享也。"《周易本义》云："'王假有庙'，言王者可以至于宗庙之中，王者卜祭之吉占也。"、"用大牲"指祭祀用牛。"利见大人。利贞，吉。利有攸往"为占卜类，表示经过多次占卜之结果；升卦"元亨"为祭祀类，"用见大人，勿恤。南征吉"为占卜类，六四爻"王用亨于岐山"可与"元亨"互证；困卦"亨"为祭祀类，"贞大人吉，无咎，有言不信"为占卜类；井卦祭祀类空缺；革卦"巳日乃孚，元亨"为祭祀类，巳日即祀日，以俘虏为祭品之义相当显豁。"利贞，悔亡"为占卜类；鼎卦原作"元吉亨"。《彖传》即作："是以'元亨'。"朱子《周易本义》云："故其占曰'元亨'。'吉'，衍文也。"按："吉"非衍文，此卦正确的分类是："元亨"为祭祀类，"吉"为占卜类。对于解释不通的地方动辄以"衍文"视之，这种处理确实不够高明。此处按照祭祀、占卜分类，确乎文从字顺，各得其所；震卦占卜类空缺；艮、渐、归妹三卦祭祀类空缺；丰卦"亨，王假之"为祭祀类，"勿忧，宜日中"为占卜类；旅卦"小亨"为祭祀类，"旅贞吉"为占卜类；巽卦"小亨"为祭祀类，"利有攸往，利见大人"为占卜记录；兑卦"亨"表示祭祀类；"利贞"为占卜类；涣卦"亨，王假有庙"为占卜类。"利涉大川，利贞"为占卜记录；节卦"亨"为祭祀类，"苦节，不可贞"为占卜类；中孚卦"豚鱼"为小祭，属祭祀类，"吉，利涉在川，利贞"为占卜类；小过卦"亨"为祭祀类，"利贞，可小事，不可大事，飞鸟遗之音，不宜上，宜下，大吉"为占卜记录；既济卦"亨小"为祭祀类，表示小祭，九五爻"东邻杀牛，不如西邻之禴祭，实受其福"力主薄祭，正与"亨小"之义吻合。"利贞，初吉终乱"为占卜类；未济卦"亨小"为占卜类，"狐汔济，濡其尾，无攸利"为占卜记录。

四、祭祀真相

所谓祭祀就是用牺牲（既包括马、牛、羊、豚、鱼、鸡，也包括人牲）来祭神。在先民看来，人要获得自然神灵的保护和恩赐，就必须奉献牺牲，人是最受神灵欢迎的牺牲。人牲一般来自俘虏。“有孚光亨”，“巳日乃孚，元亨”，其义正是杀俘虏来祭神。

这种血淋淋的记录完全符合历史的真实，与殷商卜辞记载有惊人的相似之处。

在甲骨卜辞中，俘虏用作人牲是司空见惯之事。英国著名汉学家艾兰博士在对商代关于祭献的卜辞作了深入研究后指出考古发掘证实了商代祭祀使用大量的人祭和物祭，严格按照祀谱对祖先进行祭祀。① 祭祀程序标准化，使祭祀分类成为可能。

孔子早年不语“怪、力、乱、神”，但晚而好《易》，韦编三绝。据《帛书易传》之《要》篇记载：“夫子老而好《易》，居则在席，行则在囊。……子曰：《易》，我复其祝卜矣，我观其德义耳也。……赞而不达于数，则其为之巫；数而不达于德，则其为之史，史巫之筮，乡之而未也，好之而非也，后世之士疑丘者，或以《易》乎？吾求其德而已，吾与史巫同途而殊归者也。君子德行焉求福，故祭祀而寡也；仁义焉求吉，故卜筮而希也。祝巫卜筮其后乎？”② 这一段出土资料太珍贵了！它说明，孔子当初也知道《易经》是一部祭祀与卜筮著作，因其“观其德义”，讲究“德行”与“仁义”，遂“与史巫同途而殊归”，将《易经》这部宗教原典成功地改造为哲学经典。正如陈来所言，孔子的这段话指明了巫、史、儒的进化序列：巫者赞而不知数，史官知数不达德，儒家既知数又达德。儒家以仁义求吉，以德行求福，是非常明显的理性主义

---

① （英）艾兰：《龟之谜》，四川人民出版社 1992 年版，第 129 页。

② 《道家文化研究》第三辑，第 434～435 页。

态度。春秋以降，人们把《易经》与卜筮过程进行分离，把《易经》作为直接阅读的文本，《易经》在漫长的文化理性化的过程中被经典化，最终完成了其文本化，为“文本—解释”的纯粹精神活动开辟了道路①。从某种意义上来说，孔子扭转了中国文化发展的方向，成为轴心时代的开山大师。

为什么要进行祭祀？汉代大学者、大思想家王充在《论衡·祀义》中解释得非常明确：“世信祭祀，以为祭祀者必有福，不祭祀必有祸。”这与孔子所说：“君子德行焉求福，故祭祀而寡也”的说法吻合，不过一从正面阐述，一从反面说明。祭祀在前轴心时代是一种非常普遍的宗教活动，“世信祭祀”说明祭祀是以宗教信仰为基础。通过杀牲杀人，侍奉鬼神来达到“求福”的目的。

《礼记·祭祀》云：“凡治人之道莫急于礼。礼有五经，莫重于祭。”在“治人之道”的政治中，祭祀成为无与伦比的重要大事。“亨，王假有庙”，“亨，王假之”，可见祭祀这种原始的宗教活动在当时的社会生活中占非常大的比重。弗雷泽旁证过世界上各民族中都曾存在过许多集巫师与帝王于一身的人物，他们都具有半人半神的性质②。加滕常贤认为，周初的文王、武王、成王、周公都是所谓的“巫祝”，或民族宗教人。他们听到了神的声音，直接承受了神的吩咐，以神人之间中介的资格，统治中国。可见周王是最大的巫。“亨，王假有庙”，原来主持祭祀就是周王的神圣职责。

占卜与祭祀有着密切的联系，但又不是一码事。殷周之际的宗教活动以祭祀为核心的。占卜不过是为祭祀服务的。祭祀之前要经过一系列占卜，祭祀后也要进行占卜。“卜以决疑”，卜以探明断定吉凶休咎。艾兰博士曾就商代祭祀与占卜的关系提出过一个猜想，即一方面送上祭品，看甲骨上的征兆表明它们是否被享用了；另一方面，对将来的占卜，决定是否有灾难或吉祥会降临其身。占

---

① 陈来：《古代宗教与伦理》，三联书店 1996 年版，第 89 页。

② （英）弗雷泽：《金枝》，中国民间文艺出版社 1987 年版，第 128 ~ 138 页。

卜只是单纯地用来证实向神灵们奉献了祭品①。

爱米尔·德克海姆、马塞尔·莫斯认为："每一种占卜祭祀，不论多么简单，它都建立在特定存在物之间已经存在了的交感共鸣上，它立足于传统所承认的某种未来发生联系……在一种占卜体系的基础上，起码是含蓄地有一个分类的体系。"② 我们欣喜地发现，卦辞深层结构正是"含蓄地有一个分类的体系"——卦辞由祭祀辞和占卜辞两部分组成。占卜辞比较好理解，这里分析从略。祭祀辞部分又对祭祀进行分类：

a. 元亨类有：乾、坤、屯、大有、随、蛊、临、无妄、升、革、鼎（凡11卦）；

b. 光亨类：只有需卦；

c. 亨类有：蒙、小畜、履、泰、谦、噬嗑、复、大过、坎、离、咸、恒、萃、困、震、兑、丰、涣、节、小过（凡20卦）；

d. 小亨类有：旅、巽（凡2卦）；

e. 亨小类有：贲、逐、既济、未济（凡4卦）。

a、b可合并为一类，d、e可合并为一类，c单独为一类，这是从形式上划分为大、中、小祭。

甲骨卜辞所记载的殷人祭祀体系散漫零乱。"周因于殷礼"，在祭祀方面，殷周有相承相因的关联，这不仅可由周原甲骨卜辞发现的周人祭祀殷人祖先的事实得到证实，周代的祭祀方式和祭祀体系与殷人相通之处也得到了证实③。《易经》的祭祀分类体系上承甲骨卜辞，下启《周礼》。《周礼》也正是把祭祀分为大祭、中祭和小祭三类，其《天官·酒正》载："凡祭祀，以法共五齐三酒，以实八尊。大祭三贰，中祭再贰，小祭壹贰。"郑司农认为："大祭天地，中祭宗庙，小祭五祀。"郑玄认为，大祭是昊天上帝、五帝、先王，中祭是先公、四望、山川，小祭是社稷、五祀、群小祀。这种祭祀活动级别和规模的区分，在一定程度上亦可视为对祭

① （英）艾兰：《龟之谜》，四川人民出版社1992年版，第134页。

② （英）艾兰：《龟之谜》，四川人民出版社1992年版，第124页。

③ 陈来：《古代宗教与伦理》，三联书店1996年版，第119页。

祀对象的分类①。《周礼》的祭祀分类体系相当完备，比《易经》区分得更加细致。陈来认为："夏以前是巫觋时代，殷商已是典型的祭祀时代，周代是礼乐时代。"②《易经》产生于殷周之际，是祭祀时代由盛转衰而礼乐时代行将到来之际的产物，它更能反映出祭祀文化的特征，而《周礼》尤其是《仪礼》则较多地反映礼乐文化的特征。

五、结论

通过探讨卦辞深层结构，我们可以得出以下几条结论：

第一，"元亨利贞"是解《易》之门。"四德说"、"四季说"、"贞兆说"皆不可信。历代学者对"亨，通也"之训误解误读，因此掩盖了祭祀这一原始宗教的历史真实。

第二，卦辞的深层结构可以剖析为两部分——祭祀辞和占卜辞。祭祀辞部分又进行了分类。卦辞是祭祀分类辞。每一卦原是根据祭祀对象、祭祀的轻重、祭祀的地点不同来确定的。

第三，"易非占筮辞"的论调完全无视历史的存在，不能成立。

第四，"易本卜筮之书"的说法现在看来也不够全面。祭祀辞在《易经》中显得更加重要。因为祭祀是原始宗教的核心，占卜不过是为祭祀服务的。

第五，祭祀辞是宗教性的。《易经》的性质可以定位为"中国传世文献中最早的原始宗教经典"。由《易经》到《易传》，正是由前轴心时代之宗教到轴心时代之哲学。哲学起源于宗教，中国哲学起源于《易经》这部宗教经典。

自汉京以下越两千年，《易》无达占，亦无定诂。注《易》之家数千人，注《易》之书汗牛充栋，各家各派，或索象数，或探

① 陈来：《古代宗教与伦理》，三联书店 1996 年版，第 122 页。
② 陈来：《古代宗教与伦理》，三联书店 1996 年版，第 11 页。

义理，或重考证，但都忽视了对卦辞本身的分析。对卦辞的解说五花八门，杂乱无章。笔者经过多年潜心考索，使卦辞内容由无序变为有序，由杂乱无章变为整齐划一，并在此基础上提出了一种新的研究方法——卦辞二分法，从而解决了卦辞文本结构问题。破译卦辞深层结构，有助于重新认识《易经》本文，有助于重新认识孔子与《易经》之关系，更有助于重新认识上古时代——前轴心时代和轴心时代。

第二篇　《经义考·通说》疏证

清儒朱彝尊撰《经义考》三百卷，为经学研究的必备之书，其《通说》四卷撮录自孔子迄清初诸儒有关经学的观点，资料极其丰富，但未一一注明出处，不便于研究者使用，加以错讹衍夺，所在多有，今试为之疏通证明，补所未逮，或于经学不无小补云尔。

一、《经义考·通说一·说经上》疏证

《经解》：孔子曰："入其国，其教可知也。其为人也，温柔敦厚，《诗》教也；疏通知远，《书》教也；广博易良，《乐》教也；洁静精微，《易》教也；恭俭庄敬，《礼》教也；属辞比事，《春秋》教也。故《诗》之失愚，《书》之失诬，《乐》之失奢，《易》之失贼，《礼》之失烦，《春秋》之失乱。其为人也，温柔敦厚而不愚，则深于《诗》者也；疏通知远而不诬，则深于《书》者也；广博易良而不奢，则深于《乐》者也；洁静精微而不贼，则深于《易》者也；恭俭庄敬而不烦，则深于《礼》者也；属辞比事而不乱，则深于《春秋》者也。"

【疏证】《礼记注疏》卷五〇：《正义》曰："《经解》一篇，总是孔子之言，记者录之以为经解者。"

《大戴礼》：《春秋》之元，《诗》之《关雎》，《礼》之《冠》《昏》，《易》之乾坤，皆慎始敬终云尔。

【疏证】汉戴德《大戴礼记》卷三《保傅第四十八》："元者，

气之始也。夫妇，化之始也。冠昏，人之始也。乾巛，物之始也。获麟，《春秋》终也。颂者，《诗》之终也。吉礼，《礼》之终也。未济，《易》之终也。此其重始令终之义也。以言人道，当谨始而贵终也。”

《论语》：子所雅言，《诗》《书》执礼，皆雅言也。

【疏证】语见《论语·述而第七》。夏渌先生认为“执”为“艺”之讹。

《春秋演孔图》曰：孔子作法五经，运之天地，稽之图象，质于三王，施之四海。

【疏证】明孙瑴编《古微书》卷八。关于《春秋演孔图》，原注云：“此耑为血书鸟图而述也，故以演孔立名，而旁及帝王。”

《春秋说题辞》曰：六经所以明君父之尊。

【疏证】语见唐欧阳询《艺文类聚》卷五五。又见明孙瑴编《古微书》卷一一。

管仲曰：内不考孝弟，外不正忠信，泽其四经而诵学者，是亡其身者也。

【疏证】语见《管子》卷一〇《戒第二十六》。唐房玄龄注：“内不考孝弟，言不仁。外不正忠信，言不友。泽其四经而诵学者，是亡其身者也，四经谓《诗》《书》《礼》《乐》，既无孝弟忠信，空使四经流泽，徒为诵学者，即四经可以亡身也。”

赵衰曰：《诗》《书》，义之府也。《礼》《乐》，德之则也。

【疏证】语见《春秋左传注疏》卷一五。《正义》曰：说谓爱乐之敦谓厚重之。《诗》之大旨，劝善惩恶，《书》之为训，尊贤伐罪，奉上以道，禁民为非之谓义。《诗》《书》，义之府藏也。《礼》者，谦卑恭谨，行归于敬乐者。欣喜欢娱，事合于爱，揆度于内，举措得中之谓德。《礼》《乐》者，德之法则也。心说

《礼》《乐》，志重《诗》《书》，遵《礼》《乐》以布德，习《诗》《书》以行义，有德有义，利民之本也。《晋语》云：文公问元帅于赵衰，对曰：郄谷可年五十矣，守学弥惇。夫好先王之法者，德义之府也。夫德义，生民之本也。能敦笃不忘百姓，请使郄谷公从之。

齐太史子与曰：孔子生于衰周，先王典籍错乱无纪，而乃论百家之遗记，考正其义，祖述尧舜，宪章文武，删《诗》述《书》，定《礼》理《乐》，制作《春秋》，赞明《易》道，垂训后嗣，以为法式，何甚盛也！

【疏证】语见《孔子家语》卷九《本姓解》。又见宋杨简《先圣大训》卷六、宋胡仔《孔子编年》卷五、《绎史》卷八六之三。

子思子曰：夫子之教，必始于《诗》《书》，而终于《礼》《乐》，杂说不与焉。

【疏证】语见汉孔鲋《孔丛子》卷上《杂训第六》。

庄周曰：《诗》以道志，《书》以道事，《礼》以道行，《乐》以道和，《易》以道阴阳，《春秋》以道名分。

【疏证】语见《庄子·天下篇》。

尸佼曰：孔子云："诵《诗》读《书》，与古人居；读《诗》诵《书》，与古人谋。"

【疏证】语见唐马总《意林》卷一引《尸子》。宋薛据《孔子集语》卷上引《金楼子》同。宋王应麟《困学纪闻》卷八云："尸子引孔子曰：'诵《诗》读《书》，与古人居。'《金楼子》曰：'曾生谓：诵《诗》读《书》，与古人居；读《书》诵《诗》，与古人期。'孟子：'诵其《诗》，读其《书》，不知其人，可乎？'斯言亦有所本。"

慎到曰：《诗》，往志也；《书》，往诰也；《春秋》，往事也。

至于《易》，则吾心阴阳消息之理备焉。

【疏证】语见《慎子·君人五》。

荀卿曰：学恶乎始，恶乎终？曰：其数则始乎诵经，终乎读《礼》。故《书》者，政事之纪也；《诗》者，中声之所止也；《礼》者，法之大分、群类之纲纪也。故学至乎《礼》而止矣，夫是之谓道德之极。《礼》之敬文也，《乐》之中和也，《诗》《书》之博也，《春秋》之微也，在天地之间者毕矣。

【疏证】语见《荀子》卷一《劝学篇》。

又曰："圣人也者，道之管也，天下之道，管是矣；百王之道，一是矣，故《诗》《书》《礼》《乐》之归是矣。《诗》言是其志也，《书》言是其事也，《礼》言是其行也，《乐》言是其和也，《春秋》言是其微也。"

【疏证】语见《荀子》卷四《儒效篇第八》。

又曰：善为《诗》者不说，善为《易》者不占，善为《礼》者不相。

【疏证】语见《荀子》卷一九《大略篇》。

孔鲋曰：不读《诗》《书》《易》《春秋》，则不知圣人之心。

按：《孔丛子》。此为孔子语子张之辞，然实不类。

【疏证】《孔丛子·论书》："子张问曰：'圣人受命，必受诸天，而《书》云受终于文祖，何也？'孔子曰：'受命于天者，汤、武是也。受命于人者，舜、禹是也。夫不读《诗》《书》《易》《春秋》，则不知圣人之心，又无以别尧舜之禅、汤武之伐也。'"宋薛季宣《浪语集》卷三〇《书古文训序》："尧舜之命受于人，汤武之命受于天，不读《诗》《书》《易》《春秋》，则不知圣人之心，无以别尧舜之禅、汤武之伐也。语之不切，见诸言外。斯言之辨，可以观虞夏商周之书矣。走（文渊阁《四库全书》本如此——注者）之于书，学焉不如子夏，观焉何敢望回？世无孔子，则将何所取正？述而藏之，以待能者，则庶乎以书观书者矣。”

陆贾曰：天生万物，以地养之，圣人成之，定五经，明六艺。《鹿鸣》以仁求其群，《关雎》以义鸣其雄，《春秋》以仁义贬绝，《诗》以仁义存亡，乾坤以仁和合，八卦以义相承，《书》以仁叙九族，君臣以义制忠，《礼》以仁尽节，《乐》以礼升降。学之者明，失之者昏，背之者亡。

【疏证】语见汉陆贾《新语》卷上《道基第一》。

韩婴曰：千举万变，其道不穷，六经是也。

【疏证】汉韩婴《韩诗外传》卷五：儒者，儒也，儒之为言无也，不易之术也。千举万变，其道不穷，六经是也。若夫君臣之义，父子之亲，夫妇之别，朋友之序，此儒者之所谨守，日切磋而不舍也。虽居穷巷陋室之下，而内不足以充虚，外不足以盖形，无置锥之地，明察足以持天下，大举在人上，则王公之材也，小用使在位，则社稷之臣也。虽岩居穴处，而王侯不能与争名，何也？仁义之化存尔。如使王者，听其言，信其行，则唐虞之法可得而观，颂声可得而听。《诗》曰：“先民有言，询于蒭荛。”取谋之博也。

贾谊曰：《书》者，著德之理于竹帛而陈之令人观焉，以著所从事；《诗》者，志德之理而明其指，令人缘之以自成；《易》者，察人之循德之理与弗循而占其吉凶；《春秋》者，守往事之合德之理与不合而纪其成败，以为来事师法；《礼》者，体德理而为之节文，成人事；《乐》者，《书》《诗》《易》《春秋》《礼》五者之道备，则合于德矣，合则欢然大乐矣。

【疏证】语见汉贾谊《新书》卷八《道德说》，原文为：《书》者，著德之理于竹帛而陈之令人观焉，以著所从事，故曰“《书》者，此之著者也”。《诗》者，志德之理而明其指，令人缘之以自成也，故曰“《诗》者，此之志者也”。《易》者，察人之循德之理与弗循而占其吉凶，故曰“《易》者，此之占者也”。《春秋》

者，守往事之合德之理与不合而纪其成败，以为来事师法，故曰“《春秋》者，此之纪者也”。《礼》者，体德理而为之节文，成人事，故曰“《礼》者，此之体者也”。《乐》者，《书》《诗》《易》《春秋》《礼》五者之道备，则合于德矣，合则欢然大乐矣，故曰“《乐》者，此之乐者也”。人能修德之理，则安利之谓福。莫不慕福，弗能必得，而人心以为鬼神以①与于利害。是故具牺牲、俎豆、粢盛，斋戒而祭鬼神，欲以佐成福，故曰“祭祀鬼神，为此福者也”。德之理尽施于人，其在人也，内而难见。是以先王举德之颂而为辞语，以明其理；陈之天下，令人观焉；垂之后世，辩议以审察之，以转相告。是故弟子随师而问，受②博学以达其知，而明其辞以立诚，故曰“博学辩议，为此辞职者也”。

今按：明冯琦、冯瑗《经济类编》卷九四引文同。《点校补正经义考》第八册第768页将“贾谊”误作“陆贾”。

刘安曰：五行异气而皆和，六艺异科而皆道。温惠柔或作淳。良者，《诗》之风也；纯庞敦厚者，《书》之教也；清明一作静。条达者，《易》之义也；恭俭尊一作揖。让者，《礼》之为也；宽裕一作和。简易者，《乐》之化也；刺讥辨议者，《春秋》之靡也。故《易》之失，鬼；《乐》之失，淫；《诗》之失，愚；《书》之失，拘；《礼》之失，忮；《春秋》之失，訾。

【疏证】《淮南子·泰族训》：五行异气而皆适调，六艺异科而皆同道。温惠柔良者，《诗》之风也；淳庞敦厚者，《书》之教也；清明条达者，《易》之义也；恭俭尊让者，礼之为也；宽裕简易者，乐之化也；刺几辩义者，《春秋》之靡也。故《易》之失，鬼；乐之失，淫；《诗》之失，愚；《书》之失，拘；礼之失，忮；《春秋》之失，訾。六者，圣人兼用而财制之。失本则乱，得本则治。其美在调，其失在权。

---

① “以”，上海人民出版社1976年版《贾谊集·新书》作“能”。

② “受”，上海人民出版社1976年版《贾谊集·新书》无，而四库本《新书》有，似为衍文。

又曰：《易》之失也卦，《书》之失也敷，《乐》之失也淫，《诗》之失也辟，《礼》之失也责，《春秋》之失也刺。

【疏证】语见《淮南子·泰族训》。

董仲舒曰：《诗》无达诂，《易》无达旨，《春秋》无达辞。《说苑》作："《诗》无通故，《易》无通占，《春秋》无通义。"

【疏证】语见汉董仲舒《春秋繁露》卷三《精华第五》。

又曰：《诗》《书》序其志，《礼》《乐》纯其美，《易》《春秋》明其知，六学皆大，而各有所长。《诗》道志，故长于质；《礼》制节，故长于文；《乐》咏德，故长于风；《书》著功，故长于事；《易》本天地，故长于数；《春秋》正①是非，故长于治。

【疏证】汉董仲舒《春秋繁露》卷一《玉杯第二》：《诗》《书》序其志，《礼》《乐》纯其美，《易》《春秋》明其知，六学皆大，而各有所长。《诗》道志，故长于质；《礼》制节，故长于文；《乐》咏德，故长于风；《书》著功，故长于事；《易》本天地，故长于数；《春秋》正是非，故长于治；人能兼得其所长，而不能遍举其详也。故人主大节则知暗，大博则业厌，二者异失同贬，其伤必至，不可不察也。是故善为师者，既美其道，有慎其行，齐时蚤晚，任多少，适疾徐，造而勿趋，稽而勿苦，省其所为，而成其所湛，故力不劳，而身大成，此之谓圣化，吾取之。

司马迁曰：《易》著天地、阴阳、四时、五行，故长于变；《礼》经纪人伦，故长于行；《书》纪先王之事，故长于政；《诗》纪山川、豁谷、禽兽、草木、牝牡、雌雄，故长于风；《乐》乐所以立，故长于和；《春秋》辨是非，故长于治人。是故《礼》以节人，《乐》以发和，《书》以道事，《诗》以达意，《易》以道化，《春秋》以道义。

---

① 今按：《点校补正经义考》第八册第769页夺"正"字。

按：赵蕤《长短经注》谓为司马谈之言，恐误。

【疏证】语见司马迁《史记》卷一三〇《太史公自序》。

夏侯胜曰：学经不明，不如归耕。

【疏证】语见《汉书》卷七五。

匡衡曰：六经者，圣人所以统天地之心，著善恶之归，明吉凶之分，通人道之正，使不悖于其本性者也。及《论语》《孝经》，圣人言行之要，宜究其意。

【疏证】语见《汉书》卷八一。

翼奉曰：圣人见道，知王治之象，以视贤者，名之曰经。贤者见经，知人道之务，则《诗》《书》《易》《春秋》《礼》《乐》是也。

【疏证】《汉书》卷七五："圣人见道，然后知王治之象，故画州土，建君臣，立律历，陈成败，以视贤者，名之曰经。贤者见经，然后知人道之务，则《诗》《书》《易》《春秋》《礼》《乐》是也。《易》有阴阳，《诗》有五际，《春秋》有灾异，皆列终始，推得失，考天心，以言王道之安危。至秦乃不说，伤之以法，是以大道不通，至于灭亡。今陛下明圣，深怀要道，烛临万方，布德流惠，靡有阙遗。罢省不急之用，振救困贫，赋医药，赐棺钱，恩泽甚厚。又举直言，求过失，盛德纯备，天下幸甚！"《朱子语类》卷一三七："刘淳叟问：'汉儒何以溺心训诂而不及理？'曰：'汉初诸儒专治训诂，如教人亦只言某字训某字，自寻义理而已。至西汉末年，儒者渐有求得稍亲者，终是不曾见全体。'问：'何以谓之全体？'曰：'全体须彻头彻尾见得方是。且如匡衡问时政，亦及治性情之说，及到得他人手做时，又却只修得些小宗庙礼而已。翼奉言：见道知王治之象，见经知人道之务。亦自好了，又却只教人主以阴阳、日辰、贪狼、廉贞之类辨君子小人，以此观之，他只时复窥见得些子，终不曾见大体也。唯董仲舒三篇说得稍亲切，终是不脱汉儒气味，只对江都易王云：仁人正其义不谋其利，明其道不计其功。方无病，又是儒者语。'”

史游曰：宦学讽《诗》《孝经》论，《春秋》《尚书》律令文，治《礼》掌故砥砺身，智能通达多见闻，名显绝殊异等伦，积学所致非鬼神。

【疏证】语见汉史游《急就篇》卷四。

王凤曰：五经，圣人所制，万事靡不毕载。

【疏证】语见《汉书》卷八○。

扬雄曰：《诗》《书》《礼》《春秋》，或因或作，而成于仲尼。

【疏证】语见《法言》卷四《问神篇》。

又曰：大哉！天地之为万物郭，五经之为众说郛。书不经，非书也；言不经，非言也。

【疏证】语见《法言》卷四《问神篇》。

又曰：说天者莫辩乎《易》，说事者莫辩乎《书》，说体者莫辩乎《礼》，说志者莫辩乎《诗》，说理者莫辩乎《春秋》。

【疏证】语见《法言》卷四《问明篇》。

又曰：古者之学耕且养，三年通一经。

【疏证】语见《法言》卷五《寡见篇》。

又曰：或问：“天地简易，而圣人法之，何五经之支离？”曰：“支离盖其所以为简易也。已简，已易，焉支？焉离？”

【疏证】语见《法言》卷六《五百篇》。宋宋咸注：“支离分别之，而后朗然，事得简易。”吴秘曰：“五经分散，各有科条，使人沿波讨源，然后知圣人之道，法天地之简易也。”

又曰：五经括矩。

【疏证】语见《太玄经》卷九《玄摛第十三》。晋范望注：“五经隐括其矩，法天地，兼含有之。”

又曰：舍五经而济乎道者，末矣。

【疏证】语见《法言》卷二《吾子篇》。宋宋咸注：“末，无。”宋真德秀《西山读书记》卷三六“吾道异端之辨下”：扬子曰：“舍舟航而济乎渎者，末矣。舍五经而济乎道者，末矣。弃常珍而嗜乎异馔者，恶睹其识味也。委大圣而好乎诸子者，恶睹其嗜道也。山径之蹊不可胜由矣，向墙之户不可胜入矣，曰恶由入，曰孔氏。孔氏者，户也。”又曰：“述正道而稍邪哆者有矣，未有述邪哆而稍正也。古者杨、墨塞路，孟子辞而辟之，廓如也，后之塞路者有矣，窃自比于孟子。”按：子云此言不可谓无意于卫道者，然其论老子以言道德为有取，则未可谓知道者。夫未能知道，而欲以卫道自任，可乎？此所以见讥于程子也。

范升曰：五经之本，自孔子始。

【疏证】语见《后汉书》卷六六《范升传》。

桓谭曰：经与传，犹衣表里，相待而成。

【疏证】宋李昉等《太平御览》卷六一〇引桓谭《新论》：“经与传，犹衣表里，相待而成。经无传，使圣人闭门思之，十年不能知也。”

牟子传曰：孔子不以五经之备，复作《春秋》《孝经》，欲博远术，恣人意尔。

【疏证】汉牟融《理惑论》：“问曰：‘佛经众多，欲得其要，而弃其余，直说其实，而除其华。’牟子曰：‘否。夫日月俱明，各有所照，二十八宿，各有所主，百药并生，各有所愈，狐裘备寒，絺绤御暑，舟舆异路，俱致行旅。孔子不以五经之备，复作《春秋》《孝经》者，欲博道术，恣人意耳。佛经虽多，其归为一也。犹七典虽异，其贵道德仁义亦一也。孝所以说多者，随人行而与之，若子张、子游俱问一孝，而仲尼答之各异，攻其短也，何弃之有哉！”①

班固曰：古者以《易》《书》《诗》《礼》《乐》《春秋》为六经。至秦燔书，《乐经》亡。今以《易》《书》《诗》《礼》《春秋》为五经。

【疏证】语见宋李昉等《太平御览》卷六〇八引《白虎通》。

又曰：孔子以圣德遭季世，知言之不用而道不行，究观古今之篇籍，叙《书》则断《尧典》，称《乐》则法《韶舞》，论《诗》则首《周南》，缀周之礼，因鲁《春秋》，举十二公行事，绳之以文武之道，成一王法，至获麟而止。盖晚而好《易》，读之，韦编三绝，而为之传，皆因近圣之事以立先王之教。仲尼既没，七十子之徒散游诸侯，子张居陈，澹台子羽居楚，子夏居西河，子贡终于齐，如田子方、段干木、吴起、禽滑氂之属皆受业于子夏之伦。至于威、宣之际，孟子、孙卿之列，咸遵夫子之业而润色之。及秦燔《诗》《书》，杀术士，六学从此阙矣。汉兴，言《易》自淄川田生，言《书》自济南伏生，言《诗》于鲁则申培公，于齐则辕固生，燕则韩太傅，言《礼》则鲁高堂生，言《春秋》于齐则胡毋生，于赵则董仲舒，天下学士靡然乡风矣。

【疏证】《汉书·儒林传》：古之儒者，博学乎六艺之文。六艺者，王教之典籍，先圣所以明天道，正人伦，致至治之成法也。周道既衰，坏于幽、厉，礼乐征伐自诸侯出，陵夷二百余年而孔子兴，衷圣德遭季世，知言之不用而道不行，乃叹曰：“凤鸟不至，河不出图，吾已矣夫！”“文王既没，文不在兹乎？”于是应聘诸侯，以答礼行谊。西入周，南至楚，畏匡厄陈，奸七十余君。适齐闻《韶》，三月不知肉味；自卫反鲁，然后乐正，雅颂各得其所。究观古今篇籍，乃称曰：“大哉，尧之为君也！唯天为大，唯尧则之。巍巍乎其有成功也，焕乎其有文章！”又曰：“周监于二代，

① 梁释僧佑《弘明集》卷一。

郁郁乎文哉！吾从周。”于是叙《书》则断《尧典》，称《乐》则法《韶舞》，论《诗》则首《周南》。缀周之礼，因鲁《春秋》，举十二公行事，绳之以文武之道，成一王法，至获麟而止。盖晚而好《易》，读之韦编三绝，而为之传。皆因近圣之事，以立先王之教，故曰：“述而不作，信而好古”；“下学而上达，知我者其天乎！”仲尼既没，七十子之徒散游诸侯，大者为卿相师傅，小者友教士大夫，或隐而不见。故子张居陈，澹台子羽居楚，子夏居西河，子贡终于齐。如田子方、段干木、吴起、禽滑氂之属皆受业于子夏之伦，为王者师。是时，独魏文侯好学。天下并争于战国，儒术既黜焉，然齐鲁之间学者犹弗废，至于威、宣之际，孟子、孙卿之列咸遵夫子之业而润色之，以学显于当世。及至秦始皇兼天下，燔《诗》《书》，杀术士，六学从此缺矣。陈涉之王也，鲁诸儒持孔氏礼器往归之，于是孔甲为涉博士，卒与俱死。陈涉起匹夫，驱適戍以立号，不满岁而灭亡。其事至微浅，然而搢绅先生负礼器往委质为臣者何也？以秦禁其业，积怨而发愤于陈王也。及高皇帝诛项籍，引兵围鲁，鲁中诸儒尚讲诵习礼，弦歌之音不绝，岂非圣人遗化好学之国哉？于是诸儒始得修其经学，讲习大射乡饮之礼。叔孙通作汉礼仪，因为奉常，诸弟子共定者，咸为选首，然后喟然兴于学。然尚有干戈，平定四海，亦未皇庠序之事也。孝惠、高后时，公卿皆武力功臣。孝文时颇登用，然孝文本好刑名之言。及至孝景，不任儒，窦太后又好黄、老术，故诸博士具官待问，未有进者。汉兴，言《易》自淄川田生；言《书》自济南伏生；言《诗》，于鲁则申培公，于齐则辕固生，燕则韩太傅；言《礼》，则鲁高堂生；言《春秋》，于齐则胡母生，于赵则董仲舒。及窦太后崩，武安君田蚡为丞相，黜黄老、刑名百家之言，延文学儒者以百数，而公孙弘以治《春秋》为丞相，封侯，天下学士靡然乡风矣。

又曰：六艺之文：《乐》以和神，仁之表也；《诗》以正言，义之用也；《礼》以明体，明者著见，故无训也；《书》以广听，知之术也；《春秋》以断事，信之符也。五者盖五常之道，相须而备，而《易》为之原。古之学者耕且养，三年而通一艺，存其大体，玩经文而已，是故用日少而畜德多，三十而五经立。

【疏证】《汉书·艺文志》：六艺之文：《乐》以和神，仁之表也；《诗》以正言，义之用也；《礼》以明体，明者著见，故无训也；《书》以广听，知之术也；《春秋》以断事，信之符也。五者，盖五常之道，相须而备，而《易》为之原。故曰"《易》不可见，则乾坤或几乎息矣"，言与天地为终始也。至于五学，世有变改，犹五行之更用事焉。古之学者耕且养，三年而通一艺，存其大体，玩经文而已，是故用日少而畜德多，三十而五经立也。后世经传既已乖离，博学者又不思多闻阙疑之义，而务碎义逃难，便辞巧说，破坏形体；说五字之文，至于二三万言。后进弥以驰逐，故幼童而守一艺，白首而后能言；安其所习，毁所不见，终以自蔽。此学者之大患也。序六艺为九种。

又曰：经，常也。有五常之道，故曰五经：《乐》仁、《书》义、《礼》礼、《易》智、《诗》信也。

【疏证】语见《白虎通义》卷八"五经"。

王符曰：圣人之制经，以遗后贤也，譬犹巧倕之为规矩，准绳以遗后工也。

【疏证】汉王符《潜夫论》卷一《赞学第一》。

王充曰：圣人作其经，贤者造其传。述作者之意，采圣人之志，故经须传也。

【疏证】语见汉王充《论衡》卷二八《书解篇》。

又曰：孔子之门，讲习五经。五经皆习，庶几之才也。

【疏证】汉王充《论衡》卷二八《别通篇》：章句之生，不览古今，论事不实。或以说一经为足，何须博览。夫孔子之门，讲习五经。五经皆习，庶几之才也。颜渊曰："博我以文。"才智高者，能为博矣。颜渊之曰博者，岂徒一经哉？我不能博五经，又不能博众事，守信一学，不好广观，无温故知新之明，而有守愚不览之暗。其谓一经足者，其宜也。开户内日之光，日光不能照幽，凿窗启牖，以助户明也。夫一经之说，犹日明也，助以传书，犹窗牖也。百家之言令人晓明，非徒窗牖之开日光之照也。是故日光照室内，道术明胸中。开户内光，坐高堂之上，眇升楼台，窥四邻之廷，人之所愿也。闭户幽坐，向冥冥之内，穿圹穴卧，造黄泉之际，人之所恶也。夫闭心塞意，不高瞻览者，死人之徒也哉！

又曰：鲁恭王坏孔子宅以为宫，得佚《尚书》百篇、《礼》三百、《春秋》三百篇、《论语》二十一篇。

【疏证】语见汉王充《论衡》卷二〇《佚文篇》。

又曰：王莽之时，省五经章句皆为二十万，博士弟子郭路夜定旧说，死于烛下。

【疏证】语见汉王充《论衡》卷一三《效力篇》。

又曰：著作者为文儒，说经者为世儒。

【疏证】语见汉王充《论衡》卷二八《书解篇》。今按："文儒"指儒者中从事撰述的人，"世儒"指经师。王充《论衡·问孔》又云："世儒学者，好信师而是古，以为贤圣所言皆无非，专精讲习，不知难问。"文儒即今之所谓学者型作家；世儒即今之所谓"信古派"之学者。

又曰：儒者说五经，多失其实。前儒不见本末，空生虚说。后儒信前师之言，随旧述故，滑习辞语。苟名一师之学，趋为师教授，及时蚤仕，汲汲竞进，不暇留精用心，考实根核。故虚说传而不绝，实事没而不见，五经并失其实。

【疏证】汉王充《论衡》卷二八《正说篇》：儒者说五经，多失其实。前儒不见本末，空生虚说。后儒信前师之言，随旧述故，滑习辞语。苟名一师之学，趋为师教授，及时蚤仕，汲汲竞进，不暇留精用心，考实根核。故虚说传而不绝，实事没而不见，五经并失其实。《尚书》《春秋》事较易，略正题目粗粗之说，以照篇中微妙之文。

又曰：夫经熟讲者，要妙乃见。

【疏证】语见汉王充《论衡》卷一九《恢国篇》。

又曰：知屋漏者在宇下，知政失者在草野，知经误者在诸子。秦虽无道，不焚诸子。诸子之文具在，可观读以正说。

【疏证】语见汉王充《论衡》卷二八《书解篇》。

牟融曰：珠玉少而贵，凡属多而贱。圣人七经而已，佛遂万亿言，烦而无当也。

【疏证】梁释僧佑《弘明集》卷一引《理惑论》：问曰："夫至实不华，至辞不饰，言约而至者丽，事寡而达者明。故珠玉少而贵，瓦砾多而贱。圣人制七经之本，不过三万言，众事备焉。今佛经卷以万计，言以亿数，非一人力所能堪也。仆以为烦而不要矣。"牟子曰："江海所以异于行潦者，以其深广也；五岳所以别于丘陵者，以其高大也。若高不绝山阜，跛羊凌其巅；深不绝涓流，孺子浴其渊。骐骥不处苑囿之中，吞舟之鱼不游数仞之溪。剖三寸之蚌，求明月之珠；探枳棘之巢，求凤凰之雏，必难获也。何者？小不能容大也。佛经前说亿载之事，却道万世之要。太素未起，太始未生，乾坤肇兴，其微不可握，其纤不可入，佛悉弥纶其广大之外，剖析其窈妙之内，靡不纪之。故其经卷以万计，言以亿数，多多益具，众众益富。何不要之有？虽非一人所堪，譬若临河饮水，饱而自足，焉知其余哉?"

鲁丕曰：说经者，传先师之言，非从己出，不得相让；相让则道不明，若规矩权衡之不可枉也。难者必明其据，说者务立其义，浮华无用之言不陈于前，故精思不劳，而道术愈章。

【疏证】范晔《后汉书》卷二五：臣闻：说经者，传先师之言，非从己出，不得相让；相让，则道不明，若规矩权衡之不可枉也。难者必明其据，说者务立其义，浮华无用之言不陈于前，故精思不劳而道术愈章。法异者，各令自说师法，博观其义。览诗人之旨意，察雅颂之终始，明舜、禹、皋陶之相戒，显周公、箕子之所陈，观乎人文，化成天下。陛下既广纳謇謇，以开四聪，无令刍荛以言得罪；既显岩穴，以求仁贤，无使幽远独有遗失。

高彪曰：杂艺为庖厨，五经为府库。

【疏证】唐虞世南《北堂书抄》卷九五引高彪集云："杂艺为庖厨，五经为府库。"

傅干曰：六经为庖厨，百家为异馔。

【疏证】唐虞世南《北堂书抄》卷九五引傅干与苏文师书云："六经为庖厨，百家为异馔也。"

张奋曰：五经同归，而礼乐之用为急。

【疏证】《汉书》卷二二《礼乐志第二》："六经之道同归，而礼乐之用为急。"师古曰："六经谓《易》《诗》《书》《春秋》《礼》《乐》也。"宋张淳《仪礼识误序》："班固之论曰：'六经之道同归，礼乐之用为急。'固之言必有得于先生长者之绪余，而非臆度也。"朱子曰："六经之道同归，而礼乐之用为急。遭秦灭学，礼乐先坏。汉晋以来，诸儒补辑，竟无全书，其颇存者，三礼而已。《周官》一书，固为礼之纲领，至其仪法、度数，则《仪礼》乃其本经，而《礼记》《郊特牲》《冠义》等篇乃其义疏耳。"明丘濬《大学衍义补》卷三七："臣按所谓六经者，《易》《书》《诗》《春秋》《礼》《乐》也，今世《乐经》不全，惟见于《戴记》中之《乐记》，说者因班固此言，谓《易》以道礼乐之原，《书》以道礼乐之实，《诗》以道礼乐之志，《春秋》以道礼乐之分，是则六经为治道之本原，而礼乐又为六经之要道。人君为治，诚能以礼乐为本，凡夫政治之施，一惟唐虞三代是法，而不杂于秦汉以来功利之私，则古治不难复矣。"

徐防曰：《诗》《书》《礼》《乐》，定自孔子；发明章句，始于子夏。其后诸家分析，各有异说。汉承乱秦，经典废绝，本文略存，或无章句，收拾缺遗。建立明经，博征儒术，开置太学，孔圣既远，微旨将绝，故立博士十有四家，设甲乙之科以勉劝学者，所以示人好恶、改敝就善者也。伏见太学试博士弟子皆以意说，不修家法，论议纷错，互相是非。孔子称："述而不作。"又曰："吾犹及史之阙文。"疾史有所不知而不肯阙也。今不依章句，妄生穿凿，以遵师为非义，意说为得理，轻侮道术，浸以成俗，虽所失或久，差可矫革。

【疏证】《后汉书》卷四四《徐防传》：臣闻《诗》《书》《礼》《乐》，定自孔子；发明章句，始于子夏。其后诸家分析，各有异说。汉承乱秦，经典废绝，本文略存，或无章句。收拾缺遗，建立明经，博征儒术，开置太学。孔圣既远，微旨将绝，故立博士十有四家，设甲乙之科，以勉劝学者，所以示人好恶，改敝就善者也。伏见太学试博士弟子，皆以意说，不修家法，私相容隐，开生奸路。每有策试，辄兴诤讼，论议纷错，互相是非。孔子称："述而不作。"又曰："吾犹及史之阙文。"疾史有所不知而不肯阙也。今不依章句，妄生穿凿，以遵师为非义，意说为得理，轻侮道术，浸以成俗，诚非诏书实选本意。改薄从忠，三代常道，专精务本，儒学所先。臣以为博士及甲乙策试，宜从其家章句，开五十难以试之。解释多者为上第，引文明者为高说；若不依先师，义有相伐，皆正以为非。五经各取上第六人，《论语》不宜谢策。虽所失或久，差可矫革。

翟酺曰：孝文皇帝始置一经博士，武帝大合天下之书，而孝宣论六经于石渠，学者滋盛，弟子万数。

【疏证】语见《后汉书》卷四八。

应劭曰：经五艺六，其枝别叶布，繁华无已也。

【疏证】语见汉应劭《风俗通义》卷六。

乙瑛曰：孔子作《春秋》，制《孝经》，演《易》系辞，经纬天地，幽赞神明。

【疏证】《幸鲁盛典》卷八《汉鲁相置孔子庙百石卒史碑》引其文曰："司徒臣雄、司空臣戒稽首言：鲁前相瑛书言，诏书崇圣道，勉六艺。孔子作《春秋》，制《孝经》，删述五经，演《易》系辞，经纬天地，幽赞神明。"《五礼通考》卷一二一同。宋欧阳修《集古录》卷二删去"删述五经"四字，《隶释》卷一阙"删述"二字。乙瑛字少卿，平原高唐人。

延笃曰：吾常昧爽栉梳，坐于客堂，朝则诵羲、文之《易》，虞、夏之《书》，历周公之典礼，览仲尼之《春秋》。夕则消摇内阶，咏《诗》南轩，洋洋乎其盈耳也，焕烂兮其溢目也，纷纷欣欣兮其独乐也。当此之时，不知天之为盖，地之为舆，不知世之有人，己之有躯也。

【疏证】南朝宋范晔《后汉书》卷六四《吴延史卢赵列传》：延笃字叔坚，南阳犨人也。少从颍川唐溪典受《左氏传》，旬日能讽之，典深敬焉。又从马融受业，博通经传及百家之言，能著文章，有名京师。……前越嶲太守李文德素善于笃，时在京师，谓公卿曰："延叔坚有王佐之才，奈何屈千里之足乎？"欲令引进之。笃闻，乃为书止文德曰："夫道之将废，所谓命也。流闻乃欲相为求还东观，来命虽笃，所未敢当。吾尝昧爽栉梳，坐于客堂。朝则诵羲、文之《易》，虞、夏之《书》，历公旦之典礼，览仲尼之《春秋》。夕则消摇内阶，咏《诗》南轩。百家众氏，投闲而作。洋洋乎其盈耳也，涣烂兮其溢目也，纷纷欣欣兮其独乐也。当此之时，不知天之为盖，地之为舆；不知世之有人，己之有躯也。虽渐离击筑，旁若无人，高凤读书，不知暴雨，方之于吾，未足况也。且吾自束脩已来，为人臣不陷于不忠，为人子不陷于不孝，上交不谄，下交不黩，从此而殁，下见先君远祖，可不惭赦。如此而不以善止者，恐如教羿射者也。慎勿迷其本，弃其生也。"后遭党事禁锢。永康元年，卒于家。乡里图其形于屈原之庙。笃论解经传，多所驳正，后儒服虔等以为折中。所著诗、论、铭、书、应讯、表、教令，凡二十篇云。

今按:《艺文类聚》卷七〇引《续汉书》曰:“李文德素善延笃,谓公卿曰:‘延笃有王佐之才。’欲令引进之。笃闻,为书止文德曰:‘吾常昧爽栉梳,坐于客堂,朝则诵虞夏之《书》,历公旦之典礼,览仲尼《春秋》,当此之时,不知天之为盖,地之为舆。慎勿迷其本,弃其生也。’”《册府元龟》卷八一三:“延笃为京兆尹,以病免,归前,越嶲太守李文德素善于笃,时在京师,谓公卿曰:‘延叔坚(叔坚笃字)有王佐之才,奈何屈千里之足乎?’令引进之,笃闻,乃为书止文德曰:‘大道之将废,所谓命也,流闻乃欲相为求还荣观,来命虽笃,所未敢当,吾尝昧爽栉梳,坐于客堂,朝则诵羲文之《易》、虞夏之《书》,历公旦之典礼,览仲尼之《春秋》,夕则逍遥内阶,咏诗南轩,百家众氏投间而作,洋洋乎其盈耳也,焕烂兮其溢目也,纷纷欣欣兮其独乐也。当此之时,不知天之为盖,地之为舆,不知世之有人,己之有躯也。虽渐离击筑,旁若无人,高凤读书,不知暴雨,方之于吾,未足况也。且吾自束发已来,为人臣不陷为不忠,为人子不陷于不孝,上交不谄,下交不黩,从此而殁,下见先君远祖,可不惭赧,如此而不以善止者,恐如教羿射者也,慎勿迷其本,弃其生也。’”投间,亦作“投闲”。乘隙;伺机。“百家众氏,投闲而作。”李贤注:“言诵经典之余,投射闲隙而玩百氏也。”束脩,束带修饰,指初入学或初为宦之时。束发,古代男子自成童开始束发,因以指初成年。

郑康成曰:《诗》者,弦歌讽谕之声也;《礼》者,序尊卑之(序)[制],崇让合敬也;《春秋》者,古史所记之制,动作之事也。

【疏证】《北堂书抄》九十五引郑玄《六艺论》:“《诗》,弦歌讽谕之声也;《礼》者,序尊卑之制,崇敬让之节也;《春秋》者,国史所记,人君动作之事。左史所记为《春秋》,右史所记为《尚书》。”《太平御览》卷六〇八引郑玄《六艺论》曰:“《诗》者,弦歌讽谕之声也;《礼》者,序尊卑之制,崇让合敬;《春秋》者,古史所记之制,动作之事也。”

荀悦曰：仲尼作经，本一而已。古今文不同，而皆自谓真本经；古今先师义一而已，异家别说不同，而皆自谓古［今］。

【疏证】语见汉荀悦《申鉴》卷二《时事第二》。“自谓古今”句下原注：“此处有误。”宋王应麟《玉海》卷四三引荀悦《申鉴》：“仲尼作经，本一而已。古今文不同，而皆自谓真本经；古今先师义一而已，异家别说不同，而皆自谓古今。”明杨慎《丹铅总录》卷一一引荀悦《申鉴》云：“仲尼作经，本一而已。古今文不同，而皆自谓真本经；古今先师义一而已，异家别说不同，而皆自谓真本说。”

又曰：道之本，仁义而已矣。五典以经之，群籍以纬之。［又曰：］施之当时，则为道德；垂之后世，则为典经。

【疏证】南朝宋范晔《后汉书》卷九二《荀悦传》：“夫道之本，仁义而已矣。五典以经之，群籍以纬之，咏之歌之，弦之舞之，前监既明，后复申之。故古之圣王，其于仁义也，申重而已。”汉荀悦《前汉纪》卷二五：“施之当时，则为道德；垂之后世，则为典经。皆所以总统纲纪，崇立王业。”

今按：此段本为来源不同的材料，而被朱彝尊捏合为一。《点校补正经义考》一书的整理者不明其故，该书第八册第775页误点为：“道之本，仁义而已矣，五典以经之，群籍以纬之、施之，当时则为道德，垂之后世则为典经。”“施之当时”与“垂之后世”相对成文。

秦宓曰：河洛由文兴，六经由文起。

【疏证】语见《三国志·蜀志卷八·秦宓传》。

《后汉书·儒林传》曰：光武中兴，爱好经术，未及下车，而先访儒雅，采求阙文，补缀漏逸。先是，四方学士多怀挟图书，遁逃林薮。自是莫不抱负坟策，云会京师，范升、陈元、郑兴、杜林、卫宏、刘昆、桓荣之徒继踵而集，于是立五经博士，各以家法教授，《易》有施、孟、梁丘、京氏，《尚书》欧阳、大小夏侯，

《诗》齐、鲁、韩，《礼》大小戴，《春秋》严、颜，凡十四博士，太常差次总领焉。建武五年，乃修起太学。中元元年，初建三雍。明帝……正坐自讲，诸儒执经问难于前，冠带缙绅之人，圜桥门而观听者盖亿万计。其后复为功臣子孙、四姓末属别立校舍，搜选高能以受其业，自期门羽林之士，悉令通《孝经》章句。济济乎！洋洋乎！盛于永平矣！建初中，大会诸儒于白虎观，考详同异，连月乃罢。肃宗亲临称制，如石渠故事，顾命史臣，著为《通义》。又诏高才生受《古文尚书》《毛诗》《穀梁》《左氏春秋》，虽不立学官，然皆擢高第为讲郎，给事近署，所以网罗遗逸，博存众家。孝和亦数幸东观，览阅书林。及邓后称制，樊准、徐防并陈敦学之宜，顺帝感翟酺之言，乃更修黉宇。本初元年，诏大将军下至六百石，悉遣子就学，自是游学增盛，至三万余生。……熹平四年，灵帝乃诏诸儒正定五经，刊于石碑……树之学门，使天下咸取则焉。

【疏证】《后汉书·儒林传》原文曰：昔王莽、更始之际，天下散乱，礼乐分崩，典文残落。及光武中兴，爱好经术，未及下车，而先访儒雅，采求阙文，补缀漏逸。先是，四方学士多怀挟图书，遁逃林薮。自是莫不抱负坟策，云会京师，范升、陈元、郑兴、杜林、卫宏、刘昆、桓荣之徒继踵而集。于是立五经博士，各以家法教授，《易》有施、孟、梁丘、京氏，《尚书》欧阳、大小夏侯，《诗》齐、鲁、韩，《礼》大小戴，《春秋》严、颜，凡十四博士，太常差次总领焉。建武五年，乃修起太学，稽式古典，笾豆干戚之容，备之于列，服方领习矩步者，委它乎其中。中元元年，初建三雍。明帝即位，亲行其礼。天子始冠通天，衣日月，备法物之驾，盛清道之仪，坐明堂而朝群后，登灵台以望云物，袒割辟雍之上，尊养三老五更。飨射礼毕，帝正坐自讲，诸儒执经问难于前，冠带缙绅之人，圜桥门而观听者盖亿万计。其后复为功臣子孙、四姓末属别立校舍，搜选高能以受其业，自期门羽林之士，悉令通《孝经》章句，匈奴亦遣子入学。济济乎！洋洋乎！盛于永平矣！建初中，大会诸儒于白虎观，考详同异，连月乃罢。肃宗亲临称制，如石渠故事，顾命史臣，著为《通义》。又诏高才生受《古文尚书》《毛诗》《穀梁》《左氏春秋》，虽不立学官，然皆擢高第为讲郎，给事近署，所以网罗遗逸，博存众家。孝和亦数幸东观，览阅书林。及邓后称制，学者颇懈。时，樊准、徐防并陈敦学之宜，又言儒职多非其人，于是制诏公卿妙简其选，三署郎能通经术者，皆得察举。自安帝览政，薄于艺文，博士倚席不讲，朋徒相视怠散，学舍颓敝，鞠为园蔬，牧儿荛竖，至于薪刈其下。顺帝感翟酺之言，乃更修黉宇，凡所结构二百四十房，千八百五十室。试明经下第补弟子，增甲乙之科员各十人，除郡国耆儒皆补郎、舍人。本初元年，梁太后诏曰："大将军下至六百石，悉遣子就学，每岁辄于乡射月一飨会之，以此为常。"自是游学增盛，至三万余生。然章句渐疏，而多以浮华相尚，儒者之风盖衰矣。党人既诛，其高名善士多坐流废，后遂至忿争，更相信告，亦有私行金货，定兰台漆书经字，以合其私文。熹平四年，灵帝乃诏诸儒正定五经，刊于石碑，为古文、篆、隶三体书法以相参检，树之学门，使天下咸取则焉。

又曰：自光武中年以后，干戈稍戢，专事经学，自是其风世笃焉。其服儒衣，称先王，游庠序，聚黉塾者，盖布之于邦域矣。若乃经生所处，不远万里之路，精庐暂建，赢粮动有千百，其耆名高义开门受徒者，编牒不下万人，皆专相传祖，莫或讹杂。至有分争主庭，树朋私里，繁其章条，穿求崖穴，以合一家之说。扬雄所谓"诡诡之学，各习其师"也。

【疏证】《后汉书·儒林传》：论曰：自光武中年以后，干戈稍戢，专事经学，自是其风世笃焉。其服儒衣，称先王，游庠序，聚黉塾者，盖布之于邦域矣。若乃经生所处，不远万里之路，精庐暂建，赢粮动有千百，其耆名高义开门受徒者，编牒不下万人，皆专相传祖，莫或讹杂。至有分争王庭，树朋私里，繁其章条，穿求崖穴，以合一家之说。故扬雄曰："今之学者，非独为之华藻，又从而绣其鞶帨。"夫书理无二，义归有宗，而硕学之徒，莫之或徙，故通人鄙其固焉，又雄所谓"诡诡之学，各习其师"也。且观成名高第，终能远至者，盖亦寡焉，而迂滞若是矣。然所谈者仁义，所传者圣法也。故人识君臣父子之纲，家知违邪归正之路。自桓、灵之间，君道秕僻，朝纲日陵，国隙屡启，自中智以下，靡不审其崩离；而权强之臣，息其窥盗之谋，豪俊之夫，屈于鄙生之议者，人诵先王言也，下畏逆顺势也。至如张温、皇甫嵩之徒，功定天下之半，声驰四海之表，俯仰顾眄，则天业可移，犹鞠躬昏主之下，狼狈折札之命，散成兵，就绳约，而无悔心，暨乎剥桡自极，人神数尽，然后群英乘其运，世德终其祚。迹衰敝之所由致，而能多历年所者，斯岂非学之效乎？故先师垂典文，褒励学者之功，笃矣切矣。不循《春秋》，至乃比于杀逆，其将有意乎！

徐干曰：六籍者，群圣相因之书也。其人虽亡，其道犹存。学者勤心以取之，亦足以到昭明而成博达矣。

【疏证】汉徐干《中论》卷上《治学第一》：六籍者，群圣相因之书也。其人虽亡，其道犹存。学者勤心以取之，亦足以到昭明而成博达矣。凡学者大义为先，物名为后，大义举而物名从之。然鄙儒之博学也，务于物名，详于器械，矜于诂训，摘其章句，而不能统其大义之所极，以获先王之心，此无异乎女史诵诗，内竖传令也，故使学者劳思虑而不知道，费日月而无成功，故君子必择师焉。

张辽叔曰：六经为太阳，不学为长夜。

【疏证】魏嵇康《嵇中散集》卷七《难自然好学论一首》：夫民之性，好安而恶危，好逸而恶劳，故不扰则其愿得，不逼则其志从。洪荒之世，大朴未亏，君无文于上，民无竞于下，物全理顺，莫不自得，饱则安寝，饥则求食，怡然鼓腹，不知为至德之世也。若此，则安知仁义之端，礼律之文，及至人不存，大道陵迟，乃始作文墨以传其意，区别群物，使有类族，造立仁义，以婴其心，制其名分，以检其外，劝学讲文，以神其教，故六经纷错，百家繁炽；开荣利之途，故奔骛而不觉。是以贪生之禽食园池之梁菽，求安之士乃诡志以从俗，操笔执觚，足容苏息，积学明经，以代稼穑，是以困而后学，学以致荣，计而后习，好而习成，有似自然，故令吾子谓之自然耳。推其原也，六经以抑引为主，人性以从欲为欢。抑引则违其愿，从欲则得自然。然则自然之得，不由抑引之六经；全性之本，不须犯情之礼律。故仁义务于理伪，非养真之要术；廉让生于争夺，非自然之所出也。由是言之，则鸟不毁以求驯，兽不群而求畜，则人之真性，无为正当，自然躭此礼学矣。论又云：嘉肴珍膳，虽所未尝，尝必美之，适于口也。处在暗室，睹烝烛之光，不教而悦，得于心。况以长夜之冥，得照太阳，情变郁陶，而发其蒙，虽事以末来，情以本应，则无损于自然好学。难曰：夫口之于甘苦，身之于痛痒，感物而动，应事而作，不须学而后能，不待借而后有，此必然之理，吾所不易也。今子以必然之理喻未必然之好学，则恐似是而非之议，如一粟之论于是乎在也。今子立六经以为准，仰仁义以为主，以规矩为轩驾，以讲诲为哺乳，由其途则通，乖其路则滞，游心极视，不睹其外，终年驰骋，思不出位，聚族献议，唯学为贵，执书摘句，俛仰咨嗟，使服膺其言，以为荣华，故吾子谓六经为太阳，不学为长夜耳。今若以虚堂为丙舍，以诵讽为鬼语，以六经为芜秽，以仁义为臭腐，睹文籍则目瞧，修揖让则变伛，袭章服则转筋，谭礼典则齿龋，于是兼而弃之，与万物为更始，则吾子虽好学不倦，犹将阙焉，则向之不学未必为长夜，六经未必为太阳也。俗语曰："乞儿不辱马医。"若遇上有无文之始，可不学而获安，不勤而得志，则何求于六经，何欲于仁义哉！以此言之，则今之学者，岂不先计而后学，苟计而后动，则非自然之应也。子之云云，恐故得菖蒲菹耳。

《六经奥论·总文·夫子作六经》：天不生尧舜，百世无治功。天不生夫子，万世如长夜。尧舜治功显设一时，夫子六经照耀万古。是以六经未作之前，一世生一圣人而不足；六经既作之后，千万世生一圣人而有余。人皆以夫子为不幸，而不知此正千万世之幸，使夫子而君之，不过尧、舜、禹、汤、文、武之治效而止耳，使夫子而臣之，不过稷、契、皋陶、伊、周之事业而止耳，辙必不环，六经必不作也，四教必不施也，天下之目无见也，天下之耳无闻也，是天之晦夫子者正所以觉天下也，屈夫子者正所以伸天下也。或问："天不生夫子，则将何如？"曰："使天不生夫子，则百氏蜂起，是已所是，非己所非，天不随其时而宗之，谁敢非之？纵有非之者，果何所据而为之辞。申、韩之徒以刑名之法进，秦、仪之徒以从横之学售，诸子百家各出其术，以投时君之所好，将见十年一变法，百年一改教矣。自有六经，千万世而下，执之以为依据，而诸子百家之论定，故天厚夫子之德而薄其位，纵夫子之能而沮其势，此正为六经设。虽无一身之智，而有天下之义，虽无一时之利，而有万世之计，故在当时贱，而鄙夫得以闻道德之旨，顽而互乡得以接神明之容，在后世则心广体胖一句有终身未能行，忠恕二字有一生用不尽，五年方成一个信，七年方成一个诚，皆取夫子以为准的。呜呼！夫子一身在万世如见，其学术见于六经，其言语见于《论语》，其粹然与人相接之声音、笑貌、动作、进退见于《乡党》之一篇，使天下后世时君世主歆慕唐虞三代之治，经生学士日与圣人相周旋于数千载之上者，皆夫子修六经之功也。"

晋孝武帝曰：古之帝王，受经必敬。

【疏证】《晋书》卷九一《徐邈传》：时皇太子尚幼，帝甚钟心，文武之选，皆一时之俊，以邈为前卫，率领本郡太中正，授太子经。帝谓邈曰："虽未敕以师礼相待，然不以博士相遇也。古之帝王，受经必敬。"自魏晋以来，多使微人教授，号为博士，不复尊以为师，故帝有云。

张华曰：圣人制作曰经，贤者著述曰传，曰记，曰章句，曰解，曰论，曰读。

【疏证】晋张华《博物志》卷六："圣人制作曰经，贤者著述曰传。郑玄注《毛诗》曰笺，不解此意。或云，毛公尝为北海郡守，玄是此郡人，故以为敬。"《太平御览》卷六〇八引《博物志》曰："圣人制作曰经，贤者著述曰记，曰章句，曰解，曰论，曰读。"唐虞世南《北堂书抄》卷九五引张华《博物志》云："圣人制作曰经，贤者著述曰传记，曰章句，曰解，曰论，曰注。"

傅休奕曰：《诗》之雅颂，《传》之典谟，文足以相副，玩之若近，寻之则远，浩浩乎文章之渊府也。

【疏证】语见宋李昉等《太平御览》卷六〇八。

虞溥曰：圣人之道，淡而有味，故始学者不好也。及至期月，所观弥博，所习弥多，日闻所不闻，见所不见，然后心开意朗，敬业乐群，忽然不觉大化之陶己，至道之入神也。

【疏证】《晋书》卷八二："夫圣人之道，淡而寡味，故始学者不好也。及至期月，所观弥博，所习弥多，日闻所不闻，日见所不见，然后心开意朗，敬业乐群，忽然不觉大化之陶已，至道之入神也。故学之染人，甚于丹青。丹青吾见其久而渝矣，未见久学而渝者也。夫工人之染，先修其质，后事其色，质修色积，而染工毕矣。学亦有质，孝悌忠信是也。君子内正其心，外修其行，行有余力，则以学文，文质彬彬，然后为德。夫学者不患才不及，而患志不立，故曰：'希骥之马，亦骥之乘，希颜之徒，亦颜之伦也。'又曰：'锲而舍之，朽木不知。锲而不舍，金石可亏。'斯非其效乎！今诸生口诵圣人之典，体闲庠序之训，比及三年，可以小成。而令名宣流，雅誉日新，朋友钦而乐之，朝士敬而叹之。于是州府交命，择官而仕，不亦美乎！"今按：虞溥，字允源，高平昌邑人。

杨泉曰：夫五经则［四］海也，传记则四渎，诸子则泾渭也。

【疏证】唐虞世南《北堂书抄》卷九五引杨泉《物理论》云："夫五经则四海也，传记则四渎也，诸子则泾渭也。至于百川沟洫畎浍，苟能通阴阳之气，达水泉之流，以四海为归者，皆溢也。"明陈耀文《天中记》卷三七、明董斯张《广博物志》卷二六、《御定渊鉴类函》卷一九二引文皆有"四"字，据补。惟《太平御览》卷六〇八引文无"四"字，未免孤证不信。

葛洪曰：五经为道德之渊海。

【疏证】《抱朴子外篇·尚博》："抱朴子曰：正经为道义之渊海，子书为增深之川流。仰而比之，则景星之佐三辰也；俯而方之，则林薄之裨嵩岳也。虽津途殊辟，而归于进德。虽难于举趾，而合于兴化。故通人总原本以括流末，操纲领而得一致焉。”今按：正经，指儒家经典。而《经义考》误作“五经”。

又曰：儒者，周、孔也，其籍则六经也，盖治世存正之所由也，立身举动之准绳也，其用远而业贵，其事大而辞美，有国有家不易之制也。

【疏证】语见《抱朴子内篇·明本第十》。

袁宏曰：记载废兴谓之典谟，集叙歌谣谓之诗颂，拟议吉凶谓之易象，撰录制度谓之礼仪，编述名迹谓之春秋。然则经籍者，写载先圣之轨迹者也。圣人之迹不同如彼，后之学者欲齐之如此，焉可得哉？

【疏证】晋袁宏《后汉纪》卷一二《孝章皇帝纪下》：袁宏曰：尧、舜之传贤，夏禹、殷汤授其子，此趣之不同者也。夏后氏赏而不罚，殷人罚而不赏，周人兼而用之，此德刑之不同也。殷人亲尽则婚，周人百世不通，此婚姻之不同也。立子以长，三代之典也。文王废伯邑考而立武王，废立之不同者也。君亲无将，将而必诛，周之制也。春秋杀君之贼一会诸侯，遂得列于天下，此褒贬之不同也。彼数圣者，受之哲王也。然而会通异议，质文不同，其故何耶？所遇之时异。夫奕者之思尽于一局者也，圣人之明周于天下者也。苟一局之势未尝尽同，则天下之事岂必相袭哉！故记载废兴谓之典谟，集叙歌谣谓之诗颂，拟议吉凶谓之易象，撰录制度谓之礼仪，编述名迹谓之春秋。然则经籍者，写载先圣之轨迹者也。圣人之迹不同如彼，后之学者欲齐之如此，焉可得哉！故曰：《诗》之失愚，《书》之失诬，《易》之失贼，《礼》之失烦，《春秋》之失乱，不可不察。圣人所以存先代之礼，兼六籍之文，将以广物贯心，通于古今之道。今去圣人之世几将千年矣，风俗民情治化之术将数变矣，而汉初诸儒多案《春秋》之中复有同异，其后殷书礼传往往间出，是非之伦不可胜言。六经之道不可得详，而治体云为，迁易无度矣。①

刘熙曰：经，径也，常典也，如径路无所不通，可常用也。易，变易也。礼，体也，得其事体也。诗，之也，志之所之也。兴物而作谓之兴，敷布其义谓之赋，事类相似谓之比，言王政事谓之雅，称颂成功谓之颂，随作者之志而别名之也。《尚书》。尚，上也，以尧为上，始而书其时事也。春秋冬夏终而成岁。《春秋》书人事，卒岁而究备，春秋温凉中，象政和也，故举以为名也。

【疏证】《释名》卷六《释典艺》：经，径也，常典也，如径路无所不通，可常用也。易，易也，言变易也。礼，体也，得其事体也。诗，之也，志之所之也。兴物而作谓之兴，敷布其义谓之赋，事类相似谓之比，言王政事谓之雅，称颂成功谓之颂，随作者之志而别名之也。《尚书》。尚，上也，以尧为上，始而书其时事也。《春秋》。言春秋冬夏终而成岁，举春秋，则冬夏可知也。《春秋》书人事，卒岁而究备，春秋温凉中，象政和也，故举以为名也。

苏彦曰：立君臣，设尊卑，杜将渐，防未萌，莫过乎《礼》；哀王道，伤时政，莫过乎《诗》；导阴阳悔吝，莫过乎《易》；明善恶废兴，莫过乎《春秋》；量远近，赋九州，莫过乎《尚书》；和人心，劝风俗，莫过乎《乐》。

【疏证】语见宋李昉等《太平御览》卷六〇八。又云："治刑名，审法术，莫过乎商、韩；载百王，纪治乱，莫过乎《史》《汉》。孟轲之徒，溷淆其间，世人见其才，易登其意，易过于是，家著一书，人书一法，雅人君子，投笔砚而高逝矣。"

陶潜曰：颜氏传《诗》为道，为讽谏之儒；孟氏传《书》为道，为疏通致远之儒；漆雕氏传《礼》为道，为恭俭庄敬之儒；

---

① 张烈点校本《两汉纪》，下册，中华书局，第230-231页。颇有讹误，此处已校正。

仲梁氏传《乐》为道，以和阴阳，为移风易俗之儒；乐正氏传《春秋》为道，为属辞比事之儒；公孙氏传《易》为道，为洁净精微之儒。

【疏证】《御定渊鉴类函》卷二〇一引陶潜《群辅录·八儒》曰："夫子殁后，散于天下，设于中国，成百氏之源，为纲纪之儒，居环堵之室，荜门圭窦，瓮牖绳枢，并日而食，以道自居者，有道之儒，子思氏之所行也；衣冠中，动作顺，大让如慢，小让如伪者，子张氏之所行也；颜氏传《诗》为道，为讽谏之儒；孟氏传《书》为道，为疏通致远之儒；漆雕氏传《礼》为道，为恭俭庄敬之儒；仲梁氏传《乐》为道，以和阴阳，为移风易俗之儒；乐正氏传《春秋》为道，为属辞比事之儒；公孙氏传《易》为道，为洁净精微之儒。"《曝书亭集》卷五七《孔子门人考·公孙段》引用此段后，且加按语："按儒分为八，其一公孙氏，传《易》者也。《群辅录》有明征，而未详其名。考《晋书》，太康二年，汲郡人不准发魏王冢，得竹书《易》五篇，公孙段与邵陟论《易》二篇，此则公孙氏之《易》矣。或疑公孙氏为龙，龙字子石，虽在七十子之列，不闻传《易》。若赵人名龙者，字子秉，故庄子谓惠子曰：儒墨杨秉四，与夫子为五，果孰是邪？所云秉者龙也，诡辞数万，骋坚白异同之辩，初非孔氏弟子。小司马《史记索隐》误认为一人。今考定传《易》者为公孙段，若郑大夫字伯石者，又一人也。"今按：《群辅录》旧题陶潜撰，实则为伪书。所谓"《群辅录》有明征"，伪书不足为据矣。此段模拟《礼记·经解》之文而成，陶潜何至于此？

释道安曰：《书》称知远，远极唐虞。《春秋》属辞，辞尽王业。《礼》《乐》之敬良，《诗》《易》之温洁，皆以明夫身也。

【疏证】唐释道宣《广弘明集》卷八《诘验形神四》：问曰："先生云救形之教，教称为外，敬寻雅论，寔为未允。《易》云：'知几其神乎？'宁得雷同？七典皆为形教释辨济神，义将安在？"答曰："《书》称知远，远极唐虞。《春秋》属辞，辞尽王业。至若《礼》《乐》之敬良，《诗》《易》之温洁，皆明夫一身，岂论三世？固知教在于形方者，未备洪佑；示逸乎生表者，存而未议。《易》曰：'几者，动之微也。'能照其微，非神如何？此言神矣，而未辨练神。练神者，闭情关照，期神旷劫，幽灵不亡，积习成圣，阶十地而逾明，迈九宅而高蹈，此释教所弘也。经曰：济神拔苦，莫若修善，六度摄生净心，非事故也。"

范泰曰：六经典文，本在济俗。

【疏证】梁释僧佑《弘明集》卷一一宋何尚之《答宋文帝赞扬佛教事》云：是时，有沙门慧琳，假服僧次而毁其法，著《白黑论》。衡阳太守何承天与琳比狎，雅相击扬，著《达性论》，并拘滞一方，诋呵释教。永嘉太守颜延之、太子中舍人宗炳，信法者也，检驳二论，各万余言。琳等始亦往还，未抵绩，乃止。炳因著《明佛论》，以广其宗。帝善之，谓侍中何尚之曰："吾少不读经，比复无暇，三世因果未辨，致怀而复不敢立异者，正以前达及卿辈时秀率皆敬信故也。范泰、谢灵运每云：'六经典文，本在济俗为治耳，必求性灵真奥，岂得不以佛经为指南邪？'颜延年之折《达性》，宗少文之难《白黑论》，明佛法汪汪，尤为名理，并足开奖人意。若使率土之滨皆纯此化，则吾坐致太平，夫复何事？近萧摹之请制，未全经通，即已相示，委卿增损，必有以式遏浮淫，无伤弘奖者，乃当著令耳。"唐释道宣《广弘明集》卷一《宋文帝集朝宰论佛教》亦云：文帝即宋高祖第三子也，聪睿英博，雅称令达，在位三十年，尝以暇日，从容而顾问侍中何尚之、吏部羊玄保曰：朕少来读经不多，比日弥复无暇，三世因果，未辨措怀，而复不敢立异者，正以卿辈时秀率所敬信也。范泰、谢灵运常言：六经典文，本在济俗。为政必求性灵真奥，岂得不以佛理为指南邪？

谢灵运曰：六艺以宣圣教。

【疏证】梁沈约《宋书》卷六七《谢灵运传》引其《山居赋》云："哲人不存，怀抱谁质。糟粕犹在，启縢剖帙。见柱下之经二，睹濠上之篇七。承未散之全朴，救已颓于道术。嗟夫！六艺以宣圣教，九流以判贤徒；国史以载前纪，家传以申世模；篇章以陈美刺，论难以核有无；兵技医日，龟荚筮梦之法；风角冢宅，算数律历之书。或平生之所流览，并于今而弃诸。验前识之丧道，抱一德而不渝。"①

梁武帝曰：建国君臣，在教为首；砥身砺行，由乎经术。

【疏证】唐姚思廉《梁书·儒林传》：高祖有天下，深愍之，诏求硕学，治五礼，定六律，改斗历，正权衡。天监四年，诏曰："二汉登贤，莫非经术，服膺雅道，名立行成。魏晋浮荡，儒教沦歇，风节罔树，抑此之由。朕日昃罢朝，思闻俊异，收士得人，实惟酬奖。可置五经博士各一人，广开馆宇，招内后进。"于是以平原明山宾、吴兴沈峻、建平严植之、会稽贺玚补博士，各主一馆。馆有数百生，给其饩廪。其射策通明者，即除为吏。十数月间，怀经负笈者云会京师。又选遣学生如会稽云门山，受业于庐江何胤。分遣博士祭酒，到州郡立学。七年，又诏曰："建国君民，立教为首；砥身砺行，由乎经术。朕肇基明命，光宅区宇，虽耕耘雅业，傍阐艺文，而成器未广，志本犹阙，非以熔范贵游，纳诸轨度；思欲式敦让齿，自家刑国。今声训所渐，戎夏同风，宜大启庠敩，博延胄子，务彼十伦，弘此三德，使陶钧远被，微言载表。"

梁元帝曰：读书必以五经为本，所谓非圣人之书勿读。读之百遍，其义自见。此外众书皆可泛而观尔。

【疏证】梁孝元皇帝《金楼子》卷二《戒子篇五》：处广厦之下，细毡之上，明师居前，劝诵在后，岂与夫驰骋原兽同日而语哉？凡读书必以五经为本，所谓非圣人之书勿读。读之百遍，其义自见。此外众书自可泛观耳。正史既见得失成败，此经国之所急。五经之外，宜以正史为先。谱牒所以别贵贱，明是非，尤宜留意。或复中表亲疏，或复通塞升降，百世衣冠，不可不悉。

---

① 今按：四库本宋施宿等《会稽志》卷二〇所引《山居赋》颇有阙文。

又曰：通圣人之经者谓之儒。

【疏证】梁孝元皇帝《金楼子》卷四《立言篇九下》：古之学者为己，今之学者为人。学而优则仕，仕而优则学，古人之风也。修天爵以取人爵，获人爵而弃天爵，末俗之风也。古人之风，夫子所以昌言。末俗之风，孟子所以扼腕。然而古人之学者有二，今人之学者有四。夫子门徒转相师受。通圣人之经者谓之儒。屈原、宋玉、枚乘、长卿之徒止于辞赋，则谓之文。今之儒博穷子史，但能识其事，不能通其理者谓之学。

又曰：六经庖厨，百家异馔，三坟为瑚琏，五典为笙簧。

【疏证】唐欧阳询《艺文类聚》卷三八引《梁元帝请于州立学校表》：臣闻公宫之南，四术四教，司乐成均，六诗六律，韶濩既舞，羽钥之道行焉。党塾兹备，离经之志辨焉。故不升嵩霍，岂识干行之峻？不临溟渤，安知地载之厚？洎乎秦焚金篆，周亡玉镜，群言争乱，诸子相腾，《书》则夏侯、欧阳，《易》则神输、道训，《诗》乃齐、鲁、毛、韩，《传》称邹、左、张、夹，《礼》有曲台、王史之异，《乐》有龙德、赵定之殊。伏惟陛下抚五辰而建五长，播九德而导九州，岛容成为，历兴景云之瑞。伶伦吹律，应黄钟之管。拨乱反正，经，武也，制礼作乐，纬，文也。若非六经庖厨，百家异馔，《三坟》为瑚琏，《五典》为笙簧，岂能暴以秋阳，纡就望之，景濯以江汉，播垂天之泽。

陶弘景曰：经者，常也，通也，谓常通而无滞，亦犹布帛之有经矣。

【疏证】明徐元太《喻林》卷八七引《阳陶隐居集》：经者，常也，通也，谓常通而无滞，亦犹布帛之有经矣。必须铨综纬绪，仅乃成功，若机关疏越，杼轴乖谬，安能斐然成文华。

刘勰曰：三极彝训，其书言经。经也者，恒久之至道，不刊之鸿教也。自夫子删述，而《易》张《十翼》，《书》标七观，《诗》

列四始，《礼》正五经，《春秋》五例。……论说辞序，则《易》统其首；诏策章奏，则《书》发其源；赋颂歌赞，则《诗》立其本；铭诔箴祝，则《礼》总其端；纪传铭檄，则《春秋》为根。……征之周、孔，则文有师矣。是以子政论文，必征于圣；稚圭劝学，必宗于经。

【疏证】《文心雕龙·宗经第三》：三极彝训，其书言经。经也者，恒久之至道，不刊之鸿教也。故象天地，效鬼神，参物序，制人纪，洞性灵之奥区，极文章之骨髓者也。皇世《三坟》，帝代《五典》，重以《八索》，申以《九丘》。岁历绵暧，条流纷糅，自夫子删述，而大宝咸耀。于是《易》张《十翼》，《书》标七观，《诗》列四始，《礼》正五经，《春秋》五例。义既极乎性情，辞亦匠于文理，故能开学养正，昭明有融。然而道心惟微，圣谟卓绝，墙宇重峻，而吐纳自深。譬万钧之洪钟，无铮铮之细响矣。夫《易》惟谈天，入神致用。故《系》称旨远辞文，言中事隐。韦编三绝，固哲人之骊渊也。《书》实记言，而训诂茫昧；通乎《尔雅》，则文意晓然。故子夏叹《书》"昭昭若日月之明，离离如星辰之行"，言昭灼也。《诗》主言志，诂训同《书》，摛风裁兴，藻辞谲喻，温柔在诵，故最附深衷矣。《礼》以立体，据事剬范，章条纤曲，执而后显，采掇片言，莫非宝也。《春秋》辨理，一字见义，五石六鹢，以详备成文；雉门两观，以先后显旨；其婉章志晦，谅以邃矣。《尚书》则览文如诡，而寻理即畅；《春秋》则观辞立晓，而访义方隐。此圣人之殊致，表里之异体者也。至根柢槃深，枝叶峻茂，辞约而旨丰，事近而喻远。是以往者虽旧，余味日新。后进追取而非晚，前修文用而未先，可谓太山遍雨，河润千里者也。故论说辞序，则《易》统其首；诏策章奏，则《书》发其源；赋颂歌赞，则《诗》立其本；铭诔箴祝，则《礼》总其端；纪传铭檄，则《春秋》为根：并穷高以树表，极远以启疆，所以百家腾跃，终入环内者也。

《文心雕龙·征圣第二》：夫鉴周日月，妙极机神；文成规矩，思合符契。或简言以达旨，或博文以该情，或明理以立体，或隐义以藏用。故《春秋》一字以褒贬，《丧服》举轻以包重，此简言以达旨也。《邠诗》联章以积句，《儒行》缛说以繁辞，此博文以该情也。书契断决以象夬，文章昭晰以象离，此明理以立体也。四象精义以曲隐，五例微辞以婉晦，此隐义以藏用也。故知繁略殊形，隐显异术，抑引随时，变通会适，征之周孔，则文有师矣。是以子政论文，必征于圣；稚圭劝学，必宗于经。《易》称："辨物正言，断辞则备。"《书》云："辞尚体要，弗惟好异。"故知正言所以立辩，体要所以成辞，辞成无好异之尤，辩立有断辞之义。虽精义曲隐，无伤其正言；微辞婉晦，不害其体要。体要与微辞偕通，正言共精义并用；圣人之文章，亦可见也。颜阖以为："仲尼饰羽而画，徒事华辞。"虽欲訾圣，弗可得已。然则圣文之雅丽，固衔华而佩实者也。天道难闻，犹或钻仰；文章可见，胡宁勿思？若征圣立言，则文其庶矣。

又曰：圣哲彝训曰经，述经叙理曰论。

【疏证】《文心雕龙·论说第十八》：圣哲彝训曰经，述经叙理曰论。论者，伦也；伦理无爽，则圣意不坠。昔仲尼微言，门人追记，故仰其经目，称为《论语》。盖群论立名，始于兹矣。自《论语》已前，经无"论"字。《六韬》二论，后人追题乎？详观论体，条流多品：陈政则与议说合契，释经则与传注参体，辨史则与赞评齐行，铨文则与叙引共纪。故议者宜言，说者说语，传者转师，注者主解，赞者明意，评者平理，序者次事，引者胤辞：八名区分，一揆宗论。论也者，弥纶群言，而研精一理者也。是以庄周《齐物》，以论为名；不韦《春秋》，六论昭列。至石渠论艺，白虎通讲，聚述圣言通经，论家之正体也。及班彪《王命》，严尤《三将》，敷述昭情，善入史体。魏之初霸，术兼名法。傅嘏、王粲，校练名理。迄至正始，务欲守文；何晏之徒，始盛玄论。于是聃周当路，与尼父争途矣。详观兰石之《才性》，仲宣之《去代》，叔夜之《辨声》，太初之《本玄》，辅嗣之《两例》，平叔之二论，并师心独见，锋颖精密，盖人伦之英也。至如李康《运命》，同《论衡》而过之；陆机《辨亡》，效《过秦》而不及，然亦其美矣。次及宋岱、郭象，锐思于几神之区；夷甫、裴頠，交辨于有无之域；并独步当时，流声后代。然滞有者，全系于形用；贵无者，专守于寂寥。徒锐偏解，莫诣正理；动极神源，其般若之绝境乎？逮江左群谈，惟玄是务；虽有日新，而多抽前绪矣。至如张衡《讥世》，韵似俳说；孔融《孝廉》，但谈嘲戏；曹植《辨道》，体同书抄。言不持正，论如其已。原夫论之为体，所以辨正然否。穷于有数，究于无形，迹坚求通，钩深取极；乃百虑之筌蹄，万事之权衡也。故其义贵圆通，辞忌枝碎，必使心与理合，弥缝莫见其隙；辞共心密，敌人不知所乘：斯其要也。是以论如析薪，贵能破理。斤利者，越理而横断；辞辨者，反义而取通；览文虽巧，而检迹如妄。唯君子能通天下之志，安可以曲论哉？若夫注释为词，解散论体，杂文虽异，总会是同。若秦延君之注《尧典》，十余万字；朱普之解《尚书》，三十万言，所以通人恶烦，羞学章句。若毛公之训《诗》，安国之传《书》，郑君之释《礼》，王弼之解《易》，要约明畅，可为式矣。说者，悦也；兑为口舌，故言咨悦怿；过悦必伪，故舜惊谗说。说之善者：伊尹以论味隆殷，太公以辨钓兴周，及烛武行而纾郑，端木出而存鲁，亦其美也。暨战国争雄，辨士云涌；从横参谋，长短角势；转丸骋其巧辞，飞钳伏其精术。一人之辨，重于九鼎之宝；三寸之舌，强于百万之师。六印磊落以佩，五都隐赈而封。至汉定秦楚，辨士弭节。郦君既毙于齐镬，蒯子几入乎汉鼎；虽复陆贾籍甚，张释傅会，杜钦文辨，楼护唇舌，颉颃万乘之阶，抵嘘公卿之席，并顺风以托势，莫能逆波而溯洄矣。夫说贵抚会，弛张相随，不专缓颊，亦在刀笔。范雎之言事，李斯之止逐客，并烦情入机，动言中务，虽批逆鳞，而功成计合，此上书之善说也。至于邹阳之说吴梁，喻巧而理至，故虽危而无咎矣；敬通之说鲍邓，事缓而文繁，所以历骋而罕遇也。凡说之枢要，必使时利而义贞，进有契于成务，退无阻于荣身。自非谲敌，则唯忠与信。披肝胆以献主，飞文敏以济辞，此说之本也。而陆氏直称“说炜晔以谲诳”，何哉？

又曰：敷赞圣旨，莫若注经。

【疏证】《文心雕龙·序志第五十》：夫“文心”者，言为文之用心也。昔涓子《琴心》，王孙《巧心》，心哉美矣，故用之焉。古来文章，以雕缛成体，岂取驺奭之群言雕龙也。夫宇宙绵邈，黎献纷杂，拔萃出类，智术而已。岁月飘忽，性灵不居，腾声飞实，制作而已。夫有肖貌天地，禀性五才，拟耳目于日月，方声气乎风雷，其超出万物，亦已灵矣。形同草木之脆，名逾金石之坚，是以君子处世，树德建言，岂好辩哉？不得已也！予生七龄，乃梦彩云若锦，则攀而采之。齿在逾立，则尝夜梦执丹漆之礼器，随仲尼而南行。旦而寤，乃怡然而喜。大哉！圣人之难见哉，乃小子之垂梦欤！自生人以来，未有如夫子者也。敷赞圣旨，莫若注经，而马、郑诸儒，弘之已精，就有深解，未足立家。唯文章之用，实经典枝条，五礼资之以成，六典因之致用，君臣所以炳焕，军国所以昭明，详其本源，莫非经典。而去圣久远，文体解散，辞人爱奇，言贵浮诡，饰羽尚画，文绣鞶帨，离本弥甚，将遂讹滥。盖《周书》论辞，贵乎体要，尼父陈训，恶乎异端，辞训之异，宜体于要。于是搦笔和墨，乃始论文。

又曰：秦延君之注《尧典》，十余万字；朱普之解《尚书》，三十万言。所以通人恶烦，羞学章句。若毛公训《诗》，安国传《书》，郑君释《礼》，王弼解《易》，要约明畅，可为式矣。

【疏证】《文心雕龙·论说第十八》：若夫注释为词，解散论体，杂文虽异，总会是同。若秦延君之注《尧典》，十余万字；朱普之解《尚书》，三十万言。所以通人恶烦，羞学章句。若毛公之训《诗》，安国之传《书》，郑君之释《礼》，王弼之解《易》，要约明畅，可为式矣。

项岱曰：孔子一定五经，垂之万世，后人不能改也。

【疏证】《文选》卷四五班孟坚《答宾戏》："宾戏主人曰：'盖闻圣人有一定之论，烈士有不易之分。'"李善注引项岱曰："谓庖羲、尧、舜、文王、周公、孔子也。论，论道化也。一定五经，垂之万世，后人不能改也。"

李先曰：经书，三皇五帝治化之典，可以补王者神智。

【疏证】《魏书》卷三三《李先传》：太祖问先曰："天下何书最善？可以益人神智。"先对曰："唯有经书——三皇五帝治化之典，可以补王者神智。"又问曰："天下书籍凡有几何？朕欲集之，如何可备？"对曰："伏羲创制，帝王相承，以至于今，世传国记、天文、秘纬不可计数，陛下诚欲集之，严制天下诸州郡县搜索，备送主之所好，集亦不难。"太祖于是班制，天下经籍稍集。

孙惠蔚曰：六经乃承天之正术，治人之贞范。是以温柔、疏远，《诗》《书》之教；恭俭、易良，《礼》《乐》之道；爻彖以精微为神，《春秋》以属辞为化。斯实太平之枢宗，胜残之要道，有国之灵基，帝王之盛业。

【疏证】《魏书》卷八四《孙惠蔚传》：世宗即位之后，仍在左右敷训经典，自冗从仆射迁秘书丞、武邑郡中正。惠蔚既入东观，见典籍未周，乃上疏曰："臣闻圣皇之御世也，必幽赞人经，参天二地，宪章典故，述遵鸿猷。故《易》曰：'观乎天文，以察时变；观乎人文，以化成天下。'然则六经、百氏，图书秘籍，乃承天之正术，治人之贞范。是以温柔、疏远，《诗》《书》之教；恭俭、易良，《礼》《乐》之道。爻彖以精微为神，《春秋》以属辞为化。故大训炳于东序，艺文光于麟阁。斯实太平之枢宗，胜残之要道，有国之灵基，帝王之盛业。安上靖民，敦风美俗，其在兹乎？及秦弃学术，礼经泯绝。减兴求访，典文载举，先王遗训，粲然复存。暨光武拨乱，日不暇给，而入洛之书二千余两。魏晋之世，尤重典坟，收亡集逸，九流咸备。观其鸠阅史篇，访购经论，纸竹所载，略尽无遗。臣学阙通儒，思不及远，徒循章句，片义无立，而兹造曲覃，厕班秘省，忝官承乏，唯书是司。而观阁旧典，先无定目，新故杂糅，首尾不全。有者累帙数十，无者旷年不写。或篇第褫落，始末沦残；或文坏字误，谬烂相属。篇目虽多，全定者少。臣今依前丞臣卢昶所撰《甲乙新录》，欲裨残补阙，损并有无，校练句读，以为定本，次第均写永为常式。其省先无本者，广加推寻，搜求令足。然经记浩博，诸子纷纶，部帙既多，章篇纰缪，当非一二校书，岁月可了。今求令四门博士及在京儒生四十人，在秘书省专精校考，参定字义。如蒙听许，则典文允正，群书大集。”诏许之。

颜之推曰：文章者，原出五经。诏命策檄，生于《书》者也；叙述论议，生于《易》者也；歌咏赋颂，生于《诗》者也；祭祀哀诔，生于《礼》者也；书奏箴铭，生于《春秋》者也。

【疏证】语见颜之推《颜氏家训》卷四《文章第九》。参见王利器《颜氏家训集解》，中华书局增订本第237页。

王通曰：九师兴而《易》道微，《三传》作而《春秋》散。齐、韩、毛、郑，《诗》之末也。大戴、小戴，《礼》之衰也。《书》残于古今，《诗》（或曰：“当作论。”①）失于齐、鲁。

【疏证】王通《中说》卷二《天地篇》：子曰：“盖九师兴而《易》道微，《三传》作而《春秋》散。”贾琼曰：“何谓也？”子曰：“白黑相渝，能无微乎？是非相扰，能无散乎？故齐、韩、毛、郑，《诗》之末也。大戴、小戴，《礼》之衰也。《书》残于古今，《诗》失于齐鲁，汝知之乎？”贾琼曰：“然则无师无传可乎？”子曰：“神而明之，存乎其人。苟非其人，道不虚行。”

又曰：昔圣人述史三焉：其述《书》也，帝王之制备矣，故

① 今按：或曰非也。当作“诗”。宋阮逸注：“齐辕固生治《诗》，为博士，齐人宗之。鲁申公汉初为儒学，鲁人宗之。于是有齐、鲁《诗》。”

索焉而皆获；其述《诗》也，兴衰之由显，故究焉而皆得；其述《春秋》也，邪正之迹明，故考焉而皆当。

【疏证】王通《中说》卷一《王道篇》：子谓薛收曰：昔圣人述史三焉：其述《书》也，帝王之制备矣，故索焉而皆获；其述《诗》也，兴衰之由显，故究焉而皆得；其述《春秋》也，邪正之迹明，故考焉而皆当。此三者同出于史，而不可杂也，故圣人分焉。

又曰：《书》以辨事，《诗》以正性，《礼》以制行，《乐》以和德，《春秋》以举往，《易》以知来，先王之蕴尽矣。

【疏证】王通《中说》卷八《魏相篇》：子曰："《书》以辨事，《诗》以正性，《礼》以制行，《乐》以和德，《春秋》元经以举往，《易》以知来，先王之蕴尽矣。"

姚义曰：教之以《诗》，则出辞气，斯远暴慢矣。约之以《礼》，则动容貌，斯立威严矣。不学《春秋》，无以主断；不学《乐》，无以知和；不学《书》，无以议制；不学《易》，无以通理。

【疏证】王通《中说》卷九《立命篇》：门人有问姚义孔庭之法曰："《诗》曰礼不及四经，何也？"姚义曰："尝闻诸夫子（原注：夫子谓文中子）矣：《春秋》断物，志定而后及也；《乐》以和德，全而后及也；《书》以制法，从事而后及也；《易》以穷理，知命而后及也；故不学《春秋》，无以主断；不学《乐》，无以知和；不学《书》，无以议制；不学《易》，无以通理。四者非具，体不能及，故圣人后之。岂养蒙之具耶？"或曰："然则《诗》《礼》何为而先也？"义曰："夫教之以《诗》，则出辞气，斯远暴慢矣。约之以《礼》，则动容貌，斯立威严矣。"

牛弘曰：周德既衰，经籍紊弃。孔子以大圣之才，开素王之业，宪章祖述，制《礼》刊《诗》，正五始而修《春秋》，阐《十翼》而弘《易》道。

【疏证】《隋书》卷四九《牛弘传》：牛弘，字里仁，安定鹑觚人也，本姓寮氏。祖炽，郡中正。父允，魏侍中、工部尚书、临泾公，赐姓为牛氏。弘初在襁褓，有相者见之，谓其父曰："此儿当贵，善爱养之。"及长，须貌甚伟，性宽裕，好学博闻。在周，起家中外府记室、内史上士。俄转纳言上士，专掌文翰，甚有美称。加威烈将军、员外散骑侍郎，修起居注。其后袭封临泾公。宣政元年，转内史下大夫，进位使持节、大将军，仪同三司。开皇初，迁授散骑常侍、秘书监。弘以典籍遗逸，上表请开献书之路，曰："经籍所兴，由来尚矣。爻画肇于庖羲，文字生于苍颉。圣人所以弘宣教导，博通古今，扬于王庭，肆于时夏。故尧称至圣，犹考古道而言；舜其大智，尚观古人之象。《周官》外史掌三皇五帝之书，及四方之志。武王问黄帝、颛顼之道，太公曰："在《丹书》。"是知握符御历，有国有家者，曷尝不以《诗》《书》而为教，因礼乐而成功也。昔周德既衰，旧经紊弃。孔子以大圣之才，开素王之业，宪章祖述，制《礼》刊《诗》，正五始而修《春秋》，阐《十翼》而弘《易》道。治国立身，作范垂法。及秦皇驭宇，吞灭诸侯，任用威力，事不师古，始下焚书之令，行偶语之刑。先王坟籍，扫地皆尽。本既先亡，从而颠覆。臣以图谶言之，经典盛衰，信有徵数。此则书之一厄也。汉兴，改秦之弊，敦尚儒术，建藏书之策，置校书之官，屋壁山岩，往往间出。外有太常、太史之藏，内有延阁、秘书之府。至孝成之世，亡逸尚多，遣谒者陈农求遗书于天下，诏刘向父子雠校篇籍。汉之典文，于斯为盛。及王莽之末，长安兵起，宫室图书，并从焚烬。此则书之二厄也。光武嗣兴，尤重经诰，未及下车，先求文雅。于是鸿生巨儒，继踵而集，怀经负帙，不远斯至。肃宗亲临讲肄，和帝数幸书林，其兰台、石室，鸿都、东观，秘牒填委，更倍于前。及孝献移都，吏民扰乱，图书缣帛，皆取为帷囊。所收而西，裁七十余乘。属西京大乱，一时燔荡。此则书之三厄也。魏文代汉，更集经典，皆藏在秘书、内外三阁，遣秘书郎郑默删定旧文。时之论者，美其朱紫有别。晋氏承之，文籍尤广。晋秘书监荀勖定魏《内经》，更著《新簿》。虽古文旧简，犹云有缺，新章后录，鸠集已多，足得恢弘正道，训范当世。属刘、石凭陵，京华覆灭，朝章国典，从而失坠。此则书之四厄也。永嘉之后，寇窃竞兴。因河据洛，跨秦带赵。论其建国立家，虽传名号，宪章礼乐，寂灭无闻。刘裕平姚，收其图籍，五经子史，才四千卷，皆赤轴青纸，文字古拙。僭伪之盛，莫过二秦，以此而论，足可明矣。故知衣冠轨物，图画记注，播迁之余，皆归江左。晋、宋之际，学艺为多，齐、梁之间，经史弥盛。宋秘书丞王俭，依刘氏《七略》，撰为《七志》。梁人阮孝绪亦为《七录》，总其书数，三万余卷。及侯景渡江，破灭梁室，秘省经籍，虽从兵火，其文德殿内书史宛然犹存。萧绎据有江陵，遣将破平侯景，收文德之书及公私典籍，重本七万余卷悉送荆州。故江表图书因斯尽萃于绎矣。及周师入郢，绎悉焚之于外城，所收十才一二。此则书之五厄也。后魏爰自幽方，迁宅伊、洛，日不暇给，经籍阙如。周氏创基关右，戎车未息。保定之始，书止八千，后加收集，方盈万卷。高氏据有山东，初亦采访，验其本目，残缺犹多。及东夏初平，获其经史，四部重杂，三万余卷。所益旧书，五千而已。今御书单本合一万五千余卷，部帙之间仍有残缺。比梁之旧目，止有其半。至于阴阳河洛之篇，医方图谱之说，弥复为少。臣以经书自仲尼已后，迄于当今，年逾千载，数遭五厄，兴集之期，属膺圣世。伏惟陛下受天明命，君临区宇，功无与二，德冠往初。自华夏分离，彝伦攸斁，其间虽霸王递起，而世难未夷，欲崇儒业，时或未可。今土宇迈于三王，民黎盛于两汉，有人有时，正在今日。方当大弘文教，纳俗升平，而天下图书，尚有遗逸，非所以仰协圣情，流训无穷者也。臣史籍是司，寝兴怀惧。昔陆贾奏汉祖云：'天下不可马上治之。'① 故知经邦立政，在于典谟矣。为国之本，莫此攸先。今秘藏见书，亦足披览，但一时载籍，须令大备。不可王府所无，私家乃有。然士民殷杂，求访难知，纵有知

---

① 陆贾曰："陛下马上得之，不可马上治之。"

者，多怀吝惜，必须勒之以天威，引之以微利。若猥发明诏，兼开购赏，则异典必臻，观阁斯积，重道之风，超于前世，不亦善乎！”

《隋书·经籍志》曰：经籍也者，机神之妙旨，圣哲之能事，其为用大矣。今之所以知古，后之所以知今，其斯之谓也。

【疏证】《隋书》卷三二《经籍志》：夫经籍也者，机神之妙旨，圣哲之能事，所以经天地，纬阴阳，正纪纲，弘道德，显仁足以利物，藏用足以独善。学之者将殖焉，不学者将落焉。大业崇之，则成钦明之德；匹夫克念，则有王公之重。其王者之所以树风声，流显号，美教化，移风俗，何莫由乎斯道。故曰：其为人也，温柔敦厚，《诗》教也；疏通知远，《书》教也；广博易良，《乐》教也；洁静精微，《易》教也；恭俭庄敬，《礼》教也；属辞比事，《春秋》教也。遭时制宜，质文迭用，应之以通变，通变之以中庸。中庸则可久，通变则可大。其教有适，其用无穷。实仁义之陶钧，诚道德之橐籥也。其为用大矣，随时之义深矣，言无得而称焉。故曰：不疾而速，不行而至。今之所以知古，后之所以知今，其斯之谓也。是以大道方行，俯龟象而设卦；后圣有作，仰鸟迹以成文。书契已传，绳木弃而不用；史官既立，经籍于是与焉。

《北史·儒林传》曰：汉世，郑玄并为众经注解，服虔、何休，各有所说。玄《易》《诗》《书》《礼》《论语》《孝经》，虔《左氏春秋》，休《公羊传》，大行于河北。王肃《易》亦间行焉。晋世，杜预注《左氏》。预玄孙坦，坦弟骥，于宋朝并为青州刺史，传其家业，故齐地多习之。自魏末，大儒徐遵明门下讲郑玄所注《周易》。遵明以传卢景裕及清河崔瑾。景裕传权会、郭茂。权会早入邺都，郭茂恒在门下教授，其后能言《易》者，多出郭茂之门。河南及青齐之间，儒生多讲王辅嗣所注，师训盖寡。齐时，儒士罕传《尚书》之业，徐遵明兼通之。遵明受业于屯留王聪，传授浮阳李周仁及渤海张文敬、李铉、河间权会，并郑康成所注，非古文也。下里诸生，略不见孔氏注解。武平末，刘光伯、刘士元始得费甝《义疏》，乃留意焉。其《诗》《礼》《春秋》，尤为当时所尚，诸生多兼通之。《三礼》并出遵明之门。徐传业于李铉、祖俊、田元凤、冯传、纪显敬、吕黄龙、夏怀敬。李铉又传授刁柔、张买奴、鲍季详、邢峙、刘昼、熊安生。安生又传孙灵晖、郭仲坚、丁恃德。其后生能通《礼经》者，多是安生门人。诸生尽通《小戴礼》。于《周》《仪礼》兼通者，十二三焉。通《毛诗》者，多出于魏朝刘献之。献之传李周仁。周仁传董令度、程归则。归则传刘敬和、张思伯、刘轨思。其后能言《诗》者，多出二刘之门。河北诸儒能通《春秋》者，并服子慎所注，亦出徐生之门。张买奴、马敬德、邢峙、张思伯、张奉礼、张彫、刘昼、鲍长宣、王元则并得服氏之精微。又有卫觊、陈达、潘叔虔，虽不传徐氏之门，亦为通解。又有姚文安、秦道静，初亦学服氏，后兼更讲杜元凯所注。其河外儒生，俱服膺杜氏。其《公羊》《穀梁》二传，儒者多不厝怀。《论语》《孝经》，诸学徒莫不通讲。诸儒如权会、李钦、刁柔、熊安生、刘轨思、马敬德之徒，多自出义疏。虽曰专门，亦皆相祖习也。大抵南北所为章句，好尚互有不同。江左，《周易》则王辅嗣，《尚书》则孔安国，《左传》则杜元凯。河洛，《左传》则服子慎，《尚书》《周易》则郑康成。《诗》则并主于毛公，《礼》则同遵于郑氏。南人约简，得其英华；北学深芜，穷其枝叶。考其终始，要其会归，其立身成名，殊方同致矣。

【疏证】《北史·儒林传》：汉世，郑玄并为众经注解，服虔、何休，各有所说。玄《易》《诗》《书》《礼》《论语》《孝经》，虔《左氏春秋》，休《公羊传》，大行于河北。王肃《易》，亦间行焉。晋世，杜预注《左氏》。预玄孙坦，坦弟骥，于宋朝并为青州刺史，传其家业，故齐地多习之。自魏末，大儒徐遵明门下讲郑玄所注《周易》。遵明以传卢景裕及清河崔瑾。景裕传权会、郭茂。权会早入邺都，郭茂恒在门下教授，其后能言《易》者，多出郭茂之门。河南及青齐之间，儒生多讲王辅嗣所注，师训盖寡。齐时，儒士罕传《尚书》之业，徐遵明兼通之。遵明受业于屯留王聪，传授浮阳李周仁及渤海张文敬、李铉、河间权会，并郑康成所注，非古文也。下里诸生，略不见孔氏注解。武平末，刘光伯、刘士元始得费甝《义疏》，乃留意焉。其《诗》《礼》《春秋》，尤为当时所尚，诸生多兼通之。《三礼》并出遵明之门。徐传业于李铉、祖儁、田元凤、冯传、纪显敬、吕黄龙、夏怀敬。李铉又传授刁柔、张买奴、鲍季详、邢峙、刘昼、熊安生。安生又传孙灵晖、郭仲坚、丁恃德。其后生能通《礼经》者，多是安生门人。诸生尽通《小戴礼》。于《周》《仪礼》兼通者，十二三焉。通《毛诗》者，多出于魏朝刘献之。献之传李周仁。周仁传董令度、程归则。归则传刘敬和、张思伯、刘轨思。其后能言《诗》者，多出二刘之门。河北诸儒能通《春秋》者，并服子慎所注，亦出徐生之门。张买奴、马敬德、邢峙、张思伯、张奉礼、张彫、刘昼、鲍长宣、王元则并得服氏之精微。又有卫觊、陈达、潘叔虔，虽不传徐氏之门，亦为通解。又有姚文安、秦道静，初亦学服氏，后兼更讲杜元凯所注。其河外儒生，俱服膺杜氏。其《公羊》《穀梁》二传，儒者多不厝怀。《论语》《孝经》，诸学徒莫不通讲。诸儒如权会、李钦、刁柔、熊安生、刘轨思、马敬德之徒，多自出义疏。虽曰专门，亦皆相祖习也。大抵南北所为章句，好尚互有不同。江左，《周易》则王辅嗣，《尚书》则孔安国，《左传》则杜元凯。河洛，《左传》则服子慎，《尚书》《周易》则郑康成。《诗》则并主于毛公，《礼》则同遵于郑氏。南人约简，得其英华；北学深芜，穷其枝叶。考其终始，要其会归，其立身成名，殊方同致矣。

长孙无忌曰：昔者圣人制作谓之为经，传师所说则谓之为传，丘明、子夏于《春秋》《礼经》作传是也。近代以来，兼经注而明之则谓之为义疏。疏之为字，本以疏阔、疏远立名。又《广雅》云："疏者，识也。"按：疏训识，则书疏记识之道存焉。

【疏证】唐长孙无忌等《唐律疏义》卷一：昔者圣人制作，谓之为经；传师所说，则谓之为传。此则丘明、子夏于《春秋》《礼经》作传是也。近代以来，兼经注而明之，则谓之为义疏。疏之为字，本以疏阔、疏远立名。又《广雅》云："疏者，识也。"按：疏训识，则书疏记识之道存焉。

陆德明曰：五经六籍，先后次第互有不同。如《礼记·经解》之说，以《诗》为首；《七略》《艺文志》所记，《周易》居前；阮孝绪《七录》亦同此次，而王俭《七志》孝经为初。原其后前，义各有旨。今当以著述早晚，经义总别以成次第。

《周易》：虽文起周代，而卦肇伏羲，既处名教之初，故《易》为七经之首。

《尚书》：起五帝之末，理后三皇之经，故次于《易》。

《诗》：起周文，又兼商颂，故在尧舜之后，次于《书》。

《周》《仪》二《礼》：并周公所制，宜次文王。

《礼记》：虽为戴圣所录，然忘名已久。又记二礼阙遗，宜相从次于《诗》下。

《春秋》：孔子所作，理当后于周公，故次于《礼》。

《孝经》：与《春秋》虽俱夫子述作，然《春秋》周公垂训，史书旧章，《孝经》专是夫子之意，故宜在《春秋》之后。

《论语》：是门徒所记，故次《孝经》。

《尔雅》：周公。复为后人所益，且以释经，故殿末焉。

【疏证】唐陆德明《经典释文·序录·次第》：五经六籍，圣人设教，训诱机要，宁有短长？然时有浇淳，随病投药，不相沿袭，岂无后先？所以次第互有不同。如《礼记·经解》之说，以《诗》为首；《七略》《艺文志》所记，用《易》居前，阮孝绪《七录》亦同此次；而王俭《七志》，《孝经》为初。原其后前，义各有旨。今欲以著述早晚，经义总别，以成次第，出之如左。

《周易》：虽文起周代，而卦肇伏羲，既处名教之初，故《易》为七经之首。《周礼》有"三易"，《连山》久亡，《归藏》不行于世，故不详录。

《古文尚书》：既起五帝之末，理后三皇之经，故次于《易》。伏生所诵，是曰今文，阙谬处多，故不别记。马、郑所有同异，今亦附之音后。

《毛诗》：既起周文，又兼商颂，故在尧舜之后，次于《易》《书》。《诗》虽有四家，齐、鲁、韩世所不用，今亦□□①不取。

《三礼》：《周》《仪》二《礼》，并周公所制，宜次文王；《礼记》虽有戴圣所录，然忘名已久，又记二礼阙遗，□□②相从次于《诗》下。《三礼》次第，《周礼》为本，《仪礼》为末，先后可见。然古有《乐经》，谓之六籍，灭亡既久，今亦阙焉。

《春秋》：既是孔子所作，理当后于周公，故次于《礼》。左丘明受经于仲尼，公羊高受之于子夏，榖梁赤乃后代传闻。《三传》次第自显。

《孝经》：虽与《春秋》俱是夫子述作，然《春秋》周公垂训，史书旧章，《孝经》专是夫子之意，故宜在《春秋》之后。《七志》以《孝经》居《易》之首，今所不同。

《论语》：此是门徒所记，故次《孝经》。《艺文志》及《七录》以《论语》在《孝经》前，今不同此次。

《老子》：虽人不在末，而众家皆以为子书，在经典之后，故次于《论语》。

《庄子》：虽是子书，人又最后，故次《老子》。

《尔雅》：《尔雅》周公③，复为后人所益，既释于经，又非□□□④次，故殿末焉。众家皆以《尔雅》居经典之后，在诸子之前，今微为异。

---

① 黄焯《经典释文汇校》第3页："空白处宋本缺。或补'课士'二字，非是。"

② 空白处宋本缺。或补"依类"二字。

③ 吴承仕《经典释文序录疏证》第24页："卢曰：'周公下脱所作二字。'按：《释诂》一篇盖周公所作，《释言》以下，或言仲尼所增，子夏所足，叔孙通所益，梁文所补。张揖之论详矣。是旧说为周公所作者仅《释诂》一篇，则卢校亦未能定也。"

④ 黄焯《经典释文汇校》第3页："宋本缺。或补'老庄比'三字。"又或补'记传之'三字。

姚思廉曰：两汉登贤，咸资经术。魏晋浮荡，儒教沦歇，公卿士庶，罕通经业矣。夫砥身砺行，必先经术，树国崇家，率由兹道，故王政因之而至治，人伦得之而攸序。

【疏证】唐姚思廉《陈书·儒林传》：盖今儒者，本因古之六学，斯则王教之典籍，先圣所以明天道，正人伦，致治之成法也。秦始皇焚书坑儒，六学自此缺矣。汉武帝立五经博士，置弟子员，设科射策，劝以官禄，其传业者甚众焉。自两汉登贤，咸资经术。魏、晋浮荡，儒教沦歇，公卿士庶，罕通经业矣。宋、齐之间，国学时复开置。梁武帝开五馆，建国学，总以五经教授，经各置助教云。武帝或纡銮驾，临幸庠序，释奠先师，躬亲试胄，申之宴语，劳之束帛，济济焉斯盖一代之盛矣。高祖创业开基，承前代离乱，衣冠殄尽，寇贼未宁，既日不暇给，弗遑劝课。世祖以降，稍置学官，虽博延生徒，成业盖寡。今之采缀，盖亦梁之遗儒云。……史臣曰：夫砥身励行，必先经术，树国崇家，率由兹道，故王政因之而至治，人伦得之而攸序。若沈文阿之徒，各专经授业，亦一代之鸿儒焉。文阿加复草创礼仪，盖叔孙通之流亚矣。

刘知几曰：圣贤述作，是曰经典。句皆韶夏，言尽琳琅。

【疏证】语见刘知几《史通·隐晦》。

又曰：《书》编典诰，宣父辨其流。《诗》列风雅，卜商通其义。

【疏证】语见刘知几《史通·探赜》。

又曰：《尚书》古文，六经之冠冕也。《春秋》左氏，三传之雄霸也。

【疏证】语见刘知几《史通·鉴识》。

又曰：昔《诗》《书》已成，而毛、孔立传。传之时义，以训诂为主，亦犹《春秋》之传，配经而行也，降及中古，始名传曰注。盖传者，转也，转授于无穷。注者，流也，流通而靡绝。惟此二名，其归一揆。郑玄、王肃述五经而各异，何休、马融论三传而竞美，欲加商榷，其流实繁。

【疏证】语见刘知几《史通·补注》。

赵俣曰：昔牺后作《易》，周公创《礼》，孔父修《雅》。若三圣不作，则后王何述？故天地非宓皇不昭，长幼非周公不序，雅颂又非孔子不列矣。

【疏证】唐张怀瓘《书断》卷下引赵俣（字克勋）《系论》：昔牺后作《易》，周公创《礼》，孔父修《雅》，岂徒异之而已，将实大造化之根，出君臣之义，考风俗之正耳。若三圣不作，则后王何述？故天地非伏皇不昭，长幼非周公不序，雅颂又非孔子不列矣。是三圣者，所谓能弘其道而由之也。兹又论夫文字，发轫笺翰，殊出本于其初，以迄今代，三千余载，眇然难知。而书断之为义也，闻我后之所好，述古能以方之，不谓其智乎？较前人之尤工，陈清颂以别之，不谓其白乎？体物备象，有《大易》之制；纪时录号，同《春秋》之典。自古文逮草迹，列十书而详其祖，首神品至能笔，出三等而备厥，人所谓执简之太素，含毫之万象，申之宇宙，能事斯毕矣。若是夫古或作之有不能评之，评之有不能文之，今斯书也，统三美而绝举，成一家以孤振，虽非孔父所刊，犹是丘明同事，伟哉！独哉！君哉！臣哉！前载所不述，非夫人之能谁究哉？

李元瓘曰：《三礼》《三传》《毛诗》《尚书》《周易》，并圣贤微旨。今明经所习，咸以《礼记》文顺，人皆竞读。《周礼》，经邦之轨则；《仪礼》，庄敬之楷模；《公羊》《穀梁》，历代崇习。今两监及州县以独学无友，四经殆绝，事资训诱，不可因循，宜令四海均习，九经该备。

【疏证】唐杜佑《通典》卷一五《选举三》：开元八年七月国子司业李元瓘上言："《三礼》《三传》及《毛诗》《尚书》《周

易》等，并圣贤微旨。生徒教业，必事资经，远则斯道不坠。今明经所习，务在出身，咸以《礼记》文少，人皆竞读。《周礼》，经邦之轨则；《仪礼》，庄敬之楷模；《公羊》《穀梁》，历代崇习。今两监及州县以独学无友，四经殆绝，事资训诱，不可因循。其学生请停，各量配作业，并贡人参试之日，凡习《周礼》《仪礼》《公羊》《穀梁》并请帖十通五，许其入第，以此开劝，即望四海均习，九经该备。”从之。

吴兢曰：贞观四年，太宗以经籍去圣久远，文字讹谬，诏前中书侍郎颜师古，于秘书省考定五经。及功毕，复诏尚书左仆射房玄龄，集诸儒重加详议。时诸儒传习师说，舛谬已久，皆共非之，异端蜂起。师古辄引晋宋以来古本，随方晓答，援据详明，皆出其意表，诸儒莫不叹伏。太宗称善者久之，赐帛五百段，加授通直散骑常侍，颁其所定书于天下，令学者习焉。太宗又以儒家多门，章句繁杂，诏师古与国子祭酒孔颖达等诸儒，撰定五经疏义，凡一百八十卷，名曰《五经正义》，付国学施行。

【疏证】唐吴兢《贞观政要》卷七《崇儒学第二十七》：贞观四年，太宗以经籍去圣久远，文字讹谬，诏前中书侍郎颜师古于秘书省考定五经。及功毕，复诏尚书左仆射房玄龄集诸儒重加详议。时诸儒传习师说，舛谬已久，皆共非之，异端蜂起。而师古辄引晋、宋已来古本，随方晓答，援据详明，皆出其意表，诸儒莫不叹服。太宗称善者久之，赐帛五百匹，加授通直散骑常侍，颁其所定书于天下，令学者习焉。太宗又以文学多门，章句繁杂，诏师古与国子祭酒孔颖达等诸儒，撰定五经疏义，凡一百八十卷，名曰《五经正义》，付国学施行。

薛放曰：经者，古先圣之至言，多仲尼所发明，皆天人之极致，万代不刊之典也。《论语》者，六经之精华；《孝经》者，人伦之大本。

【疏证】《旧唐书》卷一五五：穆宗常谓侍臣曰：“朕欲习学经

史，何先？”放对曰：“经者，先圣之至言，仲尼之所发明，皆天人之极致，诚万代不刊之典也。史记前代成败得失之迹，亦足鉴其兴亡。然得失相参，是非无准的，固不可为经典比也。”帝曰：“六经所尚不一，志学之士白首不能尽通，如何得其要？”对曰：“《论语》者，六经之菁华；《孝经》者，人伦之本。穷理执要，真可谓圣人至言。是以汉朝《论语》首列学官，光武令虎贲之士皆习《孝经》，玄宗亲为《孝经》注解，皆使当时大理，四海乂宁。盖人知孝慈，气感和乐之所致也。”上曰：“圣人以孝为至德要道，其信然乎！”

宋李昉等《太平御览》卷六〇八引《唐书》曰：长庆中，上谓兵部侍郎薛放曰：“为学经史，何先？”放对曰：“经者，古先圣之至言，多仲尼所发明，皆天人之极致，万代不刊之典也。史则历纪成败，杂书善恶各录当时之事，亦是鉴其兴亡，然得失相参，是非无所准的，固不可以典籍比论也。”上曰：“六经所尚不一，志学之士白首不能尽通，如何得其要乎？”对曰：“《论语》者，六经之菁华；孝经者，人伦之大本。穷理之要，真可谓圣人至言。是以汉朝《论语》首列学官，光武令虎贲之士皆习《孝经》，玄宗亲为《孝经》注解，皆使当时大理，海内乂安，人知孝节气，感和乐之所致也。”上曰：“圣人谓孝为至德要道，其信然矣。”

成伯（瑜）[玙] 曰：何晏《论语》、杜元凯《春秋》名为集解，蔡邕注《月令》谓之章句，范宁注《穀梁》谓之解，何休注《公羊》谓之学，郑玄谓之笺。盖序者，绪也，如茧丝之有绪，申其述作之意也。诂者，古也，谓古人之言与今有异。古谓之厥，今谓之其；古谓之权舆，今谓之始是也。训者，谓别有意义，传者注之，别名也。传承师说谓之为传，出自己意即为注。笺者，表也。毛公之传有所滞隐，及不曲尽义类，重表明之。述作之体，不欲相因耳。

【疏证】唐成伯玙《毛诗指说·解说第二》：诂者，古也，谓古人之言与今有异。古谓之厥，今谓之其；古谓之权舆，今谓之始是也。训者，谓别有意义，与《尔雅》一篇略同。肃肃，敬也；雍雍，和也；戚施，面柔也；籧篨，口柔也；无念，念也；之子，是子也。此谓之训也。传者，注之别名也。传承师说谓之为传，出自己意即为注。注起孔安国，传有郑康成。又或不名传注，而别谓之义，皆以解经也。何晏、杜元凯名为集解，蔡邕注《月令》谓之章句，范宁注《穀梁》谓之解，何休注《公羊》为学，郑玄谓之笺，亦无义例。述作之体，不欲相因耳。序者，绪也，如茧丝之有绪，申其述作之意也。亦与义同。今学者以为大序皆是子夏所作，未能无惑。如《关雎》之序，首尾相结，冠束《二南》，故昭明太子亦云《大序》是子夏全制，编入《文选》。其余众篇之《小序》，子夏唯裁初句耳，至也字而止。"《葛覃》，后妃之本也"，"《鸿雁》，美宣王也"，如此之类是也。其下皆是大毛自以诗中之意而系其辞也。后人见序下有注，又云东海卫宏所作，事虽两存，未为允当，当是郑玄于毛公传下即得称笺，于毛公序末略而为注耳。毛公作传之日，汉兴，已亡其六篇，但据亡篇之小序，惟有一句，毛既不见诗体，无由得措其辞也。又高子是战国时人，在子夏之后。当子夏之世，祭皆有尸灵星之尸，子夏无为，取引一句之下多是毛公所如，非子夏明矣。笺者，表也，毛公之传有所滞隐，及不曲尽义类，重表明之。或云毛曾为北海太守，玄即北海高密人也，以爵里之隔，致有礼让文儒之道，其不然乎？

赵匡曰：立身入仕，莫先于《礼》；《尚书》明王道，《论语》首百行，《孝经》德之本，学者所宜先习。

【疏证】唐杜佑《通典》卷一七《选举五·杂论议中》：洋州刺史赵匡举选议曰：……立身入仕，莫先于《礼》；《尚书》明王道，《论语》首百行，《孝经》德之本，学者所宜先习。其明经通此，谓之两经，举《论语》《孝经》为之翼助，诸试帖一切请停。……故时人云：明经问策，礼试而已。所谓变实为虚，无益于政。

陆贽曰：仲尼叙礼乐，删《诗》《书》，修《春秋》，广《易》道，六经之义，所尚各殊。

【疏证】唐陆贽《翰苑集》卷六《策问博通坟典达于教化科》：皇帝若曰："朕承祖宗之鸿烈，获主神器，任大守重，惧不克堪，思与贤士大夫共康理道，虚襟以伫，侧席以求，而群议纷然，所见异指，或牵古义而不变，或趋时会而不经，依违以来，七年于兹矣。国制多缺，朕甚恧焉。今子大夫博习坟典，深明教化，褎然充举，咸造于庭，其极思精心，以喻朕之未寤。"仲尼叙《礼》《乐》，删《诗》《书》，修《春秋》，广《易》道，六经之教，所尚各殊，岂学者修行，理当区别，将圣人立意本异宗源，施之于时，孰为先后？考之于道，何者浅深？差次等伦，指明其义。夫知本乃能通于变，学古所以行于今。

权德舆曰：汉用经术以都贵位，传古义以决疑狱，诚为理之本也。

【疏证】宋李昉等编《文苑英华》卷四七五：权德舆《策进士问五道·第一问》：六经之后，百氏塞路，微言大义，寖以乖绝，使昧者耗日力，以灭天理，去夷道，而趋曲学，利诱于内，不能自还。汉庭用经术以升贵位，传古义以决疑狱，诚为理之本也。

韩愈曰：《书》与《易》《春秋》，经也，圣人于是乎尽其心焉。

【疏证】韩愈《进士策问十三首》：问：《书》称："汝则有大疑，谋及乃心，谋及卿士，以至于庶人，龟筮考其从违，以审吉凶。"则是圣人之举事兴为，无不与人共之者也。于《易》则又曰："君不密则失臣，臣不密则失身。幾事不密，则害成。"而《春秋》亦有讥漏言之词。如是，则又似不与人共之而独运者也。《书》与《易》《春秋》，经也，圣人于是乎尽其心焉耳矣。其文相戾悖如此，欲人之无疑，不可得已。是二说者，其信有是非乎？抑所指各殊，而学者不之能察也。谅非深考古训，读圣人之书者，其何能辨之。

又曰：《春秋》谨严，《左氏》浮夸，《易》奇而法，《诗》正而葩。

【疏证】韩愈《进学解》：《春秋》谨严，《左氏》浮夸，《易》奇而法，《诗》正而葩。下逮庄、骚，太史所录，子云、相如，同工异曲。先生之于文，可谓闳其中而肆其外矣。

柳宗元曰：文者以明道，本之《书》以求其质，本之《诗》以求其恒，本之《礼》以求其宜，本之《春秋》以求其断，本之《易》以求其动，此所以取道之原也。

【疏证】唐柳宗元《柳河东集》卷三四《答韦中立书》：始吾幼且少，为文章以辞为工。及长，乃知文者以明道，是固不苟为炳炳烺烺，务采色、夸声音而以为能也。凡吾所陈，皆自谓近道，而不知道之果近乎？远乎？吾子好道，而可吾文，或者其与道不远矣。故吾每为文章，未尝敢以轻心掉之，惧其剽而不留也。未尝敢以怠心易之，惧其弛而不严也。未尝敢以昏气出之，惧其昧没而杂也。未尝敢以矜气作之，惧其偃蹇而骄也。抑之欲其奥，扬之欲其明，疏之欲其通，廉之欲其节，激而发之欲其清，固而存之欲其重，此吾所以羽翼夫道也。本之《书》以求其质，本之《诗》以求其恒，本之《礼》以求其宜，本之《春秋》以求其断，本之《易》以求其动，此吾所以取道之原也。参之穀梁氏以厉其气，参之孟、荀以畅其支，参之庄、老以肆其端，参之《国语》以博其趣，参之《离骚》以致其幽，参之太史公以著其洁，此吾所以旁推交通而以为之文也。

李翱曰：六经之辞，创意造言，皆不相师。故其读《春秋》也，如未尝有《诗》也；其读《诗》也，如未尝有《易》也；其读《易》也，如未尝有《书》也……义深则意远，意远则理辨，理辨则气直，气直则辞盛，辞盛则文工……此因学而知者也。

【疏证】唐李翱《李文公集》卷六《答朱载言书》：列天地，

立君臣，亲父子，别夫妇，明长幼，浃朋友，六经之旨也。浩乎若江海，高乎若丘山，赫乎若日火，包乎若天地。掇章称咏，津润怪丽。六经之词也，创意造言，皆不相师。故其读《春秋》也，如未尝有《诗》也；其读《诗》也，如未尝有《易》也；其读《易》也，如未尝有《书》也；其读屈原、庄周也，如未尝有六经也。故义深则意远，意远则理辨，理辨则气直，气直则辞盛，辞盛则文工。如山有恒、华、嵩、衡焉，其同者高也，其草木之荣不必均也。如渎有淮、济、河、江焉，其同者出源到海也，其曲直浅深、色黄白不必均也。如百品之杂焉，其同者饱于腹也，其味咸、酸、苦、辛不必均也。此因学而知者也。此创意之大归也。

白居易曰：天之文，三光首之。地之文，五材首之。人之文，六经首之。

【疏证】唐白居易《白氏长庆集》卷四五《与元九书》：夫文尚矣，三才各有文。天之文，三光首之。地之文，五材首之。人之文，六经首之。就六经言，《诗》又首之，何者？圣人感人心，而天下和平。感人心者，莫先乎情，莫始乎言，莫切乎声，莫深乎义。《诗》者，根情苗言，华声实义，上自贤圣，下至愚骇，微及豚鱼，幽及鬼神，群分而气同，形异而情一，未有声入而不应，情交而不感者。圣人知其然，因其言，经之以六义，缘其声，纬之以五音。音有韵，义有类，韵协则言顺，言顺则声易入。类举则情见，情见则感易交。于是乎孕大含深，贯微洞密，上下通而一气泰，忧乐合而百志熙。

[又曰]①：讲《诗》者以六义风赋为宗，不专于鸟兽草木之名也。读《书》者以五代典谟为旨，不专于章句诂训之文也。习《礼》者以上下长幼为节，不专于俎豆之数、裼袭之容也。学《乐》者以中和友孝为德，不专于节奏之变、缀兆之度也。夫然……故温柔敦厚之教，疏通知远之训，畅于中而发于外矣。庄敬

① “又曰”二字为笔者所加。原文将不同来源的文章误合为一。

威严之貌，易直子谅之心，行于上而流于下矣。

【疏证】唐白居易《白氏长庆集》卷六五《救学者之失》“礼乐诗书”条云：讲《诗》者以六义风赋为宗，不专于鸟兽草木之名也。读《书》者以五代典谟为旨，不专于章句诂训之文也。习《礼》者以上下长幼为节，不专于俎豆之数、裼袭之容也。学《乐》者以中和友孝为德，不专于节奏之变、缀兆之度也。夫然，则《诗》《书》无愚诬之失，《礼》《乐》无盈减之差，积而行立者乃升之于朝廷，习而事成者乃用之于宗庙，是故温柔敦厚之教，疏通知远之训，畅于中而发于外矣。庄敬威严之貌，易直子谅之心，行于上而流于下矣。则睹之者莫不承顺，闻之者莫不率从，管乎人情，出乎理道，欲人不化，上不安，其可得乎？

归崇敬曰：五经六籍，古先哲王致理之式也。

【疏证】《旧唐书》卷一四九：归崇敬，字正礼，苏州吴郡人也。……今太学既不教乐，于义则无所取，请改司业，一为左师，一为右师，位正四品。又以五经六籍，古先哲王致理①之式也。

陆龟蒙曰：六籍者，圣人之海也。

【疏证】唐陆龟蒙《笠泽丛书》卷四《蠏志》：今之学者，始得百家小说，而不知孟轲、荀、扬氏之道。或知之，又不汲汲于圣人之言，求大中之要，何也？百家小说，沮洳也；孟轲、荀、扬氏，圣人之渎也。六籍者，圣人之海也。苟不能舍沮洳而求渎，由渎以至于海，是人之智反出于水虫下，能不悲夫？

又曰：六籍中，独《诗》《书》《易》《春秋》，经圣人之手。《礼》、《乐》二《记》，虽载圣人之法，近出二戴，未能通一纯实，故时有龃龉不安者。

【疏证】唐陆龟蒙《笠泽丛书》卷二《复友生论文书》：我自

---

① 致理，犹致治。《资治通鉴·唐文宗开成五年》：“致理之要，在于辩群臣之邪正。”

小读六经、孟轲、扬雄之书，颇有熟者，求文之指趣规矩，无出于此。及子史，则曰：子近于经，经语古而微；史近书，书语直而浅。所言子近经，近何经？史近书，近何书？书则记言之史也。史近《春秋》，《春秋》则记事之史也。六籍中，独《诗》《书》《易象》与《鲁春秋》，经圣人之手耳。《礼》《乐》二《记》，虽载圣人之法，近出二戴，未能通一纯实，故时有龃龉不安者。盖汉代诸儒争撰而献之，求购金耳。记言记事，参错前后，曰经曰史，未可定其体也。案经解则悉谓之经，区而别之，则《诗》《易》为经，《书》与《春秋》实史耳。学者不当混而言之。

又曰：《经解》篇名出于戴圣。王辅嗣因之，以《易》为经。杜元凯因之，以《春秋》为经。按经解，则六籍悉谓之经，区而别之，则《诗》《易》为经，《书》与《春秋》其实史尔。

【疏证】唐陆龟蒙《笠泽丛书》卷二《复友生论文书》：且《经解》之篇句名出于戴圣耳。王辅嗣因之，以《易》为经。杜元凯因之，以《春秋》为经。孔子曰："学诗乎？学礼乎？"《易》之为书也，原始要终，知我以《春秋》，罪我以《春秋》，未尝称经。称经非是圣人旨也。……苟以六籍谓之经，习而称之可也，指司马迁、班固之书谓之史，何不思之甚乎！六籍之内，有经有史，何必下及子长、孟坚然后谓之史乎？孔子曰："吾犹及史之阙文也。"又曰："质胜文则野，文胜质则史。"又曰："董狐，古之良史也。"此则笔之曲直，体之是非，圣人悉论而辩之矣，岂须班马而后言史哉？以《诗》《易》为经，《书》与《春秋》为史，足矣，无待于外也。

王谠曰：大历以后学士：蔡广成《周易》，强蒙《论语》，啖助、赵匡、陆质《春秋》，施士丏《毛诗》，袁彝、仲子陵、韦彤、裴茝讲《礼》，章庭珪、薛伯高、徐阂通经。

【疏证】宋王谠《唐语林》卷二：大历已后，专学者，有蔡广成《周易》，强蒙《论语》，啖助、赵匡、陆质《春秋》，施士句《毛诗》，袁彝、仲子陵、韦彤、裴茝讲《礼》，章庭珪、薛伯高、徐润并通经。其余地里则贾仆射，兵赋则杜太保，故事则苏冕、蒋乂，历算则董纯，天文则徐泽，氏族则林宝。①

徐寅曰：温柔敦厚，出风雅之咏歌。比事属辞，本《春秋》之黜陟。协彼典教，谐斯礼文，广博而乐章，具有精微。而《易》象攸分，先王所以总斯御物也。

【疏证】徐寅《京兆府试入国知教赋》：天辟区宇，人尊帝王国。将入于封部，教先知于典章。不宰成功，乃合乾坤之德。无私鉴物，能齐日月之光。多士之操，修六经之楷式。将欲明其教，必在游于国。温柔敦厚，出风雅之咏歌。比事属词，本春秋之黜陟。协彼典教，谐斯礼文。广博而乐章，具有精微。而《易》象爰分，先王所以总斯御物。②

《新唐书·艺文志》曰：自六经焚于秦，而复出于汉，其师传之道中绝，而简编脱乱讹阙，学者莫得其本真，于是诸儒章句之学兴焉。其后，传、注、笺、解、义疏之流，转相讲述，而圣道粗明，然其为说固已不胜其繁矣。

【疏证】语见宋欧阳修《新唐书》卷五七《艺文志序》。

二、《经义考·通说二·说经中》疏证

宋太宗曰：六经之旨，圣人用心，固与子、史异矣。

【疏证】宋李焘《续资治通鉴长编》卷六五真宗：壬申，御崇

---

① 明胡应麟《少室山房笔丛》卷二二解释说："此所载中唐后经术士，皆史所略者。中惟啖、赵、贾、杜、苏、蒋稍见《唐书》，余大抵没没也。汉魏六朝诸人，儒林自有传，此不录。宋初，邢昺等尚多以注疏显。至洛、闽谭理，而经学迥别前代矣。"

② 《文苑英华》卷六九。

政殿，试贤良方正著作佐郎陈绛、溧水县令史良文、丹阳县主簿夏竦。先是，上谓宰臣曰：比设此科，欲求才识，若但考文义，则积举者方能中选，苟有济时之用，安得而知。朕以为，六经之旨，圣人用心，固与子史异矣。今策问宜用经义，参之时务。王旦曰：臣等每奉清问，语及儒教，未尝不以六经为首。迩来文风丕变，实由陛下化之。上因命两制各上策问，择而问焉。绛竦所对，入第四次等，擢绛为右正言，竦为光禄寺丞。竦德安人，承皓子也。①

真宗曰：经籍立言，各有旨趣，自不能无异同。

【疏证】宋曹彦约《经幄管见》卷二：景德四年，上问王旦：仲尼作《春秋》，因言五经大义，朕在藩邸时，邢昺继日讲说，但经籍立言，各有旨趣，不能无同异。每询于昺，但引义疏以对，推之圣人，应机设教，所说同异，终不能谈其微旨。至若孔子言管仲，如其仁，复云与召忽事公子纠，召忽死之，管仲乃归齐，相桓公，九合诸侯，岂非召忽以忠死，管仲不能固其节耶？为臣之道当若是乎？昺不能对。似此常别举故事明之。臣读毕，口奏：管氏之学，不粹于圣人之道，出处之际容有可议者，故其成功止于霸者之事而已。圣人于其人，或褒或贬，随其事而言之，不举一而废一，既以小器目之，又于其有三归而讥其焉得俭，于其树塞门而责其不知礼，爱而知其恶也。然至于纠合诸侯，不以兵车，一匡天下，民到于今受其赐，憎而知其善也。出处虽有可议，而功过不相掩矣。

孝宗曰：六经断简，阙疑可也，何必强为之说？

【疏证】宋周密《齐东野语》卷一"孝宗圣政"条：程泰之大昌以天官兼经筵，进讲《禹贡》，阙文疑义，疏说甚详，且多引外国幽奥地理，上颇厌之，宣谕宰执云："六经断简，阙疑可也，

---

① 宋陈均《九朝编年备要》卷七亦云："得陈绛、史良、夏竦，上曰：'六经之旨，圣人用心。今策问宜用经义，参之时务。'"此为节引，不及李焘《续资治通鉴长编》完备。

何必强为之说？且地理既非亲历，虽圣贤有所不知，朕殊不晓其说，想其治铨曹亦如此。”既而补外。①

理宗曰：治国平天下之道，无出于六经，《易》明其理，《书》正其事，《诗》通其情，周典详其礼，《春秋》志其变，记礼则杂纪焉者也。人主视六经格言，如金科玉条，罔敢逾越，则逸德鲜矣。

【疏证】宋潜说友《咸淳临安志》卷七：理宗皇帝：“朕观书契以来，人极茂建，圣贤大训，布在方策，其言治国平天下之道，无出于六经。而求之六经之要，一日不可违者，其惟天道乎？大概《易》明其理，《书》正其事，《诗》通其情，《周礼》《春秋》志其变，记礼则杂纪焉者也。人主知天之当，敬视六经格言，如金科玉条，罔敢逾越，则逸德鲜矣。仰惟祖宗丕灵，承帝事，抚有方夏，列圣垂谟，无一息不以敬天为心，国史登载，难以殚举，然未有不本于六经之旨。”

王禹偁曰：夫文传道而明心也。古圣人既不得已而为之，又欲句之难通，义之难晓，必不然矣。请以六经明之。夫岂难通难晓耶？今为文而舍六经，又何法焉？若第取《书》之所谓吊由灵，《易》之所谓朋盍簪者，摹其语而谓之古，亦文之敝矣。

【疏证】宋王禹偁《小畜集》卷一八《答张扶书》：夫文传道而明心也。古圣人不得已而为之也。且人能一乎心，至乎道，修身则无咎，事君则有立，及其无位也，惧乎心之所有，不得明乎外，道之所畜，不得传乎后，于是乎有言焉。又惧乎言之易泯也，于是乎有文焉。信哉，不得已而为之也。既不得已而为之，又欲乎句之难道邪？又欲乎义之难晓邪？必不然矣。请以六经明之。《诗》三百篇，皆俪其句，谐其音，可以播管弦，荐宗庙，子之所熟也。

---

① 《经义考》卷九三亦载之。《四库全书总目》卷十一《禹贡论》提要将《齐东野语》误作《癸辛杂识》。

《书》者，上古之书，二帝三王之世之文也，言古文者无出于此，则曰："惠迪吉，从逆凶。"又曰："德日新，万邦惟怀。志自满，九族乃离。"在《礼·儒行》者，夫子之文也，则曰"衣冠中，动作慎，大让如慢，小让如伪"云云者。在《乐》，则曰："鼓无当于五声五声，不得不和；水无当于五色五色，不得不彰。"在《春秋》，则全以属辞比事为教，不可备引焉。在《易》，则曰："乾道成男，坤道成女。日月运行，一寒一暑。"夫岂句之难道邪？夫岂义之难晓邪？今为文而舍六经，又何法焉？若第取其《书》之所谓吊由灵、《易》之所谓朋盍簪者，模其语而谓之古，亦文之弊也。①

李涂曰：《易》《书》《诗》《春秋》《仪礼》《礼记》《周礼》《论语》《大学》《中庸》《孟子》，皆圣贤明道经世之言。虽非为作文设，而千万世文章从是出焉。

【疏证】宋李耆卿《文章精义》②：《易》《诗》《书》《仪礼》《春秋》《论语》《大学》《中庸》《孟子》，皆圣贤明道经世之书。虽非为作文设，而千万世文章从是出焉。《国语》不如《左传》，《左传》不如《檀弓》，叙晋献公骊姬申生一事，繁简可见。

今按：朱彝尊《曝书亭集》卷三三《答胡司臬书》云：读执事之文，其辞闳以达，其体变而不穷，乃来教偻偻，抑何其语之谦也。古文之学不讲久矣，近时欲以此自鸣者，或摹仿司马氏之形模，或拾欧阳子之余唾，或局守归熙甫之绪论，未得古人之百一，辄高自位置，标榜以为大家，然终不足以眩天下之目而塞

① 宋张镃《仕学规范》卷三二引之，元王构《修辞鉴衡》卷二"六经之文易晓"条亦引之，四库本后者有阙文。

② 《四库全书》是书卷首提要云："《文章精义》，世无传本，诸家书目亦皆不载，惟《永乐大典》有之，但题曰李耆卿撰，而不著时代，亦不知耆卿为何许人。考焦竑《经籍志》，有李涂《文章精义》二卷，书名及李姓皆与此本相合，则耆卿或涂之字欤？载籍无征，其为一为二，盖莫之详矣。"司马按：《文章精义》在朱彝尊之世应该有传本。四库本系馆臣从《永乐大典》中辑出。

其口，集成而诋諆随之矣。仆之于文，不先立格，惟抒己之所欲言，辞苟足以达而止。恒自笑曰：平生无大过人处，惟诗词不入名家，文不入大家，庶几可以传于后耳。虽然，仆之为此，非名是务也，实也，其于文也非作伪也，诚也。来教谓法乎秦汉，不失为唐，法乎唐，不失为宋，于理诚然，若仆之所见秦汉唐宋，虽代有升降，要文之流委而非其源也。颜之推曰："文章者，原出五经。"而柳子厚论文亦曰："本之《书》以求其质，本之《诗》以求其恒，本之《礼》以求其宜，本之《春秋》以求其断，本之《易》以求其动。"王禹偁曰："为文而舍六经，又何法焉？"李涂曰："经虽非为作文设，而千万代文章从是出。"是则六经者，文之源也，足以尽天下之情之辞之政之心，不入于虚伪，而归于有用。执事诚欲以古文名家，则取法者莫若经焉尔矣。经之为教不一，六艺异科，众说之郛，大道之管，得其机神而阐明之，则为秦为汉为六朝为唐宋为元明，靡所不有，亦靡所不合，此谓取之左右而逢其原也。至于体制，必极其洁，于题，必择其正。每见南宋而后士人文集往往多颂德政上寿之言，览之令人作恶，此固执事之所不屑为，而仆恐有嬲执事为之者，冀执事力为淘汰，斯谷园之编足以不朽矣。①

又曰：六经是治世之文，《左传》《国语》是衰世之文。

【疏证】宋李耆卿《文章精义》：六经是治世之文，《左传》《国语》是衰世之文（《书·平王之命》一篇，已见衰世气象），《战国策》是乱世之文。

罗处约曰：六经，《易》以明人之权，《礼》以节民之情，《乐》以和民之心，《书》以叙九畴之秘，焕二帝之美；《春秋》以正君臣而敦名教；《诗》以正风雅而存规戒。

【疏证】《宋史》卷四四〇：罗处约，字思纯，益州华阳人，唐酷吏希奭之裔孙。伯祖衮，唐末为谏官。父济，仕蜀为升朝官。

---

① 司马按：于此可以窥见，朱彝尊如何将学问转化为文章。

归朝，至太常丞。处约尝作《黄老先六经论》，曰：先儒以太史公论道德，先黄、老而后六经，此其所以病也。某曰："不然，道者何？无之称也，无不由也。混成而仙，两仪至虚而应万物，不可致诘。况名之曰'道'，道既名矣，降而为圣人者，为能知来藏往，与天地准，故黄、老、姬、孔通称焉。其体曰道，其用曰神，无适也，无莫也，一以贯之，胡先而尊，孰后而卑。""六经者，《易》以明人之权而本之于道；《礼》以节民之情，趣于性也；《乐》以和民之心，全天真也；《书》以叙九畴之秘，焕二帝之美；《春秋》以正君臣而敦名教；《诗》以正风雅而存规戒。是道与六经一也。""矧仲尼祖述尧、舜，则况于帝鸿氏乎？华胥之治，太上之德，史传详矣。老聃世谓方外之教，然而与六经皆足以治国治身，清净则得之矣。汉文之时，未遑学校，窦后以之而治，曹参得之而相，几至措刑。且仲尼尝问礼焉，俗儒或否其说。"余曰："《春秋》昭十七年，郯子来朝，仲尼从而学焉，俾后之人敦好问之旨。矧老子有道之士，周之史氏乎？余谓六经之教，化而不已则臻于大同，大道之行则蜡宾息叹。黄、老之与六经，孰为先而孰为后乎？又何必缫藉玉帛然后为礼，笋虡镛鼓然后为乐乎？余谓太史公之志，斯见之矣。恶可以道之迹、儒之末相戾而疾其说？病之者可以观徼，未可以观妙。"

张咏曰：五常所以正天地之功，六籍所以抉天地之塞。万古而下，其谁异诸？

【疏证】宋张咏《乖崖集》卷七《答友生问文书》：天地辟，圣人作。太扑散，礼义兴。谓乎五常，所以佑天地之功。谓乎六籍，所以抉天地之塞。万古而下，其谁异诸？故君臣父子，非文言无以定其分；朝会揖让，非文言无以格其体；政以正之，非文言无以导其化；乐以和之，非文言无以节其变；咸迹于行事，播为文章。嘻！圣人之道，我也有旨哉。故鼎有铭而乐有诗，礼有诔而书有诰，纷纶众制，六籍悉备焉。周汉已降，代不乏贤。视文之否臧，见德之高下，若以偶语之作，参右正之辞，辞得异而道不可异也。故谓好古以戾，非文也；好今以荡，非文也。

田锡曰：圣人之道，布在方策。六经言高旨远，非讲求讨论，不可测其渊深。

【疏证】宋王称《东都事略》卷三九：田锡，字表圣，嘉州洪雅人也。咸平三年，召对言事，锡尝奏曰："陛下治天下以何道？臣愿以皇王之道治之。旧有《御览》，但记分门事类，不若以经、史、子、集为《御览》三百六十卷，日览一卷，经岁而毕。又取经史要切之言为《御屏风》十卷，置御坐侧，则治乱兴亡之鉴常不忘矣。"真宗诏史馆，借以群书，乃先上《御览》三十卷、《御屏风》五卷。《御览序》曰："臣闻，圣人之道，布在方策。六经则言高旨远，非讲求讨论，不可测其渊深。诸史则迹异事殊，非参会异同，岂易记其繁杂？子书则异端之说胜，文集则宗经之辞寡，非猎精以为鉴戒，举要以观会同，可为日览之书，资于日新之德，则虽白首未能穷经，矧王者万机之暇乎？臣每读书，思以所得，上补达聪，可以铭于坐隅者，书于御屏，可以用于帝道者，录为御览，经取帝王易晓之意，史取帝王可行之事，子或总于杂录，集或附之逐篇，悉求切当之言，用达精详之理，俾功业可与尧舜等，而生灵亦使跻仁寿之域。臣区区之忠，不胜大愿。"

赵抃曰：《易》之吉凶，《诗》之美刺，《礼》之污隆，《乐》之治乱，《春秋》之美恶，先代得失存亡，无不纪述。今经筵侍讲者，讲吉不讲凶，讲治不讲乱，侍读者读得不读失，读存不读亡，非所以广聪明也。

【疏证】宋赵抃《清献集》卷九《奏札论经筵及御制宸翰》：臣窃以人主之御天下也，其聪明必欲广，聪明广则祸福之鉴远矣。其尊威必欲重，尊威重则上下之理明矣。伏惟陛下，承祖继宗，体尧蹈舜，睿圣仁厚，固四海称颂之不暇，何阙遗之有焉。然臣备位谏垣，朝虑夕思，不敢循默者，庶几有补于未至万分之一尔。夫《易》之吉凶，《诗》之美刺，《礼》之污隆，《乐》之治乱，《春秋》之美恶，以至史汉之书，先代得失存亡，无不纪述。今经筵侍讲者，讲吉不讲凶，讲治不讲乱，侍读者读得不读失，读存不读亡，臣愚以为，陛下非所以广聪明也。①

李朴曰：《书》道治乱兴废之迹，故其辞显。《春秋》赏善绝恶归诸正，故其辞微。《易》以四象告吉凶，故其辞深而通。《礼》以齐庄恭敬之心，达于笾豆玉帛，故其辞典而严。《诗》以君臣父子之情，吹于竹，弦于丝，故其辞婉而顺。下三代，而道德之意不传矣。

【疏证】宋王正德《余师录》卷三载李朴《谒顾子敦侍郎书》云：文章涉秦汉而病。夫六经之于道，譬犹一气之运，产出万化，孟轲、扬雄为之五行四时之用。盖《书》道治乱兴废之迹，故其辞显；《春秋》赏善绝恶归诸正，故其辞微；《易》以四象告吉凶，故其辞深而通；《礼》以斋庄恭敬之心，达于笾豆玉帛，故其辞典而严；《诗》以君臣父子之情，咏于竹，弦于丝，故其辞婉而顺。下三代，而道德之意不传。在战国，则苏秦、张仪以纵横病，韩非、申、商以刑名病，庄周、列御寇又取仁义法度而搥提绝灭之，为窈茫荒怪之说。汉司马迁得其汪洋峻逸之气，以驰骋上下数千载，而颠倒横斜，识不逮理。历晋魏齐梁而光沉气塞，埋藏腐蚀，颓波横流，淫靡一辙。唐兴，三光五岳之气不分，文风复起。韩愈得其温淳深润，以为贯道之器。柳子厚得其豪健雄肆，飘逸果决者仅足窥马迁之藩键，而类发于躁诞。下至孙樵、杜牧，峻峰激流，景出象外，而裂窘边幅。李翱、刘禹锡，刮垢见奇，清劲可爱，而体乏雄浑。皇甫湜、白居易，闲澹简质，斫去雕篆，而拙迹每见。回宫转角之音，随时间作，类乏韶夏，皆淫哇而不可听。某驽钝，窃亦有志于古者，侧闻合下以德行文章取名于时，士之有志于道者，争出所长，来筮驽骏，听于下风，窃自增气，不识龙门之下可

① 今按：宋赵汝愚编《宋名臣奏议》卷五〇《上仁宗乞命臣僚等讲无隐讳》、明杨士奇等《历代名臣奏议》卷六“圣学”门、《御定孝经衍义》卷五八均引此奏，均有讹误，当以本集为准。

以袵草褐而一叩乎?①

孙复曰:虞夏商周之治,在于六经。舍六经而求虞夏商周之治,犹泳断湟污渎之中,属望于海也,其可至哉?

【疏证】宋孙复《孙明复小集·寄范天章书二》:伏以宋有天下八十余祀,四圣承承,庞鸿赫奕,逾唐而跨汉者远矣。主上思复虞夏商周之治道于圣世也。考四代之学,崇桥门辟水之制,故命执事以莅之。大哉!主上尊儒求治之心也至矣。然则虞夏商周之治,其不在于六经乎?舍六经而求虞夏商周之治,犹泳断潢污渎之中,望属于海也,其可至矣哉?噫!孔子既殁,七十子之徒,继往六经之旨,郁而不章也久矣。加以秦火之后,破碎残缺,多所亡散,汉魏而下,诸儒纷然四出,争为批注,俾我六经之旨益乱,而学者莫得其门而入。观夫闻见不同,是非各异,骈辞赘语,数千百家,不可悉数。②

文彦博曰:国重六经,《礼》《乐》《诗》《书》备矣。删《诗》《书》,《正义》始典坟之素。定礼乐,明述作同和之制。赞《易》象,洞穷理尽性之旨。修《春秋》,深属辞比事之传。故曰:"夫子之文章可得而闻。"

【疏证】宋文彦博《潞公文集》卷九《仲尼学文武之道论》:子以四教,文行忠信著矣。国重六经,礼乐诗书备矣。故曰:"夫子之文章可得而闻。"远人不服,修文德以来之。删《诗》《书》,《正义》始典坟之素。定礼乐,明述作同和之制。赞《易》象,洞穷理尽性之旨。修《春秋》,列属辞比事之传。灼叙百日之仪矩,诞布千载之轨范,此用文之盛矣。

尹洙曰:今博士受经,发明章句,究极义训,亦志于禄仕而

① 宋潘自牧《记纂渊海》卷七五著述部"评文下"、宋祝穆《古今事文类聚别集》卷五"历代文士"均引之。

②《宋文选》卷九亦收入此文。

已。天下业经以万数，而传师学者百不一二也。若俾业太学者，异其科试，惟以明经为上第，则承学之士孰不承于师氏哉？

【疏证】宋尹洙《河南集》卷二《敦学》：今太学生徒，博士授经，发明章句，究极义训，亦志于禄仕而已。及其与郡国所贡士并校其术，顾所得经义讫不一施，反不若闾里诵习者，则师道之不行，宜矣。若俾肄业太学者异其科试，唯以明经为上第，则承学之士孰不从于师氏哉？议者欲郡设学校，诚甚高论，然天下业经以万数，而传师学者百不一二，不澄其源，虽置之无益也。又卿大夫家阶赏典得仕者，其年及程止校以章句为中格，悉用补吏，非志学者不能自勉，故门选益衰，世德罕嗣，废学故也。《周官》师氏掌教国子，盖公卿大夫子也。今祭酒实其任，谓由门调者宜籍于师氏。策以经义，始得补吏，优其高第，勖其未至，则学者益劝，仕者能世其家矣。

欧阳修曰：六经之法，所以法不法，正不正。由不法与不正，然后圣人者出，而六经之书作焉。

【疏证】宋欧阳修《诗本义》卷一五《王国风解》：六经之法，所以法不法，正不正。由不法与不正，然后圣人者出，而六经之书作焉。周之衰也，始之以夷、懿，终之以平、桓。平、桓而后，不复支矣。故《书》止《文侯之命》，而不复录。《春秋》起周平之年，而治其事，《诗》自"黍离之什"而降于风，绝于《文侯之命》，谓教令不足行也。起于周平之年，谓正朔不足加也。降于"黍离之什"，谓雅颂不足兴也。教令不行，天下无王矣。正朔不加，礼乐遍出矣。雅颂不兴，王者之迹息矣。《诗》《书》贬其失，《春秋》悯其微，无异焉尔。然则《诗》处于卫后，而不次于二南，恶其近于正而不明也。其体不加周姓而存王号，嫌其混于诸侯而无王也。近正则贬之不著矣，无王则绝之太遽矣。不著云者，周召二南至正之诗也，次于至正之诗，是不得贬其微弱，而无异二南之诗尔。若然，岂降之乎？太遽云者，《春秋》之法，书王以加正月，言王人虽微，必尊于上，周室虽弱，不绝其正。苟绝而不与，岂尊周乎？故曰王号之存，黜诸侯也。次卫之下，别正变也。

桓王而后，虽欲其正风，不可得也。《诗》不降于厉、幽之年，亦犹《春秋》之作不在惠公之世尔。《春秋》之作，伤典诰之绝也；黍离之降，悯雅颂之不复也。幽、平而后，苟有如宣王者出，则礼乐征伐不在诸侯，而雅颂可知矣。奈何推波助澜，纵风止燎乎？①

又曰：仲尼之业，垂之六经，其道闳博。君人治物，百王之用，微是无以为法。

【疏证】宋欧阳修《文忠集》卷一二四《崇文总目叙释·儒家类》：仲尼之业，垂之六经，其道闳博。君人治物，百王之用，微是无以为法。故自孟轲、扬雄、荀况之徒，又驾其说，扶而大之。历世诸子，转相祖述，自名一家，异端其言，或破碎于大道。然计其作者之意，要之，孔氏不有殊焉。②

又曰：九经正文，通不过四十七万八千九百九十五字。童子日诵三百，不五年，略可上口。

【疏证】《四川通志》卷四〇《樊鼎遇德阳县儒学复古经楼碑记》：欧阳公言：九经正史③，通不过四十七万八千九百九十五字，童子日诵三百，不五年，略可上口。

又曰：当汉之时，《易》与《论语》分为三，《诗》分为四，《礼》分为二，及学者散亡，仅存其一，而余家皆废，独《春秋》三传并行至今。

【疏证】宋欧阳修《文忠集》卷一二四《崇文总目叙释·春秋类》：昔周法坏而诸侯乱，平王以后不复雅，而下同列国，吴楚徐夷并僭称王，天下之人不禀周命久矣。孔子生其末世，欲推明王道以扶周，乃聘诸侯，极陈君臣之理，诸侯无能用者。退而归鲁，即

---

① 宋欧阳修《文忠集》卷六〇亦收入此文。

② 宋王尧臣等撰《崇文总目》卷五儒家类、宋王应麟《玉海》卷五三艺文诸子皆引之。

③ 今按："史"字误，当为"文"。

其旧史，考诸行事，加以王法，正其是非，凡其所书，一用周礼，为《春秋》十二篇，以示后世。后世学者传习既久，其说遂殊。公羊高、穀梁赤、左丘明、邹氏、夹氏分为五家。邹、夹最微，自汉世已废，而三家盛行。当汉之时，《易》与《论语》分为三，《诗》分为四，《礼》分为二，及学者散亡，仅存其一，而余家皆废，独《春秋》三传并行至今。初，孔子大修六经之文，独于《春秋》欲以礼法绳诸侯，故其辞尤谨约而义微隐，学者不能极其说，故三家之传，于圣人之旨各有得焉。太史公曰："为人君者，不可不知《春秋》。"岂非王者之法具在乎？

又曰：妙论精言，不以多为贵。余尝听（又）［人］读佛书，其数十万言，谓可数言而尽，乃溺其说者，以谓欲晓愚下人，故如此尔。然则六经简要，愚下人独不得晓耶？

【疏证】宋欧阳修《文忠集》卷一三〇《六经简要说》：妙论精言，不以多为贵，而人非聪明不能达其义。余尝听人读佛书，其数十万言，谓可数谈而尽，而溺其说者以为欲晓愚下人，故如此尔。然则六经简要，愚下独不得晓耶？

吕陶曰：治性修身，以及国家天下大略，本之仁义，其文莫详于经。

【疏证】吕陶《经史阁记》：夫治性修身，以及国家天下大略，本之仁义，其文莫详于经。监见古之人注措发施，正邪粹驳，与其生民幸不幸，其迹莫著于史。世之学者，不矜诵数，而率履其言，不竞多闻，而慎择其是，则为有得，亦庶几善学欤？①

李清臣曰：五经之道，《易》可以潜，而《书》可以彰，《春秋》可畏，而《诗》可乐，《礼》严而不可逾，其辞不同，而为道一也。

【疏证】《宋文选》卷一八李邦直《诗论上》：五经之道，

① 宋扈仲荣等编：《成都文类》卷三〇。

《易》可以潜，而《书》可以彰，《春秋》可畏，而《诗》可乐，《礼》严而不可逾，其辞不同，而为道一也。世之学者，常为禄利毁誉之所怵，得之则止，是以志之而不能详，学之而不能极其义，知其文而不能知其道，故五经之道益微。呜呼！安得外禄利、遗毁誉之人而使学之哉？

又曰：汉儒之治经，终其身而无所倦，能名其师说者，上或召用之，高下其材，为博士郎大夫部刺史至九卿丞相御史者，接迹而有，已不以经为进，至听上之自择，故其人识趋向，重名节。今之学者，徒焉玩章句而已。取人之格定之一日之间，有未能通经而适合于程度者，有治经知道而偶绌于仓卒之对者，取之多失实，故学者愈不笃，苟借经术以射禄利，得则拨弃，不复置力，如贱丈夫，今日获而明日舍其耒耜，故其徒华而不根，未至于道而止，不知致君行已之大操，而天下之治因是而日衰。盖古之学者，乐之者也；今之学者，利之者也。乐之与利，于道之浅深，岂可同概而论哉？

【疏证】《宋文选》卷一八李邦直《论略》：汉儒之治经，终其身而无所倦，能名其师说者，上或召用之，高下其材，为将士郎大夫部刺史至九卿丞相御史者，接迹而有，已不以经为进，而听上之自挥，故其人识趋向，矜重名节。今学者徒焉玩章句而已，何其偷浅而不能如古也。今之取人，格之以一日之间，有未能通经而适合于程度者，有治经知道而偶拙于仓猝之对者，取之多失实，故学者愈不笃，苟借经术以卜射禄利，得则拨弃，不复置力于其间。如浅丈夫，今日获而明日舍其耒耜，故其徒华而不根，未至于道而止，不知致君行已之大操，而天下之治因是而日衰。尝以谓，古之学者，乐之者也；今之学者，利之者也。乐之与利之，于道之浅深，岂可同概而论哉？

刘安世曰：《易》："直其正也，方其义也。君子敬以直内，义以方外。"当为"正以直内"。

【疏证】宋马永卿《元城语录》卷下："直其正也，方其义也。

君子敬以直内，义以方外。”当为“正以直内”。

又曰：能说诸心，能研诸侯之虑，当为能研诸虑。如此类者，五经中极多。五经其来已远，前辈恐倡后生穿凿之端，故不著论。若或为之倡，则后生竞生新意，以相夸尚，六经无全书矣。

【疏证】宋马永卿《元城语录》卷下：能说诸心，能研诸侯之虑，当为能研诸虑。如此类者，五经中极多。仆曰：“前辈多不言之，何也？”先生曰：“此事极系利害，五经其来已远，前辈恐倡后生穿凿之端，故不敢著论，但欲知之尔。若或为之倡，则后生竞生新意，以相夸尚，六经无全书矣。其害万万，多于无立论之时。此前辈所以慎重，姑置之不言可也。韩魏公与欧阳文忠公同政府甚久，终日相聚，无事不言，但不曾与文忠公论《系辞》。仆曰：“何也？”先生曰：“文忠公论《系辞》，在集中，吾友所见也，其中有失。若与之同，则又是一文忠公；若论议不同，或至争忿，故魏公存之不论。”

方悫曰：经者，纬之对。经有一定之体，故为常。纬则错综往来，故为变。圣人之言，道之常也。诸子百家之言，道之变也。故圣人之言特谓之经焉。《诗》言其志，《书》言其事，《乐》言其情，《易》言其道，《礼》言其体，《春秋》言其法，六经之教，先王之所以载道也。

【疏证】宋卫湜《礼记集说》卷一一七引严陵方氏曰：“经者，纬之对。经有一定之体，故为常。纬则错综往来，故为变。圣人之言，道之常也。诸子百家之言，道之变也。故圣人之言特谓之经焉。”又引严陵方氏曰：“《诗》言其志，《书》言其事，《乐》言其情，《易》言其道，《礼》言其体，《春秋》言其法。《庄子》曰：‘《诗》以道志，《书》以道事，《礼》以道行，《乐》以道和，《易》以道阴阳，《春秋》以道名分。’其义正与此合。六经之教，先王之所以载道也。其教岂有失哉？然或不免于失者，由其有浅深之异尔。若夫得之深，则不至有失矣。”①

马晞孟曰：天生烝民，莫不有其善性。循而达之者，教也。所以为教者，六经而已。

【疏证】宋卫湜《礼记集说》卷一一七引马氏曰：先王一道德，以同天下之俗，而国不异教者，省方观民，而不易其宜故也。是故入其国，其教可知也。其教可知者，知其所以为教之不同也。盖天生烝民，莫不有善性。循而达之者，教也。所以为教者，六经而已。六经者，道德性命之理藏于其中，而其体不同。辞者，事之华，事者，辞之实。故属辞比事，则《春秋》之体，蔽于温柔敦厚，而不知通之以权，所以为愚；蔽于疏通知远，而不知疑而阙之，所以为诬；蔽于广博易良，而不知礼以节之，所以为奢；蔽于絜静精微，而不知有以显之，则失之贼也；蔽于恭俭庄敬，而不知有以神之，则失之烦也；蔽于属辞比事，而不知有以谨之，阶其僭上之患，则失之乱也。虽然，六经之道无所失也，而其所以失者，由上之教有以失之而已。

程子曰：圣人六经皆不得已而作。

【疏证】宋朱熹编《二程遗书》卷一八：圣人六经皆不得已而作。如耒耜陶冶一不制，则生人之用熄。后世之言，无之不为缺，有之徒为赘，虽多何益也。圣人言虽约，无有包含不尽处。

又曰：圣人之道传诸经，学者必以经为本。

【疏证】《二程文集》卷九载程颐《伊川文集·为太中作试汉州学生策问》。

又曰：治经，实学也。

【疏证】宋朱熹编《二程遗书》卷一：正叔先生曰：治经，实

① 《礼记集说·集说名氏》：“严陵方氏悫，字性夫，《解义》二十卷。”

学也。譬诸草木，区以别矣。道之在经，大小远近，高下精粗，森列于其中。譬诸日月在上，有人不见者，一人指之，不如众人指之自见也。如《中庸》一卷书，自至理便推之于事，如国家有九经，及历代圣人之迹，莫非实学也。如登九层之台，自下而上者为是。人患居常讲习空言无实者，盖不自得也。为学治经最好，苟不自得，则尽治五经亦是空言。今有人心得识达，所得多矣。有虽好读书却患在空虚者，未免此弊。

又曰：古之学者皆有传授。如圣人作经，本欲明道。今人若不先明义理，不可治经。盖不得传授之意云尔。

【疏证】宋朱熹编《二程遗书》卷二上：古之学者皆有传授。如圣人作经，本欲明道。今人若不先明义理，不可治经。盖不得传授之意云尔。如《系辞》本欲明《易》，若不先求卦义，则看《系辞》不得。

又曰：经，所以载道也；器，所以适用也。学经而不知道，治器而不适用，奚益哉！

【疏证】宋朱熹编《二程遗书》卷六。一本云："经者，载道之器，须明其用，如诵《诗》，须达于从政，能专对也。"

又曰：看书各有门庭，《诗》《易》《春秋》不可逐句看，《尚书》《论语》可以逐句看。

【疏证】宋朱熹编《二程外书》卷六。

张子曰：圣人文章无定体，《诗》《书》《易》《礼》《春秋》只随义理，如此而言。

【疏证】《张子全书》卷四：圣人文章无定体，《诗》《书》《易》《礼》《春秋》只随义理如此而言。李翱有言："观《诗》则不知有《书》，观《书》则不知有《诗》。"亦近之。顺帝之则，此不失赤子之心也。冥然无所思虑，顺天而已。赤子之心，人皆不可知也，惟以一静言之。

又曰：学者信《书》，且须信《论语》《孟子》。《诗》《书》无舛杂。《礼》虽杂出诸儒，亦无害义。如《中庸》《大学》出于圣门，均无可疑者。

【疏证】《张载集·经学理窟·义理》：学者信《书》，且须信《论语》《孟子》。《诗》《书》无舛杂。（理）［《礼》］虽杂出诸儒，亦若无害义处。如《中庸》《大学》出于圣门，无可疑者。《礼记》则是诸儒杂记，至如礼文不可不信，己之言礼未必胜如诸儒。如有前后所出不同且阙之，《记》有疑议亦且阙之，就有道而正焉。①

司马光曰：取士之道，当以经术为先，辞采为后。立《周易》《尚书》《诗》《周礼》《仪礼》《礼记》《春秋》《孝经》《论语》为九经，令天下学官依注疏讲说，学士博观诸家，自择短长，各存所见。《春秋》止用《左氏传》，其公羊、穀梁、陆淳等说并为诸家。

【疏证】司马光《传家集》卷五四《起请科场札子》：凡取士之道，当以德行为先，文学为后。就文学之中，又当以经术为先，辞采为后。是故《周礼》大司徒以六德六行宾兴万民。汉以贤良方正孝廉质朴敦厚取士。中兴以后，取士尤为精慎。至于公府掾属、州从事、郡国计吏、丞史县功曹乡啬夫皆择贤者，为之苟非其人，则为世所讥贬，是以人人思自砥砺，教化兴行，风俗纯厚，乃至后世陵夷，虽政刑紊于上，而节义立于下，有以奸回巧伪致富贵者，不为清议所容，此乃德化之本原，王者所先务，不可忽也……今国家大议科场之法，欲尽美，以臣所见，莫若依先朝成法，合明经、进士为一科，立《周易》《尚书》《诗》《周礼》《仪礼》《礼记》《春秋》《孝经》《论语》为九经，令天下学官依注疏讲说，

---

① 张载：《张载集》，中华书局1978年版，第277页。

学士博观诸家，自择短长，各从所好。《春秋》止用左氏传，其公羊、穀梁、陆淳等说，并为诸家。《孟子》止为诸子，更不试大义。应举者听自占习三经以上，多少随意，皆须习《孝经》《论语》。

又曰：近岁公卿大夫务为高奇之说，流及新进后生口传耳剽，读《易》未识卦爻，已谓《十翼》非孔子之言；读《礼》未知篇数，已谓《周官》为战国之书；读《诗》未尽周南、召南，已谓毛、郑为章句之学；读《春秋》未知十二公，已谓三传可束之高阁。循守注疏者谓之腐儒，穿凿臆说者谓之精义。且性者，子贡之所不及，命者，孔子之所罕言。今人发口秉笔，先论性命，乃至流荡忘返，入于老、庄，以此欺惑考官，猎取名利，非国家教人之正术也。

【疏证】宋司马光《传家集》卷四二《论风俗札子》：臣闻，国之致治在于审官，官之得人在于选士，士之向道在于立教，教之归正在于择术。是知选士者，治乱之枢机，风俗之根原也。窃见近岁公卿大夫好为高奇之论，喜诵老、庄之言，流及科场，亦相习尚。新进后生，未知臧否，口传耳剽，翕然成风。至有读《易》未识卦爻，已谓《十翼》非孔子之言；读《礼》未知篇数，已谓《周官》为战国之书；读《诗》未尽周南、召南，已谓毛、郑为章句之学；读《春秋》未知十二公，已谓三传可束之高阁。循守注疏者谓之腐儒，穿凿臆说者谓之精义。且性者，子贡之所不及，命者，孔子之所罕言。今之举人，发口秉笔，先论性命，乃至流荡忘返，遂入老、庄，纵虚无之谈，骋荒唐之辞，以此欺惑考官，猎取名第。禄利所在，众心所趋，如水赴壑，不可禁遏。彼老、庄弃仁义而绝礼学，非尧、舜而薄周、孔，死生不以为忧，存亡不以为患，乃匹夫独行之私言，非国家教人之正术也。

又曰：诵诸经，读注疏，以求圣人之道，宜取其合人情物理目前可用者而从之。

【疏证】宋司马光《传家集》卷六三《答怀州许奉世秀才书》：光性愚鲁，自幼诵诸经，读注疏，以求圣人之道，直取其合人情物理目前可用者而从之。前贤高奇之论，皆如面墙，亦不知其有内外，中间为古为今也。比老，止成一朴儒而已。

又曰：经犹的也，一人射之，不若众人射之，其中者多也。

【疏证】宋司马光《古文孝经指解序》：是敢辄以隶写古文为之《指解》，其今文旧注有未尽者，引而伸之，其不合者，易而去之，亦未知此之为是而彼之为非。然经犹的也，一人射之，不若众人射之，其为取中多矣。臣不敢避狂僭之罪，而庶几于先王之道万一有所补焉。

邵子曰：昊天之尽物，圣人之尽民，皆有四府焉。昊天之四府者，春、夏、秋、冬之谓也，阴阳升降于其间矣。圣人之四府者，《易》《诗》《书》《春秋》之谓也，《礼》《乐》污隆于其间矣。昊天以时授人，圣人以经法天。

【疏证】宋邵雍《皇极经世书》卷一一《观物篇五十三》：夫昊天之尽物，圣人之尽民，皆有四府焉。昊天之四府者，春、夏、秋、冬之谓也，阴阳升降于其间矣。圣人之四府者，《易》《书》《诗》《春秋》之谓也，《礼》《乐》污隆于其间矣。春为生物之府，夏为长物之府，秋为收物之府，冬为藏物之府。号物之庶谓之万，虽曰万之又万，其庶能出此昊天之四府者乎？《易》为生民之府，《书》为长民之府，《诗》为收民之府，《春秋》为藏民之府。号民之庶谓之万，虽曰万之又万，其庶能出此圣人之四府者乎？昊天之四府者，时也。圣人之四府者，经也。昊天以时授人，圣人以经法天。天人之事当如何哉？

又曰：皇帝王伯者，《易》之体也。虞夏商周者，《书》之体也。文武周召者，《诗》之体也。秦晋齐楚者，《春秋》之体也。意言象数者，《易》之用也。仁义礼智者，《书》之用也。性情形体者，《诗》之用也。圣贤才术者，《春秋》之用也。

【疏证】宋邵雍《皇极经世书》卷一一《观物篇五十四》：皇帝王伯者，《易》之体也。虞夏商周者，《书》之体也。文武周召者，《诗》之体也。秦晋齐楚者，《春秋》之体也。意言象数者，《易》之用也。仁义礼智者，《书》之用也。性情形体者，《诗》之用也。圣贤才术者，《春秋》之用也。用也者，心也；体也者，迹也。心迹之间，有权存焉者，圣人之事也。

又曰：孔子赞《易》，自羲轩而下；序《书》，自尧舜而下；删《诗》，自文武而下；修《春秋》，自桓文而下。自羲轩而下，祖三皇也；自尧舜而下，宗五帝也；自文武而下，子三王也；自桓文而下，孙五霸也。

【疏证】宋邵雍《皇极经世书》卷一一《观物篇五十六》：孔子赞《易》，自羲轩而下；序《书》，自尧舜而下；删《诗》，自文武而下；修《春秋》，自桓文而下。自羲轩而下，祖三皇也；自尧舜而下，宗五帝也；自文武而下，子三王也；自桓文而下，孙五伯也。祖三皇，尚贤也，宗五帝，亦尚贤也，三皇尚贤以道，五帝尚贤以德。子三王，尚亲也，孙五伯，亦尚亲也。三王尚亲以功，五伯尚亲以力。呜呼！时之既往，亿万千年时之未来，亦亿万千年仲尼中间生而为人，何祖宗之寡而子孙之多耶？此所以重赞尧舜，至禹则曰："禹吾无间然矣。"仲尼后禹千五百余年，今之后仲尼又千五百余年，虽不敢比夫仲尼上赞尧舜禹，岂不敢比孟子上赞仲尼乎？人谓仲尼惜乎无土，吾独以为不然。匹夫以百亩为土，大夫以百里为土，诸侯以四境为土，天子以四海为土，仲尼以万世为土。若然，则孟子言"自生民以来未有如夫子"，斯亦未为之过矣。

又曰：仲尼修经，周平王之时，《书》终于晋文侯；《诗》列于王国风，《春秋》始于鲁隐公，《易》尽于未济卦。

【疏证】宋邵雍《皇极经世书》卷一一《观物篇五十六》：仲

尼修经，周平王之时，《书》终于晋文侯，《诗》列为王国风，《春秋》始于鲁隐公，《易》尽于未济卦。予非知仲尼者，学为仲尼者也。礼乐赏罚自天子出，而出自诸侯，天子之重去矣。宗周之功德自文、武出，而出自幽、厉，文、武之基息矣。由是犬戎得以侮中国，周之诸侯非一，独晋能攘去戎狄，徙王东都，洛邑用存，王国为天下伯者之倡，秬鬯圭瓒之所锡，其能免乎？

又曰：圣人六经，浑然无迹，如天道焉。

【疏证】宋邵雍《皇极经世书》卷一三《观物外篇上》：夫圣人（六）［之］经，浑然无迹，如天道焉。《春秋》录实事，而善恶形于其中矣。

又曰：学以人事为大。今之经典，古之人事也。

【疏证】宋邵雍《皇极经世书》卷一四《观物外篇下》：天时、地理、人事，三者知之不易。学以人事为大。今之经典，古之人事也。学不际天人，不足以谓之学。学不至于乐，不可谓之学。记问之学未足以为事业。凡人为学，失于自主张太过。学在不止，故王通云："没身而已。"

又曰：《易》始于三皇，《书》始于二帝，《诗》始于三王，《春秋》始于五霸。

【疏证】宋邵雍《皇极经世书》卷一三《观物外篇上》：《易》始于三皇，《书》始于二帝，《诗》始于三王，《春秋》始于五霸。所谓皇帝王霸者，非独谓三皇、五帝、三王、五霸而已，但用无为则皇也，用恩信则帝也，用公正则王也，用智力则霸也。

苏轼曰：孔子圣人，其学必始于观书。当是时，惟周之柱下史聃为多书。韩宣子适鲁，然后见《易象》与《鲁春秋》。季札聘于上国，然后得闻《诗》之风雅颂。而楚独有左史倚相，能读《三坟》《五典》《八索》《九丘》。士之生于是时，得见六经者盖无几，其学可谓难矣。而皆习于礼乐，源于道德，非后世君子所及。自秦汉以来，作者益众，纸与字画日趋于简便，而书益多，世莫不有学者，益以苟简，何哉？

【疏证】宋苏轼《东坡全集》卷三六《李氏山房藏书记》：象犀珠玉，怪珍之物，有悦于人之耳目，而不适于用。金石草木，丝麻五谷，六材有适于用，而用之则弊，取之则竭，悦于人之耳目，而适于用，用之而不弊，取之而不竭，贤不肖之所得，各因其才，仁智之所见，各随其分，才分不同，而求无不获者，惟书乎？自孔子圣人，其学必始于观书。当是时，惟周之柱下史聃为多书。韩宣子适鲁，然后见《易象》与《鲁春秋》。季札聘于上国，然后得闻《诗》之风雅颂。而楚独有左史倚相，能读《三坟》《五典》《八索》《九丘》。士之生于是时，得见六经者盖无几，其学可谓难矣。而皆习于礼乐，源于道德，非后世君子所及。自秦汉以来，作者益众，纸与字画日趋于简便，而书益多，世莫不有学者，益以苟简，何哉？余犹及见老儒先生，自言其少时欲求《史记》《汉书》而不可得，幸而得之，皆手自书，日夜诵读，惟恐不及。近岁市人转相摹刻诸子百家之书，日传万纸，学者之于书，多且易致如此，其文词学术当倍蓰于昔人，而后生科举之士皆束书不观，游谈无根，此又何也？余友李公择少时读书于庐山五老峰下白石庵之僧舍，公择既去，而山中之人思之，指其所居为李氏山房，藏书凡九千余卷。公择既已涉其流，探其源，采剥其华实，而咀嚼其膏味，以为己有，发于文词，见于行事，以闻名于当世矣。而书固自如也，未尝少损，将以遗来者，供其无穷之求，而各足其才分之所当得，是以不藏于家，而藏于其所故居之僧舍，此仁者之心也。余既衰且病，无所用于世，惟得数年之间，尽读其所未见之书，而庐山固所愿游而不得者，盖将老焉，尽发公择之藏，拾其余弃以自补，庶有益乎。而公择求余文以为记，乃为一言，使来者知昔之君子见书之难，而今之学者有书而不读为可惜也。

苏辙曰：六经之道，惟其近于人情，是以久传而不废。而世之迂学，乃皆曲为之说，虽其义之不至于此者，必强牵合以为如此，故其论委曲而莫通也。

【疏证】宋苏辙《栾城应诏集》卷四《诗论》：自仲尼之亡，六经之道遂散而不可解。盖其患在于责其义之太深，而求其法之太切。夫六经之道，惟其近于人情，是以久传而不废。而世之迂学，乃皆曲为之说，虽其义之不至于此者，必强牵合以为如此，故其论委曲而莫通也。夫圣人之为经，惟其于《礼》《春秋》然后无一言之虚，而莫不可考，然犹未尝不近于人情。

宋苏轼《东坡全集》卷四一《诗论》亦云："自仲尼之亡，六经之道遂散而不可解，盖其患在于责其义之太深，而求其法之太切。夫六经之道，惟其近于人情，是以久传而不废。而世之迂学乃皆曲为之说，虽其义之不至于此者，必强牵合以为如此，故其论委曲而莫通也。夫圣人之为经，惟其《礼》与《春秋》合，然后无一言之虚，而莫不可考，然犹未尝不近于人情。"今按：《东坡全集》内窜入苏辙文章，此其一也。

邹浩曰：圣人之道，备在六经。千门万户，何从而入？大略在《中庸》一篇，其要在谨独而已。

【疏证】宋朱熹编次《宋名臣言行录后集》卷一三引《胡氏传家录》：志完云：圣人之道，备于六经。六经千门万户，何从而入？大要在《中庸》一篇，其要在慎独而已。但于十二时中看自家一念从何处起，即点检不放过，便见工力。①

张耒曰：六经之文，莫奇于《易》，莫简于《春秋》。

【疏证】宋张耒《柯山集》卷四六《答李推官书》：学文之端，急于明理。夫不知为文者，无所复道。如知文而不务理，求文之工，世未尝有是也。夫决水于江河淮海也，水顺道而行，滔滔汩

① 邹浩，吏部侍郎，字志完，常州晋陵人。中进士第，历扬州颍昌府教授，元祐七年除太学博士，出为襄州教授。大观四年复直龙图阁。政和元年卒，年五十二。

汩，日夜不止，冲砥柱，绝吕梁，放于江湖，而纳之海，其舒为沦涟，鼓为波涛，激之为风飙，怒之为雷霆，蛟龙鱼鼋，喷薄出没，是水之奇变也，而水初岂如此哉？是顺道而决之，因其所适而变生焉，沟渎东决而西竭，下满而上虚，日夜激之，欲见其奇，彼其所至者，蛙蛭之玩耳。江河淮海之水，理达之文也，不求奇而奇至矣。激沟渎而求水之奇，此无见于理，而欲以言语句读为奇之文也。六经之文，莫奇于《易》，莫简于《春秋》。夫岂以奇与简为务哉？势自然耳。传曰："吉人之词寡。"彼岂恶繁而好寡哉？虽欲为繁不可得也。自唐以来，至今文人好奇者不一，甚者或为缺句断章，使脉理不属。又取古书训诂希于见闻者，挦撦而牵合之，或得其字，不得其句，或得其句，不得其章，反复咀嚼，卒亦无有，此最文之陋也。

李廌曰：天地之情，阴阳之理，吉凶之变，失得之故，备在乎《易》。一国之事，系诸侯之本。天下之事，形四方之风。美盛德，告成功，皆在于《诗》；尊王正法，谨始善终，详天地之灾祥，著君臣之美恶，无尚于《春秋》；尧、舜、禹、汤、文、武、成、康之世，典、谟、训、诰、誓、命之文，百王之心迹，治乱之大略，无尚于《书》；欲以正六职，以治六官，必也学夫《周礼》；欲正其威仪，详于辞令，必也学夫《仪礼》。

【疏证】宋李廌《济南集》卷六《圣学论》：古之圣贤不可得而见矣，其言具在方册，要之，皆王者事尔。人臣学之，期以致君。人君学之，自致其治。故天地之情，阴阳之理，吉凶之变，失得之故，备在乎《易》。而卦者，时也，一治一乱，或美或恶，初不可齐，乱可使治，恶可使美，察理之变，为理之主，惟君乃能之。臣愿陛下学《易》则体乾御坤，进阳退阴，观道设教，运神合德，使天下之时常为泰而无至于否，常为晋而无至于剥，天子之学《易》固当如此。一国之事，系诸侯之本，天下之事，形四方之风。美盛德，告成功者，皆在于《诗》。四诗之名，各辨其实，不敢诬也。臣愿陛下学《诗》则为政之大而无入于小雅，为政以正而无沦于变雅，无若东周降于国风，必使功德终美于颂。天子之学《诗》固当如此。夫尊王正法，谨始善终，详天地之灾祥，著君臣之美恶者，无尚于《春秋》。臣愿陛下学《春秋》则师治而戒乱，赏善而罚罪，常为知孔子者，无为罪孔子者。夫尧、舜、禹、汤、文、武、成、康之世，其典、谟、训、诰、誓、命之文，百王之心迹，治乱之大略者，无尚于《书》。臣愿陛下学《书》则考稽古之得失，操制今之法令，皇步帝骤，王驰霸骛，一皆得之。陛下欲以正六职，以治六官，必也学夫《周礼》，然后百工允厘，庶绩咸熙，巍巍乎其有成功矣！陛下欲以正其威仪，详其辞令，必也学夫《仪礼》。然后五礼之合制见于典章文物之间，六仪之中节见于动容周旋之际，焕乎其有文章矣。陛下又当发挥孔孟之正道，锄薙百家之邪说，在亹亹而已。乾之象曰："天行健，君子以自强不息。"《诗》曰："勉勉我王，纲纪四方。"惟陛下不倦以终之，则日进无疆，圣益圣矣，天下幸甚！伏惟陛下有圣人之材，而居圣人之位，能进圣人之学，以充圣人之道，则功利天地，泽及万世，可侔德商，宗周成矣。虽然，陛下有好学之诚，而无进学之说，陛下有望道之意，而无明道之人，则或博而寡要，劳而无功，故陪卿之列，宾师之选，不可不慎。臣愿不可与迂儒共学。迂儒好为太高不经之论，将使陛下畏道之难行，或自画矣。不可与佞儒共学。佞儒好为苟合，过情之誉，将使陛下志满假而轻道术，或自圣矣。愿陛下妙选忠义正直、博学守道之士，以备顾问，则用力少而见功多，适道正而为利溥。

晁说之曰：五采①具而作绘，五藏②完而成人。学者于五经，

---

① 五采，指青、黄、赤、白、黑五种颜色。荀子《赋》："五采备而成文。"

② 五藏，即五脏。指心、肝、脾、肺、肾。中医谓"五脏"有藏精气而不泻的功能，故名。《素问·五脏别论》："所谓五藏者，藏精气而不写也。"《管子·水地》："五味者何？曰五藏。酸主脾，咸主肺，辛主肾，苦主肝，甘主心。"

可舍一哉？

【疏证】宋晁说之《景迂生集》卷一三《儒言·一经之士》：五彩具而作绘，五藏完而成人。学者于五经，可舍一哉？何独并用五材也耶？昔人斥谈经者为鄙野之士，良以此欤？汉武帝命司马相如等造为诗赋，多《尔雅》之文。通一经之士不能独知其辞，必会五经家相与共讲习读之，乃能通其意。今日一经之士又如何哉？盖为师者专一经以授弟子，为弟子者各学群经于其师，古之道也。故曰："古之学者耕且养，三年而通一艺，三十而五经立。"

又曰：典籍之存，诂训之传，皆汉儒之力。汉儒于学者何负？而例贬之与？

【疏证】宋晁说之《景迂生集》卷一三《儒言·汉儒》：典籍之存，诂训之传，皆汉儒之力，汉儒于学者何负？而例贬之欤？后生殆不知汉儒姓名，有书几种，而恶斥如雠，汉儒真不幸哉！昔人叹废兴由于好恶，盛衰系之辩讷，良有以也。

又曰：学者当以《论语》《孟子》为本，《论语》《孟子》既治，则六经可不治而明矣。

【疏证】宋朱熹编《二程遗书》卷二五："学者当以《论语》《孟子》为本，《论语》《孟子》既治，则六经可不治而明矣。读书者当观圣人所以作经之意，与圣人所以用心，与圣人所以至圣人，而吾之所以未至者，所以未得者，句句而求之，昼诵而味之，中夜而思之，平其心，易其气，阙其疑，则圣人之意见矣。"朱熹《论孟精义纲领》亦引伊川先生曰："学者当以《论语》《孟子》为本，《论语》《孟子》既治，则六经可不治而明矣。"

今按：此处作者有误。明胡居仁《居业录》卷八："四书六经之理，意皆相贯通。先圣后圣，其揆一也。今读其书，不实究其理，徒诵其文义，则四书六经文字各是一般体面，千头万绪，虽皓首亦无如之何矣。惟察其理而实体之于身，则体用一贯，又何难哉？程子所谓'《论》《孟》既治，六经可不治而明'，诚哉言也。"

又曰：圣人之意，具载于经，天地万物之理管于是矣。后世复有圣人，尚不能加毫发为轻重，况他人乎？譬如日月光明，莫知其终始，宁辨其新？故彼一己之所谓新也，乃六经之所故有也，尚何矜哉！

【疏证】宋晁说之《景迂生集》卷一三《儒言·新》：圣人之意，具载于经，而天地万物之理管于是矣。后世复有圣人，尚不能加毫发为轻重，况他人乎？譬如日月光明，莫知其终始，宁辨其新？故彼一己之所谓新者，乃六经之所故有也，尚何矜哉！是以昔之人皇皇然惟恐其不得于故焉。卜子夏首作《丧服传》，说者曰："传者，传也，传其师说云尔。"唐陆淳于《春秋》每一义必称"淳闻于师曰"。《诗》则有《鲁故》，有《韩故》，有《齐后氏故》《齐孙氏故》《毛诗故训传》，《书》则有大小夏侯解故，前人惟故之尚如此。

李潜曰：吾徒学圣人，当用意看《易》《诗》《书》《春秋》《论语》《孟子》《孝经》而已，中心既有所主，则散看诸书，方圆轻重之来，必为规矩权衡所正矣。

【疏证】宋吕本中《童蒙训》卷下：李君行先生说：武王数纣之罪曰："郊社不修，宗庙不享。"历观诸书，皆以郊对社，盖郊者所以祭天，社者所以祭地也。南郊、北郊、五帝之类，皆出于《周礼》，圣人书中不见也。严父配天之礼，盖始自周公，若自古有之，则孔子何得言则周公其人也。列爵惟五，分土惟三，盖至周始定，若夏商以前俱如此，则书为妄也。因言："吾徒学圣人者，当自用意看《易》《诗》《书》《春秋》《论语》《孟子》《孝经》而已，中心既有所主，则散看诸书，方圆轻重之来，必为规矩权衡所正也。"又言："史书尚可，最是庄、老读时大段害道。"

田腴曰：李君行说："圣人之言易晓，看传解则愈惑矣，读书须是不要看别人传解。”此不然，须是先看古人解说，但不当有所执，择其善者从之。若都不看，不知用多少工夫，方可到先儒见处也。

【疏证】宋吕本中《童蒙训》卷下：李君行、田明之俱说：“读书须是不要看别人解者，圣人之言易晓，看传解则愈惑矣。田诚伯说不然，须是先看古人解说，但不当有所执，择其善者从之，若都不看，不知用多少工夫，方可到先儒见处也。”

陈瓘曰：五经之文，久而愈新。

【疏证】《宋文选》卷三二引陈莹中《文辨》：君子之文，归于是而已矣，岂有时不时哉？五经之文，久而愈新，百家之辞，是者长存，讲之不精，其理乃昧。论乎其文，则古犹今也。惟魏晋隋唐之间，道德灭裂之后，其理益开，其文益彰。

又曰：凡欲解经，必先返诸其身，而安措之天下而可行，然后为之说焉。纵未能尽圣人之心，亦庶几矣。若不如是，虽辞辨通畅，亦未免凿也。

【疏证】宋刘清之《戒子通录》卷六：陈莹中说：“立人之朝，能舍生取义始可。然此事须是学问，有功方，始做得从容。”又说：“学者非特习于诵数，发于文章而已，将以学古人之所为也。自荆公之学兴，此道坏矣。”又说：“凡欲解经，必先反诸其身，又思措之天下，反诸其身，而安措之天下而可行，然后为之说焉。纵未能尽圣人之心，亦庶几矣。若不如是，虽辞辨通畅，亦未免乎凿也。今有语人曰：‘冬日饮水，夏日饮汤。’何也？冬日阴在外，阳在内，阳在内则内热，故令人思水。夏日阳在外，阴在内，阴在内则内寒，故令人思汤。虽甚辨者不能破其说也，然反诸其身而不安也，措之天下而不可行也。呜呼！学者能如是用心，岂曰小补之哉！”

陆佃曰：古之学者，先明《诗》而《书》次之，《书》已明而《礼》《乐》次之，《礼》《乐》已明而《春秋》次之，《春秋》已明而《易》次之，故五变而《春秋》可举，九变而《易》可言也。

【疏证】宋杨彦龄《杨公笔录》：陆佃农师自江宁府丁太夫人忧归，越始学《春秋》而得其说。尝云："古之学者，先明《诗》而《书》次之，《书》已明而《礼》《乐》次之，《礼》《乐》已明而《春秋》次之，《春秋》已明而《易》次之，故五变而《春秋》可举，九变而《易》可言也。吾于《易》见玄圣之道，于《春秋》见素王之道。玄圣内也，素王外也，内外进矣，而后可以言此。"又云："昔之言奕者曰能，胜第二乃见第一，此书也，非棋说也。夫义在第一而智在二三，诚何足与辨？董子通，国之善弈也，惜其人与其术不可传也，死矣。我虽不能传公之术，诚有专心致意，惟《春秋》之为，听乎吾将与之苦学也。"

周谞曰：《诗》者，人之所以兴，故先之；既兴矣，则事之所以辨，故《书》次之；事既辨矣，则和之所以成，故《乐》次之；既成矣，则极乎天道之高明，故《易》次之；既极矣，则必遵乎人道之中庸，故《礼》次之；而必终于《春秋》者，以救乱反正为余事也。

【疏证】宋卫湜《礼记集说》卷一一七引延平周氏曰：《诗》者，人之所以兴，故先之；既兴矣，则事之所以辨，故《书》次之；事既辨矣，则和之所以成，故《乐》次之；既成矣，则极乎天道之高明，故《易》次之；既极矣，则必遵乎人道之中庸，故《礼》次之；而必终于《春秋》者，以救乱反正为余事也。

又曰：六经，先王经世之迹在焉，是亦足用矣。

【疏证】《性理大全书》卷五四云："龟山杨氏因言秦汉以下事曰：'亦须是一一识别得过。欲识别得过，须用着意六经。六经不可容易看了，今人多言要作事须看史，史固不可不看，然六经，先王经世之迹在焉，是亦足用矣。必待观史，未有史书以前，人以何为据？盖孔子不存史而作《春秋》，《春秋》所以正史之失得也。今人自是不留意六经，故就史求道理，是以学愈博而道愈远，若经术明，自无工夫及之。'"《御定渊鉴类函》卷一百九十二文学部一亦云："龟山杨氏曰：'六经，先王经世之迹在焉。'"今按：龟山杨氏即宋代杨时。

又曰：六经之义，验之于心而然，施之行事而顺，然后为得。验之于心而不然，施之行事而不顺，则非所谓经义。今之治经者，为无用之文，徼幸科第而已，果何益哉？

【疏证】宋杨时《龟山集》卷一〇：或劝先生解经，曰："不敢易也。曾子曰：'吾日三省吾身：为人谋而不忠乎？与朋友交而不信乎？传不习乎？'夫传而不习，以处己则不信，以待人则不忠，三者胥失也。昔有劝正叔先生出《易传》示人者，正叔曰：'独不望学之进乎？姑迟之觉耄即传矣。'盖已耄，则学不复进故也。学不复进，若犹不可传，是其言不足以垂后矣。六经之义，验之于心而然，施之于行事而顺，然后为得。验之于心而不然，施之于行事而不顺，则非所谓经义。今之治经者，为无用之文，徼幸科第而已，果何益哉？"

今按：宋李幼武纂集《宋名臣言行录外集》卷八、朱轼《史传三编》卷五并记此语，亦系于杨时名下。又按：《经义考》卷二九七又引乔可聘曰："六经之义，验之于心而然，施之行事而顺，然后为得。今人读孔孟书，乃只为荣肥计，便是异端，如何又辟异端？"可见，此语剽窃杨时语录，点窜数字，据为己有，朱彝尊失于甄别矣。

苏籀曰：昔仲尼于《诗》《书》《易》《礼》《乐》《春秋》惟举要发端，不详其言，非不能详也，以为详之则隘，故略之，使仁智者自求而得。

【疏证】宋苏籀《双溪集》卷九《初论经解札子》：臣闻圣经

贤传，唐虞三代所遗，阙里①之业，王者乐道尊儒，内自九重，化流寰海，金华露门，咨访细绎，辟雍东观，群能感奋，俾天下品类回心向正，政孚教洽，三代之盛，汉唐之隆，及吾祖宗圣功，休烈六籍之效著矣。鸿惟陛下生而知之，孳孳舜善，听朝之隙，横经畴咨，宵旰睿览，研几简编，建立太学，首善之始，崇道辩惑，渥恩养士。臣等遭际作兴，带经负笈，陶沐亭育，绅笏周行，栽弁就列，跂望睟穆之仪，而又昧死轮对。轩陛当得言之秋，非有涓尘称塞，右文以谓不足以为士矣。窃闻永平之岁，期门羽林，肄习名教，贞观之盛，屯营飞骑，受书博士，臣固驽下，亦知竦慕，狂斐傀说，不揆其愚。昔者仲尼删定，系彖笔削，问周史，闻齐韶，而《诗》《书》《易》《礼》《乐》《春秋》各得其所，惟举要发端，不详其言，非不能详也，以为详之则隘，故略之，使仁智者自求而得。逮夫李斯灭学之后，出于屋壁，既非全经，两汉颛门之流，白首讲贯，授受相传，深不负仲尼之旨。虎观石渠，抠衣重席，论难纷纭，开益后人多矣。唐文皇时，初诏颜师古考究章程，孔颖达撰定义疏，遂为天下定论。此两汉魏晋以来千载儒术也。夫六经微言妙用，非可易解而遽晓。始学，必由传疏。

崔鶠曰：冯澥之言云："士无异论，太学之盛也。"此奸言也。昔王安石斥除异己，名臣如韩琦、司马光辈，既以异论逐，而其所著三经，士子宗之者得官，不用者黜逐，则天下靡然无一人敢可否矣。陵夷至于大乱，则无异论之祸也。

【疏证】崔鶠《论冯澥》：伏睹六月一日诏书，诏谏臣直论得失，以求实是，此见陛下求治之切也。然数十年来，王公卿相皆自蔡京出，其余擢居要路，以待相继而用者，又充塞乎台省，要使一门生死则一门生用，一故吏逐则一故吏来，更持政柄，互秉钧轴，历千百年无一人立异，虽万子孙无一人害已，此蔡京之本谋也，安

① 阙里，孔子故里。在今山东曲阜城内阙里街。因有两石阙，故名。孔子曾在此讲学。后建有孔庙，几占全城之半。后借指曲阜孔庙。又借指儒学。

得实是之言闻于陛下？且如冯澥近日上章，其言曰：“士无异论，太学之盛也。”此奸言也。昔王安石除异己之人，当时名臣如韩琦、富弼、司马光、吕公著、吕诲、吕大防、范纯仁等，咸以异论斥逐。布衣之士，谁敢为异乎？士携书负笈，不远千里，游于学校，其意不过求仕宦尔。安石著三经之说，用其说者入官，不用其说者黜落，于是天下靡然雷同，不敢可否，陵夷以至于今大乱，此无异论之效也，而尚敢为此说以荧惑人主乎？①

陈过庭曰：五经义微，诸家因而异见，所不能免也。以所是者为正，所否者即为邪，此乃一偏之大失也。

【疏证】元马端临《文献通考》卷四二：御史中丞陈过庭言：五经义微，诸家因而异见，所不能免也。以所是者为正，所否者为邪，此乃一偏之大失也。顷者指苏轼为邪学而加禁切，已弛其禁，许采其长而用之，实为通论。祭酒杨时，矫枉太过，复诋王氏以为邪说，此又非也。诸生习用王学，率众见时而诋詈之。时引避不出，乃得散。退斋，生又自互党王、苏，至相追击，附从者纷纷。凡为此者，足以明时之不能服众也。诏时罢兼祭酒。

吕本中曰：学问当以《孝经》《论语》《中庸》《大学》《孟子》为本，熟味详究，然后通求之《诗》《书》《易》《春秋》，必有得也。既自做得主张，则诸子百家长处皆为吾用矣。

【疏证】语见宋吕本中《童蒙训》卷上。

杨时曰：六经，先圣所以明天道，正人伦，致治之成法也。其文自尧、舜，历夏、周之季，兴衰治乱成败之迹，救敝通变，因时损益之理，皆焕然可考。网罗天地之大，文理象器幽明之故，死生终始之变，莫不详喻曲譬，较然如数一二。

【疏证】宋杨时《龟山集》卷二五《送吴子正序》：六经，先

① 宋吕祖谦：《宋文鉴》卷六二。

圣所以明天道，正人伦，致治之成法也。其文自尧、舜，历夏、周之季，兴衰治乱成败之迹，救敝通变，因时损益之理，皆焕然可考。网罗天地之大，文理象器幽明之故，死生终始之变，莫不详谕曲譬，较然如数一二。宜乎后世高明超卓之士一抚卷而尽得之也。予窃怪唐虞之世，六籍未具，士于斯时非有诵记操笔缀文然后为学也，而其蕴道怀德，优入圣贤之域者何多邪！其达而位乎上，则昌言嘉谟，足以亮天工而成大业。虽困穷在下，而潜德隐行，犹足以经世励俗，其芳猷美绩又何其章章也！自秦焚《诗》《书》，坑术士，六艺残缺，汉儒收拾补缀，至建元之间，文辞粲如也。若贾谊、董仲舒、司马迁、相如、扬雄之徒继武而出，雄文大笔，驰骋古今，沛然如决江汉，浩无津涯，后虽有作者，未有能涉其波流也。然贾谊明申、韩，仲舒陈灾异，马迁之多爱，相如之浮侈，皆未足与议。惟扬雄为庶几于道，然尚恨其有未尽者。积至于唐，文籍之备，盖十百前古。元和之间，韩、柳辈出，咸以古文名天下，然其论著不诡于圣人盖寡矣。自汉迄唐千余岁，而士之名能文者无过是数人，及考其所至，卒未有能倡明道学，窥圣人阃奥如古人者。然则古之时，六籍未具，不害其善学。后世文籍虽多，亡益于得也。孔子曰："予非多学而识之，予一以贯之。"岂不信矣哉！武阳吴子正，余之畏友也，博文强识，于诸子百氏之书无所不究，循是而进，益求古人所谓卓约者而守之，庶乎其至矣。区区于汉唐之士以多文自富，务为辞章以惊眩末俗，非善学也夫。赠言为别，以相规切，盖古朋友之义也，故于子正之行，辄书以为赠。

尹焞曰：读书者，当观圣人所以作经之意，与圣人所以用心，与圣人所以至圣人，而吾之所以未至者。句句而求之，昼诵而味之，中夜而思之，平其心，易其气，阙其疑，则圣人之意见矣。

【疏证】宋尹焞《和靖集》卷四"壁帖·圣学"："子言：'读书者，当观圣人所以作经之意，与圣人所以用心，与圣人所以至圣人，而吾之所以未至者，所以未得者，句句而求之，昼诵而味之，中夜而思之，平其心，易其气，阙其疑，则圣人之意见矣。'"

今按：朱熹跋云："和靖尹公先生遗墨一卷，皆先生晚岁片纸手书圣贤所示治气养心之要，粘之屋壁以自警戒者，其家缉而藏之。今阳夏赵侯刻置临川郡斋，摹本见寄。熹窃惟念前贤进修不倦，死而后已，其心炯炯，犹若可识，而赵侯所以摹刻之意，又非取其字画之工，以供好事者之传玩而已。捧读终篇，怳然自失。因敬识其后，以自诏云。淳熙丙申三月丁巳，新安朱熹敬书。"张栻跋云："和靖先生所居之斋，多以片纸书格言至论置于牕壁间，今往往藏于其家，如此所刻是也。反复玩绎，遐想其感发之趣，深存体之功至，而浃洽之味为无穷也。嗟乎！学者于此亦可以得师矣。淳熙丙申三月壬戌，广汉张栻谨书。"据此二跋，可知尹公先生遗墨乃手书圣贤语录，并非言必己出。《和靖集》明言"子言"，表示不出于己。经考证，这段话出自伊川程子，语见《近思录》卷三、《二程遗书》卷二五、《二程粹言》卷上。此外，《朱子语类》卷一九载："问：'伊川说读书，当观圣人所以作经之意与圣人所以用心一条。'曰：'此条程先生说读书，最为亲切。今人不会读书，是如何？只缘不曾求圣人之意。才拈得些小，便把自意硬入放里面，胡说乱说，故教他就圣人意上求，看如何问易其气是如何。曰只是放教宽慢，今人多要硬把捉教住，如有个难理会处，便要刻画百端，讨出来，枉费心力，少刻只说得自底，那里见圣人意。'又曰：'固是要思索，思索那曾恁地，又举阙其疑一句，叹美之。'"① 明吕柟《二程子抄释》卷六云："读书者，当观圣人所以作经之意，与圣人所以用心，与圣人所以至圣人，而吾之所以未至者，所以未得者，句句而求之，诵而味之，中夜而思之，平其心，易其气，阙其疑，则圣人之意见矣。"释云："如此求索，则圣人在目前矣。"明丘濬《大学衍义补》卷七七云："此程子读书法也。学者读书，诚以此两贤之言为法，则凡圣贤之所以著书立言与其所以立心制行而至于为圣为贤者，皆可于言意之表得之矣。得其言于心，本之以制行，本之以处事，本之以为学，本之以为政，不徒出

① 《御纂朱子全书》卷六同。

口入耳，而皆有诸己以为实行，措诸事以为实用，圣贤地位不难到矣。”朱彝尊对于这些常见的理学文献不熟悉，又误读原文，未能探本索源，致使张冠李戴。又按：宋晁说之《晁氏客语》亦有此语，但未注明姓名。又按：明刘宗周《刘蕺山集》卷九《尹和靖先生文集序》：“孔孟既没，传圣人之道者，濂洛诸君子也，而程氏之门独得其传者，为和靖尹先生。”

林疑独曰：六经者，各有所道，同归于治而已。六经判，而百家各是其所是，道术所以不明也。

【疏证】宋褚伯秀《南华真经义海纂微》卷一〇三：疑独注：道术无乎不在，方术则有在矣。言道之体无不在，道之用未尝或在。或谓之神，谓之明，或谓之圣，谓之王，或降或出，或生或成，是果有在乎？夫神者，明之藏；明者，神之显。圣者，王之始；王者，圣之终。圆融和会，使之无间，犹四时之气不同，所以成岁，功则一，曰天，曰神，曰至，曰圣，君子百官，其本末精粗虽不同，皆不离乎一而已。出而有别者宗，生而不粗者精。真者，精诚之至，合天德而通乎道谓之圣人。四者非同非异，出入殊途，圣人出而为君子，则道德散而为仁义，礼乐又散而为法名，操稽以备百官之用，又君子之绪余也。圣人散道以致用，故有法散同以立异，故有分百官述法而不及道言，分而不及用。名者，实之宾。表者，里之外。百官充名而不尽实，充表而不及里，所操者行而有验乎？外所稽者知，而决出乎果。其数一二三四，即名法守具也。器有小大，识有远近，故百官以此相齿，以事为常，以衣食为主，所以养民也，化之而蕃息，居之而富藏，老弱孤寡有以给，神明天地有以配，然后育万物，使之顺性，和天下使之时应，而其泽流于百姓也。本数言其精，末度言其粗，明而有系，此道所以备而无乎不在也。其征而在性命者，可传以心法，所不能传可有诸己，史所不能有明而在数度诗书者法史搢绅能明之。六经各有所道，同归于治而已。夫老、庄之槌踶仁义，欲矫枉以归直也。矫之太过，又归于枉，至此独以圣人六经为言，所以矫向之过枉者耳。六经判，而百家各是其所是，道术所以不明，时称道于口，不能以心体之，致圣贤暗而不明。道德二而不一，各为其所欲，为私察以为知，私好以为仁，所以寡能，备天地之美，称神明之容，其于内圣外王之道，必不合矣。

程俱曰：汉兴，诸儒以经义专门教授，故学者必有师承，源流派别，皆可推考。东汉、二晋以迄有唐，余风犹有存者。

【疏证】宋程俱《北山集》卷一五《汉儒授经图叙》：古者尊师而重道，自天子达于庶人，故孔安国授经昭后，死为之服。桓荣傅明帝于东宫，及即尊位，幸其第，至里门，下车拥经而前，盖其严如此。汉兴，诸儒以经谊专门教授，故学者必有师承，源流派别，皆可推考。历东汉、二晋以迄有唐，余风犹有存者。然其间大儒间出，不专以一经章句授诸生，如王通行道于河汾之间，韩愈抗颜于元和之际，故从之学者，其于行己成务，作为文章，皆足以名世而垂后。如魏征、王珪、李翱、皇甫湜之徒是也。陋哉夏侯胜之言也，曰："士病经术不明。经术苟明，取青紫如俯拾地芥耳。"夫所贵于学者岂专为是哉？而胜以利诱诸生，何也？西汉之俗固已尚通达而急进取矣。又使士专为利而学，学而仕，仕而显，则不过容悦患失之人而已。如张禹以经为帝师，位丞相，而被佞臣之目。后世议者至以谓西汉之亡以张禹。谷永亦号博通诸经，然因灾异之对枉公议，以阿王氏二人者皆成帝所取，决有识所企望而当汉之所以存亡之机者也。然且不顾，方怀奸而狗利，岂其志本在于青紫故耶？抑天姿然也？后世君子，一志于青紫者众，求师务学者寡，学者亦无所师承，此余所以常恨生之晚也。方祖宗隆盛之时，如孙明复、胡翼之以经术，杨文公、欧阳文忠以学问文章为一时宗师，学者有所折衷而问业焉。王荆公出以经义，授东南学者，及得君行政于天下，靡然宗之。元祐间，苏子瞻以文章主英俊之盟，亦云盛矣。余病卧里中，读《西汉·儒林传》，观其师弟子授受之严，所谓源流派别皆可推考者，窃有感焉。且浮屠氏自释迦文佛传心法与夫讲解之宗，至于今将二千年，而源派谱谍如数一二。下至医巫祝卜百工之技，莫不有所师，如吾儒师承之道乃今蔑焉。所谓学官师弟子如适相遇于涂耳，盖可叹也。则其事业之不竞，语言之不工，名节之不立，无足怪。因以汉儒授经为图，以想见汉兴之风范云。建炎四年六月三十日，信安程俱序。

叶梦得曰：六经诸史与诸子之善者，通三千余卷，以二十年计之，日读一卷，亦可以再周，其余一读足矣。惟六经不可一日去手。

【疏证】叶适《过庭录》：前世大乱之后，书籍散亡，时君多用意搜求。自汉成帝遣谒者陈农求遗书于天下，而命刘向等校之。至隋炀帝设二台，募以金帛。开元后，元载当国，亦命拾遗苗发等为江淮括图书使，每以千钱易书一卷，故人以嗜利，伪作争献，时无刘向辈论考，即并藏之，但以卷帙多为贵。往承平时，三馆岁曝书，吾每预其间，凡世所不传者，类冗陋鄙浅无足观，及唐末五代书尤甚，然好奇者或得其一，争以夸人，不复更考是非，此亦藏书一僻也。汉武帝时，河间献王以乐书来献，乃《周官》大司乐章，当时六经犹未尽出，其误固无足怪。齐高帝时，雍州发古冢，得十余简，以示王僧虔，云是蝌蚪书《考工记》，《周官》所阙文，世既无此书，僧虔何从证之乎？此亦好奇以欺众尔。本朝公卿家藏书，惟宋宣献最精好而不多，盖凡无用与不足观者皆不足取。故吾书每以为法也。古书自唐以后，以甲、乙、丙、丁略分为经、史、子、集四类。承平时，三馆所藏不满十万卷。《崇文总目》所载是也。公卿名藏书家如宋宣献、李邯郸，四方士民如亳州祁氏、饶州吴氏、荆州田氏等，吾皆见其目，多止四万许卷，其间颇有不必观者。惟宋宣宪家择之甚精，止二万许卷，而校雠详密，皆胜诸家，吾旧所藏，仅与宋氏等，而宋氏好书，人所未见者，吾不能尽得也。自六经诸史与诸子之善者，通有三千余卷，读之固不可限以数，以二十年计之，日读一卷，亦可以再周，其余一读足矣。惟六经不可一日去手。吾自登科后，每以五月以后，天气渐暑，不能泛及他书，即日专诵六经一卷，至中秋时毕，谓之夏课，守之甚坚。

宣和后，始稍废，岁亦必有一周也。每读不唯颇得新意，前所未达者，其先日差误，所获亦不少，故吾于六经似不甚灭裂。《南史》记徐广年过八十，犹岁读五经一遍，吾殆不愧此。前辈说刘原父初为穷经之学，寝食坐卧，虽谒客，未尝不以六经自随，蝇头细书，为一编置夹袋中，人或效之，后佣书者遂为雕板，世传“夹袋六经”是也。今人但随好恶，苟诵一家之说，便自立门户，以为通经，内不求之己，外不求之古，可乎？后生稔习闻见所以日趋于浅陋也。①

今按：叶梦得（1077—1148）字少蕴，号石林，吴县人。绍圣四年进士，南渡后官至崇信军节度使。事迹具《宋史·文苑传》。叶适（1150—1223）字正则，自号水心居士，永嘉人。淳熙五年进士，官至宝文阁学士，谥忠定。事迹具《宋史·儒林传》。截然二人，此叶非彼叶，而此处张冠李戴，误甲为乙。

郑樵曰：《易》虽一书，而有十六种学，有传学，有注学，有章句学，有图学，有数学，有谶纬学。《诗》虽一书，而有十二种学，有诂训学，有传学，有注学，有图学，有谱学，有名物学……班固有言，自武帝立五经博士，开弟子员，设科射策，劝以官禄，讫于元始，百有余年，传业者寖盛，枝叶繁滋，一经说至百余万言，大师众至千余人，盖利禄之路然也。三百篇之《诗》尽在声歌，自置《诗》博士以来，学者不闻一篇之《诗》。六十四卦之《易》，该于象数，自置《易》博士以来，学者不见一卦之《易》。儒家之弊，至此而极。

【疏证】郑樵《通志总序》：《易》虽一书，而有十六种学，有传学，有注学，有章句学，有图学，有数学，有谶纬学，安得总言易类乎？《诗》虽一书，而有十二种学，有诂训学，有传学，有注学，有图学，有谱学，有名物学，安得总言诗类乎？道家则有道书，有道经，有科仪，有符箓，有吐纳内丹，有炉火外丹，凡二十

① 元马端临：《文献通考》卷一七四。

五种，皆道家，而浑为一家，可乎？医方则有脉经，有灸经，有本草，有方书，有炮炙，有病源，有妇人，有小儿，凡二十六种，皆医家，而浑为一家，可乎？故作《艺文略》。册府之藏，不患无书，校雠之司，未闻其法。欲三馆无素餐之人，四库无蠹鱼之简，千章万卷，日见流通，故作《校雠略》。河出图，天地有自然之象，图谱之学由此而兴。洛出书，天地有自然之文，书籍之学由此而出。图成经，书成纬，一经一纬，错综而成文。古之学者，左图右书，不可偏废。刘氏作《七略》，收书不收图，班固即其书为《艺文志》，自此以还，图谱日亡，书籍日冗，所以困后学而隳良材者，皆由于此，何哉？即图而求易，即书而求难，舍易从难，成功者少。臣乃立为二记，一曰记有，记今之所有者，不可不聚；二曰记无，记今之所无者，不可不求，故作《图谱略》。方册者，古人之言语款识者，古人之面貌，方册所载，经数千万传，款识所勒，犹存其旧。盖金石之功，寒暑不变，以兹稽古，庶不失真。今艺文有志，而金石无纪。臣于是采三皇五帝之泉币、三王之鼎彝、秦人石鼓、汉魏丰碑，上自苍颉石室之文，下逮唐人之书，各列其人而名其地，故作《金石略》。洪范五行，传者巫瞽之学也，历代史官皆本之以作《五行志》。天地之间灾祥万种，人间祸福冥不可知，若之何？一虫之妖，一物之戾，皆绳之以五行，又若之何？晋厉公一视之远，周单公一言之徐，而能关于五行之沴乎？晋申生一衣之偏，郑子臧一冠之异，而能关于五行之沴乎？董仲舒以阴阳之学倡为此说，本于《春秋》，牵合附会，历世史官自愚其心目，俛首以受笼罩，而欺天下，臣故削去五行，而作《灾祥略》。语言之理易推，名物之状难识。农圃之人识田野之物，而不达诗书之旨。儒生达诗书之旨，而不识田野之物。五方之名本殊，万物之形不一，必广览动植，洞见幽潜，通鸟兽之情状，察草木之精神，然后参之载籍，明其品汇，故作《昆虫草木略》。凡十五略，出臣胸臆，不涉汉唐，诸儒议论。《礼略》所以叙五礼，《职官略》所以秩百官，《选举略》言抡材之方，《刑法略》言用刑之术，《食货略》言财货之源流。凡兹五略，虽本前人之典，亦非诸史之文也。

古者记事之史，谓之志。……班固有言：自武帝立五经博士，开弟子员，设科射策，劝以官禄，讫于元始，百有余年，传业者寖盛，枝叶繁滋，一经说至百余万言，大师众至千余人，盖禄利之路然也。且百年之间其患至此，千载之后弊将若何？况禄利之路必由科目，科目之设必由乎文辞。三百篇之《诗》尽在声歌，自置《诗》博士以来，学者不闻一篇之《诗》。六十四卦之《易》该于象数，自置《易》博士以来，学者不见一卦之《易》。皇颉制字，尽由六书，汉立小学，凡文字之家不明一字之宗。伶伦制律，尽本七音，江左置声韵，凡音律之家不达一音之旨。经既苟且，史又荒唐，如此流离，何时返本？道之污隆存乎时，时之通塞存乎数。儒学之弊，至此而极。寒极则暑至，否极则泰来，此自然之道也。臣蒲柳之质，无复余龄，葵藿之心，惟期盛世。

胡寅曰：《易》《诗》《书》《春秋》，全经也。先贤以之配皇帝王霸，言世之变、道之用不出乎是矣。《论语》《孟子》，圣贤之微言，诸经之管辖也。《孝经》非曾子所为，盖其门人识所闻而成之，故整比章指，又未免有浅近者，不可以经名也。《礼记》多出于孔子弟子，然必去吕不韦之《月令》及汉儒之《王制》，仍博集名儒择冠、婚、丧、祭、燕、乡、相见之经与《曲礼》，以类相从，然后可以为一书。若《大学》《中庸》，则《孟子》之伦也，不可附之礼篇。至于《学记》《乐记》《闲居》《燕居》《缁衣》《表记》格言甚多，非《经解》《儒行》之比，当以为《大学》《中庸》之次也。《礼运》《礼器》《玉藻》《郊特牲》之类又其次也。若《周官》则决不出于周公，不当立博士，使学者传习，姑置之足矣。

【疏证】元马端临《文献通考》卷一七四引致堂胡氏语。胡氏又曰：古有经而无数，逮孔子删定系作，然后《易》《诗》《书》《春秋》成焉。然孔孟之门，经无五六之称。其后世分礼乐为二，与四经为六欤？抑合礼乐为一，与四经为五欤？废仲尼亲笔所注之春秋，而取刘歆所附益之《周礼》，列之学官，于是六经名实益乱矣。有天下国家，必以经术示教化，不意五季之君，夷狄之人，而知所先务，可不谓贤乎？虽然，命国子监以木本行，所以一文义，去舛讹，使人不迷于所习，善矣。颁之可也，鬻之非也。或曰："天下学者甚众，安得人人而颁之。"曰以监本为正，俾郡邑皆传刻焉，何患于不给？国家浮费，不可胜计，而独靳于此哉？此冯道、赵凤之失也。

范浚曰：士生叔世，去圣人数千百岁，虽不复见圣人之仪形，而即遗经所传，以求所不传之妙，尚可以见圣人之心也。

【疏证】宋范浚《香溪集》卷一八《答徐提干书》：浚愚无知，于世事都不通解，窃独有志于学，尝以为，士生叔世，去圣人千数百岁，虽不复见圣人之仪形，而即遗经所传，以求所不传之妙，尚可以见圣人之心。又以为，《论语》一书，记孔门格言善行，最为本真，诚使夫子复生，且有喜问者进乎前，而夫子一二诏告之，亦不越乎《论语》所记，故拳拳服膺，妄意窥测圣贤旨意，譬诸幽蔀穷人，穿隙睹天，虽或有见，亦已微矣。然时时取臆说为朋友言之，以求是正其失，不料辄尘听览，且蒙曲赐推与，皇愧不敢当。然心知左右爱之而欲其至于是也，铭激之余，窃有感焉。盖自大学之道不传，士狃习尚，以好修取誉为极致，以辞章记诵为要务，语以圣经性命道德之说，能知而不吪然阳应者鲜矣，以为是而洒然人焉者又加鲜至。若可与谈微究要领会于言意之表者，殆得一二于千百焉。是非此道之难知也，由此道而知之者为难得也。昔李翱在唐诸儒中言道最纯，然其用心勤甚，而时人莫之知，后世亦莫之知。翱从韩愈为文章，辞彩虽下愈，而议论浑厚，如《复性书》三篇，贯穿群经，根极理要，发明圣人微旨良多，疑愈所不逮。而愈但称翱学文颇有得耳，翱亦自谓与人言未有是我者。是当时莫之知也。近世名儒尚论古人众矣，曾无以言道与翱者，至或指《复性书》为《中庸》义疏，而曰："愚者虽读此不晓也，不作可焉。"是后世亦莫之知也。翱之言曰："有问于我，我以吾之所知而传焉，遂书于书，以开诚明之源，而缺绝废弃不扬之道几可以传于时。”翱之用心如此，而当时后世举莫之知。信乎学此道而难与人言，非适今也。求之前古，又非特一李翱也，凡圣贤皆然。惟其莫已知，而力行不惑，所以为圣为贤耳。浚也昧甚，不知力之莫可，而窃有志于学。不知难与人言，而每求夫相与同乎此道者，盖不易得，而仅有之也。

林光朝曰：文王演《周易》，而为卜筮之书，箕子作《洪范》，流而为灾异五行之说，圣人之经，何其不幸也。

【疏证】宋林光朝《艾轩集》卷三：问文王演《周易》，而为卜筮之书，箕子作《洪范》，流而为灾异五行之说，呜呼！圣人之经何其不幸也。夫八卦之文，九畴之叙，虽无文王，无箕子，而此理素定也。天下由之而不自知耳。圣人患其如是，于是乎作书以示之，学者之观书也，舍编简而求之可也，奈何源流一失，迂儒曲士肆为异言，天人之理不复见矣。呜呼！学者之弊，流毒至此，是河图洛书不得为帝王之嘉瑞也，卜筮之说始于秦而汉儒知之，灾异之说始于汉而汉儒不之知也，故不可以不辨。休咎之证非耳目所能晓，谓天有意于人邪？则九年之水、七年之旱非尧、汤之罪也。谓无意于人邪？则五星聚而汉祚启，蚩尤之旗见而兴师三十余年，兹又已然之验也。夫千岁之远，六合之外，求其说而不得，置之可也。灾异之说于风化最其关切者，而欲置之，可乎？乃者彗星东见，主上惕然，赦过宥罪，不忍移咎于人，此先王罪己之道也。宋景公，春秋之庸君耳，一言之善，而荧惑为之退舍。今日之事不论可知也，敢问春秋之世，彗星三见，圣人书之，不著其应，其意果安在耶？董仲舒、刘向善言灾异，天人之理果如所料耶？将耳目之外，冥漠难测，必委之于不可知邪？抑此理昭然，而学者不克知也。说者谓汉文之世率多灾异，哀、平而下符瑞毕至，是知灾祥之来，所以儆戒其德也。无德而虚其应，天弃之也，所以养其恶也，实欤？妄欤？其必有至当之理焉。孟子曰：“天之高也，星辰之远也。苟求其故，千岁之日至可坐而致也。”故者何理而已矣，诸君试求所以然者。详著于篇，无为诸儒牵合之说也。

王质曰：文章根本在六经。

【疏证】宋王质《雪山集》卷五《于湖集序》：故宋中书舍人张公安国，奋起荒寒寂寞之乡，而声名震耀天下者二十余年，可谓盛矣。岁丁丑，某始从公于临安间，谓某曰："吾有志于文章，将须成于子，其请为我言之。"某谢不能，公益切。某不得已而为之言。文章之根本皆在六经，非惟义理也，而其机杼、物采、规模、制度无不具备者也。……公曰："世之文，秦降于三代，汉降于秦，唐又降焉，何也？"某曰："文章非人之所为，天地之气发露而为英华，而人随其浅深能否，得之世运风俗，转移迁流，愈降而愈薄，此可以观气之盈亏。自混沦以前，其略见于释氏之《长含经》；而开辟以后，其详见于邵氏之《皇极经世》。此文章所以有高下，而亦奚独文章也。司马子长、班孟坚世以为匹，观张骞之赞，子长、孟坚增损之语可以见人情之广狭。枚乘，汉之劣；而柳子厚雄于唐者也。观乘之《七发》与子厚之八问，可以见物态之厚薄，顾第弗深考。"公益叩曰："然则何如？"某曰："世之风俗，与天地之气，俱为消息盈虚，而吾之心未尝有所亏盈也。自三代而降，《中庸》《大学》之旨不传，而危微精一之学遂废。世徒以智力精神与万物相抗，而夺其情状，为吾之文章，不知吾之智力、精神与气运、风俗同流，而我弗能制也。若是，何怪道愈降文益衰。夫惟至诚不息之功全，而克己复礼之力厚，自为主宰，不为气运、风俗所迁，吾之智力精神返而与泰定之光相合。不随古今之变而常新无穷，则三代之文章居然可致也。林间之夫，汉上之女，与今之学士大夫其贤愚工拙宜至相绝矣，而《兔罝》《汉广》之声非后世可吐。此惟其有莫不好德之心，故其音纯；有无思犯礼之念，故其音正。世溺于势利声名，而方寸之地为万物往来驰骋之涂，蹂践吾之精灵，其力至浅鲜矣。叙事而有《大禹》《皋陶》《益稷》之谟，论谏而有《说命》《旅獒》《立政》之书，谕众而有《梓材》《多方》之训，析理而有《洪范》之文，此非可以取，必于其辞而其存诸中者，如玉在石，珠在渊，温纯明湛之辉，因物显容而自莫如此，天下之至文也。”公曰：“善哉！始吾所志未为极也，如子所言，则六经是师三代是慕而后可也，苟未死，当无负于子言。”已泣下，初莫谕其故，后四月而公亡。此某所以痛哭流涕，而恨公之无年，抱其不竭之才，赍其未尽之志以没，使某之言徒发而不见其验也，哀哉！

今按：宋王应麟《困学纪闻》卷二：“王景文谓：‘文章根本在六经。’”清朱鹤龄《尚书埤传附录》：“宋景文谓：‘文章根本在六经。’”王质字景文，王应麟不误，而朱鹤龄误作“宋景文”。

郑耕老曰：立身以力学为先，力学以读书为本。今取六经及《论语》《孟子》《孝经》，以字计之，《毛诗》三万九千二百二十四字，《尚书》二万五千七百字，《周礼》四万五千八百六字，《礼记》九万九千二十字，《周易》二万四千二百七字，《春秋左氏传》一十九万六千八百四十五字，《论语》一万二千七百字，《孟子》三万四千六百八十五字，《孝经》一千九百三字，大小九经合四十八万四千九十五字。且以中才为率，若日诵三百字，不过四年半可毕。或以天资稍钝，减中材之半，日诵一百五十字，亦止九年可毕。苟能熟读而温习之，使入耳著心，久不忘失，全在日积之功耳。里谚曰：“积丝成寸，积寸成尺。寸尺不已，遂成文匹。”此语虽小，可以喻大，后生其勉之。

【疏证】语见宋吕祖谦《少仪外传》卷上引《郑氏勤学》。“文匹”，作“丈匹”。《小学绀珠》卷四引亦同。

喻樗曰：六经数十万言，只十个字能尽其义，要之，不出乎君臣父子夫妇长幼朋友而已。

【疏证】宋林之奇《拙斋文集》卷一：吴元忠尝问喻子才：“六经紧要在甚处？”子才云：“六经数十万言，只有十个字能尽其义，要之，不出乎君臣父子夫妇长幼朋友而已。”

洪迈曰：晋唐至今，诸儒训释六经，否则自立佳名，盖各以百数。其书曰传，曰解，曰章句而已。若战国迨汉，则其名简雅，一曰故。故者，通其指义也。《书》有《夏侯解故》，《诗》有《鲁故》《齐故》《韩故》也。《毛诗故训传》，颜师古谓流俗改《故训传》为诂字，失真耳。小学有杜林《仓颉故》。二曰微。谓释其微指。如《春秋》有《左氏微》《铎氏微》《张氏微》《虞卿微传》。三曰通。如洼丹《易通论》名为《洼君通》。班固《白虎通》、应劭《风俗通》、唐刘知几《史通》、韩滉《春秋通》，凡此诸书，惟《白虎通》《风俗通》仅存耳。又如郑康成作《毛诗笺》，申明传义，他书无用此字者。《论语》之学但曰《鲁论》《齐论》《张侯论》，后来皆不然也。

【疏证】语见宋洪迈《容斋五笔》卷六“经解之名”条。

陆游曰：唐及国初，学者不敢议孔安国、郑康成，况圣人乎？自庆历后，诸儒发明经旨，非前人所及，然排《系辞》，毁《周礼》，疑《孟子》，讥《书》之《胤征》《顾命》，黜《诗》之《序》，不难于议经，况传注乎？

【疏证】宋王应麟《困学纪闻》卷八：陆务观曰：唐及国初，学者不敢议孔安国、郑康成，况圣人乎？自庆历后，诸儒发明经旨，非前人所及，然排《系辞》（若璩按：谓欧阳永叔），毁《周礼》（按：谓欧阳永叔、苏轼、辙），疑《孟子》（按：谓李觏、司马光），讥《书》之《胤征》《顾命》（按：谓苏轼），黜《诗》之《序》（按：谓晁说之），不难于议经，况传注乎？斯言可以箴谈经者之膏肓。

胡铨曰：《诗》《书》《礼》《乐》《易》《春秋》，盖尧、舜、禹、汤、文、武、周公、孔子数圣人之心法在焉。观于《易》，则由多识以畜其德；观于《礼》，则由强识以敦其行；观于《论语》，则由默识以进乎道，亦识其大者而已。

【疏证】待考。四库本《澹庵文集》未见此语。

王炎曰：士志学，必志乎道。六经，载道之器也。圣人诏天下与后世者甚厚也。故志乎道者，其学自经始。

【疏证】王炎《醉经堂记》：士志学，必志乎道。六经，载道之器也。圣人诏天下与后世者甚厚也，故志乎道者，其学自经始。而今之学，非古之学也，士方未得志时，取圣人经伏而读之，盖心乎富贵利达也，师弟子之所讨论，训诂之所解释，与夫出以为新意者，例皆求诸其言，而以为议论文章，升于乡，试于礼部，策于庭，幸而在选，众必指之曰："是通经者也。"而其人亦以是自居。吁！吾不知夫圣人作经其果为后世求富贵利达者设欤？不然，则以言语求经，是守古人之糟粕也。必于言语之外索焉，然后为有得矣。古人之得志不泰，不得志不戚，盖进有以行是道，退则以善其身，能于经有得者也。而今之富贵利达者未必能是，其穷而在下者未必不能是。以穷达论学术，君子不与也。吾里程君彦信，隐居以自晦，故非亟于利达者。其人明白简易，不见圭角，不立町畦，以其行于身者率子弟，故其子弟多良，而又笃以学，储书于堂，榜之曰醉经。属记之以识其意。炎曰：是不可不记。尝闻圣人之经，其法简以严，其文约以典，故学焉而易知。其言渊而微，其味淡而不可厌，故易知而难穷，习之不熟，思之不精，切磋琢磨之不久，藏修游息之不诚，经之味无能涵泳啜哜也。予知程君训子弟，于学者有本，故愿为之记，因并书其为学之方以告其子弟，而于富贵利达在所不论，非禁其为彼而强其为此也。熟于经，而有得于道，禄在其中矣。①

杨万里曰：有六经，则有异说。刘歆历法引《武成》咸刘商王之句，郑氏诗注引《伊训》载孚在亳之辞，荀爽《易解》于乾为木果之后，复有为龙为直之言，桓宽《盐铁论》引其故察察之语，以为出于《春秋》。按《书》《易》《春秋》初无是也。盖诸儒各出臆见，以其私说簧鼓世俗之观听，而圣人之六经化为诸儒之六经矣。

【疏证】待考。

---

① 明程敏政：《新安文献志》卷一三。

汪应辰曰：六经典籍，政事之本也。

【疏证】明杨士奇等《历代名臣奏议》卷八：乾道五年十一月，汪应辰上言曰："臣伏见近日以来，讲读之官进见稀阔，盖自昔人君有所佚豫，或不留意经典，有所私昵，或不亲近儒臣。今陛下省览庶政，不舍昼夜，非有所佚豫也。延接臣下，不间疏贱，非有所私昵也。特以勤劳政事，故不遑暇于此耳。然臣窃谓：六经之典籍，祖宗之谟训，此乃政事之本也。因其有所劝诫，而省之于己，则可以致日新之益，因其有所损益，而验之于今，则可以得时措之宜。"

吕祖谦曰：汉儒经学，大抵专门，旁通者少。通《诗》《礼》者后苍也，通《诗》《书》者徐敖、夏侯始昌也，通《书》《春秋》者胡常也，通《礼》《春秋》者孟卿也，通《诗》《春秋》者申公江公也，通《易》《诗》者韩婴也，通《三传》者尹更始也，五经悉通者王吉、夏侯始昌也，至郑康成通集诸家之长。

【疏证】待考。

又曰：汉经学兴废，不以理之是非，而以时之好恶。

【疏证】待考。王应麟《困学纪闻》卷六"左氏"条云："汉武帝好《公羊》，宣帝善《穀梁》，皆立学官。《左氏》尝立而复废。贾逵以为明刘氏之为尧后始得立，不以学之是非，而以时之好恶。末哉，汉儒之言经也！"

朱子曰：古之圣人，作为六经以教后世，《易》以通幽明之故，《书》以纪政事之实，《诗》以导性情之正，《春秋》以示法戒之严，《礼》以正行，《乐》以和心，其于义理之精微，古今之得失，所以该贯发挥，究竟穷极，可谓盛矣。而总其书，不过数十卷，盖其简易精约又如此。

【疏证】宋朱熹《晦庵集》卷七八《建宁府建阳县学藏书记》：古之圣人，作为六经以教后世，《易》以通幽明之故，《书》

以纪政事之实，《诗》以导情性之正，《春秋》以示法戒之严，《礼》以正行，《乐》以和心，其于义理之精微，古今之得失，所以该贯发挥，究竟穷极，可谓盛矣。而总其书，不过数十卷，盖其简易精约又如此。自汉以来，儒者相与尊守，而诵习之转相受授，各有家法，然后训传之书始出。至于有国家者历年行事之迹，又皆各有史官之记，于是文字之传益广。若乃世之贤人君子，学经以探圣人之心，考史以验时事之变，以至见闻感触有接于外而动乎中，则又或颇论著其说，以成一家之言，而简册所载，箧椟所藏，始不胜其多矣。然学者不欲求道则已，诚欲求之，是岂可以舍此而不观也哉！而近世以来，乃有所谓科举之业者，以夺其志，士子相从于学校庠塾之间，无一日不读书，然问其所读，则举非向之所谓者。呜呼！读圣贤之言，而不通于心，不有于身，犹不免为书肆，况其所读又非圣贤之书哉？以此导人，乃欲望其教化行而风俗美，其亦难矣！建阳版本书籍行四方者，无远不至，而学于县之学者，乃以无书可读为恨……

又曰：世之解经者有三：一儒者之经；一文人之经，东坡、陈少南辈是也；一禅者之经，张子韶辈是也。

【疏证】《朱子语类》卷一一：后世之解经者有三：一儒者之经；一文人之经，东坡、陈少南辈是也；一禅者之经，张子韶辈是也。

又曰：诸家说有异同，如甲说如此，且挦扯住甲，穷尽其辞。乙说如此，且挦扯住乙，穷尽其辞。两家之说既尽，又参考而穷究之，必有一真是者出矣。

【疏证】《朱子语类》卷一一：凡看文字，诸家说有异同处最可观。谓如甲说如此，且挦扯住甲，穷尽其词，乙说如此，且挦扯住乙，穷尽其词。两家之说既尽，又参考而穷究之，必有一真是者出矣。

又曰：读书必先读《大学》，以定其规模；次读《论语》，以立其根本；次读《孟子》，以观其发越；次读《中庸》，以求古人之微妙处。

【疏证】《朱子语类》卷一四：学问须以《大学》为先，次《论语》，次《孟子》，次《中庸》。《中庸》工夫密，规模大。某要人先读《大学》，以定其规模；次读《论语》，以立其根本；次读《孟子》，以观其发越；次读《中庸》，以求古人之微妙处。《大学》一篇有等级次第，总作一处易晓。宜先看《论语》，却实，但言语散见，初看亦难。《孟子》有感激兴发人心处。《中庸》亦难读。看三书后方宜读之。

又曰：看讲解不可专狗他说，不求是非，便道前贤言语皆的当。

【疏证】《朱子语类》卷一一：看讲解不可专狗他说，不求是非，便道前贤言语皆的当。如《遗书》中语，岂无过当失实处？亦有说不及处。又云：初看时便先断以己意，前圣之说皆不可入。此正当今学者之病，不可不知。

又曰：治经者必因先儒已成之说而推之，借曰未必尽是，亦当究其所以得失之故，而后可以反求诸心而正其谬。此汉之诸儒所以专门名家，各守师说，而不敢轻有变焉者也。但其守之太拘，而不能精思明辨，以求其是，则为病耳。

【疏证】宋朱熹《晦庵集》卷六九《学校贡举私议》：士无不通之经，无不习之史，而皆可为当世之用矣。其治经必专家。法者，天下之理，固不外于人之一心。然圣贤之言则有渊奥尔雅，而不可以臆断者。其制度、名物、行事本末又非今日之见闻所能及也。故治经者必因先儒已成之说而推之，借曰未必尽是，亦当究其所以得失之故，而后可以反求诸心而正其缪，此汉之诸儒所以专门名家，各守师说，而不敢轻有变焉者也。但其守之太拘，而不能精思明辨，以求真是，则为病耳。然以此之故，当时风俗终是淳厚。近年以来，习俗苟偷，学无宗主，治经者不复读其经之本文与夫先儒之传注，但取近时科举中选之文讽诵摹仿，择取经中可为题目之句，以意扭捏，妄作主张，明知不是经意，但取便于行文，不暇恤也。盖诸经皆然，而《春秋》为尤甚。主司不惟不知其谬，乃反以为工，而置之高等，习以成风，转相祖述，慢侮圣言，日以益甚，名为治经，而实为经学之贼，号为作文，而实为文字之妖，不可坐视而不之正也。今欲正之，莫若讨论诸经之说，各立家法，而皆以注疏为主。

又曰：圣人作经，以诏后世，将使学者诵其文，思其义，有以知其事理之当然，见道义之全体，而身力行之，以入圣贤之域也。其言虽约，而天下之故，幽明巨细，靡不该焉。欲求道以入德者，舍此为无所用其心矣。

【疏证】宋朱熹《晦庵集》卷八二《书临漳所刊四子后》：圣人作经，以诏后世，将使读者诵其文，思其义，有以知事理之当然，见道义之全体，而身体力行之，以入圣贤之域也。其言虽约，而天下之故，幽明巨细，靡不该焉。欲求道以入德者，舍是无所用其心矣。然去圣既远，讲诵失传，自其象数、名物、训诂、凡例之间，老师宿儒尚有不能知者，况于初学小生骤而语之，是亦安能遽有以得其大指要归也哉！故河南程夫子之教人，必先使之用力乎《大学》《论语》《中庸》《孟子》之书，然后及乎六经，盖其难易远近大小之序固如此而不可乱也。故今刻四古经，而遂及乎《四书》者，以先后之。且考旧闻，为之音训，以便观者。又悉著凡程子之言及于此者，附于其后，以见读之之法，学者得以览焉。抑尝妄谓，《中庸》虽七篇之所自出，然读者不先于《孟子》而遽及之，则亦非所以为入道之渐也，因窃并记于此云。绍熙改元腊月庚寅，新安朱熹书于临漳郡斋。

又曰：《易》《书》《诗》《礼》《乐》《春秋》，孔孟氏之籍，本末相须，人言相发，皆不可以一日而废焉者也。

【疏证】宋朱熹《晦庵集》卷七八《徽州婺源县学藏书阁记》：道之在天下，其实原于天命之性，而行于君臣父子兄弟夫妇朋友之间。其文则出于圣人之手，而存于《易》《书》《诗》《礼》

《乐》《春秋》孔孟氏之籍，本末相须，人言相发，皆不可以一日而废焉者也。盖天理民彝，自然之物，则其大伦大法之所在，固有不依文字而立者。然古之圣人欲明是道于天下，而垂之万世，则其精微曲折之际，非托于文字亦不能以自传也。故自伏羲以降，列圣继作，至于孔子，然后所以垂世立教之具粲然大备，天下后世之人，自非生知之圣，则必由是以穷其理，然后知有所至而力行以终之，固未有饱食安坐，无所猷为，而忽然知之，兀然得之者也。故傅说之告高宗曰："学于古训乃有获。"而孔子之教人亦曰："好古敏以求之。"是则君子所以为学致道之方，其亦可知也已。然自秦汉以来，士之所求乎书者，类以记诵剽掠为功，而不及乎穷理修身之要，其过之者，则遂绝学捐书，而相与驰骛乎荒虚浮诞之域。盖二者之蔽不同，而于古人之意则胥失之矣。呜呼！道之所以不明不行，其不以此与？婺源学官讲堂之上有重屋焉，榜曰藏书，而未有以藏。莆田林侯霆知县事，始出其所宝大帝神笔石经若干卷以填之，而又益广市书凡千四百余卷，列庋其上，俾肄业者得以讲教而诵习焉。熹故邑人也，而客于闽，兹以事归，而拜于其学，则林侯已去而仕于朝矣。学者犹指其书以相语，感叹久之，一旦遂相率而踵门，谓熹盍记其事，且曰："比年以来，乡人子弟愿学者众，而病未知所以学也。子诚未忘先人之国，独不能因是而一言以晓之哉？"熹起对曰："必欲记贤大夫之绩，以诏后学，垂方来，则有邑之先生君子在，熹无所辱命，顾父兄子弟之言又熹之所不忍违者，其敢不敬而诺诺。"于是窃记所闻如此，以告乡人之愿学者，使知读书求道之不可已，而尽心焉以善其身，齐其家，而及于乡，达之天下，传之后世，且以信林侯之德于无穷也。是为记云。淳熙三年丙申夏六月甲戌朔旦，邑人朱熹记。

李方子曰：昔者《易》更三古，而混于八索。《诗》《书》烦乱，《礼》《乐》散亡，而莫克正也。夫子从而赞之，定之，删之，正之，又作《春秋》，六经始备，以为万世道德之宗主。

【疏证】宋李幼武《宋名臣言行录外集》卷一二引李方子撰《朱子行实》：道之在天下，未尝亡也，而统之相传。苟非其人，则不得而兴。自孟子没千有余年，而后周、程、张子出焉。历时未久，浸失其真。及先生出，而后合濂溪之正传，绍鲁、邹之坠绪，前圣后贤之道该遍全备，其亦可谓盛矣。盖昔者《易》更三古，而混于八索。《诗》《书》烦乱，《礼》《乐》散亡，而莫克正也。夫子从而赞之，定之，删之，正之，又作《春秋》，六经始备，以为万世道德之宗主。秦火之余，六经既已烂脱，诸儒各以己见妄穿凿为说，未尝有知道者也。周、程、张子，其道明矣，然于经言未暇厘正。一时从游之士或昧其旨，遁而入于异端者有矣。先生于是考订讹缪，探索深微，总裁大典，勒成一家之言，仰包粹古之载籍，下采近世之文献，集其大成，以定万世之法，然后斯道大明，如日中天。

陈淳曰：读四子书，毋过求，毋巧凿，毋旁搜，毋曲引，惟平心以玩其指归，而切己以察其实用而已。果能于是，融会贯通，由是而稽诸经，与凡读天下之书，论天下之事，轻重长短，截然一定，自不复有锱铢分寸之或紊矣。

【疏证】宋陈淳《北溪大全集》卷一五《读书次第》：书所以载道，固不可不读。而圣贤所以垂训者不一，又自有先后缓急之序，而不容以躐进。程子曰：《大学》，孔氏之遗书，而初学入德之门也。于今可见古人为学次第者，独赖此篇之存。而《论》《孟》次之，学者必由是而学焉，则庶乎其不差矣。盖《大学》者，古之大人所以为学之法也。其大要惟曰明明德，曰新民，曰止于至善三者而已。于三者之中，又分而为格物、致知、诚意、正心、修身以至齐家、治国、平天下者凡八条。大抵规模广大而本末不遗，节目详明而始终不紊，实群经之纲领，而学者所当最先讲明者也。其次，则《论语》二十篇，皆圣师言行之要所萃，于是而学焉，则有以为操存涵养之实。又其次，则《孟子》七篇，皆醇醇乎仁义王道之谈，于是而学焉，则有以为体验充广之端。至于《中庸》一书，则圣门传授心法，程子以为其味无穷，善读者玩索而有得焉，则终身用之有不能尽者矣。然其为言大概上达之意多，而下学之意少，非初学所可骤语，又必《大学》《论》《孟》之既通，然后可以及乎此，而始有以的知其皆为实学无可疑也。盖不先诸《大学》，则无以提挈纲领，而尽《论》《孟》之精微；不参诸《论》《孟》，则无以发挥蕴奥，而极《中庸》之归趣。若不会其极于《中庸》，则又何以建立天下之大本，而经纶天下之大经哉！是则欲求道者，诚不可不急于读《四书》。而读《四书》之法，无过求，无巧凿，无旁搜，无曲引，亦惟平心以玩其指归，而切己以察其实用而已。尔果能于是四者融会贯通，而理义昭明，胸襟洒落，则在我有权衡尺度，由是而进诸经，与凡读天下之书，论天下之事，皆莫不冰融冻释，而轻重长短，截然一定，自不复有锱铢分寸之差矣。呜呼！至是而后可与言王佐事业①，而致开物成务之功用也欤？

刘爚曰：治道原于士风，士风本于学术。周衰，孔子取先王之大经大法，与其徒诵而传之，杂见于六经。千载之后，学者习焉。故以事父则孝，以事君则忠。

【疏证】宋真德秀《西山文集》卷四一《刘文简公神道碑》：召为国子司业，始见诸生，首诲以立身行己为先，毋颛意程试，汲汲利禄。进对言："治道原于士风，士风本于学术，古者司徒之职，典乐之官，今学官之任也。周衰，孔子取先王之大经大法，与其徒诵而传之，杂见于六经。自汉以来，虽曰崇儒，然汉儒之陋，训诂益详，而义理益晦，故韩愈《原道》曰："轲之死，不得其传。"谓其精微之旨不传也。艺祖皇帝于干戈甫定之余，召处士王昭素讲《易》禁中，累圣相承，以为先务，治教休明，儒宗间出，然后六经遗旨、孔孟微言复明于千载之后。天下学者诵而习之，以《论语》《孟子》为门，《大学》《中庸》为准，故其事父则孝，事君则忠。世之所谓道学者也，庆元以来，权佞当国，恶人议己，指道为伪，屏其人，禁其书，十余年间，学者无所依向，义利不明，趋向污下，人欲横流，廉耻日丧，望其既仕之后，职业修，名节立，不可得也。乞降明诏，庆元以来名以伪学，而禁其书，指挥更

---

① 王佐事业，《严陵讲义》作"内圣外王之道"。

不施行，息邪说，正人心，使学知本原，士风归厚，实宗社之福。"①

又曰：帝王之学，当本之《大学》，探之《中庸》，参之《论语》《孟子》，然后质之《诗》《书》，玩之《周易》，证之《春秋》，稽之《周官》，求之《仪礼》，博之《礼记》，于修身治天下之道，犹指掌矣。

【疏证】待考。

周孚曰：圣人之经，其［所］以为名，皆因旧而不改。《易》之为《易》，《书》之为《书》，《诗》之为《诗》，圣人未出其名，固已如是。至于《春秋》，则犹三经也，晋谓之《乘》，楚谓之《梼杌②》，鲁谓之《春秋》，错举四时，以为之名，圣人何加损焉？

【疏证】宋周孚《蠹斋铅刀编》卷二一《春秋讲义·春秋》：圣人之经，其所以为名，皆因旧而不改。《易》之为《易》，《书》之为《书》，《诗》之为《诗》，圣人未出其名，固已如是。至于《春秋》，则犹三经也，晋谓之《乘》，楚谓之《梼杌》，鲁谓之《春秋》，编年之书也，错举四时，以为之名，圣人何加损焉？且圣人之所以为后世戒者，在其所书之事，而不在其名也。

陈骙曰：六经之道既曰同归，六经之文容无异体。故《易》

① 李清馥《闽中理学渊源考》卷二七有刘钥传。

② 梼杌，传说中的凶兽名。《神异经·西荒经》："西方荒中有兽焉，其状如虎而犬毛，长二尺，人面虎足，猪口牙，尾长一丈八尺，搅乱荒中，名梼杌，一名傲狠，一名难训。"传说为远古的恶人"四凶"之一。《左传·文公十八年》："舜臣尧，宾于四门，流四凶族浑敦、穷奇、梼杌、饕餮，投诸四裔，以御螭魅。"《左传·文公十八年》："颛顼氏有不才子，不可教训，不知话言，告之则顽，舍之则嚚，傲很明德，以乱天常，天下之民谓之梼杌。"杜预注："谓鲧。"泛指恶人。晋葛洪《抱朴子·审举》："小人道长，则梼杌比肩。"

文似《诗》，《诗》文似《书》，《书》文似《礼》。中孚九二曰："鸣鹤在阴，其子和之。我有好爵，吾与尔縻之。"使入《诗》雅，孰别爻辞？《抑》二章曰："其在于今，兴迷乱于政。颠覆厥德，荒湛于酒。女虽湛乐从，弗念厥绍。罔敷求先王，克共明刑。"使入《书》诰，孰别雅语？《顾命》："牖间南向，敷重篾席，黼纯，华玉，仍几。西序东向，敷重厎席，缀纯，文贝，仍几。东序西向，敷重丰席，画纯，雕玉，仍几。西夹南向，敷重笋席，玄纷纯，漆，仍几。"使入《周官》司几筵，孰别命语？

【疏证】语见宋陈骙《文则》卷上。

又曰：经传之文有相类者，非故出于蹈袭，实理之所在，不约而同也。

【疏证】宋陈骙《文则》卷下：大抵经传之文有相类者，非固出于蹈袭，实理之所在，不约而同也。略条于后，则可推矣。

高似孙曰：《书》纪事，《诗》考俗，《春秋》以明道，《礼》《乐》以稽政……《易》之作，极圣人之蕴奥，而天下无遗思矣。

【疏证】宋高似孙《子略》卷二《老子总论》：卦始于羲，重于文王，成于孔子，天人之道极矣，究人事之始终，合天地之运动，吉凶悔吝，祸福兴衰，与阴阳之妙，迭为销复。有无相乘，盈虚相荡，此天地之用，圣人之功也。《易》有忧患，此之云乎？《书》纪事，《诗》考俗，《春秋》以明道，《礼》《乐》以稽政，往往因其行事，书以记之者也。《易》之作，极圣人之蕴奥，而天下无遗思矣。老子之学，于道深矣，反复其辞，钩研其旨，其造辞立用，特欲出于天地范围之表，而道前古圣人之所未道者。然而不出于有无相乘，盈虚相荡之中，所谓道者，盖羲皇之所凿，周孔之所贯，岂复有所增损哉？六经之学，立经垂训，纲纪万世。老氏用心，又将有得于六经之外，非不欲返世真淳，挈民清净，然善用之者，盖可为黄昊，为唐虞；其不善用之，则两晋齐梁之弊有不可胜言者。此非言者之过也。世之言老氏者，往往以为其道出于虚无恬漠，非道之实而病之，其又偏矣。太史公所谓"尊孔氏者则黜老子，尊老子者则黜孔氏”，柳宗元独曰：“老子，孔子之异流也，不得以相抗。”何斯言之审且安也。扬雄氏《太玄》则曰：“孔子文足者也，老君玄足者也。”渊乎斯言！

又曰：汉人以通五经为重。其曰“五经无双许叔重”，许慎也；“五经纵横周宣光”，周举也；“五经纷纶井大春”，井丹也；“五经兴复鲁叔陆”，鲁丕也。

【疏证】宋高似孙《纬略》卷七“通五经”：后苍，东海人，事夏侯始昌，通五经。蔡玄，汝南人，学通五经。帝征拜议郎，讲论五经异同。井丹，扶风人，受业太学，通五经。鲁丕，字叔陵，兼通五经，为当世大儒（见《东观汉记》）。张霸，博览五经，孙琳、刘固等并慕之。汉人往往以通五经为重，其曰“五经无双许叔重”，许慎也；“五经纵横周宣光”，周举也；“五经纷纶井大春”，井丹也；“五经复兴鲁叔陵”，鲁丕也，皆得通五经。

真德秀曰：六经于五常之道无不包者，班固乃以五常分属于六艺，是《乐》有仁而无义，《诗》有义而无仁也。

【疏证】宋真德秀《西山读书记》卷二四：战国以来，辩士之说胜，而不根诸理，流俗惑之，至汉犹然。故扬子发此论，然于五经之指未能大有发明也。其后，班氏作《艺文志》有云：“六艺之文，《乐》以和神，仁之表也；《诗》以正言，义之用也；《礼》以明体，明者著见，故无训也。《书》以广听，知之术也，《春秋》以断事，信之符也。五者，盖五常之道，相须而备，故《易》为之原。”夫六经于五常之道无不包者，今以五常分属于六艺，是《乐》有仁而无义，《诗》有义而无仁也，可乎哉？大率汉儒论经鲜有得其指要者，反不若庄生之当于理也。

又曰：古者君臣上下，共由六经之道。上之所以为教者，此也。下之所以为学者，此也。

【疏证】宋真德秀《西山读书记》卷二四：程子论经解，说见前，然朱子于论《易》则曰：《易》初未有物，只是悬空说出。当其未有卦画，则浑然一太极。在人，则喜怒哀乐未发之中，一旦发出，则阴阳吉凶事事都有在里，人须就至虚静中见得这道理周遍通珑方好。若先靠定一事说，则滞泥不通。此所谓洁静精微，《易》之教也。其序《吕氏诗记》，亦谓其有意于温柔敦厚之教，则朱子之于斯言盖深取之。《注疏》之辞多未粹。愚谓，古者君臣上下，共由六经之道。上之所以为教者，此也。下之所以为学者，此也。上因性以为教，下亦因学以成性。故观其国之俗，即知其君之教，学《诗》则能感发其性情之正，故其为人温和而柔顺，敦笃而厚重；学《书》则通知古今治乱之理，故其为人疏明不滞，而所见者远。《乐》以导和，故学之者开广而博大，平易而温良。《易》道简洁精深，《礼》主于恭俭庄敬，故学之者各得之而成其德。《春秋》连属其辞，比次其义，以寓是非褒贬之指，故凡能如是者必有得于《春秋》者也。

又曰：古之学者，学一经必有一经之用，其视后世通经之士徒习章句训义而无益于性情心术者何如哉！

【疏证】宋真德秀《西山读书记》卷二四：古之学者，学一经必得一经之用，其曰为人则气质俱化，习与性成矣，其视后世通经之士徒习章句训义而无益于性情心术者何如哉！然人各有所偏，醇厚者于智或不足，故其失愚；疏达者于言或易发，故其失诬。博大者易以奢广，峻洁者易以深刻，恭敬者或烦劳而不安乐。属辞比事而不至者，则善恶或至缪乱，故必矫其失而后有以全，其得亦如古者教胄之意也。曰"《诗》之失""《书》之失"云者，盖言学经者之失，非谓经之有失也。

魏了翁曰：自图书出于河洛，天地之秘始露。迨八卦画，九畴叙，六经作，而天地之文备矣。

【疏证】宋魏了翁《鹤山集》卷三九《汉州开元观记》：自图书出于河洛，而天地之秘始露。迨八卦画，九畴叙，六经作，而天地之间备矣。以言乎天下之赜，至于阴阳变化，远而莫御矣。而卒归于默成而信，存乎德行，所以体物，而不可遗以言乎？圣人之道，至于峻极于天，大而亡以加矣，而不遗乎？“礼仪三百，威仪三千”，所以范其化，而不过凡，皆贯显微，该体用，形而上者之道，初不离乎形而下者之器，虽关百圣，历万世而无弊，焉可也。后世九流之士，往往执一偏以求道，得本则遗末，循粗而失精，亦岂无高明卓异之士游于其间者？惟其诚明异致，道器殊归，殆将不免于贤与知者之过，而恶睹夫天地之大全也哉？且道家者流，其始不见于圣人之经，自老聃氏为周柱下史，著书以自明其说，亦不过恬养虚应，以自淑其身者之所为尔，世有为老氏而不至者，初无得于其约，而徒有慕乎其高直，欲垢浊斯世，妄意于六合之外求其所谓道者，于是神仙荒诞之术或得以乘间抵巇，而荡摇人主之侈心，历世穷年，其说犹未泯也。呜呼！道其不明矣。

应镛曰：乐正崇四术以训士，则先王之《诗》《书》《礼》《乐》，其设教固已久。《易》虽用于卜筮，而精微之理非初学所可语。《春秋》虽本于纪载，而策书亦非民庶所得尽窥，故《易象》《春秋》，韩宣子适鲁始得见之，则诸国之教未必尽备。六者，盖自夫子删定赞系笔削之余，而后传习始广，经术流行。

【疏证】宋卫湜《礼记集说》卷一一七引金华应氏曰：醇厚者未必深察情伪，故失之愚。通达者未必笃确诚实，故失之诬。宽博者未必严立绳检，故失之奢。沈潜思索，多自耗蠹，且或害道。弄笔褒贬，易紊是非，且或召乱。乐正崇四术以训士，则先王之《诗》《书》《礼》《乐》，其设教固已久。《易》虽用于卜筮，而精微之理非初学所可语。《春秋》虽本于纪载，而策书亦非民庶所得尽窥，故《易象》《春秋》，韩宣子适鲁始得见之，则诸国之教未必尽备。六者，盖自夫子删定赞系笔削之余，而后传习滋广，经术流行。夫子既广其所传，而又虑其所敝，故有此言。然人其国，即知其教，非见远察微者不能也。观其教，即防其失，非虑远防微者不能也。

戴栩曰：《诗》坏于卫宏之序，《春秋》误于公羊之传，《易》由于三圣系爻彖象之互入，《书》失于孔壁序传简编之相乱，《周礼》特周公大约之书，当时有未必尽行者。

【疏证】《四库全书总目》卷一六二《浣川集》提要："今考其说，惟谓《周礼》特周公大约之书，当时未必尽行，其立论颇为有识。至于谓《诗》坏于卫宏之序，《春秋》误于公羊之传，《易》由于三圣系爻彖象之互入，《书》失于孔壁序传简编之相乱，大抵南宋诸人轻诋汉儒之余唾，虽不存可也。"宋熊朋来《经说》卷二"禹贡"条云："《禹贡》在《尚书》家为典之摄，何以曰夏书而不列于虞书？不称舜而称禹也，作司空，平水土，尧老舜摄之时也。玄圭告功，舜即位之时也。宅揆陈谟，皆言平水土之功，则《禹贡》宜在宅揆陈谟以前，其不见收于虞史，谓之夏书，盖救民于洪水之中者，舜之心也，取民于平水之后者，非舜之心也，故禹之对舜，仅言利用厚生以相民，不敢以贡赋利国为功，如底慎财赋，成赋中邦，亦惟《禹贡》言之，典谟初无是言，况《禹贡》九州九山，而舜分十二州十二山，注谓禹治水之后，舜分冀为幽、并，分青为营，禹所画州地，舜犹改定，则所定贡赋，在舜之时亦未必尽行也。"《日讲礼记解义》卷一三："《周礼》为周公之书，而在当时未必尽行。必欲合《孟子》《王制》而一之，即其说愈棼，而终无确据。如《明堂位》言封周公于曲阜地方七百里，以开方法计之为方百里者四十九，当得王畿千里之半，是岂可信哉？"

洪咨夔曰：《易》者，文之太极也。《诗》《书》《礼》《乐》《春秋》《论语》，文之两仪也。

【疏证】待考。洪咨夔字舜俞，于潜人。历官端明殿学士。事迹具《宋史》本传。

方镕曰：家庭日用起［居］无非六经之道。

【疏证】《嘉靖淳安县志·儒林传》《宋元学案·北山四先生学案》均载此语。

包恢曰：理备于经，经明则理明矣。

【疏证】待考。包恢字宏父，建昌人。嘉定十三年进士，历官刑部尚书，签书枢密院事，封南城县侯，以资政殿学士致仕，卒赠少保，谥文肃。事迹具《宋史》本传。其《敝帚稿略》八卷已抄入《四库全书》。

方岳曰：六经四十三万字。

【疏证】宋方岳《秋崖集》卷一四《赠背书人王生》：我无王书二千六百纸，空有六经四十三万字。荒山寒入雪夜灯，三十年来无本子。壁鱼不生糊法死，君欲如何染君指。石炉煮饼深注汤，自向胸中相料理。

罗璧曰：六经皆根人事而作，《周易》著吉凶悔吝之理，《春秋》录是非善恶之迹，《毛诗》载政教美刺之分，《尚书》陈唐虞三代之治，《礼记》威仪之详备，《周礼》制度之纤悉，《论语》立身行己之大防，《孟子》发明王道之极致，无有空言者。

【疏证】宋罗璧《识遗》卷二《经根人事作》：司马迁谓古人有激而作书，曰："西伯拘而演《周易》，仲尼厄而作《春秋》，屈原放逐，乃作《离骚》，左丘失明，厥有《国语》，孙子膑脚，《兵法》修列，不韦迁蜀，世传《吕览》，韩非囚秦，《说难》《孤愤》，《诗》三百篇，大抵圣贤发愤之所为。"迁罹腐刑，故有此言。即其言推之，太康失邦，而五子作歌；太甲不明，而伊尹有训；三监乱周，而周公作诰；孟子不遇齐梁，患杨墨，而述七篇；仲舒、刘向下狱，而著《说苑》《新序》《繁露》《玉杯》等书；柳子厚、刘禹锡、李白、杜甫，皆崎岖厄塞，发为诗章。迁之言信而有证也。然考六经、《语》《孟》，皆根人事作。《周易》著吉凶悔吝之理，《春秋》录是非善恶之迹，《毛诗》载政教美刺之乱，《尚书》推唐虞三代之懿，《礼记》威仪之详备，《周礼》制度之纤悉，《论语》立身行己之大方，《孟子》发明王道之极致，无有空言者。所谓补治道而为经，岂专舒忧泄愤之为哉！

林駉曰：圣人六经与天地并。汉自中世以来，上以表章自任，下以授受名家，朝廷之上，非经不能立事，搢绅之间，非经不敢建议。贾捐之请勿击珠厓，王商则曰："经义何以处?"龚胜之奏王嘉，公孙禄则曰："君议一无所据。"一时君臣相与从事于经学，亦善矣。董仲舒曰："元年谨始之意，勉时君之初政。"隽不疑以蒯聩出奔之事，辨一时之疑狱。以此立论，岂不为圣经之幸？若夫"来归自镐，我行永久"，《诗》虽有是言，而无关于边功也，乃援之以颂陈汤之功。何泥也！"乃眷西顾，此维与宅"，《诗》虽有是语，初无关于郊祀也。乃取以定南北郊，何凿也！甚者欲附奸臣，则援不语怪力乱神之言（《张禹传》），欲行榷酤，则援有酒酤我之文，欲夺民利，则援《周礼》五均之法(《王莽传》)，假托以文奸，援引以济私，是先王学术反为祸天下之具也。

【疏证】宋黄履翁《古今源流至论别集》卷五"援经"论儒生援经之谬：尝谓汉儒有明经之功，而不无泥经之失；有援经之言，而不无假经之过。夫圣人六经与天地并。正为立民极之地，而后儒反假托以文奸，援引以济私，是先王学术反为祸天下之具也。且汉自中世以来，上以表章而自任，下以授受而名家。朝廷之上，非经不能立事。缙绅之间，非经不敢建议。贾捐之请勿击朱厓，王商则曰："经义何以处?"（本传）龚胜之奏王嘉，公孙禄则曰："君议无一所据。"(《王嘉传》）一时君臣相与从事于经学之间，意亦善矣。如董仲舒以元年谨始之义，而勉时君之初政。(《董仲舒传》）隽不疑以蒯聩出奔之事，而辨一时之疑狱。(《隽不疑传》)以此立论，岂不为圣经之幸？惜其考究之不精，讲明之不熟，往往以《诗》《书》为发蒙，是则可叹也已。自今观之，"来归自京，我行永久"，《诗》虽有是言，而无关于边功也，乃援之以颂陈汤之功，（《陈汤传》刘向云）何泥也！"乃眷西顾，此维与宅"，《诗》虽有是语，初无关于郊祀也，乃取之以定南北郊，何凿也！(《匡衡传》)，推遯卦不效，以必考课，不可谓无得于《易》。然房之法烦碎已甚，人皆能言其非，岂必得推卦而知其不行乎?(《京房传》）用咨十二牧而罢刺史，不可谓无得于《书》。然刺史之法，以卑临尊，正上下相维之意，岂可泥于十二牧之法而罢之乎?（《何武传》）古者夷狄来朝，坐之国门之外，丞相霸援荒服之义当矣，而或者乃假《长发》之诗而从位单于于诸侯王之上，抑何与经戾也！（《萧望之传》）古者天子之于丞相，右坐为起，左与为下，况于百官乎？司直尊上公之说当矣，或者意慢丞相，乃托尊上人之言以自文，抑何背戾之甚也！（《涓勋传》）。甚者欲附奸臣，则援其不语怪力乱神之言；（张禹传）欲行榷酤，则援其有酒酤我之文；欲夺其利，则援周礼五均之法。（《王莽传》）是又借圣经以为杀人之术也。虽然，汉儒固有过矣，而过亦不先也。自左氏以赋《诗》之语而定人之祸福，以占《易》之言而论事之吉凶，于是《诗》流入于五际，专持子午卯酉以验人事，《易》流入于五行，专类淫巫瞽史以决疑心，推波助澜，汉儒尤甚，是左氏作俑之过也。

今按：《古今源流至论》卷首提要云："前集十卷、后集十卷、续集十卷，宋林駉撰；别集十卷，宋黄履翁撰。駉字德颂，宁德人，清修苦学，尝以易魁乡荐，著书授徒，邻境争迎师之。其事迹见闽书。中履翁字吉父，不详其里贯，盖亦闽中人也。"下面"又曰"一段亦张冠李戴，误将林駉之文认作黄履翁。

又曰：圣经不幸于后世者三，曰议经，曰僭经，曰叛经。夫以圣人之经，天地鬼神不能易，而易之者诸儒也。孔子不敢议夏五郭公之疑，游、夏高弟不敢一辞之措。庄周，异端之流，犹知尊圣人之教。君子以是知议经、僭经、叛经者之罪矣。

【疏证】宋林駉《古今源流至论后集》卷八：经学圣经不幸于后世者三，曰议经，曰僭经，曰叛经。而秦人焚焰之罪不与焉。噫！可叹也。严矣哉！圣人之经，天地鬼神不能易，而易之者诸儒也。呜呼！诸儒之轻易圣经自若也，而诸儒之罪岂能逃于后世哉？自其有议经之说也，《书》则疑伯益之事，《史通》疑伯益之死为启所诛。《记》则辨《月令》之非。郑康成云："名曰《月令》者，以其记十二月政之所行也。本《吕氏春秋》十二月纪之首章也。"又云："其中官名、时事不合周法。"……夫以圣人作经，犹不敢议夏五、郭公之疑，而况于后儒乎？噫！以蠡测海，妄窥涯涘。君子知议经者之过，自其有僭经之说也。

王应麟曰：《记》之《经解》，指《诗》《书》《礼》《乐》《易》《春秋》之教，未始正六经之名。《庄子·天运篇》始述老子之言曰："六经，先王之陈迹。"实昉乎此。太史公《滑稽传》以《礼》《乐》《诗》《书》《易》《春秋》为六艺，而班史因之。又以五学配五常，而《论语》《孝经》并纪于《六艺略》中。自时厥后，或曰五经，或曰六经，或曰七经。至唐贞观中，谷那律淹贯群书，褚遂良称为"九经库"，九经之名又昉乎此。其后，明经取士，以《礼记》《春秋左传》为大经，《诗》《周礼》《仪礼》为中经，《易》《尚书》《春秋》《公》《穀》为小经，所谓九经也。国朝方以三传合为一，又舍《仪礼》而以《易》《诗》《书》《周礼》《礼记》《春秋》为六经，又以《孟子》升经，《论语》《孝经》为三小经，今所谓九经也。

【疏证】语见宋王应麟《玉海》卷四二《艺文·经解·总六经》。

又曰：汉世经先出者，不如后出盛传于后世，《费氏易》《古文尚书》《毛诗》《小戴礼》《左氏春秋》是也。

【疏证】宋王应麟《汉艺文志考证》卷四：唐氏曰："汉世经先出者，不如后出盛传于后世。《费氏易》《古文尚书》《毛诗》《小戴礼》《左氏春秋》，大抵初以经名家者，后多不传，所谓欲速不达。"晁氏曰："典籍之存，诂训之传，皆《汉书》之力，《汉书》于学者何负？而例贬之欤？"

又曰：自汉儒至于庆历间，谈经者守训故而不凿。《七经小传》出，而稍尚新奇矣。至《三经义》行，视汉儒之学如土梗。古之讲经者，执卷而口说，未尝有讲义也。元丰间，陆农师在经筵始进讲义，自时厥后，上而经筵，下而学校，皆为支离曼衍之辞。说者徒以资口耳，听者不复相问难，道愈散而习愈薄矣。

【疏证】语见宋王应麟《困学纪闻》卷八。

又曰：六经即圣人之心，随其所用，皆切至理。

【疏证】宋王应麟《困学纪闻》卷三：《大学》止于至善，引《诗》者五，齐家引《诗》者三。朱子谓咏叹淫液，其味深长，最宜潜玩。《中庸》末章凡八引《诗》，朱子谓"衣锦尚絅"至"不显惟德"，始学成德之序也，"不大声以色"至"无声无臭"，赞不显之德也，反复示人至深切矣。《孝经》引《诗》十，引《书》一。张子韶云：多与《诗》《书》意不相类，直取圣人之意而用之，是六经与圣人合，非圣人合六经也。或引或否，卷舒自然，非先考诗书而后立意也。六经即圣人之心，随其所用，皆切事理，此用经之法。

叶时曰：六经更秦火，而不全者多矣。《书》亡四十三篇，《周雅》亡六篇，《周礼》六官缺一，河间献王求《考工记》以足其书。嗟夫！《书》亡而张霸伪书作，《诗》亡而束晢补诗作，适资识者捧腹尔，曾是《考工记》而可补礼经乎？

【疏证】宋叶时《礼经会元》卷四下"补亡"：六经更秦火，缺裂而不全者多矣。《书》亡四十三篇，《周雅》亡六篇，《鲁雅》亡六篇，不独《周礼》为然。夫秦人之心何心哉！己则不行先王之道，而恐天下后世之人执经以议己，故取圣经而寘之烈焰，使后世不及见全书，安得不追仇于秦火之酷？虽然，六经无全书，固可以为秦人之罪，而《周礼》一经不得其全，不可独咎秦人也。盖自王道既衰，伯图迭起，入春秋以来，周公之礼虽不尽用，而犹可尽传。《周礼》之经虽不尽行，而犹可尽见。战国暴君污吏将欲肆其所为，以求遂其所欲，恶其害己而去其籍，故至孟子之时，井田之问，爵禄之问，孟子已不得其详。战国诸侯之酷，盖已先秦火矣。汉室龙兴，山岩屋壁之间稍稍间出。《周礼》六官缺一而五存，天之未丧斯文，亦幸矣。河间献王得之，不啻如获圭璧，不吝千金，重赏募求全书，献王之意厚矣。然全书竟不可致。献王怅之，乃求《考工记》以足其书，谓可以备《周官》之缺，不知以《考工记》而补《周礼》，何异拾贱医之方以补卢扁之书？庸人案之，适足为病。五官尚存，武帝且以为末世渎乱不验之书，则武帝之忽略圣经，未必不自《考工记》一篇启之也。嗟夫！《书》亡而张伯伪书作，《诗》亡而束晳补诗作，适资识者一捧腹尔。曾谓《考工记》而可补礼经乎？且百工细事尔，固非《周官》所可无，而于《周官》设官之意何补？又况秋官有典瑞，玉人不必补可也，夏官有量人，匠人不必补可也，天官有染人，钟氏、㡆氏虽缺何害乎？地官有鼓人，鲍人、韗人虽亡何损乎？虽无车人，而巾车之职尚存。虽无弓人，而司弓矢之职犹在。匠人沟洫之制已见于遂人、鼓人，射侯之制已见于射人，有如攻皮之工五，既补以三，而又阙其二，不知韦氏、裘氏岂非天官司裘掌皮之职乎？《周礼》无待于《考工记》，献王以此补之，亦陋矣！大抵献王之补亡也，汉儒之习未脱也。《乐记》一篇欲以备乐书之阙，《考工记》一篇欲以补礼书之亡，献王之见然尔。然而《周礼》废兴有不系是。昔者仲孙湫来省鲁难，退而曰：鲁秉周礼，未可动也。且鲁当春秋之时，非能尽秉周礼者也。然于周礼虽未能尽用，苟未至于尽亡，而亦可以立国。《周礼》六官虽缺其一，不犹愈于尽亡乎？后世诚能因五官之存而讲求《周礼》之遗典而施行焉，则西周之美可寻矣，而况冬官之书虽亡，冬官之意实未尝亡也。太宰事典以富邦国，以任百官，以生万民，小宰事职以富邦国，以养万民，以生百物，则事官之意在《周礼》可考也。《书》之《周官》亦曰：司空掌邦土，居四民，时地利，则司空之意在周官可覆也。观此，则司空职虽亡而未尝亡，《考工记》不必补也。愚既以《考工记》为不必补，则区区百工之事亦不必论也。

方回曰：近世以《老》注《易》，以《六典》传《尚书》，以《三礼》笺《诗》，以《司马法》释《周礼》，以灾异谶纬说《春秋》，以郑卫淫声制乐，真学者之大不幸也。

【疏证】待考。今按：宋马廷鸾《碧梧玩芳集》卷一四《题赵德亮诗论后》："著雍困敦之岁，青阳载熙，积阴骤霁，玩芳病叟读《易》至未济终焉，而庐山赵德亮远以其《删诗要论》来，叟扶病读之，抚而叹曰：'深乎德亮之为是书也！其援据精，故其说辨；其感慨极，故其味长。'或曰：'郑康成以《三礼》笺《诗》，儒者未之许也。今君以《春秋》评《诗》，可乎？'余应曰：'不然。《诗》《春秋》皆史也。序之言曰：国史明乎得失之迹。以《春秋》评《诗》，讵谓不然？六经惟《诗》《春秋》当自其变者观之，康衢之谣，虞廷之歌，果诗之本始乎？诗之兴也，谅不于上皇之世，先儒有是言矣。达事怀旧，俗诗之所为作也。'”

张卿弼曰：圣贤之学，载在六经，明于日月。汉魏以来，诸儒或以谶纬为奥，或以老、庄为高，使异端百家之说与六经参错于天地之间，千有余年，自濂洛诸公之出，辟而辟之，廓如也。

【疏证】元虞集《道园学古录》卷八《蓝山书院记》：蓝山书院者，弋阳张君卿弼之所作也。卿弼字希契，故宋时繇太学登咸淳戊辰进士第，除福州司户，辟充教授，用举者员足，改官仕至兴化倅，而宋亡，归弋阳，隐居不出，门生弟子从受业者甚众。郡邑方内附学校多废，佥提刑按察司事王公某强起之，至县学以为师，县人士翕然来从之，乃新作县学。江东宣慰使王公某又迎至郡学以为师，以教一郡六邑之人。又作郡学，于是有列荐之于朝者，非其志也，即摄衣而归……某曰："昔者子之大父之在斯堂也，何以为教乎？"纯仁曰："盖尝闻诸大父之执友矣，其诲学者曰：圣贤之学，载在六经，明于日月。汉、魏以来，诸儒或以谶纬为奥，或以老、庄为高，使异端百家之说与六经参错于天地之间千有余年。自濂洛诸公之出，辟而辟之，廓如也。穷乡晚进之士，或无良师友，已未有端识，而或骤遇旧说，见其汪洋恣睢，将无迷诱而陷溺者乎？遍取传记百十家，择其合于修己之学，而不堕于清虚治人之方，而不杂于术数者，辑而录之，名曰六经精义，凡数百卷，独恨未及成书而卒耳……"

蒋岩曰：道之大原出于天。天有是道而不能言，故托诸圣人言之。《易》《书》《诗》《礼》《乐》《春秋》，此圣人之言，而天地之道也。非《易》无以立天地之心，非《书》无以纪帝王之迹，《诗》以导风俗之美，《春秋》以严王霸之辨，《礼》以节民，《乐》以和人。用是训天下，万世一日不可废，岂无用之空言哉？

【疏证】待考。今按：董仲舒曰："道之大原出于天。天不变，道亦不变。"

又曰：以《通书》读《易》，可以会太极。以《经世书》观《洪范》，可以建皇极。《中庸》之慎独，可以位天地，育万物。《大学》之致知，可以齐家、治国、平天下。《论语》一书无非言仁，《孟子》七篇无非道性善。

【疏证】待考。

马端临曰：秦燔经籍，而独存医药卜筮种树之书，学者抱恨终古。然以今考之，《易》与《春秋》二经本末具存。《诗》亡其六篇，或以为《笙诗》元无其辞，是《诗》亦未尝亡也。《礼》本无成书，《戴记》杂出汉儒所编。《仪礼》十七篇及六典最晚出，六典仅亡冬官，然其书纯驳相半，其存亡未足为经之疵也。独虞夏商周之书亡其四十六篇尔。然则嬴秦所燔，除书之外，俱未尝亡也。若医药卜筮种树之书，当时虽未尝废锢，而并无一卷流传至今者，以此见圣经贤传终古不朽，而小道异端虽存必亡，初不以世主之好恶为之兴废也。

【疏证】语见马端临《文献通考·自序》。

王柏曰：六经虽同一道，而各有体，犹四时均一气，而各有用。

【疏证】宋王柏《鲁斋集》卷一六《经传辨》：自咸阳三月之焰熄，而经已灰。后世不幸，而不得见圣人之全经也久矣。出于煨烬之余者，率皆伤残毁裂，而不可缀补。经生学士不甘于缺疑，而耻于有所不知。又不敢诵言其为伤残毁裂之物，于是研精极思，刓剔锼订，雕刻藻缋，日入于诡，而伤残毁裂之书，又从而再坏矣。江左儒先，尊经过厚，而忘其再坏，乃以为先王之教未经践蹂，岿然独全者，惟风雅颂而止耳。又谓圣人欲以诗人之平易而救五经之支离，孰知后世反以五经之支离而变《诗》之平易，是殆不然。当《三百篇》之全之时，而五经未尝碎缺。当五经之支离，而

《诗》亦未尝平易。又以后世伤残毁裂之经视圣人完全严密之经，又非所以言圣人之时之经也。六经虽同一道，而各有体，犹四时均一气，而各有用。此皆天理之不容已，虽圣人亦不可得而以意损益之也。圣人初何容心以此救彼哉？若彼待此救，则各有一偏，则圣人之经在圣人之时已非全书矣。于理有所未通，然《诗》之为教所以异于他经者自有正说。当周之初，虽有《易》，而本之卜筮。虽有《书》，而藏之史官。《仪礼》未尝著，《周官》未颁，麟未出，而《春秋》未有朕兆也。周公祖述虞舜，命夔典乐之教，于是诏太师教以六诗，是以《诗》之为教最居其先。然其所以为教者，未有训故传注之可说，不过曰此为风，此为雅颂，此为比兴，此为赋而已。使学之者循六义而歌之，玩味其词意，而涵泳其性情，苟片言有得，而万理冰融，所以销其念虑之非，而节其气质之杂，莫切于此。此《诗》之所以为教者然也。汉之刘歆，得见闻之近，乃谓《诗》萌芽于文帝之时，一人不能独尽其经，或为雅，或为颂，相合而成，吾故知各出其讽诵之余，追残补缺，以足三百篇之数耳，乌得谓之独全哉？自是以来，承讹踵陋，训诂传注之学日盛，而六义之别反堙。至程夫子始曰："学《诗》而不分六义，岂能知《诗》之体?"其门人谢氏又曰："学《诗》须先识六义体面，而讽咏以得之。"故朱子亦以为古今声诗条理无出于此，是以于《诗集传》每章之下分别比兴赋之三义，而风雅颂姑从其旧，非谓风雅颂部分已明而不当易也，亦非谓于六义中风雅颂可缓而不必辨也。特以其无所考验而难于定耳。朱子且难于定，后世孰从而定之哉？间尝窃思朱子之作《易本义》也，因晁氏《古易》，复其经传之旧，于以正后世离经合传之缪，以是知周公之《诗》与夫子之《诗》必不杂出于风雅颂之中，夫子未删之前，周公之《诗》虽或庞杂，犹幸正变之说尚存。于既删之后，故敢祖是例以析之。详味其正经之旨，则汉儒殽乱之病不待疏驳而自见矣。昔朱子尝谓分《诗》之经，分《诗》之传，此说得之吕伯恭，而朱子因立此例于《楚词集注》。今推本二先生之意，而为是编，因著其所疑于前，以待有道者正之。

陈普曰：五经四书，无一句一字无义理。

【疏证】待考。今按：陈普字尚德，别号惧斋，福建宁德石塘人。所居有石堂山，学者称石堂先生。理宗淳祐甲辰生，元延祐乙卯卒。少壮时锐然有经世志，谓三代之治莫善井田，作书数千言，欲上于朝属，不仕而止。宋亡不仕，闭门授徒，自成学派，著有《四书句解钤键》《学庸旨要》《孟子纂图》《周易解》《尚书补微》《四书六经讲义》《浑天仪论》《天象赋》《咏史》《诗断》等书，达数百卷，大多亡逸。明嘉靖中闵文振辑其存者，为《石堂遗集》四卷，已收入《四库全书存目丛书》。陈普曰："性命、道德、五常、诚敬等字，在四书六经中，如斗极列宿之在天，五岳四渎之在地，舍此不求，更学何事？"李清馥《闽中理学渊源考》卷四十《福宁陈石堂先生普学派》："按《经义考》：闵氏文振作传曰：'石堂先生闻恂斋韩氏倡道浙东，负笈之会稽，从之游，韩之学出庆源辅氏，朱门高弟也，渊源所自，屹为嫡派，故其学甚正。尝曰：聆韩先生夜诵《四书》，如奏九韶，令人不知肉味。故其用功，本诸《四书》。《四书》通，然后求之六经云。'又张清恪公《困学录》曰：'石堂学求自得，其用功求之六经，不贵文辞，不急利禄，惟真知实践，求无愧于圣贤。'馥尝考先生在莆十八年，受徒讲学，晚年所造益高，出其门者皆能衍续其绪余，读《字义》诸编，可见源流所本矣。"

又曰：五经传注，岂可无视？其是与非足矣，岂宜一切屏之？

【疏证】待考。

曹淇曰：圣经贤传，无非示天下后世以当行之道。食之必用五谷，衣之必用桑麻，所以开悟后学者无以易此。

【疏证】待考。今按：苏轼《上神宗皇帝书》云："自古役人必用乡户，犹食之必用五谷，衣之必用丝麻，济川之必用舟楫，行地之必用牛马，虽其间或有以他物充代，然终非天下所可常行。"曹淇"食之必用五谷，衣之必用桑麻"显然因袭苏轼之语。

《六经奥论》曰：六经厄秦，残编断简。口授壁藏，遗文仅见。是以礼籍无传，曲台撰述。乐书沦没，河间采献。科斗古文，遭难不传。《泰誓》伪书，公行射策。李氏五篇，幸存于世。考工有记，强足《周官》。《易》托卜筮，爻系俱全。《说卦》一篇，曷传女子？《诗》因歌颂，篇次无缺。由庚六义，岂得无辞？解经比事，体制不同。笔录口传，烦省亦异。道之与貌，制而为仪。委曲三千，古人所重。或东都而论定，或晋室而书显。或至于唐，而后篇第字义始得其伦理。甚矣！厄于秦之易，而出于汉之难也。

【疏证】语见《六经奥论·总文·序》。

又曰：唐贞观中，孔颖达奉诏撰《五经正义》，与马嘉运等参议①，于《礼记》《毛诗》取郑，于《尚书》取《孔传》，于《易》取王弼，于《左氏》取杜预。自《正义》作，而诸家之学始废。独疑《周礼》《仪礼》非周公书，不为义疏。其后永徽中，贾公彦始作《仪礼》《周礼义疏》。本朝真宗又诏邢昺校定《周礼》《仪礼》《公羊》《穀梁正义》，于是九经之义疏始备。仁宗朝，欧阳文忠公上言曰："自唐太宗诏名儒定《九经正义》，迩年以来著为定论，不本《正义》者为异说。然所载既博，所择不精，多引谶纬之说以相杂乱，异乎《正义》之名。臣欲乞特赐诏诸臣儒学官，悉取九经之疏，删去谶纬之文，使经义纯一，无所驳杂，其用功至多，为益最大。"使欧阳删定《正义》，必有大可观者。惜乎其不果行也。

【疏证】语见《六经奥论·总文》。

李世弼曰：道散而有六经，六经散而有子史。子史之是非，取证于六经；六经之折衷，必本诸道。……国家所以稽古重道者，以六经载道，所以重科举也。后世所以重科举者，以维持六经，能传帝王之道也。

【疏证】元王恽《秋涧集》卷九七《玉堂嘉话》卷五引李世

① 《六经奥论·总文》原注：恐止于《易》。

弼《金登科记序》云：道散而有六经，六经散而有子史。子史之是非，取证于六经；六经之折衷，必本诸道。道也者，适治之路，天下之理具焉，二帝三王所传是已。三代而上，道见于事业，而不在乎文章。三代而下，道寓于文章，而不纯于事业。故乡举里选，取人之事业也。射策较艺，取人之文章也。两汉以经术取士，六朝以举荐得人，莫不稽举于经传子史焉。隋合南北，始有科举，自是盛于唐，增光于宋，迄于金，又合辽、宋之法而润色之，卒不以六艺为致治之成法。进士之目，名以乡贡进士者，本周之乡举之遗意也。试之以赋义策论者，本汉射策之遗法也。金天会改元，始设科举，有词赋，有经义，有同进士，有同三传，有同学究，凡五等词赋，于东西两京，或蔚朔平显等州，或凉庭试，试期不限定，日月试处亦不限定。州府词赋之初，于经传子史内出题，次又令逐年改一经，亦许注内出题，以《书》《诗》《易》《礼》《春秋》为次，盖循辽旧也。至天眷三年，析津府试，追及海陵天德三年，亲试于上京，贞元二年迁都于燕，自后止试于析津府收辽宋之后。正隆二年，以五经三史正文内出题。明昌二年，改令群经子史内出题，仍与本传。此词赋之大略也。经义之初诏试真定府，所放号七十二贤榜。追及蔚州析津，令《易》《书》《诗》《礼》《春秋》专治一经内出题，盖循宋旧也。天德三年，罢去经义及诸科，止以词赋取人。明昌初诏复兴经义。此经义之大略也。天眷二年令大河以南别开举场，谓之南选。贞元二年迁都于燕，遂合南北通试于燕。正隆二年令每二年一次，开辟立定程限，月日更不择日，以定为例。府试初分六路，次九路，后十路。此限定月日分格也。天德二年诏举人乡、府、省、御四试中第。明昌三年罢去御试，止三试中第。府试五人取一名，合试依大定间例，不过五百人，后以举人渐多，会试四人取一名，得者常不下八九百人，御试取奏旨。此限定场数人数格也。自天眷二年析津放第于广阳门西一僧寺门上唱名，至迁都后命宣阳门上唱名，后为定例。此唱名之格也。明昌初五举终场，人直赴御试不中者，别作恩榜，赐同进士出身。会元御试不中者，令榜末安插。府元被黜者，许来举直赴部。初，贞祐三年终场人年五十以上者便行该恩。此该恩之格也。大定三年孟宗献四元登第，特授奉直大夫，第二第三人授儒林郎，余皆从仕郎，后不得为例。明昌间以及第者多，第一甲取五六人，状元授一十一官，第二第三人授九官，余皆授三官。此授官之法也。进士第一授丞簿军防判，第二任县令。此除授之格也。近披阅金国登科，显官升相位及名卿士大夫间见迭出，代不乏人，所以翼赞太平，如大定、明昌五十余载，朝野闲暇，时和岁丰，则辅相佐佑，所益居多，科举亦无负于国家矣。是知科举岂徒习其言说，诵其句读，摛章绘句而已哉！篆刻雕虫而已哉！固将率性修道，以人文化成天下，上则安富尊荣，下则孝悌忠信，而建万世之长策。科举之功不其大乎！国家所以稽古重道者，以六经载道，所以重科举也。后世所以重科举者，以维持六经，能传帝王之道也。科举之功不其大乎！庚子岁季秋朔日，东原李世弼序。①

党怀英曰：六艺者，夫子所以传唐虞三代之道，众流之所从出，而儒为之源也。

【疏证】明昌翰林六年学士党怀英《金重修至圣文宣王庙碑》：皇朝诞膺天命，累圣相继，平辽破虏，合天下为一家，深仁厚泽，以福斯民。粤自太祖，暨于世宗，抚养生息，八十有余年，庶且富矣。又将教化，而粹美之主，上绍休祖宗，以润色洪业为务，即位以来，留神几政，革其所当革，兴其所当兴，饬官厉俗，建学养士，详刑法，议礼乐，举遗修，旧新美，百为期，与万方同归于文明之治，以为兴化致理，必本于尊师重道，于是奠谒先生，以身先之。尝谓侍臣曰：昔者，夫子立教于洙泗之上，有天下者所当取法。乃今遗祠久不加葺，且甚隘陋，不足以称圣师之居。其有以大

① 明杨慎《升庵集》卷三《云南乡试录序》：大道散而有六经，六经散而有诸子。诸子之是非取裁于六经，六经之删修折衷乎圣道。三代而上，道见于事业，而流衍于文章。三代以还，道寓于文章，而不纯于事业。故乡举里选，取其事业矣，敷奏明扬，取其文章也。两汉以经术对策取士，六朝以品荐词华甄人。隋合南北，始有科举。最盛于唐，增光于宋，而其得人之效，视三代邈矣。（载明贺复征《文章辨体汇选》卷三二二）今按：此为明人抄袭前人之佳例。

作新之有司承诏度材，庀工计所当费，为钱七万六千四百缗，诏并赐之，仍命选择干臣，典领其役，役取于军，匠佣于民，不责急成，而责以可久，不期示侈，而期于有制。凡为殿堂廊庑门亭斋厨黉舍三百六十余楹，位序有次，像设有仪，表以杰阁，周以崇垣，至于楃座栏楯帘幌罘罳之属，随所宜设，莫不严具，三分其役，因旧以全。加葺者什居其一，而增创者倍之。盖经始于明昌二年春，逾年而土木基架成。越明年，而髹漆彩绘成。先是，郡弟子及先儒像画于两庑，既又以捏塑易之。又明年，而众功皆毕，罔有遗焉。上既加恩阙里，又泽及嗣人，以其虽袭公爵，而官职未称，与夫祭祀之仪不备，特命自五十一代孙元措晋阶中议大夫，职视四品，兼世宰曲阜县。六年，又以祭服、祭乐为赐，遣使策祝以崇奉之意告之。方役之兴也，有芝生于林域及尼山庙与孔氏家园，凡九本。典役者采图以闻，且言瑞芝之生，所以表圣德之至。庙成之日，宜有刊纪，敢请并书于石。又庙有层阁，以备庋书，愿得赐名，揭诸其上，以观示四方。诏以奎文名之，而命臣怀英记其事。臣鲁人也，杏坛旧宅，犹能想见其处。今幸以诸生备职艺苑，其可饰固陋之辞，絜楹计功，谨识岁月而已乎。敢窃叙上所以褒崇之意，备论而书之，而后系之以铭。臣尝谓：唐虞三代，致治之君，皆相授以道。至周末世不得其传，而夫子载诸六经，以俟后圣。降周迄汉，异端并起，儒、墨、道德、名、法、阴阳分而名家，而以六艺经传为章句之学，归之儒流，而不知六艺者，夫子所以传唐虞三代之道，众流之所从出，而儒为之源也。后世偏尚曲听，沿其流而莫达其本，用其偏而不得其醇。自是历代治迹尝与时政高下，洪惟圣上以天纵之能，兴学稽古，游心于唐虞三代之隆，故凡立功建事必本六经为正，而取信于夫子之言。夫惟信之者笃，则其尊奉之礼宜其厚欤？臣观汉魏以来，虽奉祠有封，洒扫有户，给赐有田，礼则修矣，未有如今日之备也。初庙傍得鲁废池，发取石甃，以为柱础阶砌之用，浚井得铜，以为铺首浮沤，诸饰繇是省所费钱以千计者万四千有奇，方复规画，为他日缮治无穷之利，然则非独今日之新，盖将愈久而无弊也。①

郝经曰：昊天之四府，春、夏、秋、冬之谓也。圣人之四经，《易》《诗》《书》《春秋》之谓也。昊天以时授人，圣人以经法天。是则四经也谓之五，何哉？其一则礼乐也。夫论性者言四端而不及信，序五行者土配旺于木、火、水、金，故《易》《诗》《书》《春秋》之间，礼乐为之经纬，虽五而为四也。

【疏证】元郝经《陵川集》卷一八《五经论》：邵子曰：昊天之四府，春、夏、秋、冬之谓也。圣人之四经，《易》《诗》《书》《春秋》之谓也。昊天以时授人，圣人以经法天。是则四经也谓之五，何哉？其一则礼乐也。夫论性者言四端而不及信，序五行者土配旺于木、火、水、金，故《易》《诗》《书》《春秋》之间，礼乐为之经纬，虽五而为四也。惟齐非齐，奇耦错综，所以成变化而行鬼神，乃作《易书诗春秋礼乐论》。

又曰：尽天下之情者《诗》也，尽天下之辞者《书》也，尽天下之政者《春秋》也。《易》也者，尽天下之心者也。

【疏证】元郝经《陵川集》卷一八《五经论·易》：尽天下之情者《诗》也，尽天下之辞者《书》也，尽天下之政者《春秋》也。《易》也者，尽天下之心者也。昔者圣人之于《诗》《书》也，删定之而已矣。于《春秋》也，笔焉削焉而已矣。其于《易》也，则上下数千载，历四圣人焉，或画焉，或重焉，或辞焉，不敢率易而备为之，没齿刳心焉，始就于一端而已。何独如是之艰且远也？盖显天下之至神，必待天下之至圣；探天下之至幽，必待天下之至明。况于以天下之至神，于天下之至幽而为大经大法也哉？非至明者与至圣者迭兴继作，艰且远而为之，则不能也。

又曰：六经一理尔。自师异传，人异学，各穷其所信，而遂至于不一。……彼以为是，而此以为非。彼以为非，而此复以为是。

---

① 载四库本《山东通志》卷一一之七。

师弟异而父子不同，诞妄者入于谶纬，冯藉者入于叛逆，刻深者入于刑名。噫！甚矣！

【疏证】元郝经《陵川集》卷一八《五经论·春秋》：六经一理尔。自师异传，人异学，各穷其所信，而遂至于不一。《易》《春秋》之学相戾，相远相捍，蔽特其甚焉者。《易》载圣人之心，《春秋》载圣人之迹，心迹一也，何远之有？彼学者见《易》之神妙不测，变通无尽，范围天地，曲成万物，而知鬼神之情状，探赜索隐，而逆知来物，乃临深以为高，而遗其迹，视拘拘于世教法度之间者，以为沈于流俗而不返也。而学《春秋》者，于一言一动、一事一物必律之以礼，而绳之以法，惟恐其弛而不严，阔略而不切也，而狭其心。不知有变动不拘，周流六虚，上下无常，不可为典要者，故各极其所执，相乖相格，无有为贯而一之者。盖《易》穷理之书，而《春秋》尽性之书也。《易》由正以推变，《春秋》由变以返正者也。人之性甚大，而其理甚备，在于行而尽之而已。一行之不当，一性之不尽也。于是圣人因其性之分，与夫分之节，而制夫礼，故人有是性，必以礼行之，而后能尽是性。虽然，行不可必也，时得而行，行之于时，见于事业而已矣。时弗得也，行之于身，著书立言，垂训于后而已矣。舜、禹、汤、文时得而行，尽性于事业者也。孔子弗得时行，尽性于书者也。而《春秋》者，尽性之迹也。故即性以观性，莫若即迹以观性。即性以观性，无声无臭，不可得而观也。即迹以观性，有征而可观也，故观性之书，皆莫若《春秋》。孔子之著书也，于《易》则翼，于《书》则定，于《诗》则删，而其于《春秋》也则谓之作，何哉？权天下之轻重，定天下之邪正，起王室之衰，黜五伯之僭，削大夫之专，治乱臣贼子之罪，以鲁国一儒，行天子之事，而断自圣心，书国，书爵，书人，书氏，书名，书字，笔则笔，削则削，游、夏不能赞一辞，非若《易》《诗》《书》之因其旧而加修之也，至矣哉！大经大法，百王不易，万世永行，舜、禹、汤、文尽其性而行之于一时，孔子之作《春秋》，尽其性而行之于无穷也。信乎其生民以来未之有，而贤于尧舜远矣！故世之学者，观于《春秋》而行之，足以尽性而学夫圣，盖性尽而理穷，则《易》在其中。《易》在其中，则圣在其中矣。呜呼！《三传》之祸兴而论说纷纷，岂惟不知与《易》一，而各标异议，莫知所从，彼以为是，而此以为非，彼以为非，而此复以为是，彼出乎彼，则曰余出乎此。至于师弟异而父子不同，已之伪，是非侈，圣人之真是非丧，则性乌可尽，迹于是乎泯泯也。下此而又有甚焉者。诞妄者入于谶纬，冯藉者入于叛逆，深刻者入于刑名。有王者起，则必削而去之，蹈圣人之迹，以求圣人之心，用《易》以穷理，用《春秋》以致天下，则舜、禹、汤、文之功业可指顾而至，不然，则其亦已矣。

刘因曰：治六经必自《诗》始。古之人十三诵《诗》，盖诗吟咏性情，感发心志，中和之音在焉。人之不明，血气蔽之尔。《诗》能导性情而开血气，使幼而常闻歌诵之声，长而不失刺美之意。虽有血气，焉得而蔽也。《诗》而后《书》。《书》，所谓圣人之情见乎辞者也，即辞以求情，情可得矣。血气既开，性情既得，大本立矣。本立则可征夫用，用莫大于礼。三代之礼废矣，见于今者，汉儒所集之《礼记》，周公所著之《周礼》也。二书既治，非《春秋》无以断也。《春秋》以天道王法断天下之事业也。《春秋》既治，则圣人之用见。本诸《诗》以求其情，本诸《书》以求其辞，本诸《礼》以求其节，本诸《春秋》以求其断。然后以《诗》《书》《礼》为学之体，《春秋》为学之用，（阙）一贯本末具举，天下之理穷，理穷则性尽矣。穷理尽性以至于命而后学。夫易，易也者，圣人所以成终而成始也，学者于是用心焉。是故《诗》《书》《礼》《乐》不明，不可以学《春秋》；五经不明，不可以学《易》。

【疏证】元刘因《静修续集》卷三《叙学》：治六经必自《诗》始。古之人十三诵《诗》，盖《诗》吟咏情性，感发志意，中和之音在是焉。人之不明，血气蔽之耳。《诗》能导情性而开血气，使幼而常闻歌诵之声，长而不失刺美之意，虽有血气，焉得而蔽也。《诗》而后《书》。《书》所谓圣人之情见乎辞者也，即辞以求情，情可得矣。血气既开，情性既得，大本立矣。本立则可以征夫用，用莫大于《礼》。三代之礼废矣，见于今者汉儒所集之

《礼记》、周公所著之《周礼》也。二书既治，非《春秋》无以断也。《春秋》以天道王法断天下之事业也。《春秋》既治，则圣人之用见。本诸《诗》以求其情，本诸《书》以求其辞，本诸《礼》以求其节，本诸《春秋》以求其断，然后以《诗》《书》《礼》为学之体，《春秋》为学之用。一贯本未具举，天（原阙，应为“下之理”三字——引者注）穷，理穷而性尽矣。穷理尽性以至于命而后（举）[学]。夫易，易也者，圣人所以成终而所成始也，学者于是用心焉。是故（原阙，应为“《诗》《书》”二字——引者注）《礼》《乐》不明，则不可以学《春秋》；五经不明，则不可以学《易》。夫不知其粗者，则其精者岂能知也。迩者未尽，则其远者岂能尽也。学者多好高骛远，求名而遗实，逾分而远探，躐等而力穷，故人异学，家异传，圣人之意晦而不明也。

又曰：世人往往以《语》《孟》为问学之始，而不知《语》《孟》圣贤之成终者，所谓“博学而详说之，将以反说约”也。圣贤以是为终，学者以是为始，未说圣贤之详，遽说圣贤之约，不亦背驰乎！

【疏证】元刘因《静修续集》卷三《叙学》：性无不统，心无不宰，气无不充，人以是而生，故材无不全矣。其或不全，非材之罪也。学术之差，品节之紊，异端之害，惑之也。今之去古远矣，众人之去圣人也下也，幸而不亡者，大圣大贤惠世之书也。学之者以是性与是心与是气即书以求之，俾邪正之术明，诚伪之辨分，先后之品节不差，笃行而固守，谓其材之不能全，吾不信也。保下诸生从余问学有年矣，而余梗于他故，不能始卒成。夫教育英才之乐，故其为陈读书为学之次叙，庶不至于差且紊而败其全材也。先秦三代之书，六经、《语》《孟》为大。世变既下，风俗日坏，学者与世俯仰，莫之致力，欲其材之全得乎三代之学，大小之次第，先后之品节，虽有余绪，竟亦莫之适从。惟当致力六经、《语》《孟》耳。世人往往以《语》《孟》为问学之始，而不知《语》《孟》圣贤之成终者，所谓“博学而详说之，将以反说约”者也。圣贤以是为终，学者以是为始，未说圣贤之详，遽说圣贤之约，不亦背驰矣乎！所谓颜状未离于婴孩，高谈已及于性命者也。虽然，句读训诂不可不通，惟当熟读，不可强解。优游讽诵，涵咏胸中，虽不明了，以为先入之主可也。必欲明之，不凿则惑耳。六经既毕，反而求之，自得之矣。

吴澄曰：先王教士，以《诗》《书》《礼》《乐》为四术。若《易》者，卜筮之繇辞；《春秋》者，侯国之史记尔。自夫子赞《易》，修《春秋》，之后学者始以《易》《春秋》合先王教士之四术而为六经。

【疏证】元吴澄《吴文正集》卷一九《六经补注序》：先圣王之教士也，以《诗》《书》《礼》《乐》为四术。《易》者，占筮之繇辞；《春秋》者，侯国之史记。自夫子赞《易》，修《春秋》，之后学者始以《易》《春秋》合先王教士之四术而为六经。经焚于秦，而《易》独存。经出于汉，而《乐》独亡。幸而未亡者，若《书》，若《礼》，往往残缺，惟《诗》与《春秋》稍完而已。汉儒专门传授，守其师说，不为无功于经，而圣人之意则未大明于世也。魏晋而唐，注义渐广。至宋诸儒而经学之极盛矣。程子之《易》立言几与先圣并，然自为一书则可，非可以经注论。若论经注，则朱氏《诗集传》之外，俱不能无遗憾也。后儒于其既精既当者，或未能哜味。其所可取，则于其未精未当者，又岂人人而能推索其所未至哉！予尝于此重有慨焉，而可与者甚鲜也。

又曰：通天地人曰儒①。一物不知，一事不能耻也。洞观时变，不可无经。广求名理，不可无诸子。游戏词林，不可无诸集。旁通多识，不可无纪录。而其要在圣人之经。圣人之经，非如史、子、文集、杂记、杂录之供涉猎而已。必饮而醉其醇食而饱其胾，斯可矣。

---

① "通天地人曰儒"始见于《扬子法言》卷九《君子篇》："通天地人曰儒。通天地而不通人曰伎。人必先作然后人名之，先求然后人与之。人必其自爱也然后人爱诸。人必其自敬也然后人敬诸。"

【疏证】元吴澄《吴文正集》卷五七《题杨氏忠雅堂记》：后人之所志，有雅有俗。志之雅俗不同，亦犹雅言之于方言、雅乐之于燕乐也。贵游所事，非声色之娱，则奇珍之玩。而汉河间献王独好书，史称其大雅不群，有以也。杨氏莘故家前代尝掌书监，近年二政府位中朝职外服者累累有亦显且盛矣。家不聚货宝，以愚子孙，惟储书及名画墨迹。今郎中士允囊从其父唐州使君宦四方，又购书二万卷，并其先世所藏作堂，以贮扁曰志雅，其亦有慕于古之大雅不群者欤？予闻异端者流之訾吾儒也曰："儒家器械备具，竟不一用。吾持寸铁即能杀敌。"盖讥儒之博而寡要云尔。博而寡要，犹讥储而弗用。其讥又当何如？且夫大雅君子之储书以遗后，固将有所用也。请言书之为用。通天地人曰儒。一物不知，一事不能耻也。洞观时变，不可无诸史。广求名理，不可无诸子。游戏词林，不可无诸集。旁通多知，亦不可无诸杂记录也。而其要唯在圣人之经。圣人之经非如史、子、文集、杂记、杂录之供涉猎而已。必饮而醉其醇食而饱其胾。我与经一，经与我一，使身无过行，心无妄思，其出可以经世，使心如神明，身非血肉，其究可以不世，是则书之，有功于人，人之有资于书而储之者，所以有期于将来也。不然，一一垂牙籤，新若手未触，李邺侯之初意岂如是哉！

赵孟頫曰：六经之为文，一经之中，一章不可少一字，一句不可阙，盖其谨严如此。故立千万年为世之经也。学文者，当以六经为师。舍六经，无师矣。

【疏证】元赵孟頫《松雪斋集》卷六《刘孟质文集序》：文者，所以明理也。自六经以来，何莫不然。其正者自正，奇者自奇，皆随其所发而合于理，非故为是平易险怪之别也。后世作文者，不是之思，始夸诩以为富，剽疾以为快，诙诡以为戏，刻画以为工，而于理始远矣。故尝谓："学为文者，皆当以六经为师。舍六经，无师矣。"江右刘君某，年甚盛，气甚充，作为诗文数百篇，其锋殆不可当。然窃思刘君之才过多，若有不必作而作者。夫六经之为文也，一经之中，一章不可少，一句一字不可阙，盖其谨严如此，故立千万年为世之经也。余老病废学，刘君不以余为不肖，一再下问，不敢不以诚告。刘君以余言为然耶？则一以经为法，一以理为本，必不可不作者勿使无，可不作者勿使剩，如此，他日当追配古人，岂止劘屈贾之垒，短曹刘之墙而已哉！

陈栎曰：明理然后能作文，讲学然后能明理，于何下手？不出乎读六经四书而已。

【疏证】元陈栎《定宇集》卷八：文所以明理，必明理然后能作文。必讲学然后能明理。讲学当于何下手？不出乎读六经四书而已。六经非大儒不能尽通，初学且先通一经，《四书》亦当读之有次序。文公定法：先《大学》，次《语》，次《孟》，末及《中庸》。今皆当按此用功，精熟以看《四书》，穷一经然后读官样典雅程文，以则仿之。又求之古文，以助其文气，晓其文法。虽大儒教人，亦不过如此而已。

张颏曰：学者读《四书》，以朱子《章句集注》为本。次读《仪礼》《诗朱氏传》《书蔡氏传》。《易》先朱子《启蒙》《本义》，以达《程传》。《春秋》：胡氏《传》、张氏《集注》。

【疏证】元吴澄《吴文正集》卷七三《故文林郎东平路儒学教授张君墓碣铭》：君蜀人也，姓张氏，讳颏，字达善，世居永康之导江。教人读《近思录》为四子阶梯。《四书》以朱子《章句集注》为本。次读《仪礼》《诗朱氏传》《书蔡氏传》。《易》先朱子《启蒙》《本义》，以达《程传》。《春秋》：胡氏《传》、张氏《集传》。读史及诸子百家，定其是非邪？

邓文原曰：经籍之弗坠，繄汉儒是赖。

【疏证】元邓文原《浮梁州重建庙学记》：圣天子即位之元年春三月，汴梁郭侯由江浙行中书省都事出守浮梁，莅事之始，见于先圣，顾瞻庭宇，褊陋弗葺，惧无以昭来格而承岁祀，且曰：在汉文翁治成都，修学宫，由是蜀士比齐鲁，而翁亦书最循吏，矧番阳故多儒先，岂下汉蜀郡哉？政新令孚，多士劝相，鸠工庀具，廓弘厥规，始是年六月，暨十一月庙成，斋庐堂垣门序庖湢，悉隆旧观，乃卜日率僚吏诸弟子员行释菜礼，以告成事。既又聘耆德为弟子师。公退则躬加饬励，而稽考其勤惰，由是编民佐吏咸竞于学，而来者未有止也。越二年冬十一月，制诏天下郡县，兴其贤者能者，充赋有司，敦尚德行经术，而黜浮华之士。此三代学校选举遗制，而后世鲜克师古，驯至于风俗靡敝致治亡由。今圣天子孝崇继述，丕阐文教，轶迈往圣，敷告万方，士莫不澡刷以自振厉。文原忝教胄子，而番士方玉甫等以书来曰：郭侯嘉惠于学，愿有纪也。文原窃惟，古之学者，自二十五家之间以里居之有道德者为左右师，自是而升之党庠术序国学，虽教成有渐，然其道必原于经术。传曰：时教必有正业。言非是则险诐颇僻王政所不容，是以教化一而风俗同。周衰，经术已不逮古，若晋韩起吴季札因适鲁，而始知《易象》《鲁春秋》与周乐，乃不若楚左史倚相能读《三坟》《五典》《八索》《九丘》也。吴晋犹尔，当时诸侯之国其昧于经者有矣。秦祸有所自来，盖至秦而后极汉兴至建武几八十年，始罢斥百家，表章六经。当儒道陻厄已久，奋然欲辟邪说，以达仁义之涂，其难如此，而卒未得拟古者得人之盛。然经籍之弗坠，繄汉儒是赖。俗儒卑陋，而莫之省。幸稍自振者则又溺于章句训诂，不能悉心澄虑，上求圣王所以参主宰而迪民彝者，遂使儒者名为穷经，而实用不著，识者隐忧焉。夫学以为己，而效可及于天下。一有希世取宠之私，则所施必悖士之游息蕴修。于此者尚庶几夙夜交儆，以毋负菁莪丰芑之泽，是亦郡太守承流宣化者之望也。侯名郁，字文卿，喜读书，于易尤研赜。其守浮梁，尝新建舟梁，均赋役，汰烦冗，雪滞冤，为政号称廉能云。①

又曰：六经之书，先圣王之道在焉。故六经在天地，亘万古而无敝，有兴衰理乱之不常者，人也，而非书也。

【疏证】元邓文原《巴西集》卷下《常州路学重建尊经阁记》：六经之书，先圣王之道在焉。前乎书契，言未有闻也。然道非言不传，既有言矣，又必因人而行。故六经在天地，亘万古无

① 见四库本《江西通志》卷一二七。

敝，而世有兴衰理乱之不常者，人也，而非书也。古者时教必有正业，凡诸子百氏，非先王之典者，皆不足以蔽其聪明，易其趋向。及其考校，则自一年视离经辨志，以至九年知类通达，强立不反，然后谓之大成。夫惟蒙养端故，教化一而治道可兴也。更秦历汉，经籍复振于燔灭堙绝之余。诸传分文析义，各立训说，多者逾数十家，弟子转承师授，于是专已守残，党同闻而妒道异者蜂午而起。后世习其读者，不患书之不多，而患夫是非棼乱，无所折衷，不患文之不胜，而患夫矜奇衒巧，卒莫能复归于质也。而况权利兴而政教微，淫哇竞而和乐废，礼制荡于刑名，阴阳杂于巫祝，离道器重者窒偏见，崇虚无者昧伦理，而经之用几息。历代以明经取士，士亦以博闻强记相尚，有真知而实践者鲜矣。学校者，风化之原也。昔文翁守蜀郡，修起学宫，招下县弟子以为学官。弟子每出行，县益从明经饬行者与俱，由是蜀学儗齐鲁。夷考其人，则少好学，通《春秋》者也。故为政知本，始如此。

富珠哩翀曰：孔子经法，于《易》则溯伏羲，以本无言；《书》则始唐虞，以道政事；《诗》则采殷周，以正性情；《春秋》则黜五霸，以严名分；《礼》《乐》升降，以鉴污隆。天人之道至矣。

【疏证】元富珠哩翀《真定路先圣庙碑》：真定者，冀州东垣，尧旧封也。昔帝尧以帝喾子侯恒山之唐，自唐侯即天子位，徙山之西，号陶唐氏。太行东西境数千里皆帝之圻，真定固神明之宅也。孔子经法，于《易》则溯伏羲，以本无言；《书》则始唐虞，以道政事；《诗》则采殷周，以正性情；《春秋》则黜五霸，以严名分；《礼》《乐》升降，以鉴洼窿。天人之道至矣。乃曰：惟天为大，惟尧则之。唐韩愈谓：尧以道传舜、禹、汤、文、武、周公、孔子、孟轲。盖孔氏立教如帝典，微言如三谟，帝尧、孔子位不同而同圣。王安石背道迷经，蒙君误国，京、佃倾，党滋炽，世益大坏。河南程氏兄弟承先圣之绪，捄之，终赖其言道不坠地。建安朱氏师则两程，裒辑遗言，贯通折衷，以悟百世。先正许文正公见其书，神感明会，相我世皇，同符尧舜，世道人心翕然大正。洙泗渊源，日月昭朗。今神圣继兴，世日趍治。镇股肱郡也，帝尧之思在焉。朝廷之化先焉，崇事先圣所以教也。镇士知所乡往，下学上达，尊经慎艺，何德不进？何业不修？何邪不鉴？何古不及？宪牧之辅治教，缙绅之报君父，于是乎在。乃赋诗以慰镇人士曰：太行之山，滹池之水。孰古与美？陶唐之里。滹池之浒，太行之所。孰今与伍？皇祖之土。恒山嶙嶙，滹水沄沄。昊天生民，思尧之仁。滹水汤汤，恒山苍苍。帝尧相望，于赫世皇。始镇之府，时未忘武。维士与女，泽沐时雨。龙德出潜，万方既瞻。春熙秋严，自北而南。皇风斯扇，时雍于变。视彼侯甸，恒镇之先。大殿周庑，先圣之宇。久未今睹，谁敢予侮？有庙有庭，有户有扃。肃肃其凝，昭昭其灵。新是镇学，式对恒岳。惟士也确，顺我先觉。求门于墙，求室于堂。伊洛考亭，使我不盲。惟圣之玄，惟王之素。圜冠方屦，天地之度。侃侃訚訚，夭夭申申。如目之昫，如躬之亲。既俨既翼，临汝明德。以宾皇国，方州是则。镇人聚喜，归功宪纪。宪人曰止，其谁敢尔。颙望神京，稽首奉扬。配天无疆，天子之光。①

蒲道源曰：汉置五经博士，取其专且精也。今之学者耻一经之不该，及究其归趣，则茫然莫据。又或以注释经义媒仕进者，视其书，皆掇拾先儒已成之书，初无自得之实，而徒耗蠹纸札，尨乱经训，益使人厌之。今欲令学者各守一经，则不免于陋；欲兼通诸经，则汗漫而不精；欲拒注释之烦杂，则恐或废其善；欲容而受之，则易惑学者。其何以矫其弊而适其中乎？

【疏证】元蒲道源《闲居丛稿》卷一三：问古之学士大夫，专守一经，以为家法。由汉以来置五经博士，如夏侯之于《书》，毛苌之于《诗》，大小戴之于《礼》，公、穀之于《春秋》，梁丘、贺之于《易》，各取其专且精者，以垂世立教，至于今宗之。今之学者，耻一经之不遍，及究其归趣，则茫然莫拟（阙）……时又有以注释经义媒仕进者，视其书，皆掇拾先儒已成之书，初无自得

① 《元文类》卷一九。

之实，而徒耗蠹纸札，厖乱经训，益使人厌之。今欲令学者各守一经，则不免于陋；欲兼通诸经，则汗漫而不精；欲拒注释之烦杂，则恐或废其善；欲容而受之，则徒滋奔竞之伪，而反惑误学者。诸生必能思而处之，矫其弊而适其中，乃吾党从事于斯者之所愿闻焉。

虞集曰：昔者，周公因尧、舜、禹、汤之传，制典礼，以成文武之业，布之天下，传之后世。周道之衰，有司废坠，仲尼思周公之遗绪，无其位以行之，赞其辞于《易》，载其迹于《书》，咏其声于《诗》，正其法于《春秋》，而周公之制作尽在是矣。

【疏证】待考。

又曰：古人制作见于后世者，学士大夫求之《诗》《书》《易》《春秋》，而《仪礼》《周官》其专书也。

【疏证】元虞集《道园学古录》卷一〇《跋陆友仁所模金石款识》：古人制作见于后世者，学士大夫求之《诗》《书》《易》《春秋》，而《仪礼》《周官》其专书也。其次惟金石款可见耳，而世不能多见。吴陆友仁所模藏既博又古，时一阅之，何异见朱虎、熊罴、汝鸠、汝方、太颠、闳夭、散宜生于一日之间哉！

吴师道曰：道散于群经，会于《四书》。经者，道之所存，而事之本也。

【疏证】元吴师道《礼部集》卷一一《与许益之书》：仆生幼而读书，为文盛气而锐思，贪博而骋能，自以为适也，既而悔之。闻义理之学，圣人之道于是乎在。时则仁山金子讲道，淑婺之人而弗果从。家贫，无书，里良师友又少，闭门矻矻，弗知所向。切自念：道散于群经，会于《四书》，周、程、朱、张诸儒又表章发挥之，微言精义，抉露无余矣。遂慨然曰：吾他无书，独无《四书》乎？吾无所与游，独弗能尚友古人乎？于是诵其书，思其人，优游涵泳乎性命道德者几时。始而茫乎其失也，继而粲乎其明也，久而确乎其信也。呜乎！道迄孟氏不传。毅如荀，谓性恶；悫如扬，谓善恶混；醇如董子，谓性者生之质；懿如王通，以性为五常之本；正如韩愈氏，言性有三品。斯五人者，其绝类离伦，非不卓卓然著矣，而皆昧于论性。今予之愚，一朝而识之，天之予我者如此，先儒所以启我者又如彼，奈何忍而弃耶？然闻之不如见之之亲，见之不如授之之精，无师友以为资，亦终焉寡陋是惧，环视当世，污染沦胥，讪笑迂阔，友且未多见，况于师乎？足下早登仁山之门，深探王何之传，质纯而气清，道信而学笃，于仆则又道先齿长，实师而非友也。比尝幸得见退，而迫困世，故弗获有请一年于兹。足下又警迪之，以文字者屡矣。仆诚不佞，试以所得于先儒而欲终身行者诵言之，涵养须用敬，进学则在致知，学者工夫惟居敬、穷理二事，正容谨节存心主一敬之事也。读书问道，应事接物，穷理之方也。二者皆主于敬焉，斯言也，先儒所以会圣贤之精微，而示人以约者与？备体用本末而入德之要与？仆之生也愚，而师之求也久，方将请事于敬，未能习而安也，而缺焉，亲炙复若是如进学，何足下倘嘉其志，矜其愚，而辱教之，赐一言以自证，则先儒之启我也，足下之成我也，幸孰大焉！幸孰大焉！

许谦曰：六经载道之器，欲求道者不可外乎经。

【疏证】元许谦《白云集》卷二《送尉彦明赴开化教谕序》：先王之教民何如哉？家有塾，党有庠，术有序，国有学。凡民八岁以上无不聚而教之，下责于大夫士与闾里之长，上则统之于大司徒。诵诗书六艺之文以广见闻，孝弟忠信之实以敦德行，故宾兴以示劝，简绌以致罚。夫以下民之微，而使天子之上卿拳拳教之者若是，其为意益可见矣。近代以文辞取士，而不考其实，惟务雕镌镂刻，破碎支离，诐淫邪遁之辞，靡所不至。六经之道或几乎息矣。圣朝敦尚实行，放斥浮辞，固学者之所愿也。州若县皆有学，立师而教之，抑仿佛古人之遗意欤？尉君彦明，北方之学者也，来江南且十年，艰难险阻，虽屡尝之，愈自笃不能变其守，故其发为声诗，慷慨感激，清俊奇伟，时论称之。明有司举而升之，授以开化文学。开化，三衢下邑也，其山水之秀，人物之盛，彦明必能取之，以为吟咏之资，固足以适其性情。然愚所以望于彦明者不止乎此。今之设教者，乃古大司徒所统之职，位虽卑而责实重，况古之受教者比屋皆然。今则惟业于儒家者耳。受教者多，则成德者众；受教者少，则责效也严。故教之者亦当百倍于古，教者之功可也。六经载道之器①，欲求道者不可外乎经。彦明必能举是而教之，使立于馆下者皆知求之于经，验之于已，诚立行成济，然为东南文学倡，岂惟如是而已哉！秉彝好德之良心，人皆有之，将有不待教闻风而兴起者。"十室之邑，必有忠信。"彦明其留意焉。

又曰：《诗》以顺性情之正，《易》以谨事变之几，《礼》以固其外，《乐》以和其中，《书》以示圣贤之功用，《春秋》以诛赏其善恶。

【疏证】元许谦《白云集》卷三《上刘约斋书》：道于万物，无所不在，用物而中，于道与否，则存乎人，均一事也。彼应之则非，此应之则是，非事物之理，本有是非也。人于理有明不明，而措诸行事有当不当尔。昔者圣人与天同道，建皇极于上，天下之人莫不服其睿知，而怀其道德，与之俱化而不自知，其所以然，雍雍熙熙，囿于和气，举天下无一事一物不得其所，此不言而教，不动而化。尧舜之世，比屋可封者为是故也。盖阴阳运行，无息纯粹，清明之气常少，而错糅偏驳之气常多。故圣人不世出，其得气之清纯，而受大任者，既立乎其位而化当世矣，又深虑夫继之者未善而晦斯道也，故不得已，而后立言，此其以天之心为心，而亘宇宙同胞其民也。孔子之圣，适逢天运之失常，而不得立乎其位，以化当世，又忧后世圣人之不复作也，故取前圣之言而折衷之，以为不可易之大经，万世之下，道之显晦则系乎人之明不明，而载道之器，未尝不全于天地之间也。《诗》以顺情性之正，《易》以谨事变之几，《礼》以固其外，《乐》以和其中，《书》以示圣贤之功用，而《春秋》以诛赏其善恶。孔子之意，岂不曰："吟咏乎《诗》，

---

① "六经载道之器"乃前人成说。宋薛季宣《浪语集》卷二四《答何商霖书一》："六经载道之器，远矣！大矣！某既妄有论著，且以荐于洪儒大学之前，明眼难瞒，多见其不自量也。"

以养其原，涵养乎《礼》《乐》，以成其德，应事则察乎《易》之几，使知惧于《春秋》，而取法于《书》也。"《易》《礼》《乐》《诗》，循天理，缘人情，品重节制，犹若有意为之。《书》与《春秋》，则史官纪当时事实尔。孔子恐史之所录记，善恶混殽，不足以示惩劝，于《春秋》严其褒贬之辞，使人知所惧；于《书》独存其善，使人知所法，故《春秋》之贬辞多而褒甚寡，《书》则全去其不善，独存其善而已。虽桀纣管蔡之恶，犹存于篇。盖有圣人诛锄其暴虐，消弭其祸乱，独取乎汤、武、周公之作，为非欲徒纪其不善也。是故羿、浞之篡夏，幽、厉之灭周，略不及之，观此则圣人之志可见矣。然则《书》者纪圣贤盛德大业之全，《书》为万世之师法，绰绰乎有余裕。虽火于秦，而没其半，未害也。后圣人而作史者，法于《春秋》，作编年，而不敢加褒贬；法于《书》，作纪传，而不敢独存其善而去恶，况传闻之谬误，考察之不精，轻信而不揆之于理，其诬罔圣贤，变乱事实者多矣。以尧之圣，《书》称"明峻德，亲九族"，而史迁轻信，以为尧舜同出于黄帝，著于帝纪，尧以二女妻舜，是从曾祖姑配曾族孙也，谓之明德亲族可乎？以微子之忠贤，孔子谓为殷之仁，而刘恕轻信，以为微子抱祭器归周，列于外纪。以殷王元子殷未亡而遽归周，是卖国自全之人也，谓之仁可乎？即二典微子之篇而观之，则诬罔圣贤之罪昭矣。诸若此类，可胜举哉！温公编年之书，其大义间有未明。朱子既厘而正之，前乎此，惜乎犹有所未暇也。抑《外纪》成于刘恕困病之中，亦非得意之书欤？先师仁山金某吉父，生于《外纪》既成数百年之后，而于书逆求千古圣贤之心，沈潜反复，觉与史氏所纪者大异，于是修成一书，断自唐虞以下，接于《通鉴》之前，一取正于《书》，而兼括《易》《诗》《春秋》之大旨，旁及传纪诸子百家，虽不敢如《纲目》寓褒贬于片言只字之间，而网罗遗失，芟夷繁芜，考察证据，坦然明白。其于《书》则因蔡氏之旧，而发其所未备。其微辞奥义，则本朱子，而断于理。勒成若干卷，名曰《通鉴前编》。某受业师门，昔尝窃窥一二，而未获见其全书。至于病革，犹删改未已。将易箦，则命其二子曰："《前编》之书，吾用心三十余年，平生精力尽于此，吾所得之学亦略见于此矣。吾为是书，固欲以开学者，殆不可不传，然未可泛传也。吾且殁，宜命许某次录成定本。此子他日或能为吾传此书乎？”某闻之，抱书感泣。今既缮写成集矣，吾谓：君子之身存而其道之行不行者，天也；身亡而其书之传不传者，人也。先师学于北山何文公鲁斋、王文宪公师友之门，而北山实勉斋先生之高弟，其为学也于书无所不读，而融会于《四书》，贯穿于六经，穷理尽性，诲人不倦，治身接物，盖无毫发歉，可谓一世通儒，尝有大志于天下，而不见用，其命也夫！平生所著书，今或有传者矣。而此编上论尧舜以来皆圣贤功用，殆非他书比。身没且十年，而未克传，此则人之过也。盖山林之士未尝光显于天下，虽抱瑰奇，人安知而信之？必得当世大人君子一品题之，然后可以发其蕴而新人之耳目，庶几有信之者。韩退之擅一代之名，其文可必传于世。岛、郊、湜、籍之徒，获交于退之，而其名至于今不朽。先生绍鲁斋先生许子之的传，而许子之学亦出于朱子，则先师未尝不同其原也。先生于文章，今之退之也，得一品题之冠乎篇端，则是书可行于今、传之于后必矣。古人非穷愁不著书，先师之身亦穷矣，而此书则未尝发于愁也。凡愤惋悲切，感激奋厉，形于言辞，仅足发其心之不平，而非所以公天下也，然而传者亦多矣。今以公天下为心，著书以利后学，乃反郁而未传，则君子之所宜动心者，使未传之书因一品题之而得传，则先生成人美之心盛矣，后学拜先生之赐大矣，然其书之可传否也，则惟先生进退之。

又曰：欲闻道者，必求诸经。经非道也，而道以经存。传注非经也，而经以传显。由传注以求经，由经以知道。蕴而为德行，发而为文章、事业，则所谓行道也。

【疏证】元许谦《白云集》卷三《与赵伯器书》：某得以绝俗谢交，优游山林，以俟夭寿之命，而造物见诛变生，意料所不及。常以人之喜动而务进取者为不安义命，而未必遂其汲汲之心。某切切务退，以求保全所畀赋，不欲戕之尔。天乃区区，吝一静，亦不以见畀，何耶？今则进退无据，后顾深忧，将何为也？吾子闻之，亦能为一叹否？王希文志甚专，力甚勤，然每为虚旷玄远之论，而欠循序缜密之功。大率得之朋友渐渍，日固日深，遂以为本所有也。数月间，痛为刮除，知就平实，近来年少气锐，喜怪厌常，仿想乎高大，而不知有细微，每每奇论如此。吾子知所向方，希文谈道，吾子纯粹不绝口，固知不为摇撼，否则迷不知复，流为诞妄，非小失也。与希文暂归城府，舟中观吾子赠行序文，有讦直之风，无温厚之气，多自广狭人之意，少逊志务敏之心。且在我者，或未能尽超脱乎？此则为是说，亦太早计而自欺矣。道固无所不在，圣人修之以为教。故后欲闻道者必求诸经。然经非道也，而道以经存。传注非经也，而经以传显。由传注以求经，由经以知道，蕴而为德行，发之为文章事业，皆不倍乎圣人，则所谓行道也。传注固不能尽圣经之意，而自得者亦在熟读精思之后尔。今一切目训诂传注为腐谈，五代以前姑置勿论，则程、张、朱子之书皆赘语尔。又不知吾子屏绝传注，独抱遗经，其果他有得乎未也。不然，则梯接凌虚，而遽为此，诃佛骂祖耳。由是观之，吾子之气亦少锐欤？且序文见褒者，则为太过，而某平生之学，未敢外先哲之言，以资玄妙也。固疑此文有激而然，识者观之，或有以窥吾子，不可不谨也。

袁桷曰：汉武表章六经，兴太学，至后汉尤盛。唐附益之，制愈详密，今可考也。自宋末年，学者唇腐舌敝，止攻《四书》之注。凡刑狱、簿书、金谷、户口、靡密、出入，皆以为俗吏而鄙弃之，卒至国亡而莫可救。近者，江南学校教法止于《四书》，近于宋世之末尚。甚者知其学之不能通也，于是大言以盖之。议礼止于诚敬，言乐止于中和。其不涉史者，谓自汉而下皆霸道。其不能辞章也，谓之玩物丧志。殊不知通达之儒，灌膏养根，非本于六经不可也。

【疏证】元袁桷《清容居士集》卷四一《国学议》：成周国学之制，略于大司乐。其遗礼可法者，见于文王世子。三代而上，详莫得而闻焉。汉武表章六经，兴太学，至后汉为尤盛，唐制微附益之，而其制愈加详密，今可考也。宋朝承唐之旧，而国学之制日隳，至于绍兴，国学愈废，虽名三学，而国学非真国子矣。夫所谓三舍法者，崇宁宣和之弊也。至秦桧而复增之月书季考，又甚夫唐明经帖括之弊。唐杨绾尝曰："进士诵当代之文而不通经史，明经但记帖括，投牒自举，非侧席待贤之意。"宋之末造，类不出此。今科举既废，而国朝国学定制深有典乐教胄子之古意，傥得如唐制，五经各立博士，俾之专治一经，互为问难，以尽其义，至于当世之要务则略。如宋胡瑗立湖学之法，如礼、乐、刑、政、兵、农、漕运、河渠等事，亦朝夕讲习，庶足以见经济之实。往者，朱熹议贡举法，亦欲以经说会萃，如《诗》则郑氏、欧阳氏、王氏、吕氏，《书》则孔氏、苏氏、吴氏、叶氏之类。先儒用心，实欲见之行事。自宋末年，尊朱熹之学，唇腐舌弊，止于《四书》之注，故凡刑狱、簿书、金谷、户口、靡密、出入，皆以为俗吏而争鄙弃，清谈危坐，卒至国亡而莫可救近者。江南学校教法止于《四书》。髫龀诸生，相师成风，字义精熟，蔑有遗忘，一有诘难，则茫然不能以对，又近于宋世之末尚。甚者知其学之不能通也，于是大言以盖之。议礼止于诚敬，言乐止于中和。其不涉史者，谓自汉而下皆霸道。其不能词章也，谓之玩物丧志。又以昔之大臣见于行事者，皆本于节用而爱人之一语。功业之成，何所不可？殊不知通达之深者，必悉天下之利害。灌膏养根，非终于六经之格言不可也。又古者教法，春夏学干戈，秋冬学羽钥，若射、御、书、数皆得谓之学，非若今所谓《四书》而止，儒者博而寡要，故世尝以儒诟诮，由国学而化成，于天下将见儒者之用，不可胜尽儒，何能以病于世？

柳贯曰：六经垂世立教之言，不可一日不明于天下也。

【疏证】待考。今按：元柳贯，字道传，浦阳人。大德四年荐为江山县教谕，延祐四年授湖广儒学副提举，六年改国子助教，至治元年迁博士，泰定元年擢太常博士，三年出为江西儒学提举，至正元年擢翰林待制，兼国史院编修官，仅七月而卒，故世称柳待制焉。事迹附载《元史·黄溍传》。著有《待制集》二十卷。

吴莱曰：古之学者，常得其师传，每因经以明道。后之学者，既失其师传，苟非明道，则不能以知经。

【疏证】元吴莱《渊颖集》卷七《白云先生许君哀颂辞》：古之学者必有师。世之说者尝曰："经师易遇，人师难得。"呜呼！经师岂易得哉！自嬴秦焚灭经籍之余，汉以来老师宿儒失其本经，不惟口以传授，则或新出于风雨坏屋之所藏，是以惟传经久而不差者为最难。至于人之所以为人，示之以德义，道之以言语，则之以动作，威仪是将，使人观感兴起而易，至于不自觉者，无非教也。虽然，舍经则又何以为人师哉？然以古今经训学术之变迭兴，而师道之所自来者寖远。盖惟伊洛诸老先生实始倡为道统，而后知有所谓义理之学，已而考亭继之，古今经训学术之变至此而遂定。必也诚明两尽，知行并进，可以深造夫三代圣贤之阃域，不然，则经有传之益久而愈差者矣。是故古之学者常得其师传，每因经以明道。后之学者既失其师传，苟非明道，则固不能以知经。经既明矣，吾则又知人之所以为人之道不外乎此也。呜呼！经师岂易得哉！惟我许君，昔从兰溪金君履祥学。金君本于王文宪公柏、何文定公基，而王何二公，则又本于黄文肃公干，盖此实朱学也。然君天资深厚，学力纯至，手抄口诵，志行弥笃，而且乐与人为善。家故贫，常僦屋以居，达人大官踵门候谒，交剡论荐，而曾不为之少动。山东两河江淮闽海之间，宾客弟子儋簦负笈，执经请业，又必为之搜擿明白，斟酌饱满而后去。初未尝见其有惰容，是以终日危坐，学徒环列，无忾无敖，无嬉笑，无呰訾昏瞀者。革心浮躁者易貌，而日就于渐摩变化之归。呜呼！考其师友渊源之所自来，君信可谓得夫师道之重矣。此盖世之所共见而无间言者也。君讳谦，字益之，世为婺之金华人家，居教授凡若干年，年六十八以没。予适以事，不及哭，而君平日遇予极厚，于是特疏哀颂一篇，以泄予情。此予所以深痛夫人师之难遇，而经师之尤不易得也。

又曰：圣人之言，记诸《论语》，垂在六经。其一体一用，妙道精义之发，昭然若揭日月而行诸天也。

【疏证】元吴莱《渊颖集》卷六《读孔子集语》：自孔子殁，学者言人人殊。当战国之时，遂有孟氏之学，荀卿之学，世子、宓子贱、漆雕开、公孙尼子之学。盖惟孟氏之学本于曾子、子思，而独得其宗。至于荀卿，则知一反孟氏，而复以人性之善者为恶，岂不远吾圣人之道哉？然而周人世硕又谓“人性有善有恶，而恒在乎所养”，且作《养书》一篇。宓子贱、漆雕开、公孙尼子之徒实出于吾圣人之门，一倡群和。而告子胜复持与孟轲为辨，虽以汉世大儒董仲舒、刘向、扬雄徒能反复乎善与不善之间，而终无以究吾圣人之实然者。圣人之道则已久为天下裂矣。孔子在时，东郭子尝问于子贡，颇疑圣人之门为杂。子贡则曰：“夫子之设科也，以待天下之学者。隐栝之间多曲木，砥砺之旁多顽钝，是以杂也。”然则圣人之门，有以德行进，有以政事显，有以言语行，有以文学著，门弟子各以其性之所近，学之所就，而往教于其国。圣人在时，固不至如东郭子之论其杂也。然而圣人殁而微言绝，异端起而大义乖。吾于是而后知东郭子之论盖出于圣人既殁之后，而深虑夫战国诸子之自相矛盾也。自相矛盾，非圣人教之若是其杂也，学者自杂之也。呜呼！一曲而邪说，百家而横议，曾不悟其厚诬圣人，而欲求畅其一己之私，纳之于圣人之域，凿空而无所系著，傅会而徒为蔓衍，圣人之道岂其若是？圣人之遗言佚语则已参差四出，而不可致诘。是故名家苛娆而烦碎，言圣人必先于正名，法家深覈而惨刻，言圣人可以杀而不杀渔父盗跖肆为讥讪，谶图卦纬过于妖谲，将其心自耻其文辞之淫妄，义理之肤浅，吾不托之圣人，则不足以信天下后世。天下后世又未必不以此而或疑圣人之门为杂也。老聃言道德，世之清净寡欲无为者多托之老聃。苏秦、张仪言纵横，世之游说荧蛊世主者多托之苏秦、张仪。此其伪，亦何所不有，宜学者反以是惑也。然而圣人之言记诸《论语》，垂在六经，是其一体一用，妙道精义之发，昭然若揭日月而行诸天也，又岂战国诸子所得而易杂者哉？虽然，《孔子家语》初出魏王肃家，观其言，具与大小戴礼相出入，而王肃尝持以难郑玄，世之儒者犹或疑之而不尽信，盖慎之也。况今永嘉薛据所次《孔子集语》，或本于战国诸子，或载于西汉老儒，虽若圣人之遗言佚语赖此而仅存，吾恐天下后世学者之滋惑也。书以识之，苟或谓吾如刘子玄之疑古者，吾知慎焉而已矣。

欧阳起鸣曰：圣经未作，吾道一天地也。斯时也，六经之道藏于人心。圣经既作，吾道一日月也。斯时也，人心之道藏于六经。秦人累经书而畀炎火，孔子周室之藏始灰，吾道一晦蚀也。然而六经之藏未始灰，汉人嘘圣经之烬而复然，孔子屋壁之藏始出，吾道一吐气也。然而六经之藏未始出，六经之道，先太极而始，后太极而终，无古无今，无显无晦，道无不在也。

【疏证】欧阳起鸣《论范·汉建藏书之策》曰："圣经与天地无穷，贤主有以开其初也。……圣经未作，吾道一天地也。斯时也，六经之道藏于人心。圣经既作，吾道一日月也。斯时也，人心之道藏于六经。秦人累经书而畀炎火，孔子周室之藏始灰，吾道一晦蚀也。然而六经之藏未始灰，汉人嘘圣经之烬而复然，孔子屋壁之藏始出，吾道一吐气也。然而六经之藏未始出，六经之道，先太极而始，后太极而终，大而藏于天地，微而藏于万物，近而藏于一心，远而藏于万世，河图不能尽泄其所藏之蕴，洛书不能尽传其所藏之秘，无古无今，无显无晦，道无不在也。岂以储藏有地而加益，不储藏而加损哉?"今按：《四库全书总目》卷一七四《论范》提要云："二卷，题元进士欧阳起鸣撰。起鸣不知何许人。其书杂取经史诸子之语为题，各系以论，而史事为多，共六十篇，所见多乖僻，不足采录。"《论范·中国帝王所自立》云："中于天地者为中国。惟得正统之传者能居之。中国者，中国之中国也，夷夏岂有并立之势哉!"此书多论正统问题，系乾隆时代一敏感问题，故有"所见多乖僻"之讥。其实此书所论甚正，可补饶宗颐《中国史学上之正统论》之阙。

张采曰：学校庠序之设，非六经无以教天下之大且众，舍六经无以学见诸事物，则民生日用之不可离，措之天下国家，则亘千万世而不可易。

【疏证】待考。

洪希文曰：九经四十八万字。

【疏证】元洪希文《续轩渠集》卷八《发蒙》：指画之无教小儿，吾伊半日出声迟。九经四十八万字，何日谈论底蕴时。

陈樵曰：秦汉而下，说经而善者不传，传者多未善。淳熙以来，讲说尤与洙泗不类。

【疏证】明宋濂《文宪集》卷二二《元隐君子东阳陈公先生鹿皮子墓志铭》：婺之东阳，有隐君子，戴华阳巾，裁鹿皮为衣，种药银谷涧中，当春阳正殷，玩落红于飞花亭上，亭下有流泉，花飞坠泉中，与其相回旋，良久而去。君子乐之，日往观弗厌，既而入太霞洞著书。其书纵横辨博，孟轲氏而下，皆未免于论议。元统间，濂尝候君子洞中。君子步履出速，坐之海红花底，戒侍史治酒浆葅醢，亲执斝献，酬歌古词以为欢，酒已，君子慨然曰："秦汉而下，说经而善者不传，传者多不得其宗。淳熙以来，群儒之说尤与洙泗伊洛不类。余悉屏去传注，独取遗经，精思至四十春秋，一旦神会心融，灼见圣贤之大旨，譬犹明月之珠，失之二千年，上自王公，下至甿隶，无不伥伥日索之，终不可致，牧竖乃获于大泽之滨，岂可以人贱而并珠弗贵乎？吾今持此以解六经，决然自谓当断来说于吾后云。"

又曰：后世之词章，乃士之脂泽、时之清玩耳。舍六经弗讲，而事浮词绮语，何与？

【疏证】明宋濂《文宪集》卷二二《元隐君子东阳陈公先生鹿皮子墓志铭》：或就之学，则斥曰："后世之辞章，乃士之脂泽、时之清玩耳。舍六经弗讲，而事浮辞绮语，何哉？"

又曰：近时学经者，如三尺之童观优于台下，但闻台上语笑声，而弗获睹其形，所以不知妍媸，惟人言是信。

【疏证】明宋濂《文宪集》卷二二《元隐君子东阳陈公先生鹿皮子墓志铭》：濂受其说以归，间尝质之明经者，或者曰："近时学经者，如三尺之童观优于台下，但闻台上语笑声，而弗获见其形，所以不知妍媸，唯人言是信。"君子之论伟矣！

黄泽曰：唐人考古之功，如孔颖达、贾公彦最精密，陆德明亦然。宋代诸儒经学极深，但考古之功却疏。若以宋儒之精，用汉魏晋诸儒考古之功，则全美矣。

【疏证】元赵汸《春秋师说》① 卷下"春秋指要"条：唐人考古之功，如孔颖达、贾公彦最精密，陆德明亦然，但音切未善。宋氏诸儒经学极深，但考古之功却疏。若以宋儒之精，用汉魏晋诸儒考古之功，则全美矣。去古既远，不先效汉魏诸儒之勤，却便欲说义理，只愈疏耳。大抵生于后世，既不获亲见圣贤，又不获在两汉魏晋间，则去古日远，考古之功自然不及如名物度数汉儒犹有目击者。今却皆是索之纸上，岂不疏乎！夏时周月之说，魏晋诸儒焉得有此论乎？自唐以来，说《春秋》者多不满于《三传》，然说者之于《春秋》，其详密未必能及左氏、杜预也。使说《春秋》者先有丘明、元凯详密之功，而后加以河洛大儒之论，则事情既得，书法不差，义理自然，顺序可以归一。今诸说皆舍先儒已成之功、稽古之实，所见又未完备，而遽与之立异焉，《春秋》之道所以久而不明者，以此故也。

朱隐老曰：圣人之于经也，其托始有原，其要终有柢，其指事有情，其命名有义。

【疏证】待考。今按：朱隐老字子方，号瀔峰，丰城人。筑一小圃，额曰隐园，故自号曰隐老。洪武中大学士朱善之父。其《皇极经世书说》十八卷今收入《四库全书存目丛书》子部第56～57册中。

又曰：仲尼之修经，为天下计，为来世计也。苟有志乎为学，则上自天子，下至匹夫，皆可以学仲尼也。

① 赵汸尝师九江黄泽，其初一再登门，得六经疑义十余条以归，已复往留二载，得口授六十四卦大义与《鲁春秋》之要，故题曰"师说"，明不忘所自也。

【疏证】待考。

杨维桢曰：善读《易》者以知来，善读《书》者以辨事，善读《诗》者以正性，善读《春秋》者以知往，善读《礼》《乐》者以制行和德，圣人其无余蕴矣。学者幸有圣人之书可读，则圣人之蕴在我不在圣人也。

【疏证】元杨维桢《东维子集》卷二二《读书斋志》：醉李贝仲琚自幼颖悟，长有奇气，而于诗书无所不读，求天下未见书如不及，题其室曰读书。自课早读若千万言，莫记诵若千万言。盖出则于书少辍，入室则又手披而口吟矣。妻子责不理产，及不能废居，居邑则曰："我业盖是。"仲琚于书其颖若是，而余最号不善读书者也，性未能寡欲，其读也不能静且颛，即颛又性猝急，苟且开即亟涉欲竟为常恨，自课不能如仲琚，而仲琚求余文以志室，亡乃左乎？重违其志，则曰：自瞽儒之说有皋、夔无书可读，而天下之学几废。不知河雒之文，天下之至书也。帝典以前有皇坟之书，大道所寄。善读者称左史倚相，断自唐虞以下。尧以是传之舜，舜以是传之禹，其炳然见于书，与二曜齐明，不能灭也。前圣既往，后圣复起。《易》也，《诗》也，《书》也，《礼》《乐》《春秋》也，皆圣人之书也。善读《易》者以知来，善读《书》者以辨事，善读《诗》者以正性，善读《春秋》者以知往，善读《礼》《乐》者以制行和德，圣人其无余蕴矣。学者幸而有圣人之书可读，则圣人之蕴在我不在圣人也。然有不幸诂训之溺也，词章之隆也，异端小道之乱也。吁！此非书之罪也，读书而不彻其蕴之罪也。读书而不彻其蕴，则瞽儒之说胜也已。斫轮扁有告于齐之君者曰：臣不能以喻臣之子，臣之子亦不能以受之于臣。行年七十，老于斫轮。古之人与其不传者死矣，君之所读其糟粕已。夫吁兹非瞽儒之论也，读书而无有彻其蕴之病也。仲琚读书二十年，其于圣人之书盖已静而且颛者矣，其所以知来，则善读《易》者也；其所以辨事，则善读《书》者也；其所以正性，则善读《诗》者也；其所以知往，则善读《春秋》者也；其所以制行而和德，则善读《礼》《乐》者也。然则所为，由圣人之书以求圣人之蕴者，将于是乎在。吾欲藉以儆后此之瞽儒也，故志之。

郑元佑曰：与天地相久远者，圣人之道也。六艺、百家莫不折衷于圣人而后定。观于《诗》而性情得其正，于《书》而政纪得其宜，于《礼》而敬，于《乐》而和，于《易》则有以验阴阳，于《春秋》则有以定名分。圣人之功，与天地高深。迄于今而不坠者，六经所以统天地之心也。

【疏证】元郑元佑《侨吴集》卷一〇《藏书楼记》：举天地相久远者，圣人之道也。然道非书则不传，故六经所以统天地之心。若夫史子百家之言，其载道虽不能无浅深，措词不能无工拙，下逮刍荛稗官，亦未有背道而可以传世行后，得齿列于藏书之家者。故藏书之家自经出坑焚、汉武表章以后，今几二千年，儒先班辈出，其翼经以明道，析理以传经，其于三才万物之，理治忽几微之验，名物度数之详，兴坏理乱之故，其为书充栋汗牛，藏之中秘者固所不敢论。若昔张氏、晁氏、叶氏、陈氏，其所藏书既竭其赀力以营购，又竭其心思以表题，然今书虽散亡，而犹可以见其嗜古而力学，视筑台榭贮歌舞变灭于须臾之顷者，相去岂不万万哉！虽然，藏书者岂徒斗卷帙之富，竞签轴之美哉？盖将讲读讨究以致其博，及其至也则必敛之于约，以验其所自得者焉。不若是，则是夸多斗靡也，则是求知干禄也，曾何足以致博极之功、研诸家之说也。

三、《经义考·通说三·说经下》疏证

明孝宗曰：六经载圣人之道，宜讲明体行，务臻实用。

【疏证】明俞汝楫编《礼部志稿》卷五“视学之训”：弘治元年三月，上视学，行释奠礼，御彝伦堂，授经于讲官，祭酒、司业赐之坐讲。祭酒费訚讲《商书·说命》“惟天聪明”一节，司业刘震讲《周易·乾卦》“大人者与天地合其德”一节。讲毕，上宣谕师生曰：“六经载圣人之道，讲明体行，务臻实效尔。师生其

勉之。"

朱升曰：大哉六籍之功乎！立天地之心，植生民之命，措斯人于至治，传是道于无涯，先圣后圣，因时而起，制作传述，其事不同，而此心此理则未尝异也。是故《诗》者人情之宣也，《书》者政事之纪也，《礼》者列义理之序，而《乐》者陶天地之和也，《易》者上古圣人所以开物成务，而《春秋》者夫子所以正王道而明大法者也。圣人之道载于经，圣人之心无穷，经之理亦无穷也。

【疏证】朱升《朱枫林集》卷六策问之"六经"曰："《诗》《书》《礼》《乐》，先王所以造士之四教也；《周易》《春秋》，孔氏修之赞之，以为世教者也。大哉六籍之功乎！立天地之心，植生民之命，措斯民于至治，传是道于无穷，先圣后圣，因时而起，制作传述，其事不同，而此心此理则未尝异也。……是故《诗》者人情之宣也，《书》者政事之纪也，《礼》者列义理之序，而《乐》者陶天地之和也，《易》者上古圣人所以开物成务，而《春秋》者吾夫子所以正王道而明大法者也，皆非可以易言也。……夫圣人之道载于经，圣人之心无穷，经之理亦无穷也。"① 今按："圣人之道载于经"的观点见于元张之翰《西岩集》卷十三《易斋诗卷序》："圣人之道载于经。经之道原于《易》。《诗》非《易》无以尽人情，《书》非《易》无以尽王事，《礼》非《易》无以教民钦，《乐》非《易》无以教民和，《春秋》非《易》无以教民名分。《易》乃道之原。五经，道之流也。世之学者昧制作之本意，指为圣人神天下之书，皆以茫然莫可得而诘，遂晦其说于深远之域，不有熟读五经，泝流以穷源，孰知天地之道、神明之德、阴阳之义、性命之理尽在于是。"

王袆曰：载籍以来，六经之文至矣。凡其为文，皆所以载道者也。阴阳之变化载于《易》，帝王之政事载于《书》，人之情性草木鸟兽之名物载于《诗》，君臣内外之名分人事之善恶载于《春

① 《四库全书存目丛书》集部第24册第337～340页。

秋》，尊卑贵贱之等，声容之美，以建天地之中和，载于《礼》《乐》。此其为道实至著至久，与天地同化而同运者，而皆托于文以见。呜呼！此固圣人之文也与？世有作者，舍圣人则无所为学，其为文也，苟以载夫道，虽未至于圣人之文，其必不谬于圣人者矣。

【疏证】明王袆《王忠文集》卷二〇《文原》：天地之间，物之至著而至久者，其文乎？盖其著也，与天地同其化，其久也，与天地同其运。故文者，天地焉相为用者也。是何也？曰：道之所由托也。道与文不相离，妙而不可见之谓道，形而可见者之谓文。道非文，道无自而明。文非道，文不足以行也。是故文与道非二物也，道与天地并，文其有不同于天地者乎？载籍以来，六经之文至矣。凡其为文，皆所以载夫道也。阴阳之变化载于《易》，帝王之政事载于《书》，人之情性、草木鸟兽之名物载于《诗》，君臣华夷之名分、人事之善恶载于《春秋》，尊卑贵贱之等级以节文乎天理者则《礼》载焉，声容之美以建天地之和者则《乐》载焉。此其为道实至著至久，与天地同化而同运者，而皆托于文以见，则其为文固亦至著而至久，无或不同于天地矣。呜呼！此固圣人之文也欤？然而经非圣人不能作，而圣人不世作也。后世作者岂遂不足以言文乎？曰：非然也。道在天地间，万古一日，无或敝也。世有作者，舍圣人则无所为学。其为文也，苟以载夫道。虽未至于圣人之文，其必不谬于圣人者矣。三代而下，汉有董子，其文曰《三策》焉。唐有韩子，其文曰《原道》焉。至宋，则周子有《太极图说》，张子有《西铭》，程子有《易春秋序》，欧阳子有《本论》。盖其立言皆几于经矣，等而上之，亦何愧于圣人之文乎？故曰：为文苟以载夫道，虽未至于圣人之文，固可谓不谬于圣人者也。由是论之，文不载道，不足以为文。凡世之以雕章绘句为务，竞华藻而逞妍巧者，曾不翅淫声冶色之悦人，其不眩耳目而蛊心志者几希。此则文之为敝，而有志乎学圣人者之所不屑道也。盱江王君伯昭，其志于为文，而学圣人者乎？余尝与之论文而有契，遂定交焉。君间属予记其恒山书舍，未果而言别，因书所尝与伯昭论者，作《文原》以为赠，用以志吾二人者，其所论文非苟然而遂已也。君之伯氏玄翰甫，博学，尤工文，向辱与予游，而九原已不作矣，不得以今所论从质之，抑亦可慨也夫！

又曰：圣人之文，厥有六经。《易》以显阴阳，《诗》以道性情，《书》以纪政事之实，《春秋》以示赏罚之明，《礼》以谨节文之上下，《乐》以著气运之亏盈。凡圣贤传心之要，帝王经世之具，所以建天衷，奠民极，立天下之大本，成天下之大法，皆于是乎在。是故世之学者，本之《诗》以求其恒，本之《易》以求其变，本之《书》以求其质，本之《春秋》以求其断，本之《乐》以求其通，本之《礼》以求其辨。夫如是，则六经之文为我之文，而我之文一本于道矣。

【疏证】明王祎《王忠文集》卷一九《文训》：文以载道，其此之谓乎？太史公曰："诸子之文，皆以明夫道固也，然而各引一端，各据一偏，未尝窥夫道之大全。人奋其私智，家尚其私谈，支离颇僻，驰骋凿穿，道之大义益以乖，大体益以残矣。此固学术之弊而道之所以不传也。"生曰："圣人之文，厥有六经。《易》以显阴阳，《诗》以道性情，《书》以纪政事之实，《春秋》以示赏罚之明，《礼》以谨节文之上下，《乐》以著气运之亏盈。凡圣贤传心之要，帝王经世之具，所以建天衷，奠民极，立天下之大本，成天下之大法者皆于是乎有征。斯盖群圣之渊源，九流之权衡，百王之宪度，万世之准绳。犹之天焉，则昭云汉而揭日星，布烟霞而鼓风霆。犹之地焉，则山岳峙而江河行，鸟兽蕃而草木荣。故圣人者，参天地以为文，而六经配天地以为名。自书契以来，载籍以往悉莫与之京。斯其为文不亦可以为载道之称也乎？"太史公韈然而惊，喟然而叹，曰："尽之矣，其蔑有加矣。此固载道之器，而圣人之至文矣。"嗟乎！世之学者，无志乎文则已，苟有志焉，舍是无以议为矣。是故本之《诗》以求其恒，本之《易》以求其变，本之《书》以求其质，本之《春秋》以求其断，本之《乐》以求其通，本之《礼》以求其辨。夫如是，则六经之文为我之文，而吾之文一本于道矣。故曰：经者，载道之文，文之至者也。后圣复作，其蔑以加之矣。今子知及乎此，则于文也其进孰御焉，特在加之意而已矣。

今按：太史公即豫章黄溍。王袆师黄溍，友宋濂，学有渊源，故其文醇朴闳肆，有宋人轨范。宋濂称其文凡三变："初年所作，幅程广而运化宏，壮年出游之后，气象益以沉雄；暨四十以后，乃浑然天成，条理不爽。"

又曰：六经者，圣人致治之要术，经世之大法，措诸实用，为国家天下者所不可一日或废也。孔子尝曰："我欲托诸空言，不如载诸行事之深切著明也。"后世学者因以谓圣人未尝见诸行事，而惟六经是作，顾遂以空言视六经，而训诂讲说之徒又从而浮词曲辨淆乱之，于是圣人致治经世之用微矣。

【疏证】明王袆《王忠文集》卷四《六经论》：六经，圣人之用也。圣人之为道，不徒有诸已而已也，固将推而见诸用，以辅相乎天地之宜，财成乎民物之性，而弥纶维持乎世故，所谓"为天地立极，为生民立命，为万世开太平"者也。是故《易》者，圣人原阴阳之动静，推造化之变通，以为卜筮之具，其用在乎使人趋吉而避凶；《书》者，圣人序唐虞以来帝王政事号令之因革，以为设施之具，其用在乎使人图治而立政；《诗》者，圣人采王朝列国风雅之正变，本其性情之所发，以为讽刺之具，其用在乎使人惩恶而劝善；《礼》极乎天地朝廷宗庙以及人之大伦，其威仪等杀，秩然有序，圣人定之，以为品节之具，其用在乎明幽显，辨上下；《乐》以达天地之和，以饰化万物，其声音情文，翕然以合圣人，协之以为和乐之具，其用在乎象功德格神人；《春秋》之义，尊王抑霸，内夏外夷，诛乱贼绝，僭窃圣人，直书其事，志善恶，列是非，以为赏罚之具，其用在乎正义不谋利，明道不计功。由是论之，则六经者，圣人致治之要术，经世之大法，措诸实用，为国家天下者所不可一日以或废也。孔子尝曰："我欲托诸空言，不如载诸行事之深切著明也。"后世学者因以谓，圣人未尝见诸其行事，而惟六经是作，顾遂以空言视六经，而训诂讲说之徒又从以浮辞曲辩淆乱之，其弊至于今几二千年，于是圣人致治经世之用微矣。呜呼！圣人之用，载于六经，如日月之明，四时之信，万世无少替也。天地之所以位，万物之所以育，世故之所以久长而不坏者，繄孰使之然也。或曰：六经，圣人之心学也。《易》有先天、后天之卦，乃圣人之心画；《书》有危微精一之训，乃圣人之心法；《诗》者，心之所发；而《礼》由心制，《乐》由心生者也；《春秋》又史外传心之典也。又曰：说天莫辨乎《易》，由吾心即太极也。说事莫辨乎《书》，由吾心政之府也。说志莫辨乎《诗》，由吾心统性情也。说理莫辨乎《春秋》，由吾心分善恶也。说体莫辨乎《礼》，由吾心有天序也。道民莫过乎《乐》，由吾心备人和也。心中之理无不具，故六经之言无不该也。然则以圣人之心言六经者，经其内，以圣人之用言六经，则经其外矣。心者，其本而用者，其末矣，舍内而言外，弃本而取末，果可以论六经乎？曰：非然也。心固内也，而经则不可以内外分，内外一体也。而尤不可以本末论，圣人之道蕴诸心而不及于用者有之矣，未有措诸用而不本于心者也，况乎六经为书，本末兼该，体用毕备，吾即圣人之用以言之，则圣人之道为易明，而圣人之心为已见本体之全固在是矣。若夫徒言乎心而不及于用者，有体无用之学，佛老氏之所为道也，岂所以言圣人之经哉！

又曰：治《易》必自《中庸》始，治《书》必自《大学》始，治《春秋》必自《孟子》始，治《诗》及《礼》《乐》必自《论语》始。《易》以明阴阳之变，推性命之原，然必本之于太极。太极即诚也，而《中庸》首言性命，终言天道人道，必推极于至诚，故曰治《易》必始于《中庸》也。《书》以纪政事之实，载国家天下之故，然必先之以德，峻德、一德、三德是也，而《大学》自修身以至治国平天下，亦本原于明德，故曰治《书》必始于《大学》也。《春秋》以贵王贱霸诛乱讨贼其要，则在乎正谊不谋利，明道不计功，而《孟子》尊王道，卑霸烈，辟异端，距邪说，其与时君言，每先义而后利，故曰治《春秋》必始于《孟子》也。《诗》以道性情，而《论语》之言《诗》有曰："《关雎》乐而不淫，哀而不伤。"

【疏证】明王祎《王忠文集》卷四《四子论》：四子，《论语》

《大学》《中庸》《孟子》也。《论语》，孔子及门人问答之微言，而记于曾子、有子之门人。《大学》亦孔氏遗书。其经一章，孔子之言，而曾子所记传十章，则曾子之言，而门人记之。《中庸》三十三章，子思之所作。《孟子》七篇，孟子所著，或曰其门人之所述也。《论语》先汉时已行，萧望之、张禹皆以传授，而诸儒多为之注。《大学》《中庸》二篇在《小戴记》中，注之者郑玄也。《孟子》初列于诸子，及赵岐注之后遂显矣。爰自近世，大儒河南程子实始尊信《大学》《中庸》而表章之，《论语》《孟子》亦各有论说。至新安朱子，始合《四书》，谓之四子。《论语》《孟子》则为之注，《大学》《中庸》则为之章句。或问：自朱子之说行，而旧说尽废矣，于是四子者与六经皆并行，而教学之序莫先焉。然而先儒之论以谓治六经者必先通乎《四书》，《四书》通则六经可不治而通也。至于六经四书所以相通之类，则未有明言之者。以予论之：治《易》必自《中庸》始，治《书》必自《大学》始，治《春秋》则自《孟子》始，治《诗》及《礼》《乐》必自《论语》始。是故《易》以明阴阳之变，推性命之原，然必本之于太极，太极即诚也，而《中庸》首言性命，终言天道人道，必推极于至诚，故曰治《易》必始于《中庸》也。《书》以纪政事之实，载国家天下之故，然必先之以德，峻德、一德、三德是也，而《大学》自修身以至治国平天下，亦本原于明德，故曰治《书》必始于《大学》也。《春秋》以贵王贱霸诛乱讨贼，其要则在乎正谊不谋利，明道不计功，而《孟子》尊王道，卑霸烈，辟异端，距邪说，其与时君言，每先义而后利，故曰治《春秋》必始于《孟子》也。《诗》以道性情，而《论语》之言《诗》有曰："《关雎》乐而不淫，哀而不伤。"又曰："可以兴，可以群，可以怨。"《礼》以谨节文，而《论语》之言礼，自乡党以至于朝廷，莫不具焉。《乐》以象功德，而《论语》之言乐，自韶舞以及翕纯皦绎之说，莫不备焉。故曰治《诗》及《礼》《乐》必始于《论语》也。此四子、六经相通之类然也。虽然，总而论之，四子本一理也，六经亦一理也。汉儒有言："《论语》者，五经之錧辖，六艺之喉衿。孟子之书则而象之。"嗟乎！岂独《论语》《孟子》为然乎！故自阴阳性命道德之精微，至于人伦日用家国天下之所当然，以尽乎名物度数之详，四子、六经皆同一理也，统宗会元，而要之于至当之归，存乎人焉尔。

又曰："可以兴，可以观，可以群，可以怨。"《礼》以谨节文，而《论语》之言礼，自乡党以至于朝廷，莫不具焉。《乐》以象功德，而《论语》之言乐，自韶武以及翕纯皦绎之说，莫不备焉。故曰治《诗》及《礼》《乐》必始于《论语》也。此四子、六经相通然也。

【疏证】见上条。

又曰：圣人之经，儒者之传，诸子百家之著述，历代太史之纪录，以及天文、地理、阴阳、律历、兵谋、术数、字学、族谱之杂出，數落旁行、虞初稗官、燕谈脞语之并兴，其为说不同，为教亦异，而其为书类皆学者所当读而通之者也。虽然，学问无穷，岁月有限，诚有不能遍观而尽识者，而惟圣人之经则弗可以莫之究也。先王之道，所以立天下之大本，先王之制，所以成天下之大业，皆于是乎在。乃厄于秦，谶纬于汉，圣远言湮，愈传而愈失，时异事易，愈变而愈，非其流弊遂有不可胜言者矣！宋河南程子、关中张子者出，始克实践精讨，而圣贤明德之要，帝王经世之规，所以垂宪后世者乃大有所发明。其后，朱文公、张宣公、吕成公一时并兴，而当其时如永嘉薛氏、郑氏、陈氏、叶氏、闽中林氏、永康陈氏后先迭出，各以所学自成其家，大抵均以先王之道为己任，以先王之制为必行，而所以立天下之大本，成天下之大业者，咸粲然方册间矣。学者之于经，不可徒诵其文而已也，必将求其道以淑诸身，明其法以用于世，而所学始不徒为空言也。

【疏证】明王祎《王忠文集》卷八《沧江书舍记》：沧江书舍，徐君方舟之所居以读书者也。桐庐滨江为县，君居在县北，距江不百武而近，盖唐比部方公勋之别业，而宋名臣方公悫之故居。君间来属予为文记其舍壁。夫书之在天下，可谓博且广矣。圣人之经，儒者之传，诸子百家之著述，历代太史之纪录，以及天文、地理、阴阳、律历、兵谋、术数、字学、族谱之杂出，敷落旁行、虞初稗官、燕谈朏语之并兴，其为说不同，为教亦异，而其为书类皆学者所当读而通之者也。虽然，学问无穷，岁月有限，诚有不能遍观而尽识者，而惟圣人之经则弗可以莫之究也。是故《易》以明阴阳之理，《书》以纪帝王之政，《诗》以道人之性情，《春秋》以示世之赏罚，《礼》以谨上下之节文，《乐》以通天地之气运，凡先王之道所以立天下之大本，先王之制所以成天下之大业者，皆于是乎在。然自厄于秦，训诂于汉，圣远言堙，愈传而愈失，时异事易，愈变而愈非，其流弊遂有不可胜言者矣！且仁义性命中诚太极鬼神皆所谓道也，妙极乎无声无臭，而不离乎匹夫匹妇之所知，皆讲学之枢要，而乃以善柔为仁，果敢为义，气质以为性，六物以为命，依违以为中，钝鲁以为诚，玄虚以为太极，冥漠以为鬼神，或至以佞为忠，以诈为信，以察为智，以荡为情，以贪为欲，以反经为权，捷给以为才，谲诡以为术，而世皆谬迷于闻见之陋，莫之或省。若夫法制之遗，其弊尤甚。并牧以居民，而丘乘卒伍之不合，则参以管仲、穰苴之法；封建以经国，而百里、五百里之不同，则托诸历代之异。郊丘、禘祫，大事也，或以郊丘为二，或以禘祫为一焉。庙堂、明堂，大典也，或以为异所而殊制，或以为一庙而八名焉。帝号官仪，悉承秦舛，郊兆庙室，杂踵汉误，以及贡赋选举之设，皆不过一切之法而已。呜呼！六经之书，先王道学治具之所在，而后世所取法也，然其为说之弊，乃至于是。盖千数百年，宋河南程子、关中张子者出，始克实践精讨，而圣贤明德之要，帝王经世之规，所以垂宪后世者乃大有所发明。其后，朱文公、张宣公、吕成公一时并兴，而当其时如永嘉薛氏、郑氏、陈氏、叶氏、闽中林氏、永康陈氏后先迭出，各以所学自成其家，大抵均以先王之道为己任，以先王之制为必行，而所以立天下之大本，成天下之大业者，咸粲然方册间矣。然及于今，学者顾遂因儒先君子讲习既明之余，因循苟简，承前袭旧，习矣而不察，行矣而不著，甚者以先王之道为莫之可行，以先王之制为无所于用。夫然故书自为书，人自为人，而学为空言矣。呜呼！此其为弊不有甚于前日欤？是故学者之于经，不可徒诵其文而已也，必将求其道以淑诸身，明其法以用于世。盖惟诚求而实见，笃信而力行，然后知人之贵，果可以为圣贤，果可以位天地、育万物，而所学不徒为空言也。予夙有闻于此，窃尝有志而愿学焉。比与君定交，钱塘辱遣其子膺从予游，会予亟东归，不得与之相讲习，故因道予所闻者，书以授膺，以复于君，并请揭诸舍壁以为记。

宋濂曰：圣人之言曰经。其言虽不皆出于圣人，而为圣人所取者亦曰经。经者，天下之常道也。《易》《书》《春秋》用其全，《诗》与《礼》择其纯而去其伪，未有不合乎道而不可行于世者也。故《易》《诗》《书》《春秋》《礼》皆曰经。五经之外，《论语》为圣人之言，《孟子》以大贤明圣人之道，谓之经亦宜。其他诸子所著，正不胜谲，醇不逮疵，乌足以为经哉？

【疏证】明宋濂《文宪集》卷二《经畬堂记》：圣人之言曰经，其言虽不皆出于圣贤，而为圣人所取者亦曰经。经者，天下之常道也，大之统天地之理，通阴阳之故，辨性命之原，序君臣上下内外之等，微之鬼神之情状、气运之始终，显之政教之先后、民物之盛衰、饮食衣服器用之节、冠昏朝享奉先送死之仪，外之鸟兽草木夷狄之名，无不毕载，而其指归皆不违戾于道，而可行于后世，是以谓之经。《易》《书》《春秋》用其全，《诗》与《礼》择其纯而去其伪，未有不合乎道而可行于世者也。故《易》《书》《诗》《春秋》《礼》皆曰经。五经之外，《论语》为圣人之言，《孟子》以大贤明圣人之道，谓之经亦宜。其他诸子所著，正不胜谲，醇不逭疵，乌足以为经哉？自汉以降，圣贤不作，异说滋横，凡外夷小道以及星历、地理、占卜、医药、种树、养马诡诞浅近之言，皆僭以经名，千余年间，时益岁加，书之以经名者布乎四海之内，学者眩于其名，趋而陷溺焉者甚众，而五经、孔孟之道晦矣。然非彼之过也，学五经、孔孟者不能明其道，见诸事功故也。夫五经、孔孟之言，唐虞三代治天下之成效存焉。其君尧、舜、禹、汤、文、武，其臣皋、夔、益、契、伊、傅、周公，其具道德、仁义、礼乐、封建、井田，小用之则小治，大施之则大治，岂止浮辞而已乎？世儒不之察，顾切切然剽攘摹拟其辞，为文章以取名誉于世。

虽韩退之之贤，诲勉其子，亦有经训菑畬之说，其意以为经训足为文章之本而已，不亦陋于学经矣乎！学经而止为文章之美，亦何用于经乎？以文章视诸经，宜乎陷溺于彼者之众也。吾所谓学经者，上可以为圣，次可以为贤，以临大政则断，以处富贵则固，以行贫贱则乐，以居患难则安，穷足以为来世法，达足以为生民准，岂特学其文章而已乎？钱唐钱钧，质甚敏，好学甚笃，取退之经畬之言名其斋，会余过其郡，造旅邸，征文甚力。余美其志，恐其泥于退之之言也，推其道以告之，使求夫大者焉。

又曰：文当以圣人为宗。古之立言简奇，莫如《易》，又莫如《春秋》。序事精严，莫如《仪礼》，又莫如《檀弓》，又莫如《书》。《书》之中又莫如《禹贡》，又莫如《顾命》。论议浩浩，而不见其涯，又莫如《易》之《大传》。陈情托物，莫如《诗》。《诗》之中反复咏叹，又莫如《国风》；铺张王政，又莫如二雅；推美盛德，又莫如三颂。有阖有开，有变有化，脉络之流通，首尾之相应，莫如《中庸》，又莫如《孟子》。《孟子》之中，又莫如养气、好辨等章。人能致力于斯，得之深者，固与天地相始终，得其浅者，亦能震荡翕张，与诸子较所长于一世。盖文之所存，道之所在也，文不系道，不作焉可也。

【疏证】明宋濂《文宪集》卷三一：文学之士，自古及今，以之自任者众矣，然当以圣人之文为宗。文之立言简奇，莫如《易》，又莫如《春秋》。序事精严，莫如《仪礼》，又莫如《檀弓》，又莫如《书》。《书》之中，又莫如《禹贡》，又莫如《顾命》。论议浩浩，而不见其涯，又莫如《易》之《大传》。陈情托物，莫如《诗》。《诗》之中，反复咏叹，又莫如《国风》；铺张王政，又莫如二雅；推美盛德，又莫如三颂。有开有阖，有变有化，脉络之流通，首尾之相应，莫如《中庸》，又莫如《孟子》。《孟子》之中，又莫如养气、好辩等章。呜呼！濂之所言者客尔，以其所言推其所不言，盖可知矣。人能致力于斯，得之深者固与天地相始终，得之浅者亦能震荡翕张，与诸子较所长于一世。虽然，此特论为文之体然耳。若原其本，则未也，其本者何也？天地之间，至大至刚，而吾藉之以生者，非气也耶？必能养之而后道明，道明而后气充，气充而后文雄，文雄而后追配乎圣经。不若是，不足谓之文也。何也？文之所存，道之所存也。文不系道，不作焉可也。苟系于道，则万世在前，不谓其久。吾不言焉，言则与之合也。万世在后，不谓其远。吾不言焉，言则与之合也。是故无小无大，无外无内，无古无今，非文不足以行，非文不足以传，其可以无本而致之哉？浦阳虽小邑，自宋以来以文知名者甚众，大抵据经为本，有足贵者。

又曰：孔子传《易》，孟子释《诗》，加数言而其意炳如，辞不费也。辞之费，经之离乎？汉儒训经，使人缘经以求义，优柔而自得之，有见乎尔也。近世传文，或累千言，学者复求传中之传，离经远矣。造端者，唐之孔颖达乎？

【疏证】待考。今按：《鹤林玉露》“孟子释诗”条云：孟子释《公刘》之诗曰：“故居者有积仓，行者有裹粮也，然后可以爰方启行。”① 释《烝民》之诗曰：“故有物必有则，民之秉彝也，故好是懿德。”② 只添三两字，意义粲然。六经古注亦皆简洁，不为繁词。朱文公每病近世解经者推测太广，议论太多，曰：“说得虽好，圣人从初却元不曾有此意。”虽以吕成公之《书解》，亦但言其热闹而已，盖不满之辞也。后来文公作《易传》《诗传》，其词极简。

又曰：五经，自孟氏后无兼通之者。

【疏证】明宋濂《文宪集》卷二八《答郡守聘五经师书》：十一月二十七日，承遣使者来山中，赐以书币，强濂为五经之师，闻命，惊愕不知所云。虽然，执事之意则甚善也。昔舒人文翁为蜀郡守，招下县年少者为学官弟子，每行县益从学官诸生明经饬行者与

① 《公刘》：“匪居匪康，乃埸乃疆，乃积乃仓，乃裹糇粮，于橐于囊，思辑用光，弓矢斯张，干戈戚扬，爰方启行。”

② 《烝民》：“天生烝民，有物有则。民之秉彝，好是懿德。”

俱，蜀地大化，比齐鲁焉。执事亦舒产，是宜汲汲孜孜，欲追躅于文翁也。然而兴学在乎明经，明经在乎选傅，得良傅则正鹄设而射志定，土范齐而铸器良，声流教溢，俗转风移，反是则政坠矣。此则执事不可不慎者也。濂也不敏，幼即多病，若艺黍稷与肇牵车牛、远服商贾之事皆力所不任。靖自念之，吾将何执以阅世乎？适家藏古书数千卷，因取翻阅，习久成性，遂不欲弃去。然亦藉是以自遣耳，非有所能也。是故家庭之间未尝以知经称之，岂直家庭哉？至于乡党州闾亦未尝谓其通经也。执事者不之察，一旦强儒之，使服深衣大带，张拱徐趋于讲堂之上，吾恐人无不笑之，而所笑者又恐不止于区区也，执事何为欲强之乎？况五经自孟氏后无兼通之者。如施雠之《易》，大小夏侯之《书》，辕固、韩婴之《诗》，尹更始之《春秋》，庆普、郑兴之《礼》，各仅仅成家而已。濂视数子之间，曾不足负羁绁以从。执事采浮华而忘本实，但见耳目具者，辄聘以为师。执事倡之曰："某可师也。"左右畏威，莫敢谏白，又从而和之曰："某实可师也。"所以滥及于濂，濂纵不顾清议，曲徇执事意，而匍匐从之，衿佩森如立竹，执经问难，欲屏之邪，则所职何事？欲应之邪，则环视其中，枵然无所有，其于窘迫，实有不堪，执事何为欲强之乎？古之通经者，非思腾簸口舌，以聋瞽时俗，实欲学为忠孝。而孝者又百行之冠冕，苟于孝道有阙，则虽分析经义如蚕丝牛毛，徒召辱耳。阳城为学官时，谓诸生曰："凡学者，学为忠与孝也。"诸生有不省亲者乎？其有不省亲者，即斥去之。此古人龟鉴也。濂严父年垂八十，旦暮弄雏亲侧，以尽爱日之诚，犹惧不足，乃使弃之以临诸生，诸生将何以取法乎？诸生尚不欲久去膝下，况为师者乃可尔乎？世岂无阳城，将何面目以见之也？执事何为欲强之乎？师严然后道尊，理势然也。濂以轻浮浅躁之资，习懒成癖，近益之以疏顽，不耐修饬，乱发被肩，累日不冠，时同二三友徒跣梅花之下，轰笑竟日，不然，则解衣偃卧，看云出岩扉中，有类麋鹿，然见人至辄惊遁，欲危坐一刻亦不可得，自知获罪名教，痛思惩艾，卒不可变，此执事素所知，非今日造此饰词。如此之人，不弃绝则已，安可使仪刑后进，执事何为欲强之乎？

又曰：世求圣人于人，求圣人之道于经，斯远已。我可圣人也，我言可经也，弗之思耳。

【疏证】见宋濂《文宪集》卷二七《萝山杂言》。

戴良曰：仁义礼智，皆人所固有，圣人因人之所固有而为之教焉。喜怒哀乐之情，人之所固有也，以其固有之情而美刺之，于是乎有《诗》。诗者，人之情也。情虽易放，而辞让之心则其所固有也。以其固有之心而为之节文，于是乎有《礼》。礼者，敬也。敬则自处卑矣，以其自卑之势而又有《书》。书者，上所以通乎下之言也。上下既通，然后以其吉凶悔吝之机而作《易》焉。《易》作而《春秋》继之。盖至于《春秋》，则人之固有者举亡之矣。然亦以其是是非非而为之断焉。圣人为教之备如此。

【疏证】元戴良《九灵山房集》卷二八《全有堂记》：人之有是身也，必有是心。有是心也，必有是理。若仁、义、礼、智四者之为性，盖皆人所固有，而非由外至也。然或不能知其性之所有而全之者，则以梏于气，动于欲，乱于意，有所陷溺而然耳。是以圣人因人之所固有而为之教焉。喜怒哀乐之情，人之所固有也。以其固有之情而美刺之，于是乎有《诗》。诗者，人之情也。情虽易放，而辞让之心则其所固有也。以其固有之心而为之节文，于是乎有《礼》。礼者，敬也。敬则自处卑矣，以其自卑之势而又有《书》。书者，上所以通乎下之言也。上下既通，然后以其吉凶悔吝之机而作《易》焉。《易》作而《春秋》继之。盖至于《春秋》，则人之固有者举亡之矣，然亦以其是是非非而为之断焉。圣人为教之备如此。而其大要，则务使人开其梏，制其动，治其乱，皆知是性之所有而全之也。然所以使人知其性之所有而全之者，其文虽存乎《易》《诗》《书》《礼》《春秋》之籍，而其实则行乎君臣、父子、兄弟、夫妇、朋友之间也。《孟子》所谓父子有亲，君臣有义，夫妇有别，长幼有序，朋友有信是也。由是而观，则上之所以教，下之所以学，其亦可知也已。夫自世变俗衰，圣人教人之法尽坏，而士之为学，不过钓声名，干利禄，靡然从事乎其外，幸而或知是理之在我而有意乎内求者，又往往收视反听，一以取足诸心为事，其弊卒堕异说而不知。噫！此后之学者所以不及于古也。不及于古者，由不能全乎其所有也。欲全其有，宁有道乎？曰知与行而已。知益穷乎《易》《诗》《书》《礼》《春秋》之理，而行则尽夫君臣、父子、兄弟、夫妇、朋友之事也。知以有之行以全之，此学之所以几于古也。《诗》曰："天生烝民，有物有则。民之秉彝，好是懿德。"是盖为学之大端也。学者舍是而欲求入于圣贤之域者，不亦难矣哉！余友黄君元辅有志乎古学者也，故尝以全有名堂，而属余记之。余惟全有之云见之于朱子之书者，诚万世学者之途辙。今元辅重取斯言，而用以名其室，则其于学也可谓得其要矣，是尚奚以余言为哉？余虽有言，亦岂能出于朱子所言之外哉？况若余者方矻矻自保之不暇，又安能有及于朋友哉？然则是记也，非所以勉元辅，而惟将以自警焉尔。

朱右曰：贯三才而一之者，文也。羲轩之文见诸图画，唐虞稽诸典谟，三代具诸《易》《书》《诗》《礼》《春秋》。故《易》以阐象，其文奥；《书》道政事，其文雅；《诗》发性情，其文婉；《礼》辨等威，其文理；《春秋》断以义，其文严。然皆言近而指远，辞约而义周，固千万世之常经，不可尚已。

【疏证】明朱右《白云稿》卷三《文统》：文与三才并贯。三才而一之者，文也。日月星汉，天文也。川岳草木，地文也。民彝典章，人文也。显三才之道，文莫大焉。羲轩之文见诸图画，唐虞稽诸典谟，三代具诸《易》《书》《诗》《礼》《春秋》。遭秦燔灭，其幸存者犹章章可睹。故《易》以阐象，其文奥；《书》道政事，其文雅；《诗》发性情，其文婉；《礼》辨等威，其文理；《春秋》断以义，其文严。然皆言近而指远，辞约而义周，固千万世之常经，不可尚已。孔思得其宗，言醇以至；孟轲识其大，言正以辩。若左氏多夸，庄周多诞，荀卿多杂，屈宋多怨，其文犹近古，世称作者。汉兴，贾谊、董仲舒、刘向窥见图经，冀阐其道，相如、扬雄大昌厥辞，然皆有志于斯文者。独司马迁父子颇采经传国史，集群哲之大成，䌷一家言，载诸简编，为史氏宗，其文雄深多奇。班固继作，颇就雅驯，以倡来学。二氏之文遂足为后世之准程也。魏晋日流委靡，唐韩愈上窥姚姒，驰骋马、班，本经参史，制为文章，追配古作。宋欧阳修又起而继之，文统于是乎有在其间。柳宗元、王安石、曾巩、苏轼亦皆远追秦汉，羽翼韩、欧，然未免互有优劣。呜呼！文岂易言哉！余姚景德辉氏，明经稽史，有志于斯，尝与予剧论文章家体裁及诸子造诣浅深，且欲求其宗绪，作《文统》以复之，当有知言者正焉。

胡翰曰：六艺之文，《易》也，《书》也，《诗》也，《春秋》也，《礼》《乐》也。《乐》亡而《礼》仅存其三，曰《仪礼》也，《周礼》也，《礼记》也。汉儒概而言之，以为六艺。史迁曰："六艺经传以千万数，穷年不能究其说，累世不能通其学。"圣人之言岂越（阙）若是哉！火于秦，汩于汉，加之传注日以滋蔓，故习于训诂者溺于专门，流于术数者拘于灾异，否则辞章而已。学者诚以身体之，以心会之，则圣人之道不在于书，而在吾身、吾心矣。

【疏证】明胡翰《胡仲子集》卷六《芳润斋记》：乌伤镏刚养浩受业于潜溪宋先生，业成，充赋吏部，留京师，益磨切其学于四方之贤士，四方来者莫不争先愿与之交。公卿大夫言于朝，将用其所长。养浩固卑让，引而东归，辟室以为读书之所，扁曰芳润，以求其归宿于六经，乞文为记。余请访诸其师，以为潜溪当世儒宗，方以文显，子之文又酷似之，何以余言为哉？养浩曰："先生非西河之人，奈何以此语我？先生，吾师之友，即吾师也，愿以告我。"余闻之，不能夺其志，乃为之言曰：天下之物莫不有声色臭味之可好，而载籍之在天下未有声色臭味如物之可好，而惟儒者好之。其曰芳润者，自晋陆机有是言，人传诵之。六艺之文，曰《易》也，《书》也，《诗》也，《春秋》也，《礼》《乐》也。《乐》亡而《礼》仅存其三，曰《仪礼》也，《周礼》也，《礼记》也。汉儒概而言之，以为六艺。史迁曰：六艺经传以千万数，穷年不能究其说，累世不能通其学。圣人之言岂越（阙）若是哉！火于秦，汩于汉，加之传注日以滋蔓，故习于训诂者溺于专门，流于术数者拘于灾异，否则词章而已。争事口耳，非有得也。《易》通于幽明之故，《书》纪夫政事之实，何取于芳润也？《诗》以道性情之正，《春秋》以示法戒之严，何取于芳润也？《礼》以正行，《乐》以和心，又皆民生动作威仪之则，风气流行合同之化，非徒诵说其于芳润，又何有也，无亦以其辞焉已乎？苟以其辞，则有卦画以来，列圣继作，浑浑灏灏，代有不同，至周而噩噩矣，郁郁矣。及周之衰，失其本真。吾夫子从而系之，删之，正而修之，圣谟犹洋洋然，望之若迩，测之而愈奥，江河不足以为深广，泰华不足以为高岩，草木之英不足以为粹，雨露之甘不足以为美，大羹玄酒不足以为淳，猩唇貛炙不足以为腴。味乎此者，心融意适（阙）淳也，腴也，粹而美也，深广而高严也（阙）天下之物而中无有厌饫也，此其为芳润，沾溉天下亦已多矣。春秋以来，若屈原、荀况之在战国，贾谊、董仲舒、司马迁、刘向、扬雄之在汉，韩愈、柳宗元、李翱之在唐，欧阳修、苏轼、曾巩、王安石之在宋，皆得其膏馥，涵揉挥洒，争雄擅长于作者之场机也，固其靡者耳。由吴入洛，虽少年才藻秀发，而气不扬，德不胜，仅得乎其濡沫，与弟云吹煦以冠一时方之作者，曾不足以希建安七子之后，欲以议乎秦汉之上，相去益以远矣，乌睹道之大全哉？文者，载道之器也，德修则道凝，道凝则言立有本者，如是舍本而求末，得其言，不得其所以言，虽两汉唐宋魁人杰士，才驱气驾，悉其平生之力未能极其渊源之所如。往昔者圣人建极，以身为法，于天下患无以周天下之众及后世之远，于是著之为经学。古者生乎圣人之后，诵其诗，读其书，亦将以身体之，以心会之，则圣人之道不在于书而在吾身、吾心矣。圣人不能有加于吾之性，天地万物之理皆吾性所固有也。吾于是而得之，亦不能有加于吾之性，其得于天者固如是，特因圣人有以启沃之，而得吾之本然者耳。世儒习而不察，圣学不明。及宋二程子出于濂溪之门，始阐扬之，以承坠绪。晦庵朱子益加讨论，以一众说，然后圣经贤传，讹者正，疑者缺，晦者明，如日中天，士得而读之，如出三代之前，宜其坦然由之而无疑。世之笃于自信者何其鲜也，能任重者又益未之见焉。

刘迪简曰：汉儒多分章句，有破碎五经之患；宋儒详衍义说，有傅会五经之患。

【疏证】待考。今按：刘迪简，宜春人，明初征授尚宾副使。

刘三吾曰：六经，载道之书也。《四书》，明理之书也。《易》以道阴阳，《书》以道政事，《诗》以咏性情，《春秋》以正名分，《礼》以谨节文，《乐》以宣功德，道无乎不在也。《大学》其入道之户庭乎？《中庸》其造道之阃奥乎？《论语》无非教人操存涵养之要，《孟子》无非教人体验扩充之功。故求道必自六经始，求六经必自《四书》始。

【疏证】刘三吾《坦斋文集》卷上《好古斋说》："六经之理具于人心，六经之文具于方册。学圣贤之学，而欲好古先圣贤之学，舍是六经，未见其可也……《易》以道阴阳，《书》以道政事，《诗》以理性情，《礼》以谨节文，《春秋》以寓王法、正名分……"①

按《明史》卷一三七："刘三吾，茶陵人，初名如孙，以字行。累迁翰林学士。时天下初平，典章阙略，帝锐意制作，宿儒凋谢，得三吾晚悦之，一切礼制及三场取士法多所刊定。三吾博学善属文，帝制大诰及洪范注成，皆命为序。敕修《省躬录》《书传会选》《寰宇通志》《礼制集要》诸书，皆总其事。"

又按："六经载道之书"之论出自宋人。宋黄仲元《四如讲稿》卷五云："经者，载道之书，亦论世之书。读经者不论其世，可乎？"宋王雱《南华真经新传》卷七："有为者必有迹，故庄子至此而寓言，老聃诮孔子治人而以陈迹也，然六经载道之书。书者，为道之粗，由粗可以至于精，精则无所为而已。"此论点为明

① 《四库全书存目丛书》集部第25册第123页。

清学者所接受。如明王立道《具茨文集》卷一《拟宋王尧臣谢赐礼记中庸篇表》："六经皆载道之书。"清儒黄宗羲序《学礼质疑》亦曰："六经皆载道之书，而礼其节目也。"徐乾学《进呈御选古文渊鉴表》："纷纶六艺，实为载道之书。流衍百家，弥广立言之旨。"

关于明理之书，宋欧阳守道《巽斋文集》卷一一《赠宋义甫序》云："夫前所谓明理之书曾不知读，而宁从事于鄙俚缪妄之书，何哉？鄙俚缪妄之书，其徒易于传习，又便于田家市人之听，其取信常众，得利常速。而明理之书，探山川融结之情，引经援史，远及四方郡邑之大势，可与识者道，难与俗人言也。"

"道无乎不在"的观点也出自宋人。如宋朱子《论语精义》卷三上引范曰："道无乎不在，无往而不可也。"宋张栻《孟子说》卷六："盖道无乎不在，贵于求而自得之而已。辞意反复抑扬，学者所宜深味也。"明叶子奇《草木子》卷二："庄子曰，道在秕稗，在瓦砾，在尿溺，每况愈下。盖以道无乎不在也。"

"《大学》其入道之户庭，《中庸》其造道之阃奥"是朱熹的观点。宋黄榦《勉斋集》卷三九《祭晦庵朱先生文》："既有自然之权度，则穷经考古，莫不炳然如日星。谓《中庸》为造道之阃奥，谓《大学》为入道之门庭。究本义以言《易》，而深得卜筮之旨。黜《小序》以正《诗》，而力辨雅郑之声。探《语》《孟》之编，而如对邹鲁之问答。述周、程之书，而一新濂洛之典型。至于星历、地志、曲艺、小数不可以悉究，骚人墨客穷年卒岁，仅见其可称。莫不折之以理，而各造其极。盖亦得之于天命，而非学可能。信本深而形巨，故末茂而声宏。"朱熹《论孟集义序》云："《论》《孟》之书，学者所以求道之至要。古今为之说者，盖已百有余家。然自秦汉以来，儒者类皆不足以与闻斯道之传。宋兴百年，有二程先生者出，然后斯道之传有继，其于孔氏、孟氏之心，盖异世而同符也，故其所以发明二书之说，言虽近而索之无穷，指虽远而操之有要，所以兴起斯文，开悟后学，可谓至矣。间尝搜辑条疏，以附本章之次。既又取夫学之有同于先生者，与其有得于先生者，若横渠张氏、范氏、二吕氏、谢氏、游氏、杨氏、侯氏、尹氏凡九家之说以附益之，名曰《论孟精义》。抑尝论之：《论语》之言，无所不包，而其所以示人者，莫非操存涵养之要。七篇之指，无所不究，而其所以示人者，类多体验充扩之端。夫圣贤之分其不同固如此，然而体用一源也，显微无间也，是则非夫先生之学之至，其孰能知之？呜呼！兹其所以奋乎百世绝学之后，而独得夫千载不传之绪也。与若张公之于先生，论其所至，窃意其犹伯夷、伊尹之于孔子。而一时及门之士，考其言行，则又未知其孰可以为孔氏之颜、曾也。今录其言，非敢以为无少异于先生，而悉合乎圣贤之意，亦曰大者既同，则其浅深疏密毫厘之间，正学者所宜尽心耳。至于近岁以来，学于先生之门人者，又或出其书焉，则意其源远未分，醇醨异味，而不敢载矣。或曰：然则凡说之行于世而不列于此者，皆无取已乎？曰：不然也。汉魏诸儒正音读，通训诂，考制度，辩名物，其功博矣。学者苟不先涉其流，则亦何以用力于此？而近世二三名家，与夫所谓学于先生之门人者，其考证推说，抑或时有补于文义之间。学者有得于此，而后观焉，则亦何适而无得哉？特所以求夫圣贤之意者，则在此而不在彼尔。若夫外自托于程氏，而窃其近似之言以文异端之说者，则诚不可以入于学者之心，然以其荒幻浮夸足以欺世也，而流俗颇已乡之矣，其为害岂浅浅哉？顾其语言气象之间，则实有不难辩者。学者诚用力于此书，而有得焉，则于其言虽欲读之亦且有所不暇矣。然则是书之作，其率尔之诮，虽不敢辞，至于明圣传之统，成众说之长，折流俗之谬，则窃亦妄意其庶几焉。乾道壬辰月正元日，新安朱熹谨书。”宋熊节撰、熊刚大注《性理群书句解》卷六：“此篇专言《论语》之书，无非示人以操存涵养之要。《孟子》之书，无非训人以体验充扩之端。”

关于“求道必自六经始”，明顾璘《息园存稿》文卷七《读书图说》：辽阳王生持杜堇氏所绘孔子读书图请于予，曰：“古者圣人立言以成书，书自圣人有也，然则孔子之所读何书邪？”予对曰：“六经是已。”孔子曰：“我非生而知之者，好古敏以求之者也。”伯鱼过庭，教之学《诗》，学《礼》，晚年读《易》，至韦编三绝，斯旧闻所记昭昭矣。盖《易》《书》《诗》《礼》《乐》之文，伏羲、尧、舜、禹、汤、文、武、周公所传也，是天地之藏也，民物之则也。孔子虽至圣，安得不师之邪？中古无百家杂说之言，师舍是无以教弟子，舍是无以学，故业专而道明，天下之治定，独慨夫今之学者与古异矣。始丱角为童儒，未烛大义，负其高明，驰意于荒忽诡诞之技，取庄、骚、扬雄氏之言，而影响刻画，艰文奇字，读者不能句，朋徒相誉，号之曰才，举六经之文以教之，则曰是学究所习，非所以为文。然往往上第进身，为时所华，后生相师，不悟其非，而伏羲、尧、舜、禹、汤、文、武、周公之道日晦。故予尝为之说曰：“六经重，则圣人之道尊，而天下昌。六经轻，则圣人之道丧，而天下乱。”恶师之不正也。……如欲学圣人之道，为孔子徒，则不可不自六经始。

关于“自《四书》始”，元柳贯《待制集》卷二〇《故宋迪功郎史馆编校仁山先生金公行状》：“初见，请问为学之方，文宪曰：立志昔先儒胡文定有云：‘居敬以持其志，立志以定其本。志立乎事物之表，敬行乎事物之内。’又问读书之目，曰：‘自《四书》始。’”明王祎《王忠文集》卷一四《元儒林传》亦云：金履祥，字吉父，婺之兰溪人。屏举子业不事，取《尚书》熟读而精究之。年十九，知向濂洛之学，于是乡先生何文定公基、王文宪公柏，其学得朱熹氏之传，乃介其友王相登文宪之门受业焉。初见，请问为学之方，文宪曰：“居敬以持其志，立志以定其本。”又问读书之目，曰：“自《四书》始。”

季应期曰：穷经以致其用，反躬以践其实。不如是，读书奚益？

【疏证】“穷经以致其用，反躬以践其实”为理学家的基本理念，此语一再出现于宋明理学家的著作中。朱彝尊长于辞章、考据，而不熟悉理学话语，故误以此为季应期之创发。

按《宋史》卷四二九：“（朱）熹之学，既博求之经传，复遍交当世有识之士。延平李侗老矣，尝学于罗从彦。熹归自同安，不远数百里，徒步往从之。其为学，大抵穷理以致其知，反躬以践其实，而以居敬为主。尝谓圣贤道统之传，散在方册，圣经之旨不明，而道统之传始晦，于是竭其精力，以研穷圣贤之经训。”此亦元人抄袭宋人之一例。

王绅①曰：圣人垂训方来，于六经尤著。六经非圣人之所作，因旧文而删定者也。《易》因伏羲、文王之著而述之，《大传》所以明阴阳变化之理；《书》因典谟训诰之文而定之，所以纪帝王治乱之迹；《春秋》因鲁史之旧而修之，所以明外霸内王之分；《诗》因列国歌谣风雅之什而删之，所以陈风俗之得失；《礼》所以著上下之宜；《乐》所以导天地之和，皆切于日用，当于事情，而为万世之准则也。其于取舍用意之际，似宽而实严，若疏而极密，故学者舍六经无以为也。

【疏证】王绅《诗辨》：圣人垂训于方来也。其见诸言行之间者，既周且详，而尽心焉者，于六经尤著焉。六经非圣人之所作，因旧文而删定者也。《易》因伏羲、文王之著而述之，《大传》所以明阴阳变化之理，《书》因典谟训诰之文而定之，所以纪帝王治乱之迹，《春秋》因鲁史之旧而修之，所以明外伯内王之分，《诗》因列国歌谣风雅之什而删之，所以陈风俗之得失，《礼》所以著上下之宜，《乐》所以导天地之和，皆切于日用，当于事情，而为万世之准则也。其于取舍用意之际，似宽而实严，若疏而极密。故学者舍六经无以为也。奈何秦熠之烈，燔灭殆尽。至汉尝尊而用之，而莫得其真。或传于老生之所记诵，或出于屋壁之所秘藏，记诵者则失于舛谬，秘藏者未免于脱略。先儒因其舛谬脱略复从而订定之，务足其数，而以己见加之，其阙者，或伪为以补之，或取其已删者而足之，其受祸之源虽同，而《诗》为尤甚。夫《诗》本三千篇，圣人删之，十去其九，则其存者必合圣人之度，皆吟咏情

① 王绅，唐顺之《稗编》卷九作“王直”，程敏政《明文衡》卷一四作“王绅”，黄宗羲《明文海》卷一一〇作“王缙”。

性，涵畅道德者也。故圣人之言曰："兴于《诗》。"教其子则曰："不学《诗》，无以言。"与门弟子语曰："《诗》可以兴，可以观，可以群，可以怨。"至于平居雅言，亦未尝忘之。《诗》之为用，蒙瞽之人习而诵之，咏之闺门，被之管弦，荐之郊庙，享之宾客，何所往而非《诗》邪？后世置之博士，以谨其传，为用固亦大矣。则其温厚和平之气皆能感发人之善心者可知焉。今之存者，乃以郑卫淫奔之诗混之，以足三百十一篇之数，遂谓圣人之所删，至如《桑中》《溱洧》之言，皆牧竖贱隶之所羞道，圣人何所取而存邪？玩其辞者何所兴？言之复何加邪？学之何益于德？诵之闺门，乌使其非礼勿听邪？被之管弦，荐之郊庙，鬼神飨之，宾客意何在邪？是未可知也。且圣人有曰："《诗》三百，一言以蔽之曰，思无邪。"然思且无邪，见于言者，又何盭邪？假使圣人实存之，则其所删者又必甚于是邪？或曰：圣人存之者，盖欲后世诵而知耻，所以惩创人之逸志，亦垂戒之意也。是故《春秋》据事直书，臣弑其君，子弑其父，皆明言之而不隐，及其成也，皆知畏惧。《诗》之为意岂外是哉？嗟乎！举善之是尚恶者，固自知其非。且《春秋》者，国史也，备列国之事，必欲见其葬吊、会盟、聘享、征伐、嫁娶之节，阙之则后世无所传，无所传则后世无所信，故备书之，而用意之深，则在明褒贬于片言之间也。然《诗》既为民间歌谣之什，遗其善固不可失其恶，又乌害于道乎？由是论之，则淫奔之诗在圣人之所删盖必矣。且张载、子厚尝论卫人轻浮怠惰，故其声音亦淫靡，闻其乐，使人有邪僻之心，而郑为尤甚矣。夫圣人教人以孝悌忠信，恨不挽手提耳以嘱之，何乃以淫靡之乐而使人起邪僻之心乎？故其论为邦亦曰放郑声，然则揆之于理，据之于经，考之于圣人之言，意虽有仪秦之辩，吾知其叛于理，而失圣人垂训之意矣。①

又曰：圣人因自然之道，著为自然之文。故因其变化之理而成

① 程敏政《明文衡》卷一四、黄宗羲《明文海》卷一一〇均收入此文。

《易》，因其训诰之体而成《书》，因其治化之迹而成《诗》，因其褒贬之法而成《春秋》，因其□□①之□②而成《礼》，因其和畅之用而成《乐》。此六经之文，所以终天地、亘古今而不易者，以其出于自然也。

【疏证】王绅《岘泉集序》：天地间至精至微者，道也。至明至著者，文也。道非文不明，文非道不立。析而言之，虽为二，要而归，其实一也。乾坤之所以覆载，阴阳之所以变化，寒暑之所以代谢，日月之所以往来，山川之所以流峙，草木之所以荣悴，无非道也，无非文也，其可离而二哉？又可以强而合哉？故圣人者作，因其自然之道，著为自然之文，未尝以一毫己意加之也。是故因其变化之理而成《易》，因其训诂之体而成《书》，因其治化之迹而成《诗》，因其褒贬之法而成《春秋》，因其节文之实而成《礼》，因其和畅之用而成《乐》。此六经之文所以终天地，亘古今而不易者，以其出于自然也。后之言文者，舍是何适焉？自周之衰，王道熄，而百家兴，竞以私意臆说，骋辞立辨以相高，求弗戾于道者百不一二焉。于是有若老子者，其言以清静无为为道，著书五千余言，后世尝有以之为治而治者矣，其庶几于道者乎？嗣教真人张公无为，自其家世宗老子之教，至公凡四十三传。公天资颖敏，器识卓迈，于琅函蘂笈金科玉诀之文既无不博览而该贯，益于六经子史百氏之书大肆其穷索，至于辞章翰墨各极其精妙，是以历职天朝，皆以问学之懿深蒙眷宁，凡殊褒前席之荣，岁赉有加，而王公贵卿缙绅之士亦莫不礼貌焉。盖江右文宗多吴文正公、虞文靖公之遗绪，而公能充轶之也。其所造诣岂苟然哉？间出其诗文若干卷，属序焉。其诗之冲邃而幽远，文之敷腴而典雅，读之使人健羡不暇，视世之占毕训诂、拘拘以才艺自足者为何如哉？矧公领宗门之重任，专以化人诱善辅国翊祚为心，其见于此者，特其绪余耳。虽然，予尝考公德业，既本于无为，是能游心太初，与道为一，而且沈酣于六艺之文，搜猎于百氏之说，于是发为文辞，理与意会，有

---

① 原注“阙”，经考证，应为“节文”二字。

② 原注“阙”，经考证，应为“实”字。

不期工而自工者矣。其有补于老、庄之道者，又岂神诞之夸者比哉？公以绅有世契，相与极论斯事，必抚掌剧谈而后已。故为序其曰：岘泉者，因精舍之称云。国子博士金华王绅。

方孝孺曰：五经者，天地之心，三才之纪，道德之本也。善学者学诸《易》，以通阴阳之故，性命之理；学诸《诗》，以求事物之情，伦理之懿；学诸《礼》，以识中和之极，节文之变；学诸《书》，以达治乱之由，政事之序；学诸《春秋》，以参天人之际，君臣内外之分。而学之大统得矣。然不可骤而进也，盖有渐焉。先之《大学》，以正其本；次之《孟子》之书，以振其气；则之《论语》，以观其中；约之《中庸》，以逢其原。然后六经有所措矣。

【疏证】明方孝孺《逊志斋集》卷六《学辨》：人莫不为学，孰知所以为学也，所以食者为饥也，所以衣者为寒也，至于学而不知所以，其可乎哉？夫人之有生也，则有是心；有心则有仁义礼智之性。是性也，惟圣人不假乎学，能生而尽之。非圣人之资也，苟不学，安能尽其理而无过哉？故凡学者所以学尽其性而已。不能尽其性，而人之伦紊矣。此人之所以不可无学也。而学必有要焉。何谓要？五经者，天地之心也，三才之纪也，道德之本也。人谁不诵说五经也？而知之者寡矣。苟不足以知其意，虽日诵诸口而不忘，谓之学则可矣，而乌足为善学哉？夫所谓善学者，学诸《易》，以通阴阳之故，性命之理；学之《诗》，以求事物之情，伦理之懿；学之《礼》，以识中和之极，节文之变；学之《书》，以达治乱之由，政事之序；学之《春秋》，以参天人之际，君臣华夷之分，而学之大统得矣。然不可骤而进也，盖有渐焉。先之《大学》，以正其本；次之孟轲之书，以振其气；则之《论语》，以观其中；约之《中庸》，以逢其原。然后六经有所措矣，博之诸子，以睹其辨，索之史记，以责其效，归之伊洛关闽之说，以定其是非。既不谬矣，参天下之理以明之，察生民之利害以凝之，践之于身，欲其实也，措之于家，欲其当也，内烛之于性，欲其无不知也，外困辱而劳挫之，欲其著而不懈，畜而愈坚也。夫如是，学之要庶几乎得矣。发之乎文辞，以察其浅深，核之乎事，为以考其可否。验之乎乡邦，以勉其未至。日量而岁较，昼省而夜思之功既加矣，德既修矣，出而任国家之重位，则泽被乎四表，声施乎百世矣。处则折衷圣贤之道，稽缵古今之法，传之于人，著之于书，以淑来者，岂不巍巍然善学君子哉？今之学经者，吾疑焉，童而诵之，剿其虚辞以质利禄，有釜庾之入，以食其家，则弃去而不省。问其名，则曰治经也，问以经之道，则曰吾未之闻也。或者谈治乱，讲性命于平居之时，及登乎大位，则惟法律权谋是行。问其故，则曰经不足用也。于乎是可以为学经者乎？经而无用，亦可以为经乎？然非经之过也，学之者之愚也。非学者之愚，教之者无其术也。虽学，犹不学也。吾故曰：人莫不学而知所以为学者寡矣，为其近利也。浦阳山中有倪君正，年四十余，而为学不辍。予慕其好学，而异乎世之所云者，辨为学之道以赠焉。

又曰：三五之道，具六经乎？六经委弃，曷作程乎？《易》辨治乱，政之祯乎？《书》著训谟，道之英乎？《礼》以范俗，《乐》和以成乎？《诗》以荡邪，善之萌乎？《春秋》赏罚，人伦之城乎？措之孔易，施之孔明乎？

【疏证】明方孝孺《逊志斋集》卷六《杂问》：三五之道，具六经乎？六经委弃，曷作程乎？《易》辨治乱，政之祯乎？《书》著训谟，道之英乎？《礼》以范俗，《乐》和以成乎？《诗》以荡邪，善之萌乎？《春秋》赏罚，人伦之城乎？措之孔易，施之孔明乎？革浇纠慝，化虚为盈乎？万汇咸育，刑息让兴乎？神人昭格，天地以宁乎？安如泰华，百世其贞乎？智力不烦，神恬以清乎？舍经舍经，劳而不遑乎？

又曰：圣人尝言："诵《诗》三百，不达于政，虽多亦奚以为？"是学《诗》可以为政也。岂惟《诗》为然。《传》称："《书》以道政事，汉儒《春秋》断大政。"则《书》与《春秋》亦政事所自出也。《易》以冒天下之道，举而措之民谓之事业，则可为政者莫大乎《易》。记礼者谓，班朝、治军、莅官、行法，教训正俗，分争辨讼，非礼皆不可，则礼又政之本也。

【疏证】明方孝孺《逊志斋集》卷六《策问十二首》：问：昔者圣人尝言："诵《诗》三百，而不达于政，虽多亦奚以为？"是学《诗》可以为政也，岂特《诗》为然？传称："《书》以道政事。"汉儒多引《春秋》断大政，则《书》与《春秋》亦政事之所自出也，非特二经也。《易》所以冒天下之道，举而措之民，谓之事业则可。为政者莫大于《易》。记礼者谓，班朝、治军、莅官、行法，教训正俗，分争辨讼，非礼皆不可，则礼又政之本也。今之学者莫不专一经而兼习五经，果能以经术达于政否乎？夫使一人而兼言五经之治，道固有所不及，其各推所闻，可以辅世淑民，措于政事者，详择而明言之，将以观穷经致用之学。

又曰：圣人之言不可及，上足以发天地之心，次足以道性命之原，陈治乱之理，而可法于天下后世，垂之愈久而无弊，是故谓之经。

【疏证】明方孝孺《逊志斋集》卷一一《与郭士渊论文》：吾郡之文阙有间矣，仆行四方，每见郡人词令可观者即喜，况能文者乎？是以自见吾兄，心洋洋如有所得，寝为加安，而食为加旨，非勉强而然也。乐善之诚，天性然也。继而又承寄以林君公辅之文，且教仆曰试评其可否焉。仆昔闻吾兄言，固知林君之贤，及展而读之，默而味之，其思渊以长，其辞辩以达，不觉叩几三叹，反复玩绎，遂至夜深，乖离旅寓之思为之顿消，而沉伏郁抑之气勃然奋起，信乎斯文之可以悦人，而吾郡之秀不可及也。仆不才，自居金华太史公之门，当世士大夫多获见之矣，凡能文有名者皆得而观之矣，至诵其文，而使仆喜惬无所遗恨者不数人，岂仆识见鄙劣使然哉，亦作者鲜臻其极故也。太史公尝与仆言，而以为嗟叹。盖斯文之在人，如造化之于物，岁异而日新，多态而善变，使人观之而不厌，用之而无穷，不失荣悴消长之常理，乃足为文，而世之人多不能与此乐。蹇涩者以艰言短语为奇，好平易者以腐熟冗长为美，或采摭异书怪说以为多闻，或蹈袭肩谈俚论以为易晓，而不知文之美初不在是也。古之名世者具可见矣，以仆言之，秦汉以下大率多记载讲论之文耳，求如古之立言者未之多有也。圣人之言不可及，上足以发天地之心，次足以道性命之源，陈治乱之理，而可法于天下后世，垂之愈久而无弊，是故谓之经。立言者必如经而后可，而秦汉以下无有焉。然而犹足以名世者，其道虽未至，而其言文。人好其文，故传其言。虽不文，而于道有明焉。人以其明道，故亦传。二者俱至者，其传无疑也。二者俱不至者，其不传亦无疑也。以仆观于今之人，求其成文而可诵者且不易得，况望其明道乎？仆所以见吾兄与林君之文而喜者良以此也。自古国家之兴，功崇而绩伟，政举而教行，天恐其或失坠也，必生博特英达之士执笔而书之，所望于将来者非兄与公辅辈而谁乎？此非仆私于同郡而言，虽太史公亦深望焉。更为谢林君加意问学，以法六经为务，倘有所得，即以见教，仆之几当不一叩而已也。

又曰：尧、舜、禹、汤、文、武、周公、孔子，八圣人之言行文章具在六经，故后之学圣人者，舍六经无以为也。

【疏证】明方孝孺《逊志斋集》卷一一《答俞子严二首》：盖圣人之大者，上莫过于尧、舜、禹、汤、文、武，下莫加于周公、孔子，而此八圣人之言行文章具在六经。故后之学圣人者，舍六经无以为也。世之学者莫不学六经，然不知所以为学。夫医士之读《素问》《难经》，将取以治病也。苟不达其意，虽日诵之何益？六经者，亦学者之《素问》《难经》，所以修身治人之书也。今人诵之而不解其旨，与不诵何异哉？故多诵而不思，不如少诵而思之为愈也。思而不行，不如不思而行之为愈也。人苟能发明六经者，大之于天下国家，小之于善一已直易易耳，况文词乎？吾兄谓于心无所得而为文，未能尽所欲言，经不熟之过也。苟熟乎六经，则于道无所疑，道明则于天下之事无难言者，何忧学之不成乎？然仆观乎世之人皆不能无忧，而所忧止乎服不得华食，不得丰禄，位不得崇，至于以学不逮古为忧，如吾兄者诚不多见也。

又曰：经者，治天下之具也，岂直文辞云尔哉！

【疏证】明方孝孺《逊志斋集》卷一六《传经斋记》：世之称治者，二帝三王而已，其详不可得而知，宏纲大法所以相传而不泯者，惟群经之存是赖。然安在其不泯也？经者，治天下之具也，岂直文辞云尔哉！自秦火之余，老儒硕生，补缉扶卫，专门殊轨，授诸其徒，所从事者，止乎训解辨义，至于补世善俗之道，蔑如也。由是世之君臣指经为浮言，而英才雄辨之士顾弃去不业，而一攻乎文辞之学。帝王之道颓然坠地，而生民亦大困矣。呜呼！圣人之经岂固如是乎？如是者，非经之失也，传之者无其师，受道者非其人也。某少则嗜学，窃有志于斯道。自从先公学经，匪圣人之言不敢存于心，匪生民之利害无所用其情，恨未及卒业，而中丁忧患，近年始就太史公学于浦阳，然后知经之道为大，而唐虞之治不难致也。知古今之无二法，而世之言学者果不足以为学也。盖太史公受诸经于闻人君梦吉吴莱先生、黄文献公溍，出而侍从帷幄，辅导储后，虽未尝得佐治之位，以尽其设施，然所陈说皆二帝三王之道，其功德阴被乎生民者厚矣。及致其事而居于家，以开淑来者为志。虽某之鄙陋，亦得与闻斯道。微之于性命之理，明之于礼乐刑政之要，苟有得者无不以言。某虽非其人，不足以承其绪，然安敢忘所自哉？经之无用于世者二千余年矣，某窃尝痛焉。苟知之而不得用于世者，天也；身尊显而不以行者，不仁也；谓时君不能行者，不忠也；谓斯民不可以道化者，至愚也；谓诸经为不足法者，不知为学者也。某既幸知之矣，倘或有得乎天而见于世，自兹以往，皆公之赐也。其敢忘乎？其敢多让乎？于是名受业之斋曰传经，以志其所始。

又曰：齐桓公欲取鲁，仲孙湫曰："鲁犹秉周礼，未可伐也。"则古者以治经与否观国之兴废也。周原伯鲁不悦学，闵子马曰："学犹殖也，不学将落。原氏其亡乎？"则以学经与否观家之存亡也。经之于人，其重也如此。

【疏证】明方孝孺《逊志斋集》卷一六《石镜精舍记》：邑士童君伯礼，既以礼葬其父于舍南之石镜山，与三弟谋合赀产，共釜爨以食取古礼之宜，于士庶人者以次行之，复恐后之人未能尽知其意，而守之弗变，乃即石镜之阳，为精舍，聚六经群书数百千卷，俾子侄讲习其中，求治心修身之道，以保其家，以事其先而不怠，且属予记其说以告来者。予谓童君于是乎知本矣。人有五常之性，天命也。发为君臣、父子、兄弟、夫妇、长幼、朋友之道，天伦也。天伦之常，天命之本，孰从而明之？《易》《诗》《书》《春秋》《礼记》，圣人之经也。圣人之经，非圣人之私言也，天之理也。天不言而圣人发之，则犹天之言也。三代以上，循天之理以治天下国家，故天命立，天伦正，而治功成，风俗淳。由周之衰，不知圣人之经为可行，而各以其意之所便、时之所习为学，百家众说驰骋错乱，皆足以叛经而害理，间有知经之不可废者，则又徒取其末而不求其本，以为设于人，而不察其出于天，人心不正，天理不明，而三纲九畴因以不振，经之用舍其所系，岂微哉？齐桓公欲取鲁，仲孙湫曰："鲁犹秉周礼，未可伐也。"则古者以治经与否观国之兴废也。周原伯鲁不悦学，闵子马曰："学犹殖也，不学将落。原氏其亡乎？"则以学经与否观家之存亡也。经之于人，其重也如此。世久不之察，而童君独知其可以善身保家，首以教其子侄，而不敢忽，非诚知所本其能然乎？自斯民之生封君世家富贵盛隆者亦众矣，其意莫不欲传于无穷，而卒不能者奢泰满盈而不能节之以礼，私意蜂起而未尝正之以义也。使稍得圣人之言而守之，于以治心修身，致其道德于众人之表，优于天下可也，于家乎何有？童君之家，虽未足与富贵盛隆者比，而以礼自饬，以义自正，以经学望于后人，其所以守之者有其具矣。凡学乎斯者，扩乎天命之微以尽性，笃乎天伦之序以尽道，明乎经之大用以诚其身，以及乎人，则为善学而不辱其先矣。此童君之望，而亦圣人之旨也。苟徒取其末而遗其本，诵其言而无益于身与家，岂圣人作经之意哉？亦岂童君之所望也哉？

又曰：明乎《春秋》者得其断，明乎《易衍》者得其中，明乎《诗》《书》者得其正，明乎《礼》《乐》者得其文。

【疏证】明方孝孺《逊志斋集》卷一七《学孔斋记》：孔子之道亦然。知者不得之，则不能成其知；勇者不得之，则不能成其勇。赐之辨，求之艺，偃与商之文学，苟非有得焉，则不能成其名。而凡游乎圣人之门者，皆有闻乎其一二，而圣人之道固自若也，岂惟当世为然。千载之后，得其全者为大贤，得其正者为君子，得其偏者犹不失为善人。明乎《春秋》者得其断，明乎《易衍》者得其中，明乎《诗》《书》者得其正，明乎《礼》《乐》者得其文。无得焉者，过焉而为庄周，卑焉而为申、韩，悖焉而为小人，具视听而备人之形者，孰能舍斯道而自立哉！

又曰：法时乎《易》，取政乎《书》，主敬乎《礼》，体和于《乐》，雅言以《诗》，制事以《春秋》。

【疏证】明方孝孺《逊志斋集》卷二一《先府君行状》：先君之道，盖法时乎《易》，取政乎《书》，主敬乎《礼》，体和乎《乐》，雅言以《诗》，制事以《春秋》。其深高博大者，虽不可测，而知然而家焉而有善俗之化，官焉而致富庶之治，发之乎政事，著之乎文辞，比于古之贤人循吏，未之或加也。

练子宁曰：经所以载道。士之欲明圣贤之道者，必急于治经。经既治，则天下之理有不足明，而天下之事有不足识者矣。

【疏证】明练子宁《中丞集》卷上《送廖兼善入大学序》：经所以载道。故士之欲明夫圣贤之道者，必急于治经。经既治，则天下之理有不足明，而天下之事有不足识者矣。后之治经则不然，言理者或不足于事为，施政者或不本于道德，而甚者附会穿凿，取先儒之糟粕，而笙簧之，以求合有司之尺度，幸有得焉则出而号于人曰："我知圣贤之道，如是而已矣。"正心诚意之实，漠然不与其身心也。呜呼！经之设，岂端使然与？抑淳厚之俗替而浮薄之习胜与？无乃弊陋之相承，而魁伟有志之士偶未之思与？何其习俗之难易也。余尝怪而疑之，邑人廖兼善治经，而有志于道者也，于其别书以问之。

王达曰：古者作为六经，以教后世。《易》以通幽明，开物成务；《书》以纪政事，著道统之传；《诗》以道性情，俾人知感创；《春秋》示法戒，严内外之辨；《礼》以正行，《乐》以和心。总而计之，不过数十卷，简易精切，莫逾于兹。君子诚欲求道，舍此而他求，可乎？

【疏证】《御纂朱子全书》卷六《建宁府建阳县学藏书记》：古之圣人，作为六经，以教后世。《易》以通幽明之故，《书》以纪政事之实，《诗》以导情性之正，《春秋》以示法戒之严，《礼》以正行，《乐》以和心，其于义理之精微，古今之得失，所以该贯发挥，究竟穷极，可谓盛矣。而总其书不过数十卷，盖其简易精约又如此。自汉以来，儒者相与尊守而诵习之，转相受授，各有家法，然后训传之书始出。至于有国家者，历年行事之迹，又皆各有史官之记，于是文字之传益广，若乃世之贤人君子，学经以探圣人之心，考史以验时事之变，以至见闻感触，有接于外而动乎中，则又或颇论著其说以成一家之言，而简册所载，箧椟所藏，始不胜其多矣。然学者不欲求道则已，诚欲求之是，岂可以舍此而不观也哉！而近世以来，乃有所谓科举之业者，以夺其志，士子相从于学校庠塾之间，无一日不读书，然问其所读，则举非向之所谓者。呜呼！读圣贤之言，而不通于心，不有于身，犹不免为书肆，况其所读又非圣贤之书哉！

今按：王达抄袭朱熹之语，而朱彝尊未能辨别。朱氏不熟悉理学文献，此又一显例也。

胡俨曰：经者，常行之典，所以载道也，尧、舜、禹、汤、文、武、周公、孔子之法言大训存焉。曰《易》《诗》《书》《礼》《乐》，此五经之见于《白虎通》者。曰《易》《书》《礼》《诗》《春秋》，此五经之见于《法言》者。曰《诗》《书》《礼》《乐》《春秋》，此五经之见于《艺文志》者。其见于《经解》者，曰《诗》《书》《乐》《易》《礼》《春秋》为六经。曰七经者，于《易》《书》《诗》《春秋》而益以三礼。曰九经者，于七经而益以《孝经》《论语》。至于十经，则又于五经而加以五纬也。夫经之名与数虽不一，所以载道则一耳。君子穷理以达道，力学以致用，必以读书为本。读书者，必以经为之本。

【疏证】待考。今按：《御定孝经衍义》卷首下引邢昺正义曰："孝者，事亲之名。经者，常行之典。"蒋伯潜《十三经概论》引之，而今人不明原始出处。

林文曰：自夫子之删述，颜、曾、思、孟之授受，六经之道，焕然大明，如日中天。有志于学者，诵其经而究其心，则圣人之道不可胜用矣。

【疏证】林文《淡轩先生文集》卷五《红泉讲道序》曰："道原于天，而具于圣人之经。……自吾夫子之删述，颜、曾、思、孟之授受，六经之道，焕然大明，如日中天，凡有目者皆得而睹焉。有志于学者，诵其经而究其心，则圣人之道不可胜用矣。"①

叶仪曰：圣贤言行尽于六经四书，其微辞奥义，则近世先儒之说备矣。由其言以求其心，涵泳从容，久自得之，不可先立己意，而妄有是非也。

【疏证】《明史》卷二八二：叶仪字景翰，金华人。受业于许谦，谦诲之曰："学者必以五性人伦为本，以开明心术，变化气质为先。"仪朝夕惕厉，研究奥旨，已而授徒，讲学士争趋之。其语学者曰："圣贤言行尽于六经四书，其微词奥义，则近代先儒之说备矣。由其言以求其心，涵泳从容，久自得之，不可先立己意，而妄有是非也。"太祖克婺州，召见，授为咨议，以老病辞，已而知府王宗显聘仪及宋濂为五经师。非久，亦辞归，隐居养亲。所著有《南阳杂稿》。吴沈称其理明识精，一介不苟，安贫乐道，守死不变。

薛瑄曰：六经四书，皆圣贤之言也。由其言以得其心，则在人焉尔。

【疏证】明薛瑄《读书录》卷一：五经四书，皆圣贤之言也。由其言以得其心，则在人焉耳。

又曰：圣贤之书，其中必有体要，如明德为《大学》之体要，

---

① 《四库全书存目丛书》集部第33册第224页。

诚为《中庸》之体要，仁为《论语》之体要，性善为《孟子》之体要，以至五经各有体要。体要者何？一理而足以该万殊也。荀、扬诸子之书，辞亦奇矣，论亦博矣，其中果有体要如圣贤之书乎？

【疏证】语见薛瑄《读书录》卷五。

又曰：舍五经四书与周、程、张、朱之书不读，而读他书，是犹恶睹泰山而喜丘垤也。

【疏证】见薛瑄《读书录》卷九。

彭勖曰：尧、舜、禹、汤、文、武、周公之道，非孔子删述六经，垂宪万世，则其道无传，所谓集群圣之大成也。濂、洛、关、闽之学，非朱子裒集诸子之言，而注释六经，则其学不明，所谓集群贤之大成也。

【疏证】明倪谦《倪文僖集》卷二九《进阶亚中大夫山东按察司副使致仕畣庵先生彭公寿藏铭》：先生名勖，字祖期，姓彭氏，别号畣庵。出唐定安王吉州刺史玕实，宋御史中丞思永十二世孙也。居庐陵山口，至六世祖司农少卿少英从信国文公起兵勤王，始迁永丰之潭西，故今为永丰人……在建宁前此尸教者多以贪酷被黜学规久弛。先生至，一新教条，率之以正，士气勃兴，尝奏褒崇先贤朱子，其词谓："孔子删述六经，垂宪万世，集群圣之大成。朱子注释六经，裒集诸子，集群贤之大成。"

明薛瑄《读书续录》卷二："孔子得尧舜三代之事实、文章，乃可以致删述。朱子得濂洛关中师弟子之议论、著述，乃可以成传注。故孔子集群圣之大成，朱子集群贤之大成，其揆一也。"明郑真《荥阳外史集》卷四五《宋故光禄大夫建安郡开国朱公神道碑铭》亦云："惟道之大原出于天，而系于人。先圣孔子集群圣之大成，先师文公集群贤之大成。"

元史伯璇《管窥外篇》卷下："盖夫子删定六籍，本皆述而不作，所谓集群圣之大成而折衷之者也。"今按，"孔子集群圣之大成"，宋、元以来已为公论。"朱子集群贤之大成"，明儒始倡此论。

曹端曰：六经四子书，天下万世言行之绳墨也，不可不使之先入于心。

【疏证】沈佳《明儒言行录》卷二曹端条：至十五，尽读四子五经，能通其义，曰："六经四书，天下万世言行之绳墨也，不可不使之先入于心。然后遍读《通鉴纲目》、诸子史百氏之书，以考览得失，而定其贤否。虽周公、孔子之圣，犹且朝读百篇，韦编三绝，况常人乎?"因建勤苦斋，以陈经籍。

刘定之曰：群经皆仲尼删述垂训，然《诗》《书》《礼》尤切实，故雅言之观夫。《孝经》每章之末以诗语结焉，《论语》全篇之终以书事证焉，上而至于一拱手之尚左尚右，下而至于一动足之踧如躩如，既切切执其礼，又孜孜言其故，信乎雅言之在《诗》《书》《礼》也。后之学者，苟非心维其义，口诵其文，用功无间，其何以得温柔敦厚之仁于国风雅颂之辞，广疏通知远之智于虞夏殷周之载，成恭俭庄敬之礼于制度品节之间，内以淑身，外以用世哉！

【疏证】待考。今按：刘定之字主敬，号呆斋，永新人。正统丙辰进士，官至礼部侍郎兼翰林院学士，谥文安。事迹具《明史》本传。其《呆斋集》四十五卷已收入《四库全书存目丛书》。

杨守陈曰：古者卜筮也而有《易》，歌咏也而有《诗》，记载也而有《书》，有《春秋》，行有《礼》，奏有《乐》，皆烝民日用之常，皇帝王治世之典，而天下之道，自一而万，无弗载于是矣。

【疏证】待考。

张宁曰：六经四书，其言皆弘妙而渊懿，周密而精纯，浑浑焉，噩噩焉，而相为备具，未始致意于文字也。

【疏证】明张宁《方洲集》卷一四《梅溪书屋序》：《书》所以载道也，其至者有六经四书之文，其言皆弘妙而渊懿，周密而精纯，浑浑焉，噩噩焉，而相为备具，未始致意于文字也。后世不深于其道而务学，为其文且求与并传也。爰始立异为高，祛陈为新，称矛盾，执枘凿，于门户之外者日且数人，非不知是之难能也。其心以为不若是，则无以成一家言，而寘喙于作者之列，是以尚虚无者其说诞，言功利者其说竞，名道术者其说僭，专艺文者其说浮，务记诵者其说冗，其有不违于道者，非六经之羽翼，则《四书》之藩篱也。嗟夫！非适道者，其能不惑于多歧也难矣！故后世之知道者亦鲜矣。余姚有卢生者，读书好古，著为文词，自少其所学，将求便地以事藏修，所居梅溪之上，清流茂树，延伫森列，平生所得六经百氏之书悉贮其中，可谓有志于学者矣。予方昧于所从，不知生之所务进者，其于前所云何如也。或者则曰不能无所不读，未有能为大儒者。予以为于无所不读之中而知其有所不当读，斯可谓善读书者也。矧此尤为通儒硕士之所宜言，非始学之的而何以为生之劝哉？生归取六经四书读而明之，徐考百氏之所著，当知予言之不诬，而君之所成亦不止于文字间矣。

何乔新曰：经以载道，道本于心。夫子祖述宪章，垂六经以诏万世。《易》作而吉凶祸福之验该矣，《书》作而治乱存亡之戒明矣，《诗》作而吟咏性情之美极矣，动荡天地之中和而为《礼》《乐》，斧衮二百四十年之善恶而为《春秋》，由是二帝三王之道益明于天下。然六经，心学也，是故说天莫辨于《易》，由吾心即太极也；说事莫辨乎《书》，由吾心政之府也；说志莫辨乎《诗》，由吾心统性情也；说理莫辨乎《春秋》，由吾心分善恶也；说体莫辨乎《礼》，由吾心有天序也；导民莫过乎《乐》，由吾心备人和也。圣人因其心之所有，而以六经教之。秦汉以来，心学不传，京房溺于名数，世岂复有《易》？孔、郑专于训诂，世岂复有《书》《诗》？董仲舒流于灾异，世岂复有《春秋》？《乐》固亡矣，至于大小戴氏之所记，亦多未纯，世岂复有全《礼》哉？经既不明，心则不正，国家安得而善治，乡闾安得有善俗乎？

【疏证】明何乔新《椒邱文集》卷一《策府十科摘要·经科·六经》：六经未作，而圣人之道蕴于一心。六经既作，而圣人之道昭乎万世。盖经以载道，道本于心。苟非圣人作经以明斯道，又何以为天地立心、为生民立命、为万世开太平也哉？昔者，吾夫子祖述宪章，删定系作，垂六经以诏万世。《易》作而吉凶祸福之验该矣，《书》作而治乱存亡之戒明矣，《诗》作而吟咏性情之美极矣，动荡天地之中和而为《礼》《乐》，斧衮二百四十年之善恶而为《春秋》，由是二帝三王之道益明于天下矣。然六经，心学也。是故说天莫辨乎《易》，由吾心即太极也；说事莫辨乎《书》，由吾心政之府也；说志莫辨乎《诗》，由吾心统性情也；说理莫辨乎《春秋》，由吾心分善恶也；说体莫辨乎《礼》，由吾心有天序也；导民莫过乎《乐》，由吾心备太和也。是惟圣人一心皆理也，众人理虽本具，而欲则害之，故圣人即本其心之所有，而以六经教之。其人之温柔敦厚则有得于《诗》之教焉，疏通知远则有得于《书》之教焉，广博易良则有得于《乐》之教焉，洁静精微则有得于《易》之教焉，恭俭庄敬则有得于《礼》之教焉，属辞比事则有得于《春秋》之教焉。秦汉以来，心学不传，不知六经实本于吾之一心，所以高者涉于空虚而不返，卑者安于浅陋而不辞。京房溺于名数，世岂复有《易》？孔、郑专于训诂，世岂复有《书》《诗》？董仲舒流于灾异，世岂复有《春秋》？《乐》固亡矣，至于大小戴氏之所记，亦多未纯，世岂复有全《礼》哉？经既不明，则不正；经既不正，则国家安得而善治？乡间安得有善俗乎？

又曰：汉宣帝诏诸儒讲经于石渠，章帝会诸儒讲五经于白虎观，如萧望之之经术，刘向之精忠，则讲论于石渠者也；如丁鸿之至行，贾逵之博学，则讲论于白虎观者也。宋之经筵尤重择人，文彦博以三朝元老而与经筵，程伊川以一代大儒而为讲官，他如贾昌朝、范祖禹，无非端人正士，其所以发圣人之经，穷典籍之奥者，班班可考。以水喻政，得之《小旻》，烹鲜喻治，得之《匪风》，此学《诗》也；薄刑缓征，荒政讲之，修德承天，视祲论之，此学《礼》也；上承下施，盖取诸《鼎》，乱极生治，盖取诸《萃》，《易》学明也；《说命》三篇，特诵三句，《五子之歌》，再诵六句，《书》学深也；论鲁封疆，讲郑铸刑，此明《春秋》而知之；《大学》修身，《中庸》入德，此讲《礼记》而知之。得人如此，其有禅于君德，岂浅也哉？

【疏证】语见明何乔新《椒邱文集》卷二《帝王科·经筵》。

程敏政曰：道原于天，性于人，具于圣人之六经。经也者，圣人修道之教，而人所以为穷理、尽性、明善、诚身之学者也。自性学既微，六经常为空言于天下，凡师之所以授徒上之所以取士者，亦徒曰明经，而经反晦者千余年。至宋，两程夫子始得圣学于遗经，紫阳夫子实嗣其传，其说经以诏来学，于《易》、于《诗》皆手笔也，于《书》、于《礼》、于《乐》则指授其及门之士，而《学》《庸》《论》《孟》四书所以为治经之阶梯者，又皆焕乎炳如，无复遗憾。夫然后天下后世之人，知明经将以复性，而足致夫体用，一原隐微无间之极功。嗟夫！六经明晦，世道之污隆系焉。必穷理明善以求经之明，尽性诚身以求经之所以明，则有功于世教，岂不盛哉！

【疏证】明程敏政《篁墩文集》卷一五《婺源胡氏明经书院重修记》：呜呼！道原于天，性于人，具于圣人之六经。经也者，圣人修道之教，而人所以为穷理、尽性、明善、诚身之学者也。自性学既微，六经常为空言于天下，凡师之所以授徒上之所以取士者，亦徒曰明经，而经反晦者千余年。至宋，两程夫子始得圣学于遗经，紫阳夫子实嗣其传，其说经以诏来学，于《易》、于《春秋》、于《诗》皆手笔也，于《书》、于《礼》、于《乐》则指授其及门之士，而《学》《庸》《语》《孟》四书所以为治经之阶梯者，又皆焕乎炳如，无复遗憾。夫然后天下后世之人，知明经将以复性，而足致夫体用，一原隐微无间之极功。回视夫托空言以矜口耳，钓声利于一时者，其侮圣叛经亦云甚矣。嗟夫！六经明晦，而世道之隆污系焉。洪惟我朝一以明经用人养士，而不杂以他道。永乐中又表彰六经及程朱之书，嘉惠学者，列圣惓惓思得真儒以佐化理，经之明固有日乎？惟程朱之先皆出新安，而朱子又婺产也。云峰先生近私淑之，其家学渊源既有所从来，而书院又昉于此乎？后之为师为弟子者，其勿堕于俗学之陋，为应世之资，必穷理明善以求经之明，尽性诚身以求经之所以明，将见真儒复出于程朱之乡，淑其身以及人，跻斯世于唐虞三代，为天下先，则明经书院之立为大有功于世教也，岂不盛哉！

又曰：宋末元盛之时，学者于六经四书纂订编缀，曰集义，曰附录，曰纂疏，曰集成，曰讲义，曰通考，曰发明，曰纪闻，曰管窥，曰辑释，曰章图，曰音考，曰口义，曰通旨，棼起猬兴，不可数计，六经注脚抑又倍之。

【疏证】明程敏政《篁墩文集》卷五五《答汪佥宪书》：大抵尊德性、道问学只是一事，如尊德性者制外养中，而道问学则求其制外养中之详；尊德性者由中应外，而道问学则求其由中应外之节，即《大学》所谓求至其极者，实非两种也。日用之间，每有所学，即体之于身，验之于心，而无性外之学，事外之理，是乃朱子继往开来之业，而后学有罔极之恩者也。其为门人改道问学斋为尊德性，而左右以为警学者支离，岂不亦有见于是乎？孟子曰："学问之道无他焉，求其放心而已矣。"圣贤立言垂教，无非欲学者于身心用功，而学朱子之学者渐失其本意，乃谓朱子得之道问学为多。盖非惟不知所谓尊德性，亦并不知为何云道问学，而道问学者何用也。其在宋末元盛之时，学者于六经四书纂订编缀，曰集义，曰附录，曰纂疏，曰集成，曰讲义，曰通考，曰发明，曰纪闻，曰管窥，曰辑释，曰章图，曰音考，曰口义，曰通旨，棼起猬兴，不可数计，六经注脚抑又倍之。东山赵氏谓：近来前辈著述殆类夫借仆铺面张君锦绣者，如欲以是而为朱子之的传，咎陆氏于既往，不亦过乎！说者谓朱子之学有传，陆氏之学无传，以其学之似禅也。夫此道自孟子而后几千五百年曷尝有传之者？顾以此为优劣，既非所以服人，而宋、元诸儒如前所云者谓其能得朱子道问学之的传，可不可乎？

章懋曰：圣贤之道载诸经，具之吾心，而著于日用事物人伦之间。若《大学》之敬，《中庸》之诚，《论语》之操存涵养，《孟子》之体验扩充，一一反之身心，实践而力行之，求之吾心而无慊，斯考之圣贤而不谬，验之内外而无怨矣。

【疏证】明章懋《枫山集》卷四《送进士还乡序》：夫圣贤之道载诸经，具之吾心，而著于日用事物人伦之间，不可须臾离者。君归，尚当读所未读之书，穷所未穷之理，而以其平日讲明之得诸经者，若《大学》之敬，《中庸》之诚，《论语》之操存涵养，《孟子》之体验充扩，一一反之身心，实践而力行之，尽落其华，以就其实用，试厥政于一家，则内而父子兄弟夫妇，外而宗族乡党州里，凡其事亲事长，处己待人，应酬交际之间，举无或悖于道，求之吾心而无慊，考之圣贤而不谬，验之内外而无怨，则身修而家齐，所以治国平天下者不外是矣。他日立乎朝廷之上，推其所学，见诸实用，功名事业直欲追踪古人，不为汉唐以下人物，夫然后上不负天子，中不玷科目，下不误苍生，而于道其庶几乎？苟徒充经笥，茂文苑，一举及第，便谓终身事业在是，则草庐先生所谓鄙人而已，何取哉？

黄谏曰：书之可信者，经焉耳矣。经之外，未足尽信也。

【疏证】待考。今按：黄谏字世臣，兰州人。天顺壬戌进士，官至翰林院侍讲学士，后坐与石亨交，谪广州府通判。清阎若璩《尚书古文疏证》卷六上："盖天下最可信者经，而邵子数之可信，则以其与经相表里。天祚宋代，绝学有继。程子出而理明。凡六经中言心、言性、言仁、言义等无不析之极其精，仍可融之会于一。邵子出而数明……"

桑悦曰：《易》始于皇，《书》始于帝，《诗》始于王，《春秋》始于伯，《礼》之与《乐》所以经纬皇帝王伯者也。由伯而下，弃礼绝乐，有不可胜言者矣。圣人因作《春秋》，以闲世变，明王道，抑霸功，以达《易》《书》《诗》《礼》《乐》之事业。是故存乎《易》以全《春秋》之变，存乎《书》以全《春秋》之恒，存乎《诗》以全《春秋》之蕴，存乎《礼》以全《春秋》之序，存乎《乐》以全《春秋》之和，而《易》《书》《诗》《礼》《乐》又所以存乎《春秋》者也。六经各一其体用，论其大分，五经者，《春秋》之体；《春秋》者，五经之用。

【疏证】桑悦《思玄集》卷五《春秋集传序》："孔子删《诗》《书》，定《礼》《乐》，赞《周易》，修《春秋》。《春秋》之作，圣人之所不得已也。《易》始于皇，《书》始于帝，《诗》始于王，《春秋》始于伯，《礼》之与《乐》所以经纬皇帝王伯者也。……由伯而下，弃礼绝乐，有不可胜言者矣。圣人因作《春秋》，以闲世变，明王道，抑伯功，以达《易》《书》《诗》《礼》《乐》之事业。是故存乎《易》以全《春秋》之变，存乎《书》以全《春秋》之恒，存乎《诗》以全《春秋》之蕴，存乎《礼》以全《春秋》之序，存乎《乐》以全《春秋》之和，而《易》《书》《诗》《礼》《乐》又所以存乎《春秋》者也。六经各一其体用，论其大分，五经者，《春秋》之体；《春秋》者，五经之用。"① 今按：明桑悦，字民怿，学者称思玄先生，常熟人。成化乙酉举人，官至柳州府通判。《明史·文苑传》附载徐桢卿传中，称其怪妄狂诞。其《思玄集》列入《四库全书存目丛书》集部第39册。

又曰：孔孟既没，六经、七篇之传所以续其亡以施教也。苟读孔孟之书，而不潜心其为人，不为徒读也邪？

【疏证】桑悦《思玄集》卷五《儆庵稿序》："文者，道之英……孔子之六经，孟子之七篇，皆世不我用，暮景乃成，故游孔子之门者不求孔子于六经，游孟子之门者不求孟子于七篇。孔孟既没，六经、七篇之传所以续其亡以施教也。苟读孔孟之书，而不潜心其为人，不为徒读也邪？"②

王鏊曰：世谓六经无文法，不知万古义理、万古文字皆从经出也。即如《七月》一篇叙农桑稼圃，《内则》叙家人寝兴烹饪之细，《禹贡》叙山川脉络原委如在目前，《论语》记夫子在乡在朝使傧等容，宛然画出一个圣人，孰谓六经无文法？

【疏证】明王鏊《震泽长语》卷下《文章》：世谓六经无文

① 《四库全书存目丛书》集部第39册第52页。
② 《四库全书存目丛书》集部第39册第50页。

法，不知万古义理、万古文字皆从经出也。其高者远者未敢遽论，即如《七月》一篇叙农桑稼圃，《内则》叙家人寝兴烹饪之细，《禹贡》叙山水脉络原委如在目前，后世有此文字乎？《论语》记夫子在乡在朝使摈等容，宛然画出一个圣人，非文能之乎？昌黎序如《书》，铭如《诗》，学《书》与《诗》也，其他文多从《孟子》，遂为世文章家冠，孰谓六经无文法？

又曰：汉初，六经皆出秦火煨烬之末、孔壁剥蚀之余，然去古未远，尚遗孔门之旧，诸儒掇拾补葺，专门名家，各守其师之说，其后郑玄之徒，笺注训释，不遗余力，虽未尽得圣经微旨，而其功不可诬也。宋儒性理之学行，汉儒之说尽废，然其间有不可得而废者，好古者不可不考也。

【疏证】明王鏊《震泽长语》卷上《经传》：汉初，六经皆出秦火煨烬之末、孔壁剥蚀之余，然去古未远，尚遗孔门之旧。公羊、穀梁盖传子夏氏之学。《仪礼》有子夏传，《易》有子夏传，而亡之。《诗序》相传亦云子夏作，《易》传于商瞿，《书》传于伏生之口，孔安国又得于孔壁所藏。刘向《别录》云："虞卿作，抄撮九卷，授荀卿，卿授张苍。"然则苍师荀卿者也。《左传》出苍家，苍亦有功于斯文矣。浮邱伯亦荀卿门人。申公事之，是为《鲁诗》。根牟子传荀卿子，荀卿子传大毛公，是为《毛诗》。是时诸儒掇拾补葺专门名家，各守其师之说。其后，郑玄之徒，笺注训释，不遗余力，虽未尽得圣经微旨，而其功不可诬也。宋儒性理之学行，汉儒之说尽废，然其间有不可得而废者，今犹见于《十三经注疏》，幸闽中尚有其板，好古者不可不考也。使闽板或亡，则汉儒之学几乎熄矣。

张吉曰：学者不读五经，遇事便觉窒碍。今士子业一经，岂圣人之言亦有当去取者耶？

【疏证】黄宗羲《明儒学案》卷四六"布政张古城先生吉"条：张吉，字克修，别号古城，江西余干人。成化辛丑进士，授工部主事，以劾左道李孜省、妖僧继晓谪判景东。以诗书变其俗，土官陶氏遣子从学……初从乡先生学，见诸生简择经传以资捷径，谓："士当兼治五经，今业一经，而所遗如此，岂圣人之言亦当有去取耶?"遂屏绝人事，穷诸经及宋儒之书，久之见其大意，叹曰："道在是矣。"语学者曰："不读五经，遇事便觉窒碍。"先生在岭外，访白沙，问学，白沙以诗示之："沧溟几万里，山泉未盈尺。到海观会同，乾坤谁眼碧。"先生不契也，终以象山为禅，作《陆学订疑》，盖《居业录》之佘论也。

石珤曰：圣人之道，载在六经，王者用之以定四海，其臣用之以弼其治，其民用之以亲亲长长幼幼，养生送死而无憾，何莫非六经之功哉!

【疏证】待考。今按：明石珤，字邦彦，藁城人。成化丁未进士，官至文渊阁大学士，谥文隐，改谥文介。事迹具《明史》本传。其《熊峰集》十卷已抄入四库。

王启曰：自夫子删述六经，而伏羲、尧、舜、禹、汤、文、武、周公之道寓于《易》《书》《诗》《春秋》《礼》《乐》，如天之不可阶而升。夫子恐人好高而反失之也，故其为教，博文约礼之外，性与天道罕言，而《论语》一书，不出问答思辨之间。当时曾子传其学，耑用心于内，其作《大学》则曰："格物致知，犹吾夫子也。"曾子传之子思，其作《中庸》则曰："择善思诚，犹吾曾子也。"子思传之孟子。其作七篇则曰："知言明善，犹吾子思也。"惜乎其书存其人亡，异端之说始炽，猥以百家之言厕于其间，学者莫知所宗。幸而四子之泽未泯，汉董子思所以禁之，首请罢黜百家，以尊孔子。其后始置五经博士，四子得列讲师，而百家不致与六经抗衡矣。

【疏证】待考。今按：明王启，号柏山，黄岩人。成化丁未进士，官至刑部尚书。

杨廉曰：先六经而后诸子百氏，此读书之要也。

【疏证】待考。今按：明杨廉，字方震，丰城人。成化丁未进士，官至南京礼部尚书，谥文恪。事迹具《明史·儒林传》。其《月湖集》入别集类存目。又按：杨廉又辑《名臣言行录》，其后徐咸有《名臣后录》，郑晓《吾学编》有《名臣纪》，沈应魁有《名臣新编》，迪知裒合诸本，排纂成书，称《名世类苑》，凡四十六卷。

又曰：《大学》以格物为先，格物以读书为先，所读之书，五经四书其本领也。

【疏证】待考。

杨廷和曰：六经，自古圣贤正学之心法在焉，诸贤之所谓学者不出乎是。

【疏证】待考。今按：明杨廷和，字介夫，新都人。成化戊戌进士，官至华盖殿大学士，谥文忠。事迹具《明史》本传。著有《杨文忠三录》。

顾璘曰：六经者，礼义之统纪，文章之准绳也。学者不根六经，无以成学。

【疏证】明顾璘《息园存稿文》卷一《会心编序》：客有杂坐谈古今文者，其一曰："邃古之道，修于仲尼，六经垂焉。六经者，礼义之统纪，文章之准绳也。以谈道者探其精，以摛辞者轨其度，又奚取诸子之纷纷乎？"其一曰："风随世迁，简繁成变，文由变生，古今成体，故才哲迭迹，而承学有由然矣。兹欲纪宴游之迹，而上拟冠昏之义，不亦远乎哉！文章异体，存乎世变，莫可废也。"新昌令洪都涂子者从而平之曰："旨哉！二客之言几备已乎。文章之难，患之久矣。不根六经，无以成学。不参诸子，无以成体。诸子者，文之变也。"

又曰：孔孟所引《诗》《书》，多断章取义，不拘拘于章句，盖义理乃其精微，文辞特糟粕耳。至宋儒泥章句，立主意，虽于文字之际有所发明，卒使六经之旨拘牵执滞，而无曲畅旁通之趣，实训诂之学为之害也。

【疏证】明顾璘《息园存稿文》卷八《复许函谷通政》：读公著述，复见古人读书穷理之意，信心而不信耳，大要归诸至当而已。《左传》所载诸家卜筮赋诗等事，各具一义，义理圆融，切于制用，不徒诵说而已。虽秦火之后不复闻圣贤说经之详，今诸书散见孔孟所引《诗》《书》之言，亦多断章取义，不拘拘于章句，盖义理乃其精微，文辞特糟粕耳。至宋儒始守师说，泥章旨，而立主意，虽于文字之际有所发明，卒使六经之旨拘牵执滞，而无曲畅旁通之趣，实训诂之学为之害也。公独得之见超脱群疑，尊仰何已。《诗考》多宗《小序》，古人固言之。《小序》虽未必作于子夏，大抵去孔氏不远，必有源流授受之因，岂千载之下可逆探而轻改也。

又曰：六经之文，非仕与学者限于禁而不得为也，奈何排其户不历其奥乎？

【疏证】明顾璘《息园存稿文》卷九《与鲁南书》：圣贤君子之道，六经诸子之文，亦非仕与学者限于禁而不得为者也，奈何排其户不历其奥乎？

又曰：六经，道之纲也。苟举其纲，万目咸正。

【疏证】明顾璘《息园存稿文》卷六《东园金先生传》：先生名贤，字士希，江宁人。……论曰：六经，道之纲也，苟举其纲，万目咸正。今仕者治经用世，往往棼纠耗乱，而乏治理，以文不以道也。金先生学《易》与《春秋》，皆尽其微，斯身心与之化矣。故治民则惠，司言则直，岂非纲举目正之效耶？夫然后知六经可贵，而圣人之道果济于世用，不诬也。

何瑭曰：圣贤之道，昭在六籍，如日星，后学愧不能知而行之。自宋以来，儒者之论太多，此吾之所深惧也。

【疏证】黄宗羲《明儒学案》卷四九《诸儒学案中·三文定何柏斋先生瑭》："门人请梓文集，曰：'圣贤之道，昭在六籍，如日星，后学愧不能知而行之。自宋以来，儒者之论正苦太多，此吾之所深惧也。'" 沈佳《明儒言行录》卷七、孙奇逢《中州人物考》卷一均载之。

王廷相曰：六经者，道之所寓，故仲尼取以训世。《八索》《九丘》《连山》《归藏》非不古也，道不足以训，仲尼则弃之，故后世无闻。

【疏证】王廷相《雅述》上篇云："六经者，道之所寓，故仲尼取以训世。《八索》《九丘》《连山》《归藏》非不古也，道不足以训，仲尼则弃之，故后世无闻。"① 王廷相《慎言》卷十二《文王篇》亦云："文王既没，文不在兹乎？孔子何以文为？王子曰：夫文也者，道之器、实之华也。六经之所陈者，皆实行之著，无非道之所寓矣。故无文则不足以昭示来世，而圣蕴莫之睹。《尚书》，政也；《易》，神也；《诗》，性情也；《春秋》，法也；《礼》，教也。圣人之蕴不于斯可睹乎？"② 今按：明王廷相，字子衡，仪封人。弘治壬戌进士，官至兵部尚书。事迹具《明史》本传。又按：孔子曰："我欲载之空言，不如见诸行事之深切著明也。"宋陈耆卿《篔窗集》卷五《上楼内翰书》："经者，道之所寓也。故经以载道，文以饰经，文近则经弗传，经弗传而道即不存也。""经者道之所寓"的观点实来自前人。又按：王廷相《慎言》卷五《见闻篇》云："世之学者，所入之途二：颖敏者解悟，每暗合于道，故以性为宗，以学为资；笃厚者待资籍始会通于道，故以学为宗，以纯为资。由所造异，故常相诋焉，皆非也。孔子曰：默而识之，学而不厌，何有于我？于己也不有焉？又何诋人欤？"③

崔铣曰：先王之道存乎经，学者倦于行，于是乎深性命之谈，亡其本矣。夫慕父母者，孝子之行也；履六经者，醇士之学也。是

① 《四库全书存目丛书》子部第 84 册第 3 页。
② 《四库全书存目丛书》子部第 7 册第 124 页。
③ 《四库全书存目丛书》子部第 7 册第 91 页。

故经明而习同，习同而德立，德立而化行，化行而后天下国家可从而理矣。

【疏证】明崔铣《洹词》卷一《赠李典籍序》：高陵李先生守典籍，三年考绩，得上考，将还南监，司谏吕道夫偕铣往饯之。李先生，吾友吕太史仲木之外舅也，吾友之贤，天下莫不闻，先生恬雅沉笃，见容者消其吝，接言者去其躁。昔孔子称子贱谓鲁有君子焉，夫君子者，立教则变。宋有石介者，直讲也，太学自介兴，故道有可尊，不计乎其官，人有可师，不赖乎其势。先生之职典籍也，自经而下咸在焉，凡数十万卷矣。当年不能诵其辞，累世不能究其学，太史公已病之。夫先王之道存乎经耳，学者倦于行，于是乎深性命之谈，亡其本。于是乎长鞶革之饰始也，以经进而中也，与经戾，是故习词赋曰屈、曹而已矣，不曰风雅，习文章曰迁、固而已矣，不曰典诰，习训诂曰王、郑而已矣，不曰伋轲，习事功曰律例而已矣，不曰经术，习玄理曰虚静而已矣，不曰孝弟，习通变曰谋术而已矣，不曰仁义，甚者剿古义而易其文，卑已就而高其论，代增人衍，假以名世学者皆眩迷而不知要。铣闻之，古诗三千篇，孔子删为三百，而后始可诵法。夫慕父母者，孝子之行；履六经者，醇士之学。是故经行而习同，习同而德立，德立而化行，化行而后天下国家可从而理也。

又曰：图象繁而《易》荒矣，《小序》废而《诗》芜且浅矣，左氏轻而《春秋》虚矣。喜新变古，君子无乐乎斯焉尔。

【疏证】语见明崔铣《洹词》卷三《庸书》。

方鹏曰：五经四书一也，汉人读之为训诂之学，唐人读之为辞章之学，今人读之为科举之学。盖读之者同，而用之者异也。

【疏证】明方鹏《矫亭存稿》①：五经一也，汉人读之为训诂

① 《四库全书总目》卷一百七十六《矫亭存稿》提要：“十八卷、《续稿》八卷，明方鹏撰。是集诗文多应酬之作，所载笔记亦无所发明。”因此列入存目。

之学，唐宋人读之为辞章之学，今人读之为科举之学，濂、洛、关、闽诸儒读之则为圣贤之学。盖读之者同，而用之者异也。

邵锐曰：经也者，天地之心，圣贤之精蕴皆于是乎在。故经明则道明，道明则天极以立，地维以张，人纪以定，而天下之能事于是乎毕矣。

【疏证】待考。今按：天一阁藏《景泰二年会试录序》云："经之所载者，圣人之道也。经明则道明，道明则发诸文者，斯弗畔于道。"又按：邵锐，字思抑，浙江仁和人，正德戊辰进士，仕至太仆寺卿，谥康僖。万斯同《儒林宗派》卷十六载其名。明王世贞《弇山堂别集》卷七十三"康僖"条称太仆寺卿赠右副都御史邵锐"温良好乐，小心畏忌"。沈佳《明儒言行录续编》卷二有传。

王道曰：学者读圣人之经于千载之下，求圣人之意于千载之前，必须虚怀观理，以求至当归一之趋，不可横立偏见，而反牵引圣言以狥己意也。

【疏证】待考。

元陈高《不系舟渔集》卷一〇《易书二经通旨序》："虽然，士之明经岂专为科举计哉！圣人之道，非经不传，学者读圣人之经，则当求圣人之道。是故明吉凶消长之理，知进退存亡之几，而动不违乎时，则深于《易》者也；观二帝三王之心，考唐虞三代之治，而以之修己治人，则深于《书》者也。若夫迷溺于文字之支离，而徒以是为进取之媒者，亦岂赵君之所望于后学也哉?"

薛蕙曰：《易》之言有不同乎《书》者矣，《书》之言有不同乎《诗》者矣。各经之言，或先或后，或彼或此，何必一一强同乎？直要其归，观其所以同可耳。

【疏证】明薛蕙《考功集》卷九《答友人书》：前后承讲学之疏，殆不可以固陋少之也。幸甚幸甚！至导仆以言，谓勿使迷远而不复，每观来指，见执事之适道正矣。虽使歧路之中又有歧焉，宜不能惑，奚有于迷而可复乎？今顾云云，固在导仆以言也。然以所闻测来指，不无一二异同，故言之欲卒教焉。前仆举《知言》“学欲博不欲杂，守欲约不欲陋”之言，来教谓：“孔颜博文约礼之博，孟子守约施博之博，盖礼者理也，吾心有条理处是也，其见于事则谓之文，若三千三百之属皆心之所发也，事事而约之以礼，非礼勿视听言动是也，《知言》云者，非圣贤所谓博约也。”窃谓博文约礼，侯氏、胡氏之解不可易已，傥如来教，当曰约我以礼，博我以文，不当反以博文先之，又与循循善诱之言不相蒙矣。孟子所谓守约施博，其曰修其身而天下平者是也。大抵来教所称，止可以言约礼，非可以言博文也。《知言》所谓学欲博、守欲约，正指夫圣贤之学，所谓不欲杂，不欲陋者，则辨别俗儒之学，异乎圣贤也，殆不可以遽然非之。然五峰之言，意在夫溺心，俗儒之学者惑于其似而无辨，而仆昔者之言意在夫从事圣贤之学者，又安于其偏而自足尔。……《易》之言有不同乎《书》者矣，《书》之言有不同乎《诗》者矣。各经之言，或先或后，或彼或此，何必一一强同乎？直要其归，观其所以同耳。若字量句较，往往固而不通矣。

桂萼曰：读《大学》，必如亲见孔子、曾子；读《中庸》，必如亲见子思；读《论语》，必如亲问孔子于洙、泗之上；读《孟子》，必如亲事孟子于齐、梁之间。

【疏证】待考。今按：明桂萼，字子实，安仁人，正德辛未进士，嘉靖初以议礼骤贵，官至吏部尚书、武英殿大学士，谥文襄。事迹具《明史》本传。其《桂文襄奏议》八卷入诏令奏议类存目。

王守仁曰：经，常道也。以言阴阳消息之行则谓之《易》，以言纪纲政事之施则谓之《书》，以言歌咏性情之德则谓之《诗》，以言条理节文之著则谓之《礼》，以言欣喜和平之生则谓之《乐》，以言诚正邪伪之辨则谓之《春秋》。六经者，吾心之纪籍也。而六经之实，则具于吾心。

【疏证】明王守仁《王文成全书》卷七《稽山书院尊经阁

记》：经，常道也：其在于天谓之命，其赋于人谓之性，其主于身谓之心。心也，性也，命也，一也。通人物，达四海，塞天地，亘古今，无有乎弗具，无有乎弗同，无有乎或变者也。是常道也。其应乎感也，则为恻隐，为羞恶，为辞让，为是非；其见于事也，则为父子之亲，为君臣之义，为夫妇之别，为长幼之序，为朋友之信。是恻隐也，羞恶也，辞让也，是非也，是亲也，义也，序也，别也，信也，一也，皆所谓心也，性也，命也；通人物，达四海，塞天地，亘古今，无有乎弗具，无有乎弗同，无有乎或变者也。是常道也。以言其阴阳消息之行焉则谓之《易》，以言其纪纲政事之施焉则谓之《书》，以言其歌咏性情之发焉则谓之《诗》，以言其条理节文之著焉则谓之《礼》，以言其欣喜和平之生焉则谓之《乐》，以言其诚伪邪正之辨焉则谓之《春秋》。是阴阳消息之行也，以至于诚伪邪正之辨也，一也，皆所谓心也，性也，命也。通人物，达四海，塞天地，亘古今，无有乎弗具，无有乎弗同，无有乎或变者也。夫是之谓六经。六经者非他，吾心之常道也。故《易》也者，志吾心之阴阳消息者也；《书》也者，志吾心之纪纲政事者也；《诗》也者，志吾心之歌咏性情者也；《礼》也者，志吾心之条理节文者也；《乐》也者，志吾心之欣喜和平者也；《春秋》也者，志吾心之诚伪邪正者也。君子之于六经也，求之吾心之阴阳消息而时行焉，所以尊《易》也；求之吾心之纪纲政事而时施焉，所以尊《书》也；求之吾心之歌咏性情而时发焉，所以尊《诗》也；求之吾心之条理节文而时著焉，所以尊《礼》也；求之吾心之欣喜和平而时生焉，所以尊《乐》也；求之吾心之诚伪邪正而时辨焉，所以尊《春秋》也。盖昔者圣人之扶人极，忧后世，而述六经也，犹之富家者之父祖，虑其产业库藏之积其子孙者，或至于遗忘散失，卒困穷而无以自全也，而记籍其家之所有以贻之，使之世守其产业，库藏之，积而享用焉，以免于困穷之患。故六经者，吾心之记籍也。而六经之实，则具于吾心。犹之产业库藏之实积，种种色色，具存于其家，其记籍者，特名状数目而已。而世之学者，不知求六经之实于吾心，而徒考索于影响之间，牵制于文义之末，硁硁然以为是六经矣，是犹富家之子孙不务守视享用其产业库藏之实，积日遗忘散失，至于窭人丐夫，而犹嚣嚣然指其记籍曰："斯吾产业库藏之积也，何以异于是?"呜呼！六经之学，其不明于世，非一朝一夕之故矣。尚功利，崇邪说，是谓乱经。习训诂，传记诵，没溺于浅闻小见，以涂天下之耳目，是谓侮经。侈淫辞，竞诡辩，饰奸心盗行，逐世垄断，而犹自以为通经，是谓贼经。若是者，是并其所谓记籍者而割裂弃毁之矣，宁复知所以为尊经也乎？越城旧有稽山书院，在卧龙西冈，荒废久矣。郡守渭南南君大吉，既敷政于民，则慨然悼末学之支离，将进之以圣贤之道，于是使山阴令吴君瀛拓书院而一新之，又为尊经之阁，于其后曰：经正则庶民兴，庶民兴斯无邪慝矣。阁成，请予一言，以谂多士，予既不获辞，则为记之若是。呜呼！世之学者，得吾说而求诸其心焉，其亦庶乎知所以为尊经也矣。①

许诰曰：六经所载，皆圣王治民之道。欲求道者，舍是无所用心矣。

【疏证】待考。今按：明许诰，自号函谷山人，灵宝人。吏部尚书进之子，文渊阁大学士赞之兄，兵部尚书论之弟。弘治己未进士，官至南京户部尚书，谥庄敏，事迹附见《明史·许进传》。其《通鉴纲目前编》三卷已抄入四库。

陆深曰：书莫尚于经。经，圣人之书也。后有作焉，凡切于经者，咸得附矣。

【疏证】明陆深《俨山外集》卷三一《附江东藏书目录小序》：余家学时喜收书，然𫌀𫌀屑屑，不能举群有也。壮游两都，多见载籍，然限于力，不能举群聚也。间有残本不售者，往往廉取之，故余之书多断阙阙少者，或手自补缀多者，幸他日之偶完，而未可知也。正德戊辰夏六月寓安福里，宿痾新起，命僮出曝，既乃次第于寓楼，数年之积与一时长老朋旧所遗，历历在目，顾而乐焉。余四方人也，又虑放失，是故录而存之，各系所得，傥后益

① 本文一作《尊经阁记》，已被选入《古文观止》。

焉，将以类续人。是月六日，史官江东陆深识。

夫书莫尚于经。经，圣人之书也。后有作焉，凡切于经，咸得附矣，故录经第一。性理之书，倡于宋而盛之，然经之流亚也，故录性理第二。语曰："经载道，史载事。"故录史第三。书作于经史间，而非经史可附者，概曰古书，故录古书第四。圣辙既逝，诸子竞驰，故录诸子第五。质渐趋华，而文集兴焉，故录文集第六。四诗既删，体裁益衍，按厥世代，考高下焉，故录诗集第七。山包海汇，各适厥用，然妍媸错焉，类书之谓也，故录类书第八。纪见闻，次时事，而掌不在官，通谓之史可也，故录杂史第九。山经地志，具险易，叙贡赋，寓王政矣，故录诸志第十。声音之道，与天地通，而礼乐所由出也，故录韵书第十一。不幼教者不懋成，不早医者不速起，其道一也，故录小学医药第十二。方艺伎术，故有成书者，孔子曰："虽小道，必有可观者焉。"故录杂流第十三。圣作物，睹一代彰矣。宣圣从周，遵一统故也，特为一录，以次宸章令甲，示不敢渎云，目曰制书。

湛若水曰：圣人之治本于一心，圣人之心见于六经。故学六经者，所以因圣言以感吾心，而达于政治者也。

【疏证】明湛若水《格物通》卷二九《进德业四》：臣若水通曰：伏观我圣祖命有司求书籍藏之秘府，以资观览，而拳拳以圣贤之学为言，切至矣。夫圣人之治本于一心，圣人之心见于六经。故学六经者，所以因圣言以感吾心而达于政治者也。后世之学，乃以经书资口耳言语之末，让圣贤之道而不为，得非买椟而还其珠之谓哉？法皇祖之训，修圣贤之德业，以一洗士习之陋，诚在今日矣。

祝允明曰：经业自汉儒迄于唐，或师弟子授受，或朋友讲习，或闭户穷讨，敷布演绎，难疑订讹，益久益著。宋人都掩废之，或用为己说，或稍援他人，必当时党类，吾不知先儒果无一义一理乎？亦可谓厚诬之甚矣。其谋深而力悍，能令学者尽弃其学，随其步趋，迄数百年不悟不疑而愈固。太祖皇帝令学者治经用古注疏，参以后说，而士不从也。呜呼！试阅两汉魏晋南北朝隋唐之学，其义指、理致、度数、章程何等精密弘博，宋人不见何处及之？况并之？又况以为过之乎？此非空言可强辩解也。

【疏证】明祝允明《怀星堂集》卷一〇《学坏于宋论》：祝子曰：凡学术尽变于宋，变辄坏之。经业自汉儒讫于唐，或师弟子授受，或朋友讲习，或闭户穷讨，敷布演绎，难疑订讹，益久益著。宋人都掩废之，或用为己说，或稍援它人，皆当时党类，吾不如果无先人一义一理乎？亦可谓厚诬之甚矣。其谋深而力悍，能令学者尽弃祖宗，随其步趋，迄数百年，不寤不疑而愈固。我太祖皇帝洞烛千古，令学者治经用古注疏，参以后说，而士不从也。呜呼！试一阅两汉魏晋六代隋唐遵圣之学，其义指理致度数章程为何等精密弘博，宋人之劳不见何处及之？况并之？又况以为过之乎？此非空言可强辩解也。

黄焯曰：六经，文之至也，不可以拟而续也。后之为文者，舍六经奚以哉！

【疏证】待考。今按：明黄焯，自号龙津子，始末未详。又按：明林俊《见素集》卷六《小录前序》："夫史子百家皆文也。六经，文之至也。周、程、张、朱皆学也。孔、孟，学之至也。房、杜、张、宋、韩、范、富、欧皆事功也。皋、夔、稷、契、伊、傅、周、召，事功之至也。"

庞嵩曰：孔子集百王大成，非不可博取，然所删述六经而已，所信用者《周礼》而已，所传授者《论语》而已。

【疏证】待考。今按：明庞嵩，字振卿，南海（今广东佛山）人。嘉靖十三年举于乡，讲业罗浮山，从游者云集。早游王守仁门，淹通五经，集诸生新泉书院，相与讲习。撰《原刑》《司刑》《祥刑》《明刑》四篇，曰《刑曹志》，时议称之。迁云南曲靖知府，亦有政声。中察典以老罢，而年仅五十，复从湛若水游，久之，卒。应天、曲靖皆祀之，名宦葛仙乡专祠祀之。事迹具《明史》本传。著有《弼唐遗言》《弼唐存稿》。

杨慎曰：宋儒说经，其失在废汉儒，而自用己见。夫六经作于孔子，汉世去孔子未远，传经之人虽劣其说，宜得其真。宋儒去孔子千五百年矣，虽其聪颖过人，安能一旦尽弃其旧而独悟于心乎？然今之人，安之不怪，则科举之累，先入之说，胶固而不可解也。

【疏证】明杨慎《升庵集》卷四二《日中星鸟》：或问杨子曰："子于诸经多取汉儒，而不取宋儒，何哉？"答之曰："宋儒言之精者，吾何尝不取？顾宋儒之失，在废汉儒而自用己见耳。吾试问汝，六经作于孔子，汉世去孔子未远，传之人虽劣，其说宜得其真。宋儒去孔子千五百年矣，虽其聪颖过人，安能一旦尽弃旧而独悟于心邪？六经之奥，譬之京师之富丽也，河南、山东之人得其十之六七，若云南、贵州之人得其十之一二而已。何也？远近之异也。以宋儒而非汉儒，譬云贵之人不出里闬，坐谈京邑之制，而反非河南、山东之人，其不为人之贻笑者几希。然今之人安之不怪，则科举之累，先入之说，胶固而不可解也已。噫！"

又曰：六经，日用之五谷也。人岂有一日不食五谷者乎？

【疏证】待考。

杨天祥曰：五经备天地万物之理，读之每彻一卷，心旷神怡，视听俱新，不出户庭，十年遍之矣。虽不足以喻人，亦足以自喻也。

【疏证】《广东通志》卷四七：杨天祥，字休征，本博罗人，父顺迁于归善，生天祥，读书白鹤峰，昼不逾国，夜不沾席。其读书之法，以心对书，以耳听声，不求上口，亦不强解，当其读书，甚专壹，一切不闻见，为文操笔，千言悉有根据。正德丁卯，乡荐至，甲戌下第，省父于胶州，诵书官廨，琅琅彻衢道，胶人传之。丁卯成进士，遗友人书曰："古人读书破万卷，予自弱冠，厉志读书，至今十三年。一年之中，除令节家庆及疾病之日，不过六十日，其三百日皆诵读，日不下三简，一年不下九百简，十有五年不下一万五千简，方之古人万卷，仅十之一二。然以近世较之，予犹为多。而场屋之中所取甚约，何者？七篇之文如其黍度而止，五策之文如其条贯而止，论虽可肆，亦有步骤，不得大骋。至大廷之对，检点敬慎，且晷刻有限，难以展尽。譬之珍羞错陈，属餍则止；巨木轮困，就墨则削。其余酬应，不能逾于人情物理，拟古则迂，反古则倍。读书虽多，岂尽可用哉！古人云：精兵三千，足敌羸卒百万。盖以此也。昔尚子平敕断家事，遍游五岳，岂图喻人哉，亦求自喻而已。然游五岳，则有跋涉之苦，离旷之忧，逾年阅岁，仅乃遍之。五经备天地万物之理，此五岳也；子史百家，亦洞天福地也。予遍历之，岂直卧游？虽不足喻人，亦足以自喻矣。”时人见其书，以为名言。

邹守益曰：五经四书，圣人救世之药方也。

【疏证】明邹守益《东廓邹先生文集》曰：今夫五经四书，圣人救世之药方也。能服食之，则得其一剂可以利三军。不能服食之，虽破万卷而不足以活七尺之躯。二三子其安从乎？

邹守益，字谦之，安福人。正德辛未进士，官至南京国子监祭酒。隆庆初追谥文庄。事迹具《明史·儒林传》。《东廓集》十二卷入别集类存目。守益传王守仁之学，诗文皆阐发心性之语。

徐公阶曰：经也者，圣人以扶人极，以开来学，其道甚大，群籍不得并焉。

【疏证】待考。今按：徐阶，字子升，松江华亭人。嘉靖二年进士第三人，授翰林院编修。阶为人短小白皙，善容止，性颖敏，有权略，而阴重不泄。读书为古文辞，从王守仁门人游，有声士大夫间。官至大学士。卒赠太师，谥文贞。阶立朝有相度，保全善类，嘉隆之政多所匡救，间有委蛇，亦不失大节。《明史》卷二一三有传。其《少湖先生文集》七卷收入《四库全书存目丛书》集部第80册。又按：《少湖先生文集》卷五《学则辨》以为尊德行与道问学可以合一。

郑公晓曰：宋儒有功于吾道甚多，但开口便说汉儒驳杂，又讥讪训诂，恐未足以服汉儒之心。宋儒所资于汉儒者十七八，只今诸经书传注尽有不及汉儒者，宋儒议汉儒太过，近世又信宋儒太过，要之，古注疏终不可废也。

【疏证】《四库全书总目》卷五《周易大全》提要引郑晓《今言》曰："洪武开科，五经皆主古注疏及宋儒。《易》：程、朱；《书》：蔡；《诗》：朱；《春秋》：左、公羊、榖梁、程、胡、张；《礼记》：陈。后乃尽弃注疏，不知始何时。或曰始于颁《五经大全》时，以为诸家说优者采人故耳，然古注疏终不可废也。"提要又云："是当明盛时，识者已忧其弊矣。"

今按：郑晓（1499—1566），字窒甫，浙江海盐县人。官至刑部尚书，赠太子少保。守礼执义，一德不懈，隆庆年谥端简。著有《禹贡图说》《禹贡说》《四书讲意》《征吾录》《吾学编》《今言》等。其子履淳撰《郑端简年谱》七卷。

林云同曰：天地圣人之蕴，尽于六经，六经垂宪之功，成于夫子。

【疏证】待考。今按：林云同，字汝雨，号退斋，福建莆田人。嘉靖丙戌进士。有属县李某昵严嵩子，以贿迁内台。云同疏摘其状，听勘得白，挂冠去。隆庆改元，起刑部左侍郎，升南工部尚书，以岁涝奏免江南十县芦洲课十之五，章五上，请老，乃允。万历时复召为南刑部尚书，寻予归，卒赠太子少保。守礼执义，正直无邪，谥端简。《千顷堂书目》著录《林端简公存稿》三卷。

苏祐曰：圣人垂教，六籍森列，立天人之极，达皇王之轨，究阴阳之变，溯声化之原，谨名分之微，约性情之正，则皆心之用，而经之所由著也。虽有《易》《诗》《书》《春秋》《礼》《乐》之殊，弗外于心，苟善治焉，其于经不合者寡矣。

【疏证】待考。今按：苏祐，字允吉，一字舜泽，濮州人。嘉靖五年（1526）进士，官至兵部尚书。著有《榖原文草》四卷、《榖原集》十卷。

孔天胤曰：六经者，圣人之心也。所谓天地之道，民物之彝，宇宙之极，而非言语文字云尔也。繇是变通之而为《易》，经纶之而为《书》，歌咏之而为《诗》，节文之而为《礼》，和畅之而为《乐》，法制之而为《春秋》，皆自其心出之者也。

【疏证】待考。今按：孔天胤，字汝锡，号文谷，又号管涔山人，汾州人。孔子后裔。嘉靖壬辰（1532）一甲第二人。浙江右布政使。好读书，诗文高古，晚年寄兴山水园林间，与王明甫、吕仲和、裴庸甫诸人相唱和，所著《孔文谷集》十六卷、续集四卷、诗集二十四卷，均入四库存目。朱彝尊《诗话》："管涔山人如新调鹦鹉，虽复多言，舌音终是木强。"孔天胤，或作"孔天允"，或作"孔天孕"。

王崇曰：圣人不可得见，所可见者，圣人之书，《易》《书》《诗》《春秋》《礼》《乐》是也。《易》言乎其命也，《书》言乎其行也，《诗》言乎其思也，《春秋》言乎其识也，《礼》言乎其体分也，《乐》言乎其风气也，皆圣人之所为文也。是故君子能遂义不愆于时，则庶乎《易》矣；通德不诡于中，则庶乎《书》矣；慎动不离于正，则庶乎《诗》矣；鉴微不暗于公，则庶乎《春秋》矣；修己不欺于敬，则庶乎《礼》矣；轨物不失于和，则庶乎《乐》矣。

【疏证】待考。

薛应旂曰：圣人作经，《易》以道化，《书》以道事，《诗》以达意，《礼》以节人，《乐》以发和，《春秋》以道义。先后圣哲，上下数千言，究其指归，无非所以维持人心于不坏也。人乃任末弃本，各出意见，竞为训疏，支辞蔓说，炫博务奇，门户争高，相倾交毁，而彼此枘凿，后先矛盾，遂使学者之耳目应接不暇，而本然之聪明反为所蔽焉，况乎不遵经而遵传，今日之经已为世儒之经，非复古圣人之经矣。正犹读方书而不知治病，反以庸医之说而乱炎黄之真也，其害可胜言哉！

【疏证】明薛应旂《方山薛先生全集》卷三四《原经》：圣人之于天下……是可以知圣人之意也。《易》以道化，《书》以道事，

《诗》以达意，《礼》以节人，《乐》以发和，《春秋》以道义。先后圣哲，上下数千言，究其指归，无非所以维持人心于不坏也。夫何圣人作经以生人，而夫人则任末而弃本，各出意见，竞为训疏，支辞蔓说，炫博务奇，门户争高，相倾交毁，而彼此枘凿，后先矛盾，遂使学者之耳目应接不暇，而本然之聪明反为所蔽，以经求经，而不以吾之心求经也。求经求经，而不求其理于吾心也。况乎不遵经而遵传，今日之经已为世儒之经，非复古圣人之经矣。正犹读方书而不知治病，反以庸医之说而乱炎黄之真也，其害可胜言哉!①

又曰：汉之穷经者，《易》如田何以及施、孟、梁丘，《书》如伏生以及欧阳、大小夏侯，《诗》如申公以及辕、韩、大小毛公，《礼》如高堂生以及后苍、大小二戴，《春秋》如公羊、穀梁以及刘氏、严氏，其诸若马融、刘歆、郑玄、孔颖达诸人，转相授受，而注疏作焉。虽其人未必皆贤，所言未必皆当，然于秦火之后，而非此数人，则六经几乎息矣。至宋郑樵乃谓："秦人焚书而书存，汉儒穷经而经绝。"信斯言也，则是汉儒之罪，盖又不止于秦火也。然自今观之，汉去古未远，而圣人之遗旨犹或有得于面承口授之余，故宋儒释经遂多因之，而阙文疑义，一以《注疏》为正。如九六老变，孔颖达之说也。文质三统，马融之说也。河洛表里之符，宗庙昭穆之数，刘歆之说也。五音六律还相为官，郑玄之说也。其择言之广，取善之公，要在明乎经而不失圣经之意耳，岂得尽如夹漈之论哉？盖汉儒之学长于数，若仪文节度之烦，虫鱼草木之变，皆极其详，其学也得圣人之博。宋儒之学长于理，若天地阴阳之奥，性命道德之微，皆究其极，其学也得圣人之约。合是二者，而虚心体认，则天机相为感触，当自默会于燕闲静一之中，超然悟于意言象数之表，而吾心之全体大用可一以贯之，而不溺于先入之说，不蔽于浅陋之见矣，尚何有众言之淆乱哉？

【疏证】明薛应旂《方山薛先生全集》卷三四《折衷》：汉之

---

① 《续修四库全书》第1343册第370页。

穷经者，《易》如田何以及施、孟、梁丘，《书》如伏生以及欧阳、大小夏侯，《诗》如申公以及辕、韩、大小毛公，《礼》如高堂生以及后苍、大小二戴，《春秋》如公羊、穀梁以及刘氏、严氏，其诸若马融、刘歆、郑玄、孔颖达诸人，转相授受，而注疏作焉。虽其人未必皆贤，所言未必皆当，然于秦火之后，而非此数人，则六经几乎熄矣。至宋郑樵乃谓："秦火焚书而书存，汉儒穷经而经绝。"信斯言也，则是汉儒之罪盖又不止于秦火也。然自今观之，汉去古未远，而圣人之遗旨犹或有得于面承口授之余，故宋儒释经遂多因之，而阙文疑义，一以汉疏为正。如九六老变，孔颖达之说也。文质三统，马融之说也。河洛表里之符，宗庙昭穆之数，刘歆之说也。五音六律还相为宫，郑玄之说也。其择言之广，取善之公，要在明乎经而不失圣贤之意耳，岂得尽如夹漈之论哉？盖汉儒之学长于数，若仪文节度之烦，虫鱼草木之变，皆极其详，其学也得圣人之博。宋儒之学长于理，若天地阴阳之奥，性命道德之微，皆究其极，其学也得圣人之约。合是二者，而虚心体认，则天机相为感触，当自默会于燕闲静一之中，超然悟于意言象数之表，而吾心之全体大用可一以贯之，而不溺于先入之说，不蔽于浅陋之见矣，尚何有众言之淆乱哉？①

薛应旂《方山薛先生全集》卷四三《家塾私试》："汉之穷经者类多专门名家，其亦辅翼圣人之道矣。或又谓：'秦人焚书而书存，汉儒穷经而经绝。'则是汉儒之罪盖又浮于秦火也。然欤？否欤？"②

宋郑樵《通志》卷七一《校雠略第一·秦不绝儒学论二篇》："萧何入咸阳，收秦律令图书，则秦亦未尝无书籍也。其所焚者，一时间事耳。后世不明经者皆归之秦火，使学者不睹全书，未免乎疑以传疑。然则《易》固为全书矣，何尝见后世有明全《易》之人哉？臣向谓秦人焚书而书存，诸儒穷经而经绝，盖为此发也。《诗》有六亡篇，乃六笙诗，本无辞。《书》有逸篇，仲尼之时已

① 《续修四库全书》第1343册第371页。

② 《续修四库全书》第1343册第452页。

无矣，皆不因秦火。自汉已来书籍至于今日，百不存一二，非秦人亡之也，学者自亡之耳。”元刘埙《隐居通议》卷二六《经史三·秦不绝儒学》：秦始皇焚书坑儒，遗臭万世，而莆阳郑夹漈樵谓秦未尝废儒学，言有证验，似亦可采，其说曰：“……”以上二论甚新。

王文禄曰：《大学》之道，问学之宏规；《论语》之言，践履之实理；《孟子》七篇，扩充之全功；《中庸》一书，感化之大义。

【疏证】黄宗羲《明儒学案》卷四五《诸儒学案上三》“佥宪黄南山先生润玉”条云：“黄润玉，字孟清，号南山，浙之鄞县人。……《大学》之道，问学之宏规；《论语》之言，践履之实理；《孟子》七篇，扩充之全功；《中庸》一书，感化之大义。《大学》一书，六经之名例也。《中庸》一书，六经之渊源也。”

今按：黄润玉为永乐庚子（1420）举人，而王文禄为嘉靖辛卯（1531）举人，相去一百余年。朱彝尊未能弄清原始出处。又按：王文禄，字世廉，海盐人。《海盐县图经》：“少举乡荐，屡上春官不第，居身廉峻，未尝以私干人，遇不平时，叱骂不避权贵，户田三百，请编役如民，佐邑令成均田法。性嗜书，闻人有异书，倾囊购募，得必手校，缥缃万轴，置之一楼，俄失火，大恸曰：但力救书者赏，他不必也。所著有《艺草》《邱陵学山》《邑文献志》《卫志》。”

吴桂芳曰：惟精惟一者，圣人之心，而其经纶之迹，则今六经之所载者备焉。圣人非故以迹而示人也，盖其仁天下之心无穷，故不忍以其有尽之身，而废天下万世可继之治，是故六经作焉。六经者，道法兼备，圣人虽往，而循之者足以立政，明之者足以立教，此圣人为万世至深且远之计也。故其举之于口，笔之于书，或删或述，若《易》《诗》《书》《礼》《乐》《春秋》，其为言虽殊，然皆不离乎彝伦日用之常，此吾儒之学所以为万世不易之道，而与天壤均无敝者也。

【疏证】待考。

今按：明吴桂芳，字子实，新建人。嘉靖甲辰进士，官至工部尚书。事迹具《明史》本传。其《师暇裒言》十二卷入四库存目。其文平正通达，亦无警策，盖犹沿台阁旧体。诗力摹唐调，亦颇宏敞，而有学步太甚者。

林爊曰：圣人之道不明，诸儒晦之也。《易》《诗》《书》《春秋》《礼》《乐》，圣人所以垂训也。自汉以来，传经者无虑数百家，其书学者多有之，然圣人之旨愈郁而不章，则诸儒之过也。夫六经之道，同条共贯，第诸儒言之有同有不同：《易》以道阴阳，而厄之于数，至作《太玄》，《潜虚》以拟之，其失也拘而不通；《书》以道政事，《武成》之篇，孟子疑之，《金滕》之册，周公或不为此也，必曲为之说，则其失也诬而难信；《诗》以道性情，而郑、卫之风皆目为淫奔所自作，何以被之管弦？又欲尽废《小序》，则其失也疏而起后世之疑；《春秋》以道名分，诛乱臣，讨贼子，其大旨固也，滕侯以党恶贬其后世，许止以不尝药被之弑君，故其失也凿而多端；至于礼乐，则汉儒之附会为已甚矣，盖传注愈繁，则圣人之经愈晦。曰："尽废传注可乎？"曰："何可废也。传注所以明经也。与其过而废之，孰若过而存之。"

【疏证】待考。

今按：林爊，字贞恒，闽县人。嘉靖丁未进士，官至南京礼部尚书，谥文恪。事迹附见《明史·林瀚传》。《文恪集》二十二卷入四库存目。

王维桢曰：经者，常也，言万世可常用也。故天有常星，不见则为异；圣人有常言，不用则为乖。六经各一体，不相沿也。《易》布卦，以经纬相错，《书》序事，以都俞造端，《诗》纪德，以比兴发义，《礼》《乐》陈器数，以问答成章。六经之道，明哲所不能逾也。

【疏证】明王维桢《槐野先生存笥稿》卷一五《文章根本六经论》：夫圣人之言称曰经者，何也？释义曰：经者，常也，言万世可常用也。故天有常星，不见则为异；圣人有常言，不用则为乖。

有六经者，何也？圣人叠出，咸各立词，交明互发，故累为六也。夫天地之理不旋生，一圣生，一经作，所说何也？……故六经各一体，不相沿也。……故《易》布卦，以经纬相错，《书》序事，以都俞造端，《诗》纪德，以比兴发义，《春秋》明王伯，以褒贬属词，《礼》《乐》陈器数，以问答成章。人诵其言，则爱则慕，则悦则注，至不忘也。然则文章根本六经乎？文章根本六经，宋士说也。……六经之道，才哲不能逾……①

今按：《王氏存笥稿》二十卷，明王维桢撰。维桢字允宁，华州人。嘉靖乙未进士，官至南京国子监祭酒。《明史·文苑传》附见李梦阳传中。《千顷堂书目》载维桢《存笥稿》二十卷，又全集四十二卷，今全集未见传本，惟此集存，乃其友余姚孙升所编也。顾炎武《日知录》卷十六"科目"条："王维桢欲于科举之外仿汉唐旧制，更设数科，以收天下之奇士。不知进士偏重之弊积二三百年，非大破成格，虽有他材，亦无由进用矣。"

皇甫汸曰：道散于天地而载于书谓之文，文以载道谓之经。六经作，而天地之道阐矣，天地之文肇矣。

【疏证】明皇甫汸《皇甫司勋集》卷四一《六子说经序》：皇甫子曰：道散于天地而载于书谓之文，文以载道谓之经。六经作，而天地之道阐矣，天下之文肇矣。六经之外非无书也，而曰诸子，诸子之说于道诬。宣圣之后非无文也，而曰百家，百家之说于道荒。天下始无文已，无文斯无道已。老、庄、荀、列、扬、王，世谓之六子，六子为诸子冠，而其书具存。世之谈文者，下六经，舍百家，则曰有六子。云六子者，惟其诞于道，故诡于文……噫！六子者不知吾道而犹不能忘吾经，则其臆说虽凿甚且叛焉，而其所以私附于圣人者意亦微矣。扬与王，尤其拟圣而习经者，然则诸子支离，鲜不援经自饰，奚矧百家编之，使缀文之士知文之不可忘经，顾不可忘道，匪直其辞而已也。宋儒曰循其言皆可入道，则或偶几焉，未敢质此为尽然也。

---

① 《续修四库全书》第 1344 册第 163～164 页。

周子仪①曰：圣人之作经也，因人心自然之理，而为之阐明开发，其言明白简切，而可深思。故因人心之有阴阳也，而为之赞《易》，因人心之有政事性情也，而为之删《诗》《书》，因人心之有名分节文也，而为之修《春秋》，定《礼》《乐》。理如是而至，圣人之言亦如是而止。

【疏证】待考。

田一俊曰：昔者圣人之作经也，枢纽造化，陶冶性情，纲纪政事，宣达中和，扶植名分，垂恒久之至教，泄神化之奥旨，莫非道也。经以载道，而后世之书多伪，则圣人之经紊矣。学以致道，而后世之儒多杂，则圣人之学病矣。经不可使紊也，是故恶夫伪也；学不可使病也，是故恶夫杂也。

【疏证】待考。

冯时可曰：六经无浮字。

【疏证】明冯时可《雨航杂录》卷上：六经无浮字，秦汉无浮句。唐以下靡靡尔，其词蔚然，其义索然，譬则秋杨之华哉，去治象远矣。

又曰：汉儒之于经，台史之测天也，不能尽天，而观象者莫能废。

【疏证】明冯时可《雨航杂录》卷上：汉儒之于经，台史之测天也，不能尽天，而观象者莫能废。宋儒之于学，规矩之画地也，不能尽地，而经野者莫能违。

吴中行曰：秦人坑燔之后，经术熄矣，汉儒传经之义，而六经赖以不亡。叔世汩溺之余，理学晦矣。宋儒穷经之理，而六经因之益显。

---

① 周子仪，一作周子义。

【疏证】待考。今按：吴中行，字子道，武进人。隆庆进士，万历时官编修。张居正遭父丧，举朝乞留，中行独愤然首疏论之。自是赵用贤、艾穆、沈思孝、邹元标相继疏入，皆仗戍。中行受杖时，阴云蔽空，天鼓大震，气绝复苏。居正死，荐起，终为执政所抑，止侍读学士。

王敬臣曰：六经，文之本。为文者舍六经而效子史，本之则无，如之何？

【疏证】冯时可《王少湖先生敬臣传》：六经，文之本也。今之为文者舍六经而效子史，本之则无，如之何？诸生有专事静坐者，有泛览子史者。先生曰："静坐则系心，博观则夺志，岂所谓主一无适而通达万变者哉？"①

今按：《俟后编》六卷、补录一卷、附录二卷，明王敬臣撰。敬臣字以道，长洲人。岁贡生，万历丙戌南京礼部尚书袁洪愈荐授国子监博士。《明史·文苑传》附见魏校传中。

陈师曰：太昊画八卦，则《易》之始也。又有网罟之歌，则《诗》之始也。伏羲、神农、黄帝之书，谓之《三坟》，则《书》之始也。

【疏证】宋高承《事物纪原》卷四"五经"条云："六英始画八卦，则《易》之始也。又有网罟之歌，则《诗》之始也。伏牺、神农、黄帝之书，谓之《三坟》，则《书》之始也。"今按：明人陈师抄袭宋人之说以为己有，而清儒朱彝尊未能辨别原始出处，还以为是陈师之原创。

章潢曰：经，常道也。以言阴阳消息之行则谓之《易》，以言纪纲政事之施则谓之《书》，以言歌咏性情之发则谓之《诗》，以言条理节文之著则谓之《礼》，以言欢喜和平之生则谓之《乐》，以言诚伪邪正之辨则谓之《春秋》。故《易》也者，志吾心之阴阳

① 《献征录》卷一四〇《儒林》。

消息者也；《书》也者，志吾心之纪纲政事者也；《诗》也者，志吾心之歌咏性情者也；《礼》也者，志吾心之条理节文者也；《乐》也者，志吾心之（欢）［欣］喜和平者也；《春秋》也者，志吾心之诚伪邪正者也。君子之于六经也，求之吾心之阴阳消息而时行焉，所以尊《易》也；求之吾心之纪纲政事而时施焉，所以尊《书》也；求之吾心之歌咏性情而时发焉，所以尊《诗》也；求之吾心之条理节文而时著焉，所以尊《礼》也；求之吾心之（欢）［欣］喜和平而时生焉，所以尊《乐》也；求之吾心之诚伪邪正而时辨焉，所以尊《春秋》也。

【疏证】语见章潢《图书编》卷九《五经总论》。今按：此段是王守仁《尊经阁记》中的文字，原文详见前面部分。章潢将它抄入《图书编》，而不注明作者，已构成侵权，此乃明人之恶习。朱彝尊不熟悉陆王心学文献，居然将它列在章潢的名下，可谓真伪不分矣。又按：章潢字本清，别号斗津，临川人。万历乙巳，以荐授顺天府学训导，时年已七十九，不能赴官，诏用陈献章例，官给月米，后至八十二岁，终于家。《明史·儒林传》附载邓元锡传末。其《图书编》颇得《四库全书总目》之佳评："引据古今，详赅本末，虽儒生之见，持论或涉迂拘，然采摭繁富，条里分明，浩博之中取其精粹，于博物之资经世之用亦未尝无百一之裨焉。"其实，有关《图书编》的编纂需要做深入的个案研究——可以写一部《〈图书编〉编纂考》。

又曰：《易》以道人心之中正，《书》以道人心之祗敬，《诗》以道人心之和平，《礼》以道人心之品节，《春秋》以道人心之是非，则是人心为五经之本也。

【疏证】明章潢《图书编》卷九《总论》：圣学不明不行，岂有他哉？乱之于二氏虚寂之见者，其弊虽隐而易见，乱之于诸家支离之说者，其弊愈杂而难明。欲其大明而大行也，亦岂有他哉？圣门经典，当一以孔子为宗，而诸家之训诂止存以备参考焉可也。彼孔子之上续列圣之绪，下启诸贤之传，其道万世无弊，王通谓其于夫子受罔极之恩者此也。今虽去孔子千数百载，而其道如中天之日，照耀今古，以六经四书尚为世所尊信。苟有志孔子之学者，以吾人之本心，质之经典，其中正之轨度为可循也，况删《诗》《书》，定《礼》《乐》，赞《周易》，修《春秋》皆出自孔子手笔，或篇章稍紊于秦灰，而各经之可信者不如故哉！奈何自汉以来诸儒不知反诸身心，以求乎圣门一贯之真，乃各执意见，著为训诂，且以斯文未丧于天者尽在兹也，故佛老之徒得乘其弊，直指本心，以倡其虚寂之说，反訾圣门典籍为糟粕，亦自取之耳。然二氏之书，夫固各一其说，而未相淆也。宋儒宗五经，斥佛老，其有功孔门也大矣，何今之学不溺于二氏之虚寂则杂于诸儒之支离？弊虽不同，同归于圣道之榛芜，人心之荆棘，其责将谁诿也？虽然，圣人之五经具在也。《易》以道人心之中正，《书》以道人心之祇敬，《诗》以道人心之和平，《礼》以道人心之品节，《春秋》以道人心之是非，则是人心为五经之本。而谓经为人心之注脚者，非谩语也。虽其中之所载，广大精微，未可以一端尽，而大旨则各有攸存。观圣人各取一篇以冠乎经之首，则首篇即一书之要也。《易》首乾坤，《书》首帝典，《诗》首《关雎》，《礼》首《曲礼》，《春秋》首春王正月，谓非一书之旨要，奚可哉？是故提其纲则目自举，揭其绪则缕自清。惟乾坤明，而六十四卦中正之蕴可推矣；帝典明，而五十八篇祇敬之忱可推矣；《关雎》明，而三百篇和平之情可推矣；春王正月明，而二百四十五年是非之公可推矣。以至《论语》之学习、《大学》之格物、《中庸》之未发、《孟子》之义利，皆其提揭最要者也。惜乎诸家之留心经书也，非不竭精思，殚岁月，章分句析极其茧丝牛毛之精，然而于各经首篇大要所关反支离沉晦，又何怪高明者甘心虚寂之说而自以为玄解也。然则舍五谷以求饱于百菓之异品者，固昧乎饮食之正，而彼之执稊稗为稻粱者，恐亦以五十步笑百步耳。圣学不明不行，岂可专罪夫异端之徒哉？要之，各执己见以自售，不能一以孔子为之宗焉故也。志圣学者固宜就正于圣经，而志穷经者必于孔子首经之旨精义入神焉，其庶几矣。

又曰：五经，圣贤述作不齐，要皆定之孔子，以垂教万世。

《易》以象教，《书》以身教，《诗》以声教，《礼》以理教，《春秋》以名分教，若各一其义也，然道一也。

【疏证】明章潢《图书编》卷九《总论》：五经肇自伏羲以及周叔世，虽圣贤述作不齐，而一皆定之孔子，以垂教万世者也。《易》以象教，《书》以身教，《诗》以声教，《礼》以理教，《春秋》以名分教，若各一其义也，然道一也，自天地言之为乾坤，自朝廷言之为君臣，自一家言之为夫妇，自一人言之为身心，自一时言之，一以天王为统纪，此五经之要领也。

何洛文曰：五经非他，圣人之心也。圣人之心即天地之心，古今人所同也。故《易》不过道吾心之时，《书》不过道吾心之中，《诗》不过道吾心之无邪，《春秋》不过道吾心之公，《礼》《乐》不过道吾心之序与和。使人人各得其心之自然，则天地常位，万物常育，五经可以无作，而顾有不能者，是以圣人笔之于书，俾反求而自得之，盖非有意于立言，而不得不作也。

【疏证】待考。

今按：何洛文，信阳人，官礼部侍郎。又按：关于"圣人之心即天地之心"，宋王宗传《童溪易传》卷二十九云："夫圣人之意何在乎？曰：上之人以至于用刑用戮者，此非我之本心也，皆自汝致之，吾不得已而应之云尔。此圣人之心即天地之心也，何疑焉？善不积不足以成名，恶不积不足以灭身，小人以小善为无益而弗为也，以小恶为无伤而弗去也，故恶积而不可掩，罪大而不可解。"《性理大全书》卷九《皇极经世书三》邵伯温解："一动一静者，天地之妙用也，一动一静之间者，天地人之妙用也。阳辟而为动，阴阖而为静，所谓一动一静者也。不役乎动，不滞乎静，非动非静，而主乎动静者，一动一静之间者也。自静而观动，自动而观静，则有所谓动静方静而动，方动而静，不拘于动静，则非动非静者也。《易》曰：'复其见天地之心乎？'天地之心，盖于动静之间有以见之。夫天地之心于此而见之，圣人之心即天地之心也，亦于此而见之。虽颠沛造次，未尝离乎此也。《中庸》曰：'道不可须臾离也。'可离非道也，退藏于密，则以此洗心焉。吉凶与民同患，则以此斋戒焉。夫所谓密，所谓斋戒者，其在动静之间乎？此天地之至妙。至妙者也，圣人作《易》盖本于此，世儒昧于《易》，本不见天地之心，见其一阳初复，遂以动为天地之心，乃谓天地以生物为心。噫！天地之心何止于动而生物哉？见其五阴在上，遂以静为天地之心，乃谓动复则静，行复则止。噫！天地之心何止于静而止哉？”明薛瑄《读书录》卷二亦云：“天地之所以大，日月之所以明，四时之所以运，鬼神之所以灵，是皆理之自然也。圣人体道无二，与天地合其德矣，知周万物，与日月合其明矣，动静以时，则与四时合其序矣，屈伸以正，则与鬼神合其吉凶矣。天地也，日月也，四时也，鬼神也，圣人也，形虽有异，而道则无间，是皆自然一致，夫岂有一毫强合之私哉？惟其自然一致，是以圣人之心即天地之心，圣人意之所为，与天无毫忽之差爽，所谓先天而天弗违也。天理所在，圣人率而循之，无一息之差缪，所谓后天而奉天时也。天且不违，则人与鬼神之不违者从可知矣。此圣人之所以为圣人也欤？”

沈尧中曰：道统之在天下，由伏羲而尧、舜，而禹、汤，而文、武、周公、孔子，上下数千百年，若断若续，迄今犹可寻绎者，经是已。伏羲，吾得之《易》；尧、舜、禹、汤、文、武，吾得之《诗》《书》；周公，得之《礼》；孔子，得之《春秋》。合五经而序之，乃知数圣人之统系存焉。

【疏证】待考。

今按：明沈尧中，字执甫，嘉兴人。万历庚辰进士，官至刑部尚书。博学嗜古，明于典故，纂修郡志，著有《沈司寇集》《治统纪略》《边筹七略》《高士汇林》等书。又按：“道统之在天下”的说法，在明代又见于唐世隆《修河间献王陵庙碑记》。

陈于陛曰：圣贤垂世立教，莫备于五经。五经者，天地自然之文，生人日用之具。五经之道明，则诸子百家之说若权设而不可欺以轻重，绳陈而不可欺以曲直。赖以见圣人之心者，独此而已。

【疏证】待考。

今按：明嘉隆时有两陈于陛，一为曲周人，嘉靖己未进士，官至南京户部尚书；一为南充人，大学士以勤之子，隆庆戊辰进士，官至文渊阁大学士。

叶向高曰：九经者，圣言之至约至博者也。

【疏证】待考。

今按：叶向高，字进卿，号台山，福清人。万历癸未进士，官至东阁大学士，谥文忠。事迹具《明史》本传。

唐公文献曰：经之存于世，若日星丽天，岳渎亘地，学者见作者之心于千载之上，赖有注疏存焉。汉之诸儒磨砻以岁月，穷殚以心力，然后成一家之言，其所持论，皆师门所授，搢绅长老之所传闻，要以发明圣学，泽于道德者多也。自谈者谓汉儒穷经而经绝，至以训诂支离，烈于燔焰，抉瑕摘衅，掩其弘美，往哲羽翼之功，几不存于世矣。

【疏证】待考。

今按：黄宗炎《周易寻门余论》卷下云："《易》以卜筮，独不罹秦火，其民间自相授受，亦止言卜筮，而不敢及乎理义，故《汉书》《易》学大抵多论灾祥祸福，以象数为重，盖其由来使然也。然其章句之沿习与训诂之垂传者固未尝废也。乃宋人竟诋之谓：'秦人焚书而书存，汉儒穷经而经绝。'岂其然哉？"

刘曰宁曰：今之谈经者，专三濂、洛诸儒。当秦火既燔，关、洛未起，微汉诸儒，彼宋人岂真能于梦想羹墙之间，遂仿佛其意而接其传耶？不见夫越人之治丝乎？汉儒三缫拮据，尺栉寸比，疏之引之，绪井井然理也。宋人则因之以收组织章甫之效，世徒见其为章为甫也，而遂忘拮据之为力，可乎哉？

【疏证】《钦定四库全书考证》卷四七："案：章甫殷冠，缁布为之，此所引刘曰宁说，以为织丝为之，且以二字别开对举，殊失其解。"《钦定四库全书考证》卷四六、四七为《经义考考证》。

郑瑗曰：六经言道而不遗法，《四书》言理而不外事。

【疏证】郑瑗《蜩笑偶言》曰：六经言道而不遗法，《四书》言理而不外事。诸国之语迂缓而不切于事情，战国之策变诈而不要诸义理。

今按：《弘治八闽通志》载有莆田人郑瑗，字仲璧，成化辛丑进士，官至南京礼部郎中。朱彝尊《明诗综》亦载有其人。所著有《明省斋集》《井观琐言》。

胡应麟曰：夏、商以前，经即史也，《尚书》《春秋》是已。周、秦之际，子即集也，孟轲、荀况是已。

【疏证】明胡应麟《少室山房笔丛》卷二《经籍会通二》：经史子集区分为四，九流百氏咸类附焉。一定之体也，第时代盛衰，制作繁简，分门建例，往往各殊。唐、宋以还，始定于一。今稍掇拾诸家，撮其大略，以著于篇，述类例第二。夏、商以前，经即史也，《尚书》《春秋》是已。至汉而人不任经矣，于是乎作史。继之魏晋，其业浸微，而其书浸盛，史遂析而别于经，而经之名禅于佛、老矣。周、秦之际，子即集也，孟轲、荀况是已。至汉而人不专子矣，于是乎有集。继之唐、宋，其体愈备，而其制愈繁，子遂析而入于集，而子之体夷于诗骚矣。

又曰：《尚书》，经之史也；《春秋》，史之经也；《中庸》《孟子》，子也，而其理则经也。

【疏证】明胡应麟《少室山房笔丛》卷二《经籍会通二》：《尚书》，经之史也；《春秋》，史之经也；《中庸》《孟氏》，子也，而其理经，故陟而经也。《道德》《冲虚》，经也，而其理子，故降而子也。三者皆可以互名。惟其实也，集则迥不同矣。

又曰：六经之学，广大闳深，历世名儒第专其一，有专于《易》者，有专于《书》者，有专于《诗》者，有专于《礼》者，有专于《春秋》者，有专于《尔雅》者，若马融、郑康成、贾逵、王肃、刘炫、崔浩、孔颖达、陆德明数子，诸经并释，六籍兼该，义或未精，博斯称极。宋世巨儒，精于析理，博匪所先。新安后出，兼综二家，既精且博矣。

【疏证】明胡应麟《少室山房笔丛》卷二二《华阳博议上》：六经之学，广大闳深，历世名儒第专其一，有博于《易》者，有博于《书》者，有博于《诗》者，有博于《礼》者，有博于《春秋》者，有博于《尔雅》者。施、孟、梁、京诸人博于《易》者也，伏、夏、周、刘诸人博于《书》者也，齐、鲁、毛、韩诸人博于《诗》者也，戴、曹、贺、贾诸人博于《礼》者也，公、穀、邹、夹诸人博于《春秋》者也，刘、郭、张、曹诸人博于《尔雅》者也。若马融、郑玄、贾逵、三肃、刘炫、崔浩、颖达、德明数子，诸经并释，六籍兼该，义或未精，博斯称极。宋世巨儒，精于析理，博匪所先。新安后出，兼综二家，既精且博矣。宋世博于经学，亦不乏人，此举其重。

又曰：宋初邢昺、孙奭等尚多以注疏显。至闽、洛谈理，而经学迥别前代。

【疏证】明胡应麟《少室山房笔丛》卷二二《华阳博议上》：汉魏六朝诸人，儒林自有传，此不录。宋初邢昺等尚多以注疏显。至洛、闽谭理，而经学迥别前代矣。

邓瀫曰：文莫粹于经，圣贤以其精蕴而形诸辞，辞可以已。圣贤必无事于作，作焉者不得已也。

【疏证】朱彝尊《静志居诗话》卷：“文度歌鹿鸣后丧母，遂不上公交车，以通经博古为务。尝与客论文，其大略云：‘文章粹于经，圣贤以其精蕴而形诸辞，辞可以已。圣贤必无事于作，作焉者不得已也。三代而下放臣弃妇之辞，读之尤足以兴感者，性情也。今之为文者，无古人之性情与其所遇之时事，辞与意背以为容，以聚为约，浮滥而无法则，可以无作。或言西京之文近乎古，不知坏古人之文者，扬子诸人有贵焉。’书出，陆子余、归熙甫皆是之。当嘉靖中，伯安、道思、应德既往，于鳞、元美、明卿、伯玉、本宁之派盛行，诗古文交失其真，文度之论其力挽元气者与？

诗亦崛奇，不沿七子之习。”今按：邓黻，一作韨，字文度，其先松江华亭人，徙常熟。正德丁卯举人。

焦竑曰：经者，性命之奥，政治之枢，文章之祖也。

【疏证】待考。

顾起元曰：汉建初八年，诏选高才生受四经，乃《左氏》《穀梁》《春秋》《古文尚书》《毛诗》也。《汉艺文志》云学五经，乃《诗》《书》《礼》《乐》《春秋》也。建元五年立五经博士，乃《书》《诗》《礼》《易》《公羊春秋》也。《扬子法言》五经为辨，乃《易》《书》《礼》《诗》《春秋》也。唐五经博士，乃《周易》《尚书》《毛诗》《左氏春秋》《礼记》也。孔颖达与诸儒撰定《五经正义》，乃《周易》《尚书》《毛诗》《礼记》《春秋》也。《礼记·经解》六艺政教得失，乃《诗》《书》《乐》《易》《礼》《春秋》也。《史记》：孔子曰："六艺于治一也。"乃《礼》《乐》《书》《诗》《易》《春秋》也。《庄子·天下篇》六经与上同。汉武表章六经，乃《易》《书》《诗》《礼》《乐》《春秋》也。秦宓曰：文翁遣司马相如东受七经。又傅咸有《七经诗》。隋樊深有《七经义纲》《七经论》，乃《易》《书》《诗》《三礼》《春秋》也。宋刘敞有《七经小传》，乃《诗》《书》《春秋》《周礼》《仪礼》《礼记》《论语》也。《经典释文序录》九经乃《易》《书》《诗》《三礼》《春秋》《孝经》《论语》也。《汉书·艺文志》九经，唐谷那律称九经库，韦表微著《九经师授谱》，后唐校九经，镂板于国子监，乃《易》《书》《诗》《礼》《乐》《春秋》《论语》《孝经》、小学也。《南史》周续之通十经，乃五经五纬也。《宋·百官志》国子助教十人分掌十经，乃《周易》《尚书》《毛诗》《礼记》《周官》《仪礼》《春秋》《左氏》《公羊》《穀梁》《论语》《孝经》也。《庄子》："孔子翻十二经以说老聃。"云《诗》《书》《礼》《乐》《易》《春秋》又加六纬，一说《易》上下经并《十翼》也，一云《春秋》十二公经也。今《十三经注疏》国子监刊本乃《易》《诗》《书》《礼记》《周礼》《仪礼》《左氏春秋》《公羊传》《穀梁传》《论语》《孝经》《孟子》《尔雅》也。

【疏证】语见明顾起元《说略》卷一二。

高攀龙曰：三代而后，圣王不作，于是孔子出，以六经治天下，决是非，定好恶，使天下晓然知如是为经常之道，越志者欲有所肆焉，民得执常道以格之，故乱臣贼子不旋踵而诛。是六经者，天之法律也，天下之所以治而乱、乱而复治者，以六经在也。

【疏证】明高攀龙《高子遗书》卷九上：三代而后，圣王不作，于是夫子出，以六经治天下，决是非，定好恶，使天下晓然知如是为经常之道，越志者欲有所肆焉，民得执常道以格之，故乱臣贼子不旋踵诛，夷生民之类，不至糜烂而无遗余。是六经者，天之法律也，顺之则生，逆之则死，天下所以治而无乱、乱而即治者，以六经在也。然汉、唐之间，儒者溺训诂而传六经之糟粕，佛氏言心性而乱六经之精微。传其糟粕者，言理而不本之心；乱其精微者，言心而不本之理。一则穷深极微而外于彝常日用，一则彝常日用而不可知化穷神，于是六经又敝。而周、程、张、朱五夫子出，而后知六经者，天理二字而已。天理者，天然自有之理，天得之为天，地得之为地，人得之为人者也，无所增于圣，无所减于凡，无所升于古，无所降于今者也。诚者，诚此；敬者，敬此；格物者，格此。明此而后知俗儒之所蔽，佛氏之所乱，一膜而千里也。人知程朱三夫子之黄墩，亦知其学之黄墩乎？岂惟三夫子千圣万贤之黄墩胥于是乎？在尼山乎？黄墩乎？天地之气，山川之灵，钟为圣贤，其生也有自，其出也有为，夫何为哉？明此而已矣。

又曰：六经皆圣人传心，明经乃所以明心，明心乃所以明经。明经不明心者，俗学也；明心不明经者，异端也。

【疏证】语见明高攀龙《高子遗书》卷一。

陈懿典曰：甚哉！王通氏之黜汉，而自尊其续经之功也。其言曰："九师兴而《易》道微，《三传》作而《春秋》散。齐、韩、毛、郑，《诗》之末也。大戴、小戴，《礼》之衰也。《书》残于古今，《诗》失于齐鲁。”其讼言而攻之也，无非欲自尊其所述七制之书，关朗之《易》，《元经》《礼》《乐》与六籍并，而卑訾汉人之注疏为不足道也。自文中子之言出，而训诂家绌矣。传至宋儒，则诋訾汉儒愈力，甚且曰：“秦人焚书而书存，汉人穷经而经绝。”则又阴祖通之言，而益重汉人之罪也。嗟夫！贬汉所以尊宋也，不知秦灰方熸，孔壁乍起，自汉始除挟书律之岁，以至于宋，其间千有余载，六籍之文不至于澌灭殆尽，以竢后人之讲明而表章者，伊谁之力也？设令遗经散逸，异端纵横，即有宋诸儒，何所据以加论著之功，续不传之秘哉？

【疏证】陈懿典《陈学士先生初集》卷二十五《十三经注疏》：甚哉！王通氏之黜汉，而自尊其续经之功也。其言曰：“九师兴而《易》道微，《三传》作而《春秋》散。齐、韩、毛、郑，《诗》之末也。大戴、小戴，《礼》之衰也。《书》残于古今，《诗》失于齐鲁。”其讼言而攻之也，无非欲自尊其所述七制之书，曹、刘、颜、谢之诗，关朗之《易》，《元经》《礼》《乐》与六籍并，而卑訾汉人之注疏为不足道也。自文中子之言出，而训诂家诎矣。传至宋儒，则又目通为霸儒而僭王，如吴楚之罪，而诋訾汉儒则愈力，甚且以对于秦政咸阳之巨焰，曰：“秦人焚书而书存，汉人穷经而经绝。”则又阴祖通之言，而益重汉人之罪也。嗟夫！贬汉所以尊宋也。不知汉儒虽思乏淹通，见多枝叶，而秦灰正炽，孔壁未起，自西汉始除挟书律之岁，以驯至于有宋五星聚奎之年，其间千有余载，六籍之文、十三经之遗意不至于澌灭殆尽，以俟后人之讲明而表章者，伊谁之力也？设令馯臂子弓之传不衍于田、杨，家令口授之书不续于欧、夏，辕固无辞家之能，公孙失封侯之业，高堂二戴不读后苍之传，康成、子春不广三礼之旨，江都天禄之彦不明于《春秋》，左氏、公、穀之立不争于学宫，《孝经》《尔雅》以寥寂而见遗，鲁语轲书以繁称而失纪，则遗经散逸，异端纵横，即有宋诸儒，何所据以加论著之功，续不传之秘哉？譬之行贸然。汉则守藏者也，聚货者也，刀、贝、金、钱、布、果、粟、帛皆具矣。宋则为之委输变化于五都之市、四通之衢者也。安见本业啬而坐致千万者也。譬之断狱然。汉则具证者也，得情者也，罪状、隐伏、颠末、词证皆在矣。宋则为之定其轻重，傅以爰书，合于律例者也。吾未见公案缺而能悬断是非者也。则汉人注疏之功虽未可与宋儒比长絜大，而岂遂诋为司空城旦书乎？①

今按：陈懿典，字孟常，秀水人。万历壬辰进士，官至中允，乞假归，崇祯初起为少詹事，不赴。著有《读左漫笔》《读史漫笔》《陈学士先生初集》。又按：《陈学士先生初集》卷三《重刻埤雅广要序》："训诂盛于汉唐，注疏何啻茧丝。自程朱之学行，而注疏诎。自陆子静、王伯安之学兴，而传注又若诎。然而注疏之学终不尽澌灭也。……余尝闻宋人言，少时得《史记》《汉书》，皆手自抄录，读之惟恐不及。今诸书无不盛行，而学者未必受读。得书之易，反不若得书之难。因观今日典籍之富，七略四库，金匮石室、名山异域之藏，无不尽出，而求如虞世南、刘贡父之徒，实未之睹。则得书之易，而读书之少，今古所通患也。"②

谢肇淛曰：宋儒贬经太过者，至目《春秋》为断烂朝报；信经太过者，至以《周礼》为周公天理烂熟之书。不知《春秋》非孔子不能作，而《周礼》实非周公之书也。至欧阳永叔以《系辞》非孔子之言，抑又甚矣。

【疏证】待考。

钱陆灿曰：十三经之有传、注、笺、解、义疏也，肇于汉、晋，粹于唐，而是正于宋熙宁中。王介甫凭藉一家之学，创为新义，而经学一变。淳熙中，朱元晦折衷诸儒之学，集为传注，而经学再变。再变之后，汉、唐章句之学或几乎熄矣。宋之学者自谓得不传之学于遗经，而近代儒者遂以讲道为能事。汉儒谓之讲经，今世谓之讲道。圣人之经即圣人之道也。离经而讲道，则亦宋儒扫除章句者导其先路也。《宋史》儒林与道学分，而古人传注笺解义疏之学转相讲述者无复遗种，此亦古今经术升降绝续之大端也。经学

① 《四库禁毁书丛刊》集部第79册第465~466页。

② 《四库禁毁书丛刊》集部第78册第689页。

之熄也，降而为经义；道学之偷也，流而为俗学。铨材小儒，敢于嗤点六经，呰毁三传，学术蛊坏，世道偏颇。孟子曰："我亦欲正人心。君子反经而已矣。"诚欲正人心，必自反经始。诚欲反经，必自正经学始。

【疏证】此处钱陆灿应为钱谦益。钱谦益《牧斋初学集》卷二十八《新刻十三经注疏序》："十三经之有传注、笺解、义疏也，肇于汉、晋，粹于唐，而是正于宋。欧阳子以谓诸儒章句之学，转相讲述，而圣道粗明者也。熙宁中，王介甫凭藉一家之学，创为新义，而经学一变。淳熙中，朱元晦折衷诸儒之学，集为传注，而经学再变。介甫之学，未百年而熸，而朱氏遂孤行于世。我太祖高皇帝设科取士，专用程朱，成祖文皇帝诏诸儒作《五经大全》，于是程朱之学益大明。然而再变之后，汉、唐章句之学或几乎熄矣。汉儒之言学也……如是而已。宋之学者，自谓得不传之学于遗经，扫除章句，而胥归之于身心性命。近代儒者，遂以讲道为能事，其言学愈精，其言知性知天愈眇，而穷究其指归，则或未必如章句之学，有表可循，而有坊可止也。汉儒谓之讲经，而今世谓之讲道。圣人之经，即圣人之道也。离经而讲道，贤者高自标目，务胜于前人；而不肖者汪洋自恣，莫可穷诘。则亦宋之诸儒扫除章句者导其先路也。修《宋史》者知其然，于是分儒林、道学，厘为两传，儒林则所谓章句之儒也，道学则所谓得不传之学者也。儒林与道学分，而古人传注笺解义疏之学转相讲述者无复遗种。此亦古今经术升降绝续之大端也。经学之熄也，降而为经义；道学之偷也，流而为俗学。胥天下不知穷经学古，而冥行擿埴，以狂瞽相师。驯至于今，铨材小儒，敢于嗤点六经，呰毁三传，学术蛊坏，世道偏颇，而夷狄寇盗之祸亦相挺而起。孟子曰：'我亦欲正人心，君子反经而已矣。'诚欲正人心，必自反经始；诚欲反经，必自正经学始。"

今按：钱陆灿（1612—1698），字湘灵，号圆沙，江苏常熟人。顺治丁酉，以第二名举于乡。诗歌骨力雄厚，古文磊落自喜，晚与王日藻、秦松龄、尤侗、徐乾学辈为耆年会，诸人皆兄事之。著有《圆沙文集》《调运斋集》。

赵枢生曰：读经者，求天地之道于《易》，求帝王之道于《书》，求诸侯之道于《春秋》，求大夫、士之道于《礼》，求民物之道于《诗》。

【疏证】赵枢生《含玄子》卷十一余篇"经上"曰："三代圣人作经，孔子修经，汉儒穷经，宋儒释经，今代文经。文经之后，无复事矣。读经者，求天地之道于《易》，求帝王之道于《书》，求诸侯之道于《春秋》，求大夫、士之道于《礼》，求民物之道于《诗》。"①

今按：赵枢生，字彦材，太仓人。屡试不举，辄自谢去。筑室东海之滨，名以含玄斋，士雅山人黄姬水特为之撰《含玄斋说》。著有《含玄斋别编》十卷、《含玄子》十二卷、《含玄集》四卷。

乔可聘曰：六经之义，验之于心而然，施之行事而顺，然后为得。今人读孔孟书，乃只为荣肥计，便是异端，如何又辟异端？

【疏证】宋李幼武纂集《宋名臣言行录外集》卷八杨时条："六经之义，验之于心而然，施之行事而顺，然后为得。今之治经者，工无用之文，徼幸科第而已，果何益哉？"乔可聘因袭杨时之语，朱彝尊未能辨别。

今按：乔可聘，字君征，一字胜任，宝应人。天启壬戌进士，官至河南道监察御史。著有《读书札记》四卷。可聘之学初从陆王入，晚乃兼信程朱，故其说出于两派之间，然生于明季，颇染佻薄之习。

柴绍炳曰：《春秋》载"夏五"、"郭公"、"杞子伯"、"甲戌"、"己丑"之类，以其传疑，未尝辄加增损。《论语》曰："君子于其所不知，盖阙如也。"至宋代，儒者多以己意删订经文，二程改《大学》，朱子作《孝经刊误》，将旧文并省分属经传而删其字句。夫仲尼不敢改鲁史，而程、朱改《孝经》《大学》，此等事听先儒自为之，勿效之也。

① 《四库全书存目丛书》子部第260册第609页。

【疏证】毛奇龄《大学证文》卷三引柴氏绍炳《家诫》曰：《春秋》载“夏五”、“郭公”、“杞子伯”、“甲戌”、“己丑”之类，以其传疑，未尝辄加增损。《论语》曰：“君子于其所不知，盖阙如也。”至宋代，儒者多以己意删订经文，二程改《大学》，朱子作《孝经刊误》，将旧文并省分属经传而删其字句。夫程、朱虽贤，不能逾仲尼，仲尼不敢改鲁史，而程、朱敢改《孝经》《大学》，此等事听先儒自为之，勿效之也。①

顾炎武曰：考定经文，如程子改《易·系辞》“天一地二”一节于“天数五”之上，《论语》“必有寝衣”一节于“齐必有明衣布”之下。苏子瞻改《书·洪范》“曰王省惟岁”一节于“五曰历数”之下，改《康诰》“惟三月哉生魄”一节，于《洛诰》“周公拜手稽首”之上。朱子改《大学》“曰《康诰》至止于信”于“未之有也”之下，改“《诗》云‘瞻彼淇澳’”二节于“止于信”之下，《论语》“诚不以富”二句于“齐景公有马千驷”一节之下，《诗·小雅》以《南陔》足《鹿鸣之什》，而下改为《白华之什》，皆至当，无复可议。后人效之，妄生穿凿。《周礼》五官，互相更调。而王文宪作《二南相配图》《洪范经传图》，重定《中庸章句图》，改《甘棠》《野有死麇》《何彼秾矣》三篇于王风。仁山金氏本此，改“敛时五福”一节于“五曰考终命”之下，改“惟辟作福”一节于“六曰弱”之下。使邹鲁之书传于今者，几无完篇，殆非所谓“畏圣人之言”者矣。

【疏证】顾炎武《日知录》卷七“考次经文”条：《礼记·乐记》“宽而静”至“肆直而慈”一节，当在“爱者宜歌商”之上，文义甚明。然郑康成因其旧文，不敢辄更，但注曰：“此文换简，失其次，‘宽而静’宜在上，‘爱者宜歌商’宜承此。”《书·武成》定是错简，有日月可考。蔡氏亦因其旧而别序一篇，为今考定《武成》最为得体。其他考定经文，如程子改《易·系辞》“天

① 原文见《柴氏家训》。柴绍炳（1616—1670），字虎臣，号省轩，浙江仁和人，著有《省轩文钞》等。

一地二”一节于“天数五”之上，《论语》“必有寝衣”一节于“齐必有明衣布”之下。苏子瞻改《书·洪范》“曰王省惟岁”一节于“五曰历数”之下，改《康诰》“惟三月哉生魄”一节，于《洛诰》“周公拜手稽首”之上。朱子改《大学》“曰《康诰》至止于信”于“未之有也”之下，改“《诗》云‘瞻彼淇澳’”二节于“止于信”之下，《论语》“诚不以富”二句于“齐景公有马千驷”一节之下，《诗·小雅》以《南陔》足《鹿鸣之什》，而下改为《白华之什》，皆至当，无复可议。后人效之，妄生穿凿。《周礼》五官，互相更调。而王文宪作《二南相配图》《洪范经传图》，重定《中庸章句图》，改《甘棠》《野有死麇》《何彼秾矣》三篇于王风。仁山金氏本此，改“敛时五福”一节于“五曰考终命”之下，改“惟辟作福”一节于“六曰弱”之下。使邹鲁之书传于今者，几无完篇，殆非所谓“畏圣人之言”者矣。

今按：王文宪即王柏。

又曰：古人之文，变化不拘，况六经出自圣人，传之先古，非后人所敢擅议也。

【疏证】顾炎武《日知录》卷七“考次经文”条：凤翔袁楷谓：“《文言》有错入《系辞》者‘鸣鹤在阴’已下七节，自‘天佑之’一节，‘憧憧往来’已下十一节，此十九节皆《文言》也，即‘亢龙有悔’一节之重见，可以明之矣。”遂取此十八节属于“天玄而地黄”之后，于义亦通。然古人之文，变化不拘，况六经出自圣人，传之先古，非后人所敢擅议也。

又曰：读书不通五经者，必不能通一经。

【疏证】顾炎武《日知录》卷一六“拟题”条：读书不通五经者，必不能通一经，不当分经试士。且如唐、宋之世，尚有以《老》《庄》诸书命题，如《卮言日出赋》，至相率扣殿槛乞示者。今不过五经，益以《三礼》《三传》，亦不过九经而已。此而不习，何名为上？《宋史》：“冯元，授江阴尉，时诏流内铨以明经者补学官，元自荐通五经、谢泌笑曰：‘古人治一经而至皓首，于尚少，能尽通邪？'对曰：'达者一以贯之。'更问疑义，辨析无滞。"

□□□曰：六经自秦烬烬而后，非汉儒专门训诂，后即有濂、洛大儒，亦无从得不传之学于遗经，在当时各自名家，至今日而存亡或异，然其源流犹可取而考证也。

【疏证】□□□，待考。

黄虞稷曰：五经，逮婺源朱子出而学益明，双湖、云峰、两胡氏之于《易》，庆源辅氏之于《诗》，九峰蔡氏之于《书》，勉斋黄氏、信斋杨氏之于《礼》，清江张氏之于《春秋》，阐明羽翼，等于汉儒家法，而义理过之。

【疏证】黄虞稷《授经图义例序》：六经大义，至宋儒昌明之，而始无遗憾。学者守为章程，宜也。不知绝续之际，汉儒为难，当日秦书既焚，往圣遗言澌灭殆尽，幸而去古未远，间得之屋壁所藏，女子所献，老生所口述，然而仅矣。迄学者代兴，遐搜博考，或一人集众是，或数人成一经，要其授受各有师承，非若后人以意见为予夺也。刘歆遗书博士，谓孝宣时广立经文，义虽相反，不嫌并设，与其过而废之，宁过而立之。旨哉斯言！夹漈郑氏乃云："秦焚书而书存，诸儒穷经而经绝。"于是有指斥汉儒，迹其同异，纷纭为诋诃，所自起岂知前型未坠，尽信非也，概疑之亦非也。六经之义，如江湖日月，无所不该解之者，惟其不背于经，斯已尔而，又何同焉。夹漈之言过矣。授经诸图见于章氏《考索》，明西亭宗正复加厘定，并采诸儒言行，列为小传，由是师友渊源灿如指掌，自汉以后，晨星相望，专家虽不逮汉儒，而亦多有缵承，惜其未暇补入，然传注义疏序解辨问条犁然，各具于图之左方，览者因目以求其书则得矣。是集未经镂版，黄征君俞邰向藏写本，龚主事蘅圃、高舍人澹人刻之白下，世之师心党同，薄前贤为不足法，庶几知所返也。然则汉儒洵有功于六经，而为功于汉儒者三子，又将与西亭并传也夫。秀水朱彝尊。粤自经籍之传，圣言弘广，后世未易窥测言之者，人殊其义。于是《易》有施、孟、梁丘、京氏之学，费直晚出，其说盛行于今。《书》则欧阳、大小夏侯为今文，孔安国为古文；《诗》则有齐、鲁、韩、毛四家之异；《三礼》则二戴之大小记，高堂生之《仪礼》，刘歆之《周官》；《春秋》则公羊之严氏、颜氏，穀粱之瑕丘江公，左氏之贾护、刘歆，各以其家法教授。缘及东京，相仍未改。班、范二书之《儒林传》与散见于诸列传者可考也。宋《崇文总目》有图三卷，缘存而书亡。明万历初中尉西亭本其旨，因章俊卿《山堂考索》图更为细订，每经之首著凡例数则，其次为授经之图，又其次为诸儒之行履，有关经术者，节为传末，则附其所著，而下及于魏晋以来传注之目，俾后人按籍以求，瞭若掌录，诚有功经学之书也。惜其所载传注时有缺误，而类例亦未尽善，如古本之《易经》上下十传，各自有书，王弼本始以彖、象、文言系各爻辞之下，《书》则伏生口授之二十九篇先兴于齐鲁之间，古文后出于孔壁，先儒多疑之者。西亭旧本先后不无参错，予与龚子蘅圃重为厘正，《易》则以复古为先，《书》则以今文为首，其它经传之缺轶者，复取历代史《艺文志》及《通志》《通考》所载，咸为补入，而近代传注可存者亦间录焉，视西亭所辑庶几少备矣乎。然是编也于汉儒略具矣，而有宋诸儒之著述，如蓝田、上洛、洛阳、延平则程门之嫡嗣也，金华、新安则伊洛之孙曾也。逮婺源朱子出，而五经之学益明，双湖、云峰之于《易》，庆源辅氏之于《诗》，九峰蔡氏之于《书》，勉斋、信斋之于《礼》，清江张氏之于《春秋》，与夫元、明以后诸儒阐明羽翼，亦等于汉儒家法，而义理过之。其源流派别未有序而图之者，苟得续是编以传，其为裨益经学不更大乎？世多留意正学之士，予且有厚望矣。温陵黄虞稷。

今按：自“六经大义”至“又将与西亭并传也夫”，又见于朱彝尊《曝书亭集》卷三四《授经图序》。疑四库本说将朱、黄二人之序合而为一。

陆陇其曰：诸经皆学者所当用力，今人只专守一经，而于他经则视为没要紧，此学问所以日陋。

【疏证】陆陇其《三鱼堂文集》卷六《与席生汉翼》：汉廷科场，一时未能得手，此不足病，因此能奋发自励，焉知将来不冠多士，但患学不足，不患无际遇也。目下用功，不比场前，要多作文，须以看书为急。每日应将《四书》一二章潜心玩味，不可一字放过，先将白文自理会一番，次看本注，次看《大全》，次看《蒙引》，次看《存疑》，次看《浅说》，如此做工夫，一部《四书》既明，读他书便势如破竹，时文不必多读而自会做。至于诸经皆学者所当用力，今人只专守一经，而于他经则视为没要紧，此学问所以日陋。今贤昆仲当立一志，必欲尽通诸经，自本经而外，未读者宜渐读，已读者当温习，讲究诸经，尽通方成得一个学者。然此犹只是致知之事，圣贤之学不贵能知而贵能行，须将《小学》一书逐句在自已身上省察，日闲动静能与此合否，少有不合，便须愧耻，不可以俗人自待，在长安中尤不宜轻易出门，恐外边习气不好，不知不觉被其引诱也。胸中能浸灌于圣贤之道，则引诱不动矣。

又曰：汉儒多求详于器数，而阔略于义理。圣人之遗言虽赖之以传，而圣人之精微亦由之而湮。至濂、洛、关、闽诸儒出，即器数而得义理，然后圣人之旨昭若白日，而六经之学于是为盛。

【疏证】陆陇其《三鱼堂文集》外集卷四《经学》："六经者，圣人代天地言道之书也。六经未作，道在天地；六经既作，道在六经。自尧舜以来，众圣人互相阐发，至孔子而大备，不幸火于秦，微言大义几于湮没。至汉兴，诸儒索之于烬煨之余，得之于屋壁之中，收拾残编断简，相与讲而传之，于是言六经者以为始于汉矣。然汉儒多求详于器数，而阔略于义理。圣人之遗言虽赖之以传，而圣人之精微亦由之而湮。历唐及宋，至濂、洛、关、闽诸儒出，即器数而得义理，由汉儒而上溯洙泗，然后圣人之旨昭若白日，而六经之学于是为盛，是故汉宋之学不可偏废者也，然其源流得失不可不辨矣。辨其源流犹易，辨其得失则难。辨汉儒之得失犹易，辨宋儒之得失则难。欲辨源流，取两汉儒林传及《伊洛渊源录》《考亭渊源录》阅之，一展卷而昭昭矣。"《方山薛先生全集》卷三四《折衷》："人之言曰：圣人未生，道在天地；圣人既生，道在圣人；圣人既往，道在六经。是六经者，固圣人之道之所寓也。"

按：西汉经师各有家法，其授受流弊，儒林传载之详矣。其后费直、京房之说行，而为施、孟、梁丘之《易》者寡；杜林古文兴，而为欧阳、大小夏侯之《书》者疏；《毛传》广而齐、鲁、韩诗渐衰；《左传》立而严、颜《春秋》几辍。范《史》述儒林不能如班氏之备，稽之欧阳子、赵氏、洪氏所录碑碣，治梁丘《易》则有重安侯相杜晖慈明，治欧阳《书》则有郎中王政季辅、郑固伯坚、绥、校尉熊乔、鄚令景君，又有间葵、龚叔谦；治小夏侯《书》则有间葵、廉仲絜；治《鲁诗》则有司隶校尉鲁峻仲严、执金吾丞武荣含和；治《韩诗》则有郎中马江元海、山阳太守祝睦元德、广汉属国都尉于鲂叔河、从事武梁绥宗、费县令田君、中常侍樊安子佑；治《严氏春秋》则有祝睦、处士间葵、班宣高、暨子让公谦、泰山都尉孔宙季将、巴郡太守樊敏升达、祝长、严欣少通、文学掾百石卒史孔龢；治《颜氏春秋》则有鲁峻。此皆史传所不载，考古君子续九经师授之谱所当补入者也。

【疏证】待考。《曝书亭集》未收入。

又按：五经始出，多系古文，辞义艰晦，非得训故，其何能通？博士转相授受，不无异同。石渠、虎观，讲说纷纶，帝临亲决，历久而后论定。汉之经师用力勤而训义艰，有功于经大矣。而又兢兢各守其师说，遇文有错互，一字一句不敢移易，其尊经也至，莫有侮圣人之言者。平心以揆之，汉人亦何罪之有？乃宋人之论，谓《诗》因《序》而亡，经因穷而绝，至以训诂之害等于秦火之燔，毋乃过与？呜呼！帖括盛而经义微，语录多而经义少，于是孔子之庑配食，祧汉而跻宋，说经者退，而高谈性命者始得进矣。

【疏证】待考。《曝书亭集》未收入。

又按：五经垂世，昔贤方之于海，比之日月，久而常新，挹而不竭，盖合羲、农、轩、尧、舜、禹、汤、文、武、周公、孔子数圣人而成，非一人一家之言也。朱子注《论语》，从《礼记》中摘出《中庸》《大学》，为之章句，配以《孟子》，题曰“四书”，谆谆诲人，以读书之法，先从四子始。由是淳熙而后，诸家解释《四书》渐多于说经者矣。元皇庆二年，定为考试程序。凡汉人、南人第一场试经疑二问，于《大学》《论语》《孟子》《中庸》内出题，并用朱氏《章句集注》。经义一道，各治一经，若蒙古、色目人第一场试经问五条，以《大学》《论语》《孟子》《中庸》内设问，亦用朱氏《章句集注》，则舍五经而专治《四书》矣。明代因之。学使者校士，以及府、州、县试，专以《四书》发题，惟乡、会试有经义四道，然亦先《四书》而后经，沿习既久，士子于经义仅涉略而已。至于习《礼》者恒删去经文之大半，习《春秋》者置《左氏传》不观，问以事之本末，茫然不知，经学于是乎日微。海其可枯乎？日月其可晦乎？此学者之所深惧也。梼昧之见，斟今酌古，谓试士之法，学使而下，宜经书并试，先经后书，乡会试亦然，盖书所同而经所独，专精其所独而同焉者不肯后于人，则经义书义庶几并治矣。若夫元人之试经义，《诗》以朱氏为主，《尚书》以蔡氏为主，《周易》以程氏、朱氏为主，三经兼用古注疏，《春秋》许用《三传》及《胡氏传》，《礼记》用古注疏。迨明洪武中损益之，《春秋》得兼用张洽《集注》，《礼记》则用陈澔《集说》，要仍不废古注疏，而永乐诸臣纂修《大全》，类攘窃一家之书以为书，废注疏而不采，先与取士程序不协，何得谓之“大全”乎？所当核诸书所本，各还原著书之人，别事纂修可也。

【疏证】语见朱彝尊《曝书亭集》卷六〇《经书取士议》。

四、《经义考·通说四·说纬》疏证

桓谭曰：凡人情忽于见事，而贵于异闻。观先王之所纪述，咸以仁义正道为本，非有奇怪虚诞之事。盖天道性命，圣人所难言也。自子贡以下不得而闻，况后世浅儒能通之乎？今诸巧慧小才技数之人，增益图书，矫称谶记，以欺惑贪邪，诖误人主，焉可不抑远之哉！其事虽有时合，譬犹卜数只偶之类。

【疏证】南朝宋范晔《后汉书》卷五八上《桓谭传》：是时，帝方信谶，多以决定嫌疑。又酬赏少薄，天下不时安定。谭复上疏曰：

臣前献瞽言，未蒙诏报，不胜愤懑，冒死得陈。愚夫策谋，有益于政道者，以合人心而得事理也。凡人情忽于见事而贵于异闻，观先王之所记述，咸以仁义正道为本，非有奇怪虚诞之事。盖天道性命，圣人所难言也。自子贡以下，不得而闻，况后世浅儒，能通之乎！今诸巧慧小才伎数之人，增益图书，矫称谶记，以欺惑贪邪，诖误人主，焉可不抑远之哉！臣谭伏闻陛下穷折方士黄白之术，甚为明矣；而乃欲听纳谶记，又何误也！其事虽有时合，譬犹卜数只偶之类。陛下宜垂明听，发圣意，屏群小之曲说，述五经之正义，略雷同之俗语，详通人之雅谋。又臣闻，安平则尊道术之士，有难则贵介胄之臣。今圣朝兴复祖统，为人臣主，而四方盗贼未尽归伏者，此权谋未得也。臣谭伏观陛下用兵，诸所降下，既无重赏以相恩诱，或至虏掠夺其财物，是以兵长渠率，各生狐疑，党辈连结，岁月不解。古人有言曰："天下皆知取之为取，而莫知与之为取。"陛下诚能轻爵重赏，与士共之，则何招而不至，何说而不释，何向而不开，何征而不克！如此，则能以狭为广，以迟为速，亡者复存，失者复得矣。

帝省奏，愈不悦。其后，有诏会议灵台所处，帝谓谭曰："吾欲以谶决之，何如？"谭默然良久，曰："臣不读谶。"帝问其故，谭复极言谶之非经。帝大怒曰："桓谭非圣无法，将下斩之！"谭叩头流血，良久乃得解。出为六安郡丞，意忽忽不乐，道病卒，时年七十余。

又曰：谶出河图、洛书，但有朕兆，而不可知。后人妄复加增，依托称自孔子，误之甚也。

【疏证】明陈耀文《经典稽疑》卷下引桓谭《新论》："谶出河图、洛书，但有朕兆，而不可知。后人复妄加，依托称是孔丘，误之甚也。"

张衡曰：圣人明审律历，以定吉凶，重之以卜筮，杂之以九宫，经天验道，本尽于此。或观星辰逆顺，寒燠所由，或察龟策之占，巫觋之言，其所因者，非一术也。立言于前，有征于后，故智者贵焉，谓之谶书。谶书始出，盖知之者寡。自汉取秦，用兵力战，功成业遂，可谓大事。当此之时，莫或称谶。若夏侯胜、眭孟之徒，以道术立名，其所述著，无谶一言。刘向父子领校秘书，阅定九流，亦无谶录。成、哀之后，乃始闻之。《尚书》尧使鲧理洪水，九载绩用不成，鲧则殛死，禹乃嗣兴。而《春秋谶》云共工理水。凡谶皆云黄帝伐蚩尤，而《诗谶》独以为“蚩尤败，然后尧受命”。《春秋元命包》中有公输班与墨翟事，见战国，非春秋时也。又言“别有益州”。益州之置在于汉世，其名三辅诸陵，世数可知。至于图中，讫于成帝，一卷之书，互异数事，圣人之言，势无若是，殆必虚伪之徒以要世取资。往者，侍中贾逵摘谶互异三十余事，诸言谶者皆不能说。至于王莽篡位，汉世大祸，八十篇何为不戒，则知图谶成于哀、平之世也。且河洛、六艺篇录已定，后人皮傅，无所容篡。永元中，清河宋景遂以历纪推言水灾，而伪称洞视玉版。或者至于弃家业，入山林，后皆无效，而复采前世成事以为证验。至于永建复统，则不能知。此皆欺世罔俗，以昧势位，情伪较然，莫知纠禁。且律历、卦候、九宫、风角，数有征效，世莫肯学，而竞称不占之书。譬犹画工，恶图犬马，而好作鬼魅，诚以实事难形，而虚伪不穷也。宜收藏图谶，一禁绝之，则朱紫无所眩，典籍无瑕玷矣。

【疏证】南朝宋范晔《后汉书》卷八九《张衡传》：初，光武善谶，及显宗、肃宗因祖述焉。自中兴之后，儒者争学图纬，兼复附以妖言。衡以图纬虚妄，非圣人之法，乃上疏曰：“臣闻圣人明审律历以定吉凶，重之以卜筮，杂之以九宫，经天验道，本尽于此。或观星辰逆顺，寒燠所由，或察龟策之占，巫觋之言，其所因者，非一术也。立言于前，有征于后，故智者贵焉，谓之谶书。谶书始出，盖知之者寡。自汉取秦，用兵力战，功成业遂，可谓大事。当此之时，莫或称谶。若夏侯胜、眭孟之徒，以道术立名，其所述著，无谶一言。刘向父子领校秘书，阅定九流，亦无谶录。成、哀之后乃始闻之。《尚书》尧使鲧理洪水，九载绩用不成，鲧则殛死，禹乃嗣兴。而《春秋谶》云共工理水。凡谶皆云黄帝伐蚩尤，而《诗谶》独以为蚩尤败，然后尧受命。《春秋元命包》中有公输班与墨翟，事见战国，非春秋时也。又言别有益州。益州之置，在于汉世。其名三辅诸陵，世数可知。至于图中，讫于成帝。一卷之书，互异数事，圣人之言，势无若是，殆必虚伪之徒以要世取资。往者，侍中贾逵摘谶互异三十余事，诸言谶者皆不能说。至于王莽篡位，汉世大祸，八十篇何为不戒？则知图谶成于哀、平之际也。且《河洛》《六艺》，篇录已定，后人皮傅，无所容篡。永元中，清河宋景遂以历纪推言水灾，而伪称洞视玉版。或者至于弃家业，入山林。后皆无效，而复采前世成事，以为证验。至于永建复统，则不能知。此皆欺世罔俗，以昧势位，情伪较然，莫之纠禁。且律历、卦候、九宫、风角，数有征效，世莫肯学，而竞称不占之书。譬犹画工，恶图犬马，而好作鬼魅，诚以实事难形，而虚伪不穷也。宜收藏图谶，一禁绝之，则朱紫无所眩，典籍无瑕玷矣。”

尹敏曰：谶书非圣人所作，其中多近鄙别字，颇类世俗之辞，恐疑误后生。

【疏证】南朝宋范晔《后汉书》卷七九上《儒林列传》：尹敏，字幼季，南阳堵阳人也。少为诸生。初习《欧阳尚书》，后受《古文》，兼善《毛诗》《穀梁》《左氏春秋》。建武二年，上疏陈《洪范》消灾之术。时，世祖方草创天下，未遑其事，命敏待诏公车，拜郎中，辟大司空府。帝以敏博通经记，令校图谶，使蠲去崔发所为王莽著录次比。敏对曰：“谶书非圣人所作，其中多近鄙别字，颇类世俗之辞，恐疑误后生。”帝不纳。敏因其阙文，增之曰：“君无口，为汉辅。”帝见而怪之，召敏问其故。敏对曰：“臣见前人增损图书，敢不自量，窃幸万一。”帝深非之，虽竟不罪，而亦以此沈滞。与班彪亲善，每相遇，辄日旰忘食，夜分不寝，自以为钟期、伯牙，庄周、惠施之相得也。后三迁长陵令。永平五年，诏书捕男子周虑。虑素有名称，而善于敏，敏坐系免官。及出，叹曰："喑聋之徒，真世之有道者也，何谓察察而遇斯患乎?"十一年，除郎中，迁谏议大夫。卒于家。

《东观汉记》卷一六《尹敏》：尹敏，字幼季，拜郎中，辟大司空府。上以敏博通经记，令校图谶，敏对曰："谶书非圣人所作，其中多近鄙别字，颇类世俗之辞，恐疑误后生。"迁长陵令。永平五年，诏书捕男子周虑，虑素有名字，与敏善，过侯敏坐，系免官，出乃叹曰："瘖聋之徒，真世之有道者也，何谓察察而遇斯祸也?"敏与班彪亲善，每相遇，与谈常日旰忘食，昼即至暝，夜则达旦。彪曰："相与久语，为俗人所怪。然钟子期死，伯牙破琴，曷为陶陶哉!"

顾炎武《日知录》卷一八"别字"条亦云："《后汉书·儒林书》：'谶书非圣人所作，其中多近鄙别字。'近鄙者，犹今俗用之字；别字者，本当为此字，而误为彼字也。今人谓之白字，乃'别'音之转。"

班固曰：圣人作经，贤者纬之。

【疏证】班固《汉书·叙传》："登孔颢而上下兮，纬群龙之所经。"应劭曰："颢，太颢也。孔，孔子也。群龙，喻群圣也。自伏羲下讫孔子，终始天道备矣。"孟康曰："孔，甚也。颢，大也。圣人作经，贤者纬之也。"师古曰："应说孔颢是也，孟说经纬是也。"

今按：此处将孟康之注文误读为班固之正文，鲁莽灭裂，不足为训。

苏竟曰：孔丘秘经，为汉赤制，玄包幽室，文隐事明。

【疏证】南朝宋范晔《后汉书》卷六〇上《苏竟传》："夫孔丘秘经，为汉赤制，玄包幽室，文隐事明。"李贤注："秘经，幽秘之经，即纬书也。赤制，解见《郅郓传》。包，藏也，言纬书玄秘，藏于幽室。文虽微隐，事甚明验。"赤制，谶纬家指汉朝的国运。《后汉书·公孙述传》："（公孙述）以为孔子作《春秋》，为赤制而断十二公，明汉至平帝十二代，历数尽也，一姓不得再受命。”《后汉书·郅郓传》：“汉历久长，孔为赤制，不使愚惑，残人乱时。”李贤注：“言孔丘作纬，著历运之期，为汉家之制。汉火德尚赤，故云为赤制，即《春秋感精符》云‘墨孔生为赤制’是也。”

王充曰：神怪之言，皆在谶记，所表皆效图书。

【疏证】汉王充《论衡》卷二六《实知篇》：儒者论圣人，以为前知千岁，后知万事，有独见之明，独听之聪，事来则名，不学自知，不问自晓，故称圣，则神矣。若蓍龟之知吉凶，蓍草称神，龟称灵矣。贤者才下不能及，智劣不能料，故谓之贤。夫名异则实殊，质同则称钧，以圣名论之，知圣人卓绝，与贤殊也。孔子将死，遗谶书，曰：“不知何一男子，自谓秦始皇，上我之堂，踞我之床，颠倒我衣裳，至沙丘而亡。”其后，秦王兼吞天下，号始皇，巡狩至鲁，观孔子宅，乃至沙丘，道病而崩。又曰：“董仲舒，乱我书。”其后，江都相董仲舒，论思《春秋》，造著传记。又书曰：“亡秦者，胡也。”其后，二世胡亥，竟亡天下。用三者论之，圣人后知万世之效也。孔子生不知其父，若母匿之，吹律自知殷宋大夫子氏之世也。不案图书，不闻人言，吹律精思，自知其世，圣人前知千岁之验也。曰：此皆虚也。案：神怪之言，皆在谶记，所表皆效图书。“亡秦者胡”，河图之文也。孔子条畅增益以表神怪，或后人诈记，以明效验。高皇帝封吴王，送之，拊其背曰：“汉后五十年，东南有反者，岂汝邪？”到景帝时，濞与七国通谋反汉。建此言者，或时观气见象，处其有反，不知主名。高祖见濞之勇，则谓之是。原此以论，孔子见始皇、仲舒，或时但言“将有观我之宅”、“乱我之书”者，后人见始皇入其宅，仲舒读其书，则增益其辞，著其主名。如孔子神而空见始皇、仲舒，则其自为殷后子氏之世，亦当默而知之，无为吹律以自定也。孔子不吹律，不能立其姓，及其见始皇，睹仲舒，亦复以吹律之类矣。案始皇本事，始皇不至鲁，安得上孔子之堂，踞孔子之床，颠倒孔子之衣裳乎？始皇三十七年十月癸丑出游，至云梦，望祀虞舜于九嶷。

浮江下，观藉柯，度梅渚，过丹阳，至钱唐，临浙江，涛恶，乃西百二十里，从陕中度，上会稽，祭大禹，立石刊颂，望于南海。还过，从江乘，旁海上，北至琅邪。自琅邪北至劳、成山，因至之罘，遂并海，西至平原津而病，崩于沙丘平台。既不至鲁，谶记何见而云始皇至鲁？至鲁未可知，其言孔子曰“不知何一男子”之言，亦未可用。“不知何一男子”之言不可用，则言“董仲舒乱我书”亦复不可信也。行事，文记谲常人言耳，非天地之书，则皆缘前因古，有所据状。如无闻见，则无所状。凡圣人见祸福也，亦揆端推类，原始见终，从闾巷论朝堂，由昭昭察冥冥。谶书秘文，远见未然，空虚暗昧，豫睹未有，达闻暂见，卓谲怪神，若非庸口所能言。

韩敕曰：八皇三代，至孔乃备。三阳吐图，二阴出谶。

【疏证】宋洪适《隶释》卷一《汉鲁相造孔庙礼器碑》：皇戏统华胥，承天画卦。颜育空桑，孔制元孝。俱祖紫宫，大一所授。前门九头，以什言教。后封百王，获麟来吐。制不空作，承天之语。乾元以来，三九之载。八皇三代，至孔乃备。圣人不世，期五百载。三阳吐图，二阴出谶。制作之义，以俟知奥。

荀悦曰：世称纬书仲尼之作，臣悦叔父故司空爽辩之，盖发其伪也。或曰：“以己杂仲尼乎？以仲尼杂己乎？”若彼者，以仲尼杂己而已，然则所谓八十一首，非仲尼之作矣。或曰：“燔诸?”曰：“仲尼之作则否，有取焉则可，曷其燔?”

【疏证】汉荀悦《申鉴》卷三《俗嫌第三》。“世称纬书仲尼之作也。”黄省曾注：“世之说者，谓孔子既叙六经，以明天人之道，知后世不能稽同其意，故别立纬及谶以遗来世。光武之世，笃信斯术，学者风靡，是以桓谭、张衡辈常发其虚伪矣。”“臣悦叔父、故司空爽辨之，盖发其伪也。”黄省曾注：“爽字慈明，董卓辅政，征之爽，欲遁，命吏持之，急不得去，因复就拜平原相，行至宛陵，复追为光禄勋，视事三日，进拜司空。爽见董卓忍暴滋甚，必危社稷，其所辟举皆取才略之士将共图之，亦与司徒王允及卓长史何颙等为内谋，会病薨。常著《礼》《易传》《诗传》《尚书正经》《春秋条例》《公羊问》《辨谶》等篇。按：爽父淑有子八人：俭、绲、靖、焘、汪、爽、肃、专，而悦则俭之子，故爽于悦为叔父。所谓《辨谶》，即其发伪之书也。”“有起于中兴之前，终张之徒之作乎？”黄省曾注：“起于哀、平。”

孟达曰：夫不经之言，而有验应者，号曰世谶也。

【疏证】唐虞世南《北堂书抄》卷九六：“不经之言，号曰世谶。”明陈禹谟补注：“《蜀志》：孟达与刘封书云：‘夫不经之言而有验应者，号曰世谶也。’”

刘熙曰：纬，围也，反复围绕以成经也。图，度也，尽其品度也。谶，纤也，其义纤微也。

【疏证】汉刘熙《释名》卷六《释典艺》：三坟，坟，分也，论三才之分，天地人之治，其体有三也。五典，典，镇也，制法所以镇定上下，其等有五也。八索，索，素也，著素王之法，若孔子者圣而不王，制此法者有八也。九丘，丘，区也，区别九州，土气教化所宜施者也。此皆三王以前上古羲皇时书也。今皆亡，惟尧典存也。经，径也，如径路无所不通，可常用也。纬，围也，反复围绕以成经也。图，度也，尽其品度也。谶，纤也，其义纤微也。易，易也，言变易也。礼，体也，得其事体也。仪，宜也，得事宜也。

挚虞曰：图谶之属，虽非正文之制，然取其纵横有义，反复成章。

【疏证】唐虞世南《北堂书抄》卷一〇〇：“纵横有义，反复成章。”明陈禹谟补注：“挚虞《文章流别论》云：‘图谶之属，虽非正文之制，然以取其纵横有义，反复成章。’”《御定渊鉴类函》卷一九六同。今按，《御定渊鉴类函》系抄袭前代类书而成。康熙序云：“命儒臣逖稽旁搜，泝洄往籍，网罗近代，增其所无，详其所略，参伍错综，以摘其异，探赜索隐，以约其同。要之，不离乎以类相从，而类始备焉。书成，计四百五十卷。夫自有类书迄于今千有余年，而集其大成。”

范晔曰：桓谭以不善谶流亡，郑兴以逊辞仅免。贾逵能附会文致，最差贵显。世主以此论学，悲矣哉！

【疏证】《后汉书》卷六六论曰：“郑、贾之学，行乎数百年中，遂为诸儒宗，亦徒有以焉尔。桓谭以不善谶流亡，郑兴以逊辞仅免。贾逵能附会文致，最差贵显。世主以此论学，悲矣哉！”

又曰：河洛之文，龟龙之图，箕子之术，师旷之书，纬候之部，（铨）［钤］决①之符，皆所以探抽冥赜，参验人区，时有可闻者焉。汉自武帝好方术，后王莽矫用符命，及光武犹信谶言，士之赴趋时宜者，皆驰骋穿凿，争谈之，故王梁、孙咸名应图箓，越登槐鼎之位；郑兴、贾逵，以附同称显；桓谭、尹敏，以乖忤沦败。自是习为内学，尚奇文，贵异数，不乏于时矣。

【疏证】《后汉书》卷八二上《方术列传第七十二上》：仲尼称《易》有君子之道四焉，曰“卜筮者尚其占”。占也者，先王所以定祸福，决嫌疑，幽赞于神明，遂知来物者也。若夫阴阳推步之学，往往见于坟记矣。然神经怪牒、玉策金绳，关扃于明灵之府、封縢于瑶坛之上者，靡得而窥也。至乃河洛之文，龟龙之图，箕子之术，师旷之书，纬候之部，钤决之符，皆所以探抽冥赜、参验人区，时有可闻者焉。其流又有风角、遁甲、七政、元气、六日七分、逢占、日者、挺专、须臾、孤虚之术，乃望云省气，推处祥妖，时亦有以效于事也。而斯道隐远，玄奥难原，故圣人不语怪神，罕言性命。或开末而抑其端，或曲辞以章其义，所谓“民可使由之，不可使知之”。汉自武帝颇好方术，天下怀协道艺之士，莫不负策抵掌，顺风而届焉。后王莽矫用符命，及光武尤信谶言，士之赴趣时宜者，皆骋驰穿凿，争谈之也。故王梁、孙咸，名应图

---

① 钤决，古代兵法有《玉钤篇》和《玄女六韬要决》，后因以“钤决”泛指兵书或谋略。

箓，越登槐鼎之任；郑兴、贾逵，以附同称显；恒谭、尹敏，以乖忤沦败。自是习为内学，尚奇文，贵异数，不乏于时矣。是以通儒硕生，忿其奸妄不经，奏议慷慨，以为宜见藏摈。子长亦云："观阴阳之书，使人拘而多忌。"盖为此也。

萧绮曰：童谣信于春秋，谶辞烦于汉末。

【疏证】语见《曝书亭集》卷六〇《说纬》。

刘勰曰：六经彪炳，而纬候稠叠；《孝》《论》昭晰，而《钩》《谶》葳蕤。按经验纬，其伪有四：盖纬之成经，其犹织综，丝麻不杂，布帛乃成。今经正纬奇，倍擿千里，其伪一矣。经显，圣训也；纬隐，神教也。圣训宜广，神教宜约，而今纬多于经，神理更繁，其伪二矣。有命自天，乃称符谶，而八十一篇皆托于孔子，则是尧造绿图，昌制丹书，其伪三矣。商周以前，图箓频见，春秋之末，群经方备，先纬后经，体乖织综，其伪四矣。伪既倍摘，则义异自明，经足训矣，纬何豫焉？……乃技数之士附以诡术，或说阴阳，或序灾异，若鸟鸣似语，虫叶成字，篇条滋蔓，必假孔氏，通儒讨覈，谓起哀、平，东序秘宝，朱紫乱矣。至于光武之世，笃信斯术。风化所靡，学者比肩。沛献集纬以通经，曹褒撰谶以定礼，乖道谬典，亦已甚矣。是以桓谭疾其虚伪，尹敏戏其深瑕，张衡发其僻谬，荀悦明其诡诞：四贤博练，论之精矣。

【疏证】梁刘勰《文心雕龙》卷一《正纬第四》：夫神道阐幽，天命微显，马龙出而大《易》兴，神龟见而《洪范》耀，故《系辞》称"河出图，洛出书，圣人则之"，斯之谓也。但世夐文隐，好生矫诞，真虽存矣，伪亦凭焉。夫六经彪炳，而纬候稠叠；《孝》《论》昭晰，而《钩》《谶》葳蕤。按经验纬，其伪有四：盖纬之成经，其犹织综，丝麻不杂，布帛乃成。今经正纬奇，倍擿千里，其伪一矣。经显，圣训也；纬隐，神教也。圣训宜广，神教宜约，而今纬多于经，神理更繁，其伪二矣。有命自天，乃称符谶，而八十一篇皆托于孔子，则是尧造绿图，昌制丹书，其伪三矣。商周以前，图箓频见，春秋之末，群经方备，先纬后经，体乖织综，其伪四矣。伪既倍摘，则义异自明，经足训矣，纬何豫焉？原夫图箓之见，乃昊天休命，事以瑞圣，义非配经。故河不出图，夫子有叹，如或可造，无劳喟然。昔康王河图，陈于东序，故知前世符命，历代宝传，仲尼所撰，序录而已。于是技数之士附以诡术，或说阴阳，或序灾异，若鸟鸣似语，虫叶成字，篇条滋蔓，必假孔氏，通儒讨覈，谓起哀、平，东序秘宝，朱紫乱矣。至于光武之世，笃信斯术。风化所靡，学者比肩。沛献集纬以通经，曹褒选谶以定礼，乖道谬典，亦已甚矣。是以桓谭疾其虚伪，尹敏戏其深瑕，张衡发其僻谬，荀悦明其诡诞：四贤博练，论之精矣。若乃羲、农、轩、皞之源，山渎、钟律之要，白鱼、赤乌之符，黄金、紫玉之瑞，事丰奇伟，辞富膏腴，无益经典，而有助文章。是以后来辞人，采摭英华。平子恐其迷学，奏令禁绝；仲豫惜其杂真，未许煨燔。前代配经，故详论焉。赞曰：荣河温洛，是孕图纬。神宝藏用，理隐文贵。世历二汉，朱紫腾沸。芟夷谲诡，糅其雕蔚。

刘昭曰：纬候众书，宗贵神鬼，出没隐显，动挟诞怪，该核阴阳，徼迎起伏，或有先征，时能后验。故守寄构思，杂称晓辅。通儒达好，时略文滞。公输益州，具于张衡之诘。无口汉辅，炳乎尹敏之讽。图谶纷伪，其俗多矣。

【疏证】《后汉书》卷三四刘昭补注：应劭曰：自上安下曰尉，武官悉以为称。《前书》曰秦官，郑玄注《月令》亦曰秦官。《尚书中候》云舜为太尉，束皙据非秦官，以此追难玄焉。臣昭曰：纬候众书，宗贵神诡，出没隐显，动挟诞怪，该核阴阳，徼迎起伏，或有先征，时能后验。故守寄构思，杂称晓辅。通儒达好，时略文滞。公输益州，具于张衡之诘。无口汉辅，炳乎尹敏之讽。图谶纷伪，其俗多矣。太尉官实司天，虞舜作宰，璇衡赋政，将是据后位以书前，非唐官之实号乎？太尉所职，即舜所掌，遂以同掌追称太尉，乃《中候》之妄，盖非官之为谬。康成渊博，自注《中候》，裁及注《礼》，而忘舜位，岂其实哉？此是不发讥于《中候》，而正之于《月令》也。广微之诮，未探硕意。《说苑》曰："当尧之时，舜为司徒。"《新论》曰："昔尧试于大麓者，领录天子事，如今尚书官矣。”《古史考》曰：“舜居百揆，总领百事。说者以百揆，尧初别置于周，更名冢宰，斯其然矣。”

《隋书·经籍志》曰：说者云，孔子既叙六经，以明天人之道，知后世不能稽同其意，故别立纬及谶，以遗来世。其书出于前汉，有《河图》九篇，《洛书》六篇，云自黄帝至周文王所受本文。又别有三十篇，云自初起至于孔子，九圣之所增演，以广其意。又有《七经纬》三十六篇，并云孔子所作，并前合为八十一篇。而又有《尚书中候》《洛罪级》《五行传》《诗推度灾》《氾历枢》《含神雾》《孝经勾命决》《援神契》《杂谶》等书。汉代有郗氏、袁氏说。汉末郎中郗萌集图纬谶杂占为五十篇，谓之《春秋灾异》。宋均、郑玄并为谶律之注。然其文辞浅俗，颠倒舛谬，不类圣人之旨。相传疑世人造为之后，或者又加点窜，非其实录。起王莽好符命，光武以图谶兴，遂盛行于世。汉时，又诏东平王苍正五经章句，皆命从谶。俗儒趋时，益为其学，篇卷第目，转加增广。言五经者皆凭谶为说。……至宋大明中，始禁图谶。梁天监以后，又重其制。及高祖受禅，禁之逾切。炀帝即位，乃发使四出，搜天下书籍，与谶纬相涉者皆焚之，为吏所纠者至死。自是无复其学，秘府之内，亦多散亡。

【疏证】《隋书·经籍志》曰：《易》曰：“河出图，洛出书。”然则圣人之受命也，必因积德累业，丰功厚利，诚著天地，泽被生人，万物之所归往，神明之所福飨，则有天命之应。盖龟龙衔负，出于河、洛，以纪易代之征，其理幽昧，究极神道。先王恐其惑人，秘而不传。说者又云，孔子既叙六经，以明天人之道，知后世不能稽同其意，故别立纬及谶，以遗来世。其书出于前汉，有《河图》九篇，《洛书》六篇，云自黄帝至周文王所受本文。又别有三十篇，云自初起至于孔子，九圣之所增演，以广其意。又有《七经纬》三十六篇，并云孔子所作，并前合为八十一篇。而又有《尚书中候》《洛罪级》《五行传》《诗推度灾》《氾历枢》《含神务》《孝经勾命决》《援神契》《杂谶》等书。汉代有郗氏、袁氏说。汉末，郎中郗萌集图纬谶杂占为五十篇，谓之《春秋灾异》。

宋均、郑玄并为谶律之注。然其文辞浅俗，颠倒舛谬，不类圣人之旨。相传疑世人造为之后，或者又加点窜，非其实录。起王莽好符命，光武以图谶兴，遂盛行于世。汉时，又诏东平王苍正五经章句，皆命从谶。俗儒趋时，益为其学，篇卷第目，转加增广。言五经者，皆凭谶为说。唯孔安国、毛公、王璜、贾逵之徒独非之，相承以为妖妄，乱中庸之典。故因汉鲁恭王、河间献王所得古文，参而考之，以成其义，谓之“古学”。当世之儒，又非毁之，竟不得行。魏代王肃，推引古学，以难其义。王弼、杜预，从而明之，自是古学稍立。至宋大明中，始禁图谶，梁天监已后，又重其制。及高祖受禅，禁之逾切。炀帝即位，乃发使四出，搜天下书籍与谶纬相涉者，皆焚之，为吏所纠者至死。自是无复其学，秘府之内，亦多散亡。今录其见存，列于六经之下，以备异说。

唐章怀太子贤曰：七纬①者，《易纬》：《稽览图》《乾凿度》《坤灵图》《通卦验》《是类谋》《辨终备》也；《书纬》：《璇玑钤》《考灵耀》《刑德收》《帝命验》《运期授》也；《诗纬》：《推度灾》《汜历枢》《含神雾》也；《礼纬》：《含文嘉》《稽命征》《斗威仪》也；《乐纬》：《动声仪》《稽耀嘉》《叶图征》也；《孝经纬》：《援神契》《钩命决》也；《春秋纬》：《演孔像》《素命包》《文耀钩》《运斗枢》《感精符》《合诚图》《考异邮》《保乾图》《汉含孳》《佑助期》《握诚图》《潜潭巴》《说题辞》也。

【疏证】《后汉书》卷一〇二上《樊英传》：“樊英字季齐，南阳鲁阳人也。少受业三辅，习京氏易，兼明五经，又善风角算、河洛七纬、推步灾异。”唐章怀太子贤注：“七纬者，《易纬》：《稽览图》《乾凿度》《坤灵图》《通卦验》《是类谋》《辨终备》也，《书纬》：《璇玑钤》《考灵耀》《刑德收》《帝命验》《运期授》也，《诗纬》：《推度灾》《汜历枢》《含神务》也。《礼纬》：《含文嘉》《稽命征》《斗威仪》也。《乐纬》：《动声仪》《稽耀嘉》《叶

① 七纬，指《易纬》《书纬》《诗纬》《礼纬》《乐纬》《春秋纬》《孝经纬》七种纬书。

图征》也。《孝经纬》:《援神契》《钩命决》也。《春秋纬》:《演孔像》《素命包》《文耀钩》《运斗枢》《感精符》《合诚图》《考异邮》《保乾图》《汉含孳》《佑助期》《握诚图》《潜潭巴》《说题辞》。"

孔颖达曰:纬文鄙近,不出圣人,前贤共疑,有所不取。

【疏证】《尚书序》孔颖达疏:《艺文志》曰:"仲尼没而微言绝,七十子丧而大义乖。"况遭秦焚书之后,群言竞出,其纬文鄙近,不出圣人。前贤共疑,有所不取;通人考正。伪起哀、平,则孔君之时未有此纬,何可引以为难乎?其马、郑诸儒以据文立说,见后世圣人在九事之科,便谓书起五帝,自所见有异,亦不可难孔也。

又曰:龟负洛书,经无其事,《中候》及诸纬多说黄帝、尧、舜、禹、汤、文、武受图书之事,皆云龙负图,龟负书。纬候之书,不知谁作,通人讨核,谓伪起哀、平者也。

【疏证】《尚书注疏》卷一一孔颖达疏:河出图,则而画之,八卦是也。禹治洪水,锡洛书法而陈之,《洪范》是也。先达共为此说,龟负洛书,经无其事,《中候》及诸纬多说黄帝、尧、舜、禹、汤、文、武受图书之事,皆云龙负图,龟负书。纬候之书,不知谁作,通人讨核,谓伪起哀、平,虽复前汉之末,始有此书,以前学者必相传此说,故孔以九类,是神龟负文而出列于背有数,从一而至于九,禹见其文,遂因而第之,以成此九类法也。此九类陈而行之,常道所以得次叙也。言禹第之者,以天神言语必当简要,不应曲有次第丁宁若此,故以为禹次第之。禹既第之,当有成法可传,应人尽知之,而武王独问箕子者,《五行志》云:圣人行其道而宝其真,降及于殷,箕子在父师之位而典之。周既克殷,以箕子归周,武王亲虚己而问焉。言箕子兴其事,故武王特问之。其义或当然也。若然,大禹既得九类,常道始有次叙,未有洛书之前,常道所以不乱者。世有浇淳,教有疏密,三皇以前,无文亦治,何止无洛书也。但既得九类以后,圣王法而行之,从之则治,违之则乱，故此说常道攸叙攸斁，由洛书耳。

杨侃曰：纬书之类谓之秘经，图谶之书谓之内学，河洛之书谓之灵篇。

【疏证】《四库全书总目》卷六易纬案语：班固称："圣人作经，贤者纬之。"杨侃称："纬书之类谓之秘经，图谶之类谓之内学，河洛之书谓之灵篇。"胡应麟亦谓："谶纬二书，虽相表里，而实不同。"则纬与谶别，前人固已分析之，后人连类而讥，非其实也。

今按：杨侃，钱塘人，端拱中进士，官至集贤院学士，晚为知制诰，避真宗旧讳，更名大雅。

徐锴曰：图谶之兴，兴于两汉。自唐尧申四岳之命，箕子陈五行之书，河图洛书，圣人则之，此天所以阴骘下民，而圣人知命之术也。自董仲舒、刘向博极其学，自余诸子多非兼才，其陈说图谶，皆玄契将来，然离合文字，本非其术，至使所作符命文字，皆俗体相兼，颜之推论之详矣。又童谣符谶，亦天所以告俗人，或时之识占候者随事而作，以传俗闻，未可以文字言也。

【疏证】宋徐锴《说文系传》卷三六：图谶之兴，兴于两汉。自唐尧申四岳之命，箕子陈五行之书，河图洛书，圣人则之，此天所以阴骘下人，而圣人知命之术也。自仲舒、刘向博极其学，自余诸子多非兼才，其陈说图谶，皆玄契将来，然离合文字，本非其术，至使所作符命文字，皆俗体相兼，颜之推论之详矣。又童谣谶，亦天所以告俗人，或时之识占候者随事而作，以传俗闻，未可以文字言也。君子于其言无所苟而已矣，况文字乎？又点画之法著自前闻，盖博物君子优游端粹，援毫布墨，写其心素，宽闲由其，乐易精粹，自其端平，规旋矩折，如中绳墨。萧何题署，张芝章草，笔迹轻重，著在缣缃，而后之学者弃本逐末，争求点画之妙，不测布置之由，乃至删除点画，加减随意，是有扽干之才，而不得栋宇之法，豫章杞梓得无枉屈之叹乎？目巧之室，臣所不取。又梁武帝观钟繇书云损补巧密，臣以为损谓字阔则画短，间狭则点微，补谓字狭则画盈，字疏则点壮尔。古谓善结字者谓布置也，点画虽多，善布置者不觉其密，点画虽少，能结字者不见其疏，此乃可称尔。若多则师心以减，少则任意以增，以求平满，则谁实不能事不师古，亦臣所耻。今文字可谓讹矣，陛下神袪胜气，独冠皇流，多才多艺，俯弘小学，以虞舜好问之德，兼汉宣乙夜之勤，盖太山起于一拳，巨海由乎一勺，将裨事业无遗幽介，臣亦何者，而不上其所见哉！

魏收《魏书·高祖纪上》：九年春正月戊寅诏曰：图谶之兴，起于三季，既非经国之典，徒为妖邪所凭，自今图谶秘纬及名为《孔子闭房记》者，一皆焚之，留者以大辟论。又诸巫觋假称神鬼、妄说吉凶及委巷诸卜非坟典所载者，严加禁断。

余靖曰：纬候相高，号虽同于怪牒，典坟一贯，理终异于神经。齐七政于玑衡，本殊象秘。立五经之管钥，当备微文。

【疏证】宋余靖《武溪集》卷一三《乙家有论语谶或告其私蓄禁书不伏》：疑众成书，必严邦禁；解经有说，宁废家藏。义已著于公行，罚岂同于私习。乙志勤稽，古学富穷微巾箱。如务于多闻，几案遂存于异览。名以出义，虽比桓谭之非。书不尽言，盖述仲尼之志。何或人之致诘，昧前圣之垂规。齐七政于玑衡，本殊秘象。立五经之管辖，当备微文。岂令该博之徒，尽比包藏之禁。至若干文渊邈，时变幽深，皆倚伏之难明，恐生灵之易惑，乱之所由生也。民不可使知之，爰著前闻，式严彝宪，我异于是，人其谓何？纬候相高，号虽同于怪牒，典坟一贯，理终异于神经。自当参验人区，岂独探抽真赜。术符箕子，犹存建极之谈。时匪李斯，难举挟书之律。

欧阳修曰：士之所本在乎六经，而自暴秦燔书，圣道中绝，汉兴收拾亡逸，所存无几，或残篇断简出于屋壁，而余龄昏眊得其口传，去圣既远，莫可考证，偏学异说，因自名家，然而授受相传，尚有师法。暨晋宋而下，师道渐亡，章句之篇，家藏私蓄，其后各为笺传附著经文，其说存亡，以时好恶，学者茫昧，莫知所归。至唐太宗时，始诏名儒撰定九经之疏，号为《正义》，凡数百篇。自尔以来，著为定论，凡不本《正义》者谓之异端，则学者之宗师，百世之取信也。然其所载既博，所择不精，多引谶纬之书以相杂乱，怪奇古僻，所谓非圣之书，异乎正义之名也。臣欲乞特诏名儒学官，悉取九经之疏，删去谶纬之文，使学者不为怪异之言之所惑乱，然后经义纯一，无所驳杂，其用功至少，其为益则多。臣愚以谓欲使士子学古励行而不本六经，欲学六经而不去其诡异驳杂，欲望功化之成，不可得也。

【疏证】宋欧阳修《文忠集》卷一一二《论删去九经正义中谶纬札子》：臣伏见国家近年以来，更定贡举之科，以为取士之法，建立学校，而勤养士之方，然士子文章未纯，节行未笃，不称朝廷励贤兴善之意，所以化民成俗之风。臣愚以为，士之所本，在乎六经，而自暴秦焚书，圣道中绝，汉兴收拾亡逸，所存无几，或残编断简出于屋壁，而余龄昏眊得其口传，去圣既远，莫可考证，偏学异说，因自名家，然而授受相传，尚有师法，暨晋宋而下，师道渐亡，章句之篇，家藏私畜，其后各为笺传，附著经文，其说存亡以时好恶。学者茫昧，莫知所归。至唐太宗时，始诏名儒撰定九经之疏，号为《正义》，凡数百篇。自尔以来，著为定论，凡不本《正义》者谓之异端，则学者之宗师，百世之取信也。然其所载既博，所择不精，多引谶纬之书以相杂乱，怪奇诡僻，所谓非圣之书，异乎正义之名也。臣欲乞特诏名儒学官，悉取九经之疏，删去谶纬之文，使学者不为怪异之言惑乱，然后经义纯一，无所驳杂，其用功至少，其为益则多。臣愚以为欲使士子学古励行而不本六经，欲学六经而不去其诡异驳杂，欲望功化之成，不可得也。伏望圣慈下臣之言，付外详议，今取进止。

又曰：自周衰，礼乐坏于战国，而废绝于秦。汉兴，六经在者皆错乱散亡杂伪，而诸儒方共补缉，以意解诂，未得其真。而谶纬之书出以乱经，郑玄之徒号称大儒，皆主其说。学者由此牵惑没溺，而时君不能断决，由是郊丘明堂之论，至于纷然而莫知所止。《礼》曰："以禋祀祀昊天上帝。"此天也。玄以为天皇大帝者，北辰耀魄宝也。

【疏证】欧阳修《新唐书·礼乐志》：自周衰，礼乐坏于战国，而废绝于秦。汉兴，六经在者皆错乱散亡杂伪，而诸儒方共补缉，以意解诂，未得其真。而谶纬之书出以乱经矣。自郑玄之徒号称大儒，皆主其说。学者由此牵惑没溺，而时君不能断决，以为有其举之，莫可废也。由是郊丘明堂之论，至于纷然而莫知所止。《礼》曰："以禋祀祀昊天上帝。"此天也。玄以为天皇大帝者，北辰耀魄宝也。

又曰：兆五帝于四郊。此五行精气之神也。玄以为青帝灵威仰，赤帝赤熛怒，黄帝含枢纽，白帝白招拒，黑帝汁光纪者，五天也。由是有六天之说，后世莫能废焉。虽然，礼之失也，岂独纬书之罪哉？在于学者好为曲说，而人君一切临时申其私意，以增多为尽礼，而不知烦数之为黩也。

【疏证】语见欧阳修《新唐书·礼乐志》。

郑樵曰：谶纬之学，起于前汉，及王莽好符命，光武以图谶兴，遂盛行于世。汉时又诏东平王苍正五经章句，皆命从谶。俗儒趋时，益为其学，惟孔安国、毛公、王璜、贾逵独非之。至宋大明中，始禁图谶。梁天监已后，又重其制。隋炀帝发使，四方搜天下书籍，与谶纬相涉者皆焚之，为吏所纠者至死，自是无复有其学。至唐，惟余《书》《易》《礼》《乐》《春秋》《论语》《孝经》七纬，《诗》二纬，共九纬而已。

【疏证】语见郑樵《通志·艺文略》。

胡寅曰：谶书原于《易》之推往以知来，周家卜世得三十，卜年得八百，此知来之的也。《易》道既隐，卜筮者溺于考测，必欲奇中，故分流别派，其说寖广，要之，各有以也。《易》道所明，时有所用，知道者以义处命，理行则行，理止则止，术数之学盖不取也。光武早岁从师长安受《尚书》大义，夷考其行事，盖儒流之英杰也，何乃蔽于谶文，牢不可破邪？

【疏证】元马端临《文献通考·经籍考》引致堂胡氏曰：谶书原于《易》之“推往以知来”，周家卜世得三十，卜年得八百，此知来之的也。《易》道既隐，卜筮者溺于考测，必欲奇中，故分流别派，其说寖广。要之，各有以也。《易》道所明时，有所用知道者，以义处命，理行则行，理止则止，术数之学盖不取也。光武早岁从师长安，受尚书大义，夷考其行事，盖儒流之英杰也，何乃蔽于谶文，牢不可破耶？

又曰：纬书原本于五经而失之者也，而尤紊于鬼神之理、幽明之故，非知道者不能识。自孟子而后，知道者鲜矣，所以易惑而难解也。断国论者诚能一决于圣人之经，经所［不］载者，虽有纬书、谶记，屏而不用，则庶乎其不谬于理也。

【疏证】元马端临《文献通考·经籍考》引致堂胡氏曰：纬书原本于五经而失之者也，而尤紊于鬼神之理、幽明之故。夫鬼神之理、幽明之故，非知道者不能识。自孟子而后，知道者鲜矣所，以易惑而难解也。断国论者诚能一决于圣人之经，经所不载，虽有纬书、谶记，屏而不用，则庶乎其不谬于理也。

晁公武曰：纬书起汉哀、平，光武既以谶立，故笃信之。陋儒阿世，学者甚众，郑玄、何休以之通经，曹褒以之定礼，历代革命之际，莫不引谶为符命，故桓谭、张衡之徒皆深嫉之。自苻坚之后，其学殆绝。使其尚存，犹不足信，况又非其真也。

【疏证】宋晁公武《郡斋读书志》卷一上：《易乾凿度》二卷。右旧题苍颉修古籀文郑氏注。按唐《四库书目》有郑玄注《书》《诗纬》，及有宋均注《易纬》，而无此书。其中多有不可晓者，独九宫之法颇明。昔通儒谓纬书伪起哀、平，光武既以谶立，故笃信之。陋儒阿世，学者甚众，郑玄、何休以之通经，曹褒以之定礼，历代革命之际莫不引谶为符瑞，故桓谭、张衡之徒皆深疾之。自符坚之后，其学殆绝。就使其尚存，犹不足信，况此又非真也。

洪迈曰：图谶星纬之学，岂不或中，然要为误人，圣贤所不道也。眭孟睹公孙病已之文，劝汉昭帝求索贤人，禅以帝位，而不知宣帝实应之，孟以此诛；孔熙先知宋文帝祸起骨肉，江州当出天子，故谋立江州刺史彭城王，而不知孝武实应之，熙先以此诛；当涂高之谶，汉光武以诘公孙述；袁术、王浚皆自以姓名，或父子应之，以取灭亡，而其兆为曹操之魏；两角犊子之谶，周子谅以劾牛仙客，李德裕以议牛僧孺，而其兆为朱温；隋炀帝谓李氏当有天下，遂诛李金才之族，而唐高祖乃代隋；唐太宗知女武将窃国命，遂滥五娘子之诛，而阿武婆几易姓；武后谓代武者刘，刘无强姓，殆流人也，遂遣六道使悉杀之，而刘幽求佐临淄王平内难，韦、武二族皆殄灭；晋张华、郭璞、魏崔伯深皆精于天文占筮，言事如神，然皆不免于身诛家族，况其下者乎？

【疏证】语见宋洪迈《容斋随笔》卷一六《谶纬之学》。

吕祖谦曰：谶记之伪易知，只缘光武以符命起，故笃信之，亦是欲蔽明也。杨春卿有祖传秘记，而为公孙述将以杀身，谶记之学何益？谶记出于术数之士，岂无小验，然无益于治乱，徒足为害耳。人主以谶害政，学者以谶害身。隋文帝创业大类始皇，然始皇焚书，文帝焚谶，利害相反也。

【疏证】待考。

又曰：谶记之学以术数推天人，以为天灾人事皆有定数，如此将怠于修省，急于消伏。以天变言之，君子虽可假此以去小人，小人亦将假此以害君子，以正治邪，犹虑不胜，况以邪治邪乎？襄楷以天文星象言宫女之祸，虽感帝能宽其死，至上琅邪于吉神书，其不以左道诛者，幸也。

【疏证】待考。

叶适曰：河出图，洛出书，孔子之前已有此论，其后随有谶纬之说，起于畏天，而成于诬天矣。

【疏证】宋叶适《习学记言》卷三七：因隋史叙谶纬事，古圣人所以为治道者，必能知天人之常理，而顺行之，武王所谓“阴骘相协，以为彝伦”者也。鲧以人欲胜天，水方泛滥，不能顺导，乃崇土以塞之，一事不顺，天人之理乱矣，此桀纣暴德之始，三代汉唐之所由分也。然学者不足以知之，则河出图，洛出书，孔子之前已有此论，而其后遂有谶纬之说，起于畏天，而成于诬天，况五事人之所为无预于五行，学者之陋一至于此，及其消磨息灭，费多少气力，而圣人之治终不复可施，故隋文虽焚谶，而妄称祥瑞，至有袁充、王劭之事，又甚于谶矣。

陈善曰：《五经正义》多引谶纬，反害正经，皆可删。

【疏证】元陶宗仪《说郛》卷二二上引陈善《扪虱新话》“谶纬害经”：五经正文多引谶纬，反害正经，皆可删。欧阳公昔尝有札子论其事，今《三国志》注多引神怪小说，无补正史处亦可删。

陈振孙曰：按《后汉书》纬候之学注言：纬，七纬也；候，《尚书中候》也。谶纬之说起于哀、平、王莽之际，莽以此济其篡逆，公孙述效之，而光武绍复旧物，乃亦以赤伏自累，笃好而推崇之，甘心与莽、述同志，于是佞臣陋士从风而靡。贾逵以此论左氏学，曹褒以此定汉礼，作大予乐，大儒如郑玄专以谶言经，何休又不足责矣。二百年间，惟桓谭、张衡力非之，而不回也。魏、晋以革命受终，莫不傅会符命，其源实出于此。隋、唐以来，其学寖微矣，考《唐志》犹存九部八十四卷，今其书皆亡，惟《易纬》仅存，及孔氏《正义》或时援引，先儒盖尝欲删去之，以绝伪妄矣。使所谓七纬者皆存，犹学者所不道，况其残阙不完，于伪之中又有伪者乎？《唐志》数内有《论语纬》十卷，七纬无之，《太平御览》有《论语摘辅象》《撰考谶》者，意其是也。《御览》又有《书帝验期》《礼稽命曜》《春秋命历序》《孝经左右契》《威嬉拒》等，皆七纬所无，要皆不足深考。

【疏证】《乾坤凿度》二卷，一作《巛凿度》，题包羲氏先文，轩辕氏演籀，苍颉修。晁氏《读书志》云《崇文总目》无之，至元祐《田氏书目》始载，当是国朝人依托为之。按《后汉书》“纬候之学”，注言：“纬，七纬也；候，《尚书中候》也。”所谓河洛七纬者，《易纬》:《稽览图》《乾凿度》《坤灵图》《通卦验》《是类谋》《辨终备》也。《书纬》:《璇玑钤》《考灵曜》《帝命验》《运期授》也。《诗纬》:《推度灾》《汜历枢》《含神雾》也。《礼纬》:《含文嘉》《稽命征》《斗威仪》也。《乐纬》:《动声仪》《稽耀嘉》《叶图征》也。《孝经纬》:《援神契》《钩命决》也。《春秋纬》:《演孔像》《素命包》《文耀钩》《运斗枢》《感精符》《合诚图》《考异邮》《保乾图》《汉含孳》《佐助期》《握诚图》《潜潭巴》《说题辞》也。谶纬之说，起于哀、平、王莽之际，以此济其篡逆，公孙述效之，而光武绍复旧物，乃亦以赤伏符自累，笃好而推崇之，甘与莽、述同志。于是佞臣陋士从风而靡，贾逵以此论左氏学，曹褒以此定汉礼，作《大予乐》，大儒如郑康成专以谶言经，何休又不足言矣。二百年间惟桓谭、张衡力非之，而不能回也。魏、晋以革命受终，莫不傅会符命，其源实出于此。隋、唐以来，其学寖微矣。考《唐志》犹存九部八十四卷，今其书皆亡，惟《易纬》仅存如此，及孔氏《正义》或时援引，先儒盖尝欲删去之，以绝伪妄矣。使所谓七纬者皆存，犹学者所不道，况其残缺不完于伪之中又有伪者乎？姑存之以备凡目云尔。《唐志》数内有《论语纬》十卷，七纬无之。《太平御览》有《论语摘辅像》《撰考谶》者，意其是也。《御览》又有《书帝验期》《礼稽命曜》《春秋命历序》《孝经左右契》《威嬉拒》等，皆七纬所无，要皆不足深考。

真德秀曰：谶纬者，末世之邪说，张衡以为起于哀、平之间，盖得之矣。夫异端小数，岂无或验，要非六经之法言，先王之正道，故刘歆见之而改名，公孙述因之而僭畔，是徒足以起乱臣贼子之心而已，果何益于世教哉！

【疏证】宋真德秀《大学衍义》卷一三：光武之中兴，其先有以赤伏符来上者（赤伏符者图谶之名），帝于是笃信之，始以之命三公，又以之定郊祀，终以之断封禅焉。不知六经者，先王之格言，而谶纬者，末世之邪说。张衡以为起于哀、平之间，盖得之矣。新莽之居摄也，假称符命以惑众听，因以行其篡窃之谋。光武诛新复汉，宜削灭其书，以绝祸本可也，乃以赤伏之验，崇信而表章之。夫异端小数岂无或验，要非六经之法言、先王之正道，故刘歆见之而改名，公孙述因之而僭畔，是徒足以起乱臣贼子之心而已，更何益于世教哉！自光武好之，而东都儒者鲜不传习，至引之以释经，谬妄为甚。后之为正义者复祖焉，故先朝名臣欧阳修乞诏儒臣悉取九经之疏删去谶纬之文，以其害道故也，圣明之君有志于扶持正道者，诚取修言施行之，则所益多矣。

魏了翁曰：凡纬书皆三字名，如《乾凿度》《参同契》等皆然。郑康成俱有注，是经书纬书尽读也。

【疏证】宋魏了翁《鹤山集》卷一〇九《师友雅言下》：九纬书皆三字名，如《乾坤凿度》及《参同契》等皆然，可细考。然郑康成皆有注，是经书纬书尽读也。

刘炎曰：或问六经谶纬之是非，曰："夫子不语怪、力、乱、神，谶纬不足信明矣。用以释经，是则汉儒之罪也。"

【疏证】宋刘炎《迩言》卷一〇《经籍》：或问六经谶纬之是非，曰："夫子不语怪、力、乱、神，谶纬不足信明矣。用以释经，是则汉儒之罪也。"或曰："六经传注不同，学者师其是而已，何西汉诸儒执一见也?"曰："主一经之说而胜者，骤用主一经之说，而负者左迁，汉君实使之然耳。"

王应麟曰：郑康成引图谶皆谓之"说"，《易纬》曰"易说"，《书纬》曰"书说"，嫌引秘书也。

又曰：《宋·符瑞志》云："孔子斋戒，向北辰而拜，告备于天，曰《孝经》四卷，《春秋河洛》凡八十一卷，谨已备矣。"是以圣人为巫史也，纬书谬妄，而沈约取之，无识甚矣。

【疏证】宋王应麟《困学纪闻》卷八。明胡炌《拾遗录》亦与之一字不差。《拾遗录》本系伪造之书，不足为凭。

黄震曰：谶书谓孔子预知“秦皇上我之堂”，然始皇实未至鲁。

【疏证】宋黄震《黄氏日抄》卷五七：谶书谓孔子预知“秦皇上我之堂”。按：始皇实不至鲁。

陈普曰：王莽以哀章金匮用卖饼儿王盛为四将，天下所共笑也。光武初兴，又按赤伏符用王梁为大司空，以谶文用孙咸为大司马，群情不悦，始以吴汉易咸，后欲以罪诛梁。夫名应赤伏符而有可诛之罪，则所谓刘秀者何足道哉？且人情所不悦，而与河洛图书同宝，抑何悖也。

【疏证】待考。

王袆曰：纬书，汉儒以为孔子所演，七经之纬凡三十六篇，及河图九篇、洛书六篇，又别有三十篇，与七纬合八十一篇，而《尚书中候》《论语谶》又不与焉。大抵纬书之说，以谓孔子既叙六经以明天人之道，知后世不能稽同其意，故别立纬谶以遗来世，其书出于汉哀、平之世，盖夏贺良之徒为之，以为有经则有纬，故曰“纬书”。其言诞谩诡谲，不可致诘，是时王莽好符命，将以此济其篡逆，而公孙述效之。至光武亦以赤伏自命，笃好而推崇焉。当世儒者习为内学，贾逵以此论左氏学，曹褒以此定汉礼乐，大儒如郑玄辈专以谶言经，而何休之徒又不足言矣。然惟桓谭、张衡力非之，而不能回也。先是，孔安国、毛公以来，皆相承以为妖妄，乱中庸之典，因鲁共王、河间献王所得古文，参而考之，以成其义，谓之古学，而世儒惑于谶纬，毁之，至魏王肃推引古学，王弼、杜预从而明之，自是古学稍立，而谶纬之学寖微。逮宋大明中始禁谶纬之书，及隋末遣使搜天下书籍，与谶纬相涉者悉焚之，唐以来其学遂熄矣。然考之《唐志》，犹存九部四十八卷，而孔颖达作《五经正义》，往往援引纬书之说，宋欧阳公尝欲删而去之，以绝伪妄，使学者不为其所乱惑，然后经义纯一，其言不果行。迨鹤山魏氏作《九经要义》，始加黜削，而其言绝焉。

【疏证】语见王袆《王忠文集》卷二〇“丛录”条。

张九韶曰：谶纬之说，秦以前未之闻也。始皇时方士卢生入海，还，奏录图书，此图谶之所始乎？其后王莽以金匮符命而篡汉，遣五威将师颁符命四十二篇于天下，光武即位，以赤伏符之文信用图谶，终汉之世，儒者鲜不传习，至引之以释经。先儒欧阳子尝议取九经注疏删去谶纬之文，惜乎当时未之能行也。

【疏证】明张九韶《理学类编》卷八：……右论谶纬之说。愚按：谶纬之说，秦以前未之闻也，始皇时方士卢生入海，还奏录图书，曰亡秦者胡也，此其图谶之所始乎？其后，王莽以金匮符命而篡汉，遣五威将帅，颁符命四十二篇于天下。光武之即位也，以赤伏符之言，曰刘秀发兵捕不道，四夷云集，龙斗野，四七之际，火为主，由是信用图谶。终汉之世，儒者鲜不传习，至引之以释经。先儒欧阳子尝议取九经注疏删其谶纬之文，惜乎当时未之能行也。

胡应麟曰：谶纬之说，盖起于河洛图书。当西汉末，符命盛行，俗儒增益，舛讹日繁。其学自隋代二主禁绝，世不复传。稍可见者，惟类书一二援引及诸家书目具名而已。《易》则《稽览图》《乾凿度》《坤灵图》《通卦验》《是类谋》《辨终备》《乾坤凿度》《乾元序制》，《书》则《中候》《璇玑钤》《考灵曜》《帝命验》《运期授》，《诗》则《含神雾》《推度灾》《汜历枢》，《礼》则《含文嘉》《稽命征》《斗威仪》《礼记默房》，《乐》则《动声仪》《稽耀嘉》《叶图征》，《春秋》则《元命包》《演孔图》《文曜钩》《运斗枢》《感精符》《合诚图》《考异邮》《保乾图》《汉含孳》《佐助期》《握诚图》《潜潭巴》《说题辞》，《论语》则《摘辅象》《撰考谶》，《孝经》则《孝经杂纬》《孝经内事》《句命决》《援神契》《元命包》《左右握》《左右契》《雌雄图》《分野图》《弟子图》《口授图》《应瑞图》。《太平御览》又有《书帝验期》《礼稽命曜》《春秋命历序》《孝经威嬉拒》等，然隋世所存，仅十之三。马氏《通考》止《易纬》数种，晁、陈俱斥为伪书。今惟《乾坤凿度》行世，盖《易纬》又几尽矣。

【疏证】语见胡应麟《少室山房笔丛》卷一四《四部正讹

上》。文字稍有不同。

又曰：《太平御览》又有《易卦统通图》《尚书钩命决》《礼记稽命曜》《春秋命历序》，又《河图括地象》《河图稽命曜》《河图挺佐辅》《河图帝通纪》《河图录运法》《河图真钩》《河图著命》《河图矩起》《河图天灵》《河图秘征》《河图玉版》《洛书录运法》《洛书稽命曜》等，寻其命名，亦《易纬》之类，第《御览》所引用亦甚希，而诸史《艺文志》、马、郑《经籍略》并其名亦无之，盖自唐已亡。高士廉等编《文思博要》，或掇拾于宋齐诸类书中。《御览》又得之《博要》诸书，决非宋初所有也。

【疏证】明胡应麟《少室山房笔丛》卷一四《四部正讹上》：纬书，《太平御览》又有《易卦统通图》《尚书钩命决》《礼记稽命曜》《春秋命历序》，又《河图括地象》《河图稽命曜》《河图挺佐辅》《河图帝通纪》《河图录运法》《河图真钩》《河图著命》《河图矩起》《河图天灵》《河图秘征》《河图玉版》《洛书录运法》《洛书稽命曜》等，寻其命名，亦《易纬》之类，第《御览》所引用亦甚希，而诸史《艺文志》、马、郑《经籍略》并其名亦无之，盖自唐已亡。高士廉等编《文思博要》，或掇拾于宋齐诸类书中。《御览》又得之《博要》诸书中，决非宋初所有也。

又曰：《乾坤凿度》所载纬书，《太古文目》有《元皇介》，次《万形经》，次《乾文纬》，次《乾凿度》《坤凿度》，次《考灵经》，次《制灵图》，次《河图八文》，次《希夷名》，次《含文嘉》，次《稽命图》，次《坟文》，次《八文》，次《元命包》，共一十四纬。今见于类书者，惟《含文嘉》《元命包》《乾坤二凿度》而已。《垂皇策》《乾文纬》《乾坤二凿度》，说《易》者也；《含文嘉》则《礼》，而《元命包》，《春秋》《孝经》皆有之，不知何者在先？而卫元嵩《易元包》则又因是命名者也。今《乾坤凿度》全书存，其理欲深而甚浅，其文欲怪而甚庸，其他杂见类书者，往往不相远也。

【疏证】明胡应麟《少室山房笔丛》卷一四《四部正讹上》。

又曰:《坤凿度》又有《地灵母经》《含灵孕》《易灵纬经》,又洛书有《灵准听》,又《地形经》,又《制灵经》,甚矣其名之众也。盖此又宋世伪撰《乾坤凿度》者,依仿《御览》所存诸目创立新题,故尤可笑。

【疏证】明胡应麟《少室山房笔丛》卷一四《四部正讹上》:《坤凿度》又有《地灵母经》①,含《灵孕易》②、《灵纬经》。又洛书有《灵准听》,又《地形经》,又《制灵经》。甚矣其名之众也!盖此又宋世伪撰《乾坤凿度》者,依仿《御览》所存诸目,创立新题,故尤可笑。近关中《胡氏墅谈》首集诸纬书名仅十二三,乌伤《王氏丛录》直据《隋志》及《通考》亦不能详,余故备录之,以资好事。噫,昔之伪撰者彼既已滥用其心,而余又穷搜其目,得无以五十步笑百步哉?曾巩氏曰:"欲使天下之毋惑其说,莫如大明其说之非而放之。"余之意其亦犹是已夫。

又曰:世率以谶纬并论,二书虽相表里,而实不同。纬之名所以配经,故自六经、《语》《孝》而外,无复别出,河图洛书等纬皆《易》也。谶之依附六经者,但《论语》有谶八卷,余不概见,以为仅此一种,偶阅《隋·经籍志》注附见十余家,乃知凡谶皆托古圣贤以名其书,与纬体制迥别,盖其说尤诞妄,故隋禁之后永绝,类书亦无从援引,而唐、宋诸藏书家绝口不谈,以世所少知,附其目于此:《孔老谶》十二卷、《老子河洛谶》一卷、《尹公谶》四卷、《刘向谶》一卷、《杂谶书》二十九卷、《尧戒舜禹》一卷、《孔子王明镜》一卷、《郭文金雄记》一卷、《王子年歌》一卷、《嵩山道士歌》一卷。又有以纬候并称者,今惟《尚书中候》见目中,他不可考云。

【疏证】明胡应麟《少室山房笔丛》卷一四《四部正讹上》:纬书名义率不可通晓,今据《乾坤凿度》录其一二有注释者于左,

① 原注:《地灵母经》,女娲著。

② 原注:《易灵纬》,炎帝、黄帝著。又黄帝作《易八坟》。

自余可以例推。昔人云“以艰深之词文浅易之说”，但睹其名，无事开卷矣。

朱载堉曰：俗谓纬书出于哀、平之世，王莽好谶，乃有妄人撰作诸纬，兹说不然。盖纬书之文未必尽出妄人之手，其间缪妄虽亦不无，要在学者择焉而已。一切皆以为妄而弃之，则过矣。太史公、大小戴皆在哀、平之前，已有《通卦验》之书，而引“差之毫厘，缪以千里”之文，岂待王莽而后有哉？大抵纬书起自前汉，去古未远，彼时学者多见古书，凡为著述，必有所本，不可以其不经而忽之也。

【疏证】明朱载堉《乐律全书》卷二三《律学新说三》：俗谓纬书出于哀、平之世，王莽好谶，乃有妄人撰作诸纬，兹说不然。盖纬书之文未必尽出妄人之手，其间谬妄虽亦不无，要在学者择焉而已。一切皆以为妄而弃之，则过矣。太史公、大小戴皆在哀、平之前，则已有《通卦验》之书，而引之岂待王莽而后有哉？其书今亡，全文虽不复见，而略见于传记之所引者，如《隋志》十马尾为一分之类是也。臣尝试之，选马尾之圆实粗大者用之，而其匾者细者皆去之不用，止用一条，以利刀碎截成段，每段可长一分，或半分许，先以面胡涂竹篾上，次将截碎马尾实排沾之，一一相挨，勿令露空，如此十马尾则为一分矣，以新造横黍尺校之，适与相合，是知新尺信古尺也。大抵纬书起自前汉，前汉去古未远，彼时学者多见古书，凡为著述，必有所本，不可以其不经而忽之也。至于后汉去古渐远，虽大儒亦未免穿凿，若许氏《说文》谓十发为程，程为一分，盖因《易纬》之义，而误以马尾为人发，无稽之言此类是也。臣尝取发试之，校诸黍尺，皆不合焉。是故宁取《易纬》之马尾，不取《说文》之人发，信其所信，而疑其所疑，是其所是，而非其所非，亦当然之理耳。

徐常吉曰：纬书八十一篇，然《乾凿度》外又有《乾坤凿度》，魏伯阳《参同契》亦《易纬》也，而说者以其入道家，遂不列于纬书之目，《尚书中候》《论语谶》亦不与八十一篇之数，则汉之纬书何啻八十一篇已也。

【疏证】明顾起元《说略》卷一三：七纬共为八十一篇，然《乾凿度》外又有《乾坤凿度》，魏伯阳所作《参同契》亦为《易纬》，而说者以其入于道家，遂不列于纬书之目，而《尚书中候》《论语谶》亦不与八十一篇之数，则汉之为纬书者不止八十一篇已也。其书实不出于孔子。盖汉武购求遗书，当时儒者多伪作以应命，孔安国、毛公辈皆目以为妖妄。哀、平之世，夏贺良之徒又增为之。王莽谋篡汉，因符命以济其奸。光武中兴，复以赤伏为援。于是，其书始行。当时张衡、桓谭力争之而不能也。

今按：徐常吉，字士彰，江苏武进人。万历癸未进士，官浙江按察司佥事。著有《事词类奇》三〇卷、《六经类聚》四卷、《遗经四解》四卷、《六经类雅》五卷、《诸家要旨》三卷、《谐史》四卷。

顾起元曰：《易纬》六篇，《书纬》五篇，《诗纬》三篇，《礼纬》三篇，《乐纬》三篇，《孝经纬》二篇，《春秋纬》十三篇，是为七纬，共三十五篇。目与前章怀太子所举同。诸书所载，又有《论语纬》及《河图》九篇、《洛书》六篇，共八十一篇，其书实不出于孔子。盖汉武购求遗书，当时儒者多伪作以应命，孔安国、毛公辈皆目以为妖妄。哀平之世，夏贺良之徒又增为之。王莽谋篡汉，因符命以济其奸。光武中兴，复以赤伏为援。于是，其书始行。当时张衡、桓谭力争之而不能也。贾逵以此论《左氏》，曹褒以此定礼乐，京房、翼奉以此言《易》，郑玄、何休又以此谈经，末流既滥，不可复障。先是，毛公、孔安国诸人因鲁恭王、河间献王所献表而章之，谓之古学。至魏王肃注释《孝经》，推引古学，王弼、杜预从而和之。宋大明中始禁谶纬之书，及隋末搜天下书籍，与谶纬相涉者悉焚之，而纬书稍戢。至唐以来，则李淳风辈专明谶学，而孔颖达作《（九）［五］经正义》，亦多引纬书以证其说。是时，《唐志》所存纬书尚有九部四十八卷，盖亦不能障其流也。至宋，欧阳公、魏鹤山辈删而正之，而纬学始息。然鹤山所作《九经要义》，多引孔颖达《正义》之说，则亦岂能尽斥而远之哉？

本朝王子充以为纬书尽亡，今所存者惟《易纬·乾凿度》，不知六经纬书世尚有缮写之者，不止一《乾凿度》已也。

【疏证】语见顾起元《说略》卷一三。

又曰：谶纬前记之外，《易》又有《坤凿度》《运期谶》《乾元序制记》，《书》有《期中候》《洛罪级》，《春秋》有《演义图》《玉版谶》，《孝经》有《中黄谶》，《论语》有《素王受命谶》《比考谶》，河图有《会昌符》《括地象》《稽曜钩》《握拒起》《帝通纪》《叶光篇》《著命篇》《揆命篇》，洛书有《甄曜度》《宝号命》《录运期》，共二十一种，大都此等，多系汉人伪作。东汉人所著录，如《参同契》之名，皆三字，其为假托者，多难可断决也。

【疏证】语见顾起元《说略》卷一三。"谶纬前记之外"，原文作"按谶纬前所记未备者"。

谭浚曰：从曰经，横曰纬；四方南北曰经，东西曰纬；天象定者为经，动者为纬。《文心》曰："经显圣训也，纬隐神教也。"纬之成经，犹丝麻不杂，布帛乃成。若谶纬，乃书之曲说。桓谭、尹敏、张衡、荀悦论之详矣。

【疏证】待考。

项德棻曰：秦火六经，隋火七纬。

【疏证】待考。

黄秉石曰：汉好谶纬，极为不经。［又曰：］佥谓起于哀、平之世，然公孙卿称黄帝鼎书，其作俑者也。《史记·天官书》曰："虽有明天子，必视荧惑所在。"注言："《春秋文曜钩》有此语。"是则谶纬之说久矣。

【疏证】明黄秉石《偶得绀珠》曰："汉好谶纬，极为不经。南宋书载之符瑞中，极为可笑……不过傅会一备字耳。"① 又曰：

① 《四库全书存目丛书》子部第145册第131页。

“谶纬之书起于哀、平之世，如《隋·经籍志》所录、洪景庐所记详矣。其未及者尚多，如公孙卿黄帝鼎书之类，其作俑者也。又《史记·天官书》曰：‘虽有明天子，必视荧惑所在。’注言：‘《春秋纬·文曜钩》有此语。’……然则谶纬之说久矣。贼儒专造此语，祸人身家。我国家只不用此事，真是度越千古。”①

今按：明黄秉石，字复子，江宁人。万历中以荐为推官，官至严州府同知。撰有《偶得绀珠》《黄氏忆言》。又按：《偶得绀珠》云：“近小说《西游记》言人参果亦微有据。”② 又云：“今所传佛道书，多似吾道中赝古书，想后人模拟而增之耳。”③ 又按：明邱濬《大学衍义补》卷一二：“符谶之书，不出于唐虞三代，而起于哀、平之世，皆虚伪之徒要世取资者所为也。光武尊之，比圣凡事取决焉，其拜三公三人，而二人取诸符谶，逮众情觖望，才减其一，而王梁寻坐罪废，谶书果安在哉？先儒谓光武以英睿刚明之主，亲见王莽尚奇怪而躬自蹈之，其为盛德之累亦岂小哉！”

孙瑴曰：纬候之兴，其生于“河出图”一语乎？自前汉世有《河图》九篇、《洛书》六篇，云自黄帝至周文王所受本文；又别三十篇，云自初起至于孔子，九圣增演，以广其意，盖七纬之祖也。……其录有曰《括地象》、曰《绛象》、曰《始开图》，皆以钩山河之赜，曰《帝览嬉》、曰《稽曜钩》，皆以抉星象之玄，曰《挺佐辅》、曰《握矩记》，皆以阐运历之要，而又有《帝通纪》《真纪》《钩著命》《秘征要》《元考曜》，视诸纬为富云。

【疏证】明孙瑴编《古微书》卷三二“河图纬”引贲居子语，中间删去：“顾《汉志》、马、郑皆不道及，惟梁《崇文》、隋《经籍》有二十卷，今读其文，渊且艳也。”

顾炎武曰：《史记·赵世家》：扁鹊言秦穆公寤而述上帝之言，

① 《四库全书存目丛书》子部第145册第151页。

② 《四库全书存目丛书》子部第145册第94页。

③ 《四库全书存目丛书》子部第145册第122页。

公孙支书而藏之，秦谶于是出矣；《秦本纪》燕人卢生使入海，还，以鬼神事因奏录图书，曰："亡秦者胡也。"然则谶记之兴，实始于秦人，而盛于西汉之末也。

【疏证】顾炎武《日知录》卷三〇"图谶"条。"盛于西汉之末也"句下原注："褚先生《三代世表论》引黄帝终始传。"引文有删节。

又曰：自汉以后，凡世人所传帝王易姓受命之说，一切附之孔子，如沙丘之亡、卯金之兴，皆谓夫子前知而预为之谶，其书盖不一矣。魏高祖太和九年诏："自今图谶、秘纬及名为《孔子闭房记》者，一皆焚之。留者以大辟论。"《旧唐书·王世充传》："世充将谋篡位，有道士桓法嗣者自言解图谶，乃上《孔子闭房记》，画作丈夫持一竿以驱羊，释云：'隋，杨姓也，干一者，王字也，王居羊后，明相国代隋为帝也。'世充大悦。详此乃似今人所云《推背图》者，今则托之李淳风，而不言孔子。"

【疏证】语见顾炎武《日知录》卷三〇"孔子闭房记"条。"不言孔子"句下有原注："《隋书·艺术传》临孝恭著《孔子马头易卜书》一卷。"

胡渭曰：图谶之术，自战国时已有之。汉武帝表章圣籍，诸不在六艺之科者皆不得进。及其衰也，哀、平之际，纬候繁兴，显附于六艺而无所忌惮。王莽矫用符命，光武尤信谶言，郑兴、贾逵以附同称显，桓谭、尹敏以乖忤沦败，自是习为内学……实六经之稂莠也。

【疏证】语见胡渭《易图明辨》卷一。"自是习为内学"句下原注："其事秘密，故称内。"胡渭对郑玄有尖锐的批评："康成号一代儒宗，不能违众而独立，乃据此以注《易》，信如所言，则伏羲画卦之本变为录纪兴亡之数，而河图亦是文字，洛书且非九畴矣。妖妄不经，莫甚于此，故《参同契》之流得乘隙而起，以九宫之数纵横十五者冒河图之名，而稍近于理，世莫能辨，向使东汉诸儒不为纬候所惑，绍先正之传，而更为之发明，彼方技家言安得窜入于吾《易》而乱圣，真欺来学也哉！噫！是康成之过也。”“实六经之稂莠也”并非上文的结论，而是下引文字的中心观点：“河洛九六之说，至今犹有为彼所惑，而迁就其间者。黄氏《象数论》曰：‘天垂象，见吉凶。圣人象之者，仰观于天也。河出图，洛出书，圣人则之者，俯察于地也，谓之图者，山川险易，南北高深，如后世之图经是也。谓之书者，风土刚柔，户口阨塞，如夏之《禹贡》、周之《职方》是也；谓之河洛者，河洛为天下之中，凡四方所上图书皆以河洛系其名也。’愚窃谓伏羲之世，风俗淳厚，岂有山川险易之图？结绳而治，岂有户口厄塞之书？且举河洛以该四方，未免曲说，改‘出’为‘上’，尤觉难通矣。毛氏《原舛编》曰：‘大抵图为规画，书为简册，无非典籍之类。’郑康成注《大传》引《春秋纬》云：‘河图有九篇，洛书有六篇。’则直指为简册之物，此汉代近古似乎可案者。夫纬书，六经之稂莠也。康成引以释经，侮圣已甚，后儒不能锄而去之，而反为之灌溉滋长焉，其何以息邪而闲道乎？”

按：纬谶之书，相传始于西汉哀、平之际，而《小黄门谯敏碑》称其先故国师谯赣深明典奥谶录图纬，能精微天意，传道与京君明，则是纬谶远本于谯氏、京氏也。征之于史，如“亡秦者胡”、“明年祖龙死”、“楚虽三户，亡秦必楚”，已为纬谶兆其端矣。追新莽之篡，丹书白石，金匮铜符，海内四出，于是刘京、谢嚣、臧洪、哀章、甄寻、西门君惠等争言符命，遂遣五威将军王奇等乘乾文车，驾坤六马，将军持节称天一之使，帅持幢称五帝之使，颁符命四十二篇于天下，不过藉以愚一时之耳目尔。乃光武笃信不疑，至读之庑下，终东汉之世，以通七纬者为内学，通五经者为外学，盖自桓谭、张衡而外，鲜不为所惑焉。其见于范《史》者无论，谢承《后汉书》称姚浚“尤明图纬秘奥”，又称姜肱“博通五经，兼明星纬”。载稽之碑碣，于有道先生郭泰则云“考览六经，探综图纬”，于太傅胡广则云“探孔子之房奥”，于琅邪王傅蔡朗则云“包洞典籍，刊摘沉秘”，于郎中周勰则云“总六经之要，括河洛之机”，于大鸿胪李休则云“既综七籍，又精群纬”，于国三老袁良则云“亲执经纬，隐括在手”，于太尉杨震则云“明河洛纬度，穷神知变”，于山阳太守祝睦则云“七典并立”，又云“该洞七典，探赜穷神”，于成阳令唐扶则云“综纬河洛，咀嚼七经”，于酸枣令刘熊则云“敦五经之纬图，兼古业，核其妙，七业勃然而兴”，于高阳令杨著则云“穷七道之奥”，于合阳令曹全则云“甄极毖纬，靡文不综”，于藁长蔡湛则云“少耽七典”，于从事武梁则云“兼通河洛”，于冀州从事张表则云“该览群纬，靡不究穷”，于广汉属国都尉丁鲂则云“兼究秘纬”，于广汉属国候李翊则云“通经综纬”。至于颂孔子之圣，称其钩河擿雒，盖当时之论，咸以内学为重。及昭烈即位，群臣劝进，广引《洛书》《孝经》纬文，萧绮所云：“谶辞烦于汉末。”不诬也。然郑康成注《周官》，目《孝经纬》为说；贾公彦《疏》以汉时禁纬故，则又未始不禁之矣。自晋以降，其学寖微，然释慧皎作《高僧传》，称法护“博览六经，游心七籍”，沈约作《宋书》，于天文、五行、符瑞亦备引纬候之说；萧子显《南齐书》志亦然。而周续之兼通五经、《五纬》，号为“十经”。直至隋焚禁之后，流传渐罕，乃孔氏、贾氏、徐氏犹援以释经，杜氏、欧阳氏、虞氏、徐氏编辑类书，间亦引证，今则《樊英传注》所载，隋、唐《经籍志》所录，《太平御览》所采，学士大夫能举其名者寡矣。

【疏证】语见朱彝尊《曝书亭集》卷六〇《说纬》。

第三篇 《经解入门》辨伪十题

一、《历代经学兴废》辨伪

江藩《国朝汉学师承记·自序》①：

先王经国之制，井田与学校相维，里有序，乡有庠。八岁入小学，学六甲、五方、书计之事，始知室家长幼之节。十五入大学，学先圣礼乐，而知朝廷君臣之礼。所以耕夫余子，亦得秉耒横经，渐《诗》《书》之化，被教养之泽。济济乎，洋洋乎，三代之隆轨也！

秦并天下，燔诗书，杀术士，圣人之道坠矣。然士隐山泽岩壁之间者，抱遗经，传口说，不绝于世。汉兴，乃出。言《易》，淄川田生；言《书》，济南伏生；言《诗》，于鲁则申公培，于齐则辕固生，于燕则韩太傅；言《礼》，鲁高堂生；言《春秋》，于齐则胡毋生，于赵则董仲舒。自兹以后，专门之学兴，命氏之儒起。六经五典，各信师承，嗣守章句，期乎勿失。西都儒士，开横舍，延学徒，诵先王之书，被儒者之服，彬彬然有洙泗之风焉。

爰及东京，硕学大儒，贾、服之外，咸推高密郑君，生炎汉之季，守孔子之学，训义优洽，博综群经，故老以为前修，后生未之敢异。晋王肃自谓辨理依经，逞其私说，伪作《家语》，妄撰《圣证》，以外戚之尊，盛行晋代。王弼宗老、庄而注《周易》，杜预废贾、服而释《春秋》，梅赜上伪《书》，费甝为义疏。于是宋、

① 江藩：《国朝汉学师承记》，中华书局1983年版，第3～6页。

齐以降，师承陵替，江左儒门，参差互出矣。

然河、洛尚知服古，不改旧章，《左传》则服子慎，《尚书》《周易》则郑康成，《诗》则并主于毛公，《礼》则同遵于郑氏。若辅嗣之《易》，惟河南、青、齐间有讲习之者，而王肃《易》亦间行焉。元凯之《左氏》但行齐地，《伪孔传》惟刘光伯、刘士元信为古文，皆不为当时所尚。《隋书》云："南人约简，得其英华；北学深芜，穷其枝叶。"岂知言者哉！

唐太宗挺生于干戈之世，创业于戎马之中，虽左右櫜鞬，栉风沐雨，然锐情经术，延揽名流。即位后雠正五经，颁示天下，命诸儒萃章句，为义疏。惜乎孔冲远、朱子奢之徒妄出己见，去取失当，《易》用辅嗣而废康成，《书》去马、郑而信伪孔，《穀梁》退糜氏而进范宁，《论语》则专主平叔，弃尊彝而宝康瓠，舍珠玉而收瓦砾，不亦傎哉！

宋初承唐之弊，而邪说诡言，乱经非圣，殆有甚焉。如欧阳修之《诗》、孙明复之《春秋》、王安石之《新义》是已。至于濂、洛、关、闽之学，不究礼乐之源，独标性命之旨，义疏诸书，束置高阁，视如糟粕，弃等弁髦，盖率履则有余，考镜则不足也。

元、明之际，以制义取士，古学几绝。而有明三百年，四方秀艾，困于帖括，以讲章为经学，以类书为博闻，长夜悠悠，视天梦梦，可悲也夫！在当时岂无明达之人、志识之士哉？然皆滞于所习，以求富贵。此所以儒者罕通人，学多鄙俗也。

我世祖章皇帝，握贞符，膺图箓，拨乱反正，伐罪吊民，武德定四海，文治垂千古。顺治十三年，敕大学士傅以渐撰《易经通注》，以《永乐大全》繁冗芜陋，刊其舛讹，补其阙漏，勒为是书，颁之学官。圣祖仁皇帝嗣位，削平遗孽，亲征西番，戡定三藩，永清六合，然万机之暇，栖神坟典，悦志艺文，阐五音六律之微，稽八线九章之术。天亶睿知，典学宏深，伊古以来所未有也。康熙十九年，敕大学士库勒纳等编《日讲四书解义》《日讲书经解义》。二十二年，敕大学士牛钮等编《日讲易经解义》。三十八年，奉敕撰《春秋传说汇纂》。五十四年，又敕大学士李光地等撰《周易折中》。六十年，又敕大学士王项龄等撰《书经传说汇纂》，又敕户部尚书王鸿绪等撰《诗经传说汇纂》。凡御纂群经，皆兼汉宋先儒之说，参考异同，务求至当，远绍千载之薪传，为万世不刊之巨典焉。世宗宪皇帝际升平之世，未明求治，乙夜观书，虽夙通三乘，然雅重七经。即位之后，即刊行圣祖《钦定诗经传说汇纂》《书经传说汇纂》，皆御制序文，弁于卷首。又编定《圣祖日讲春秋解义》。雍正五年，御纂《孝经集注》，折衷群言，勒为大训，推武、周达孝之源，究天地明察之理，故能心契孔、曾，权衡醇驳也。至高宗纯皇帝御极六十年，久道化成，不疾而速，不行而至，武功则耆定十全，文德则旁敷四海，富既与地乎侔资，贵乃与天乎比崇，盛德日新，多文日富。乾隆元年，诏儒臣排纂圣祖《日讲礼记解义》。十三年，钦定《周官义疏》《仪礼义疏》《礼记义疏》。二十年，大学士傅恒等奉敕撰《周易述义》《诗义折中》。三十年，大学士傅恒等奉敕撰《春秋直解》，于《易》则不涉虚渺之说与术数之学，观象则取互体以发明古义。于《诗》则依据毛、郑，溯孔门授受之渊源，事必有征，义必有本，臆说武断，概不取焉。于《礼》则以康成为宗，探孔、贾之精微，综群儒之同异，本天殽地，经国坊民，法治备矣。于《春秋》则采三传之精华，斥安国之迂谬，阐尼山之本意；洵为百王之大法也。经学之外，考石鼓，辨大昌、用修之非；刊石经，湔开成、广政之陋。又刻《御制说文》于太学，皆治经之津梁，论古之枢要，所谓悬诸日月，焕若丹青者也。于是鼓箧之士，负笈之徒，皆知崇尚实学，不务空言，游心六艺之囿，驰骛仁义之途矣。我皇上诞敷文教，敦尚经术，登明堂，坐清庙，次群臣，奏得失，天下之众，乡风随流，卉然兴道而迁义。家怀克让之风，人诵康哉之咏。猗欤伟欤，何其盛也！盖惟列圣相承，文明于变，尊崇汉儒，不废古训，所以四海九州强学待问者咸沐《菁莪》之雅化，汲古义之精微。缙绅硕彦，青紫盈朝；缝掖巨儒，弦歌在野。担簦追师，不远千里，讲诵之声，道路不绝，可谓千载一时矣。

藩绾发读书，授经于吴郡通儒余古农、同宗艮庭二先生，明象数制度之原，声音训诂之学。乃知经术一坏于东、西晋之清谈，再怀于南、北宋之道学，元、明以来，此道益晦。至本朝，三惠之学盛于吴中，江永、戴震诸君继起于歙，从此汉学昌明，千载沉霾一朝复旦。暇日诠次本朝诸儒为汉学者，成《汉学师承记》一编，以备国史之采择。嗟乎！三代之时，弼谐庶绩，必举德于鸿儒。魏晋以后，左右邦家，咸取才于科目。经明行修之士，命偶时来，得策名廊庙。若数乖运舛，纵学穷书圃，思极人文，未有不委弃草泽，终老丘园者也。甚至饥寒切体……盖悲其友麋鹿以共处，候草木以同彫也。

本篇结论：

《经解入门·历代经学兴废》全部抄自江藩《国朝汉学师承记》之自序，仅删去末段。

二、《历代书籍制度》辨伪

《经解入门·历代书籍制度》：

朱氏竹垞云："善读书者，匪直晰文义而已，其于简策之尺寸必详焉。"诚以书籍制度，代有不同，不知其制，无以考简册之长短，文字之得失。三代之际，皆用方策。郑康成《中庸注》云："方，版，策简也。"是也。策简，竹为之；方，木为之也。其长短之度，郑《论语序》云："《易》《书》《诗》《礼》《乐》《春秋》策皆尺二寸，《孝经》谦半之，《论语》八寸策者，三分居一，又谦焉。"服虔传《春秋》，称古文篆书，一简八字，而说《书》者谓每行十三字。""简二十二字，脱亦二十二字。"据此，则简有长短，字亦有多寡者也。而自汉而下则不然。汉因周制，仍用简册，而帛亦并用。

朱彝尊《曝书亭集·江村销夏录序》：

昔之善读书者，匪直晰其文义音释而已，其于简策之尺寸必详焉。郑康成曰："《易》《诗》《书》《礼》《乐》《春秋》，策皆尺二寸。《孝经》谦，半之；《论语》八寸。策者三分居一，又谦焉。”服虔传《春秋》，称古文篆书，一简八字，而说《书》者谓每行一十三字。括苍鲍氏以之定正《武成》，诸暨胡氏以之定正《洪范》。予尝至太学，摩挲石鼓文，验其行数，据以驳成都杨氏之作伪。因是而思汉儒订诂之学，有未可尽非者尔。评书画者众矣，广川董氏病其冗长，其余又嫌太略。宣和书画，仅谱其人，及所藏之目，南渡馆阁之储，于金铜玉石，悉识其尺寸，而于书画无之。盖昔人心思或有未及，必俟后贤而始大备也。

《经解入门·历代书籍制度》：

三代之际，皆用方策。郑康成《中庸注》云：“方，版，策简也。”是也。策简，竹为之；方，木为之也。其长短之度，郑《论语序》云：“《易》《书》《诗》《礼》《乐》《春秋》策皆尺二寸，《孝经》谦半之，《论语》八寸策者，三分居一，又谦焉。”服虔传《春秋》，称古文篆书，一简八字，而说《书》者谓每行十三字。“简二十二字，脱亦二十二字。”据此，则简有长短，字亦有多寡者也。而自汉而下则不然。汉因周制，仍用简册，而帛亦并用。

戴氏宏云：“《公羊》传至景帝时，公羊寿乃共弟子胡毋子都箸于竹帛。”又《书籍考》云：“灵帝西迁，缣帛散为帏囊。”皆可见汉时竹帛并用也。至蔡伦造纸，而书籍始用纸。然其初，帛与纸亦并用，后则专用纸，而不用帛。当汉、唐时，尚无印版，故其书皆以纸素传写。《抱朴子》所写，反复有字。《金楼子》谓细书《史》《庄》《老》《离骚》等六百三十四卷。南齐沈麟士年过八十，手写细书，后周裴汉借异书，躬自录本，盖其时书籍难得，而其制度不作册而为卷轴。胡应麟云：“卷必重装一纸，表里常兼数番，每读一卷，或每检一事，细阅展舒，甚为烦数。”《唐·经籍志》云：“藏书四库，经库书绿牙轴，朱带，白牙签；子库书紫带，雕紫檀轴，碧牙签。”其余皆大略如此。至唐末，益州始有版本，[多] 术数、字学、小书。后唐长兴三年，始依石经文字，刻九经，印版流布天下。命马缟、田敏等详勘《宋史》，谓始于周显德，非是。宋庆历中，有布衣毕升又为活版，其法用漆泥刻字，薄如钱，印极神速。镂板之地，蜀最善，吴次之，越次之，闽又次之。其本初以梓，后以梨，或以枣，唐以后之制度大率如此。

金鹗《汉唐以来书籍制度考》①：

三代之书，皆用方策。汉唐以来制度代异。汉初因周制，仍用简册，而帛与竹同用。戴氏宏云："《公羊》传至景帝时，公羊寿乃共弟子胡毋子都著于竹帛。"此竹帛并用之证。《汉书·艺文志》：欧阳、大小夏侯三家经文，《酒诰》脱简一、《召诰》脱简二，可知其书于竹也。然古书有篇无卷，而《艺文志》所载，如《尚书》古文经四十六卷、经二十九卷，可知其书有用帛者矣。篇字从竹，故竹书曰篇。帛书可卷舒，故帛书曰卷。通言之，则竹书亦曰卷，帛书亦曰篇也。古诗云："中有尺素书。"《风俗通》云："刘向校书皆先书竹，改易删定，可缮写者以上素。"《书籍考》云："灵帝西迁，缣帛散为帏囊。"可见汉书之用帛也。至蔡伦造纸，而书籍始用纸。然帛与纸犹并用也，厥后不用帛而用纸矣。汉、唐之时，未有印版，其书皆以纸素传写。《抱朴子》所写，反复有字。《金楼子》谓细书经、史、《庄》《老》《离骚》等六百三十四卷在巾箱中。桓谭《新论》谓梁子初、杨子林所写万卷，至于白首。南齐沈麟士年过八十，手写细书，满数十箧。梁袁峻自写书课，日五十纸。后周裴汉借异书，躬自录本，盖书之难得也。其书籍制度不作册而为卷轴。胡应麟云："卷必重装一纸，表里常兼数番，每读一卷，或每检一事，细阅展舒，甚为烦数。收集整比，弥费辛勤。"罗璧云："古人书不解线缝，只叠纸成卷，后以幅纸概黏之，犹今佛老经然，其后稍作册子。"今考《唐书·经籍志》云："藏书分为四库，经库书绿牙轴，朱带，白牙签；史库书青牙轴，缥带，绿牙签；子库书雕紫檀轴，紫带，碧牙签；集库书绿牙轴，朱带，红牙签。"其制度大略如此。至唐末，益州始有版本，多术数、字学、小书。后唐长兴三年，始依石经文字，刻九经，印版流布天下，命马缟、田敏等详勘。《宋史·艺文志》谓始于周显

① 《清经解》卷1390。

德，非也。宋端拱元年，司业孔维等奉诏校勘孔颖达《五经正义》，诏国子监镂板，行之淳化中，复以《史记》、前后《汉书》付有司摹印，自是书籍刊镂者益多。庆历中，有布衣毕升，又为活版，其法用漆泥刻字，薄如钱，每字为一印，火烧令坚，印数十百千本极为神速。镂板之地，蜀最善，吴次之，越次之，闽又次之。刻板之木，初以梓，后以梨，或以枣，此唐以后书籍之制度也。

间尝考古之书籍皆写本，最为不便，汉熹平始有石经，唐开成、宋嘉祐亦皆有之，后晋天福又有铜板九经，皆可纸墨摹印，无用笔写，然其制颇难传，亦未广。至板本盛行，摹印极便，圣经贤传乃得家传而人诵，固亦有功名教矣。然写本不易，传录者精于雠对，故往有善本。自板本出，讹谬日甚，后学者无他本可以勘验，其弊亦不少也。

本篇结论：

《经解入门·历代书籍制度》将《江村销夏录序》《汉唐以来书籍制度考》二文的主体部分合抄为一。在《江村销夏录序》之间插入“诚以书籍制度，代有不同，不知其制，无以考简册之长短，文字之得失。三代之际，皆用方策”一段扣题文字，而“三代之际，皆用方策”与《汉唐以来书籍制度考》开头语“三代之书，皆用方策”只差一字，因此将两篇文章巧妙地缝合起来。末了又将两文的结尾段落删去，干净利索，不留痕迹。但经过我们顺藤摸瓜，还是找到了作伪的证据。

三、《南北经术流派》辨伪

《经解入门·南北经术流派》：

六朝经术流派，见于《北史·儒林传序》者甚详。[虽短长互见，] 而宗法所在，孰得孰失，诚不可以无辨，尝试论之。王弼，名士也，非经师也；杜预，名将也，亦非经师。非经师则学无所授，信心而谈，空疏滉漾，游衍无归，拨弃旧诂，竞标新说，何足称专门之业？若孔安国，则真经师矣，使果为真孔氏，虽康成亦应俯首，而无如其伪也。今习古文，是率天下而伪也，呜呼可！然而揆其所始，厥由东晋。方晋氏渡江而东，修学校，简省博士，置《周易》王氏，《尚书》郑氏，《古文尚书》孔氏，《毛诗》郑氏，《周官》《礼记》郑氏，《春秋左传》杜氏、服氏，《论语》《孝经》郑氏，博士各一人。太常荀崧上疏，请增置郑《易》《仪礼》及《春秋公羊》《穀梁》博士各一人，会王敦之难，不果行。盖郑《易》之废，实始于此。故张璠所集二十二家，仅依向秀之本，而谢万等各注《系辞》，以续王弼之书，玄风大畅，古义遂湮。陆澄贻王俭书云："《易》自商瞿之后，虽有异家之学，同以象数为宗，后乃有王弼之说。"王济云："弼所误者多，何必能顿废前儒?"是郑氏之不可［废，王氏之不可］行，南人固有知之［者］矣。犹幸河北学者［专］习郑《易》，故其书至唐犹存，陆氏《释文》、李氏《集解》，间述一二，而王注传习既久，终不能夺，竟至失传，岂不深可惜哉？然晋时郑《易》虽废，而《尚书》犹兼习郑、孔，《春秋》犹兼习服、杜，其后乃废郑、服而专用孔、杜。《释文》云："江左中兴，梅颐奏上《孔传》，学徒遂盛。"后范宁变为今文集注，俗间或取《舜典》篇以续孔氏。夫范宁固号为能遵守郑学者，而古文孔传则梅颐之徒伪撰者，乃笃信不疑，且为之集注，是表章《孔传》，偏自遵守郑学者为之倡始，异哉！而一时趋向亦于此可卜矣。然刘宋时郑氏犹未废绝，故裴骃《史记集解》兼采郑、孔两家，无所偏（立）［主］。《释文》又云："近惟崇尚古文，马、郑、王注遂废。"《释文》之作，在于陈末，而曰"近"，则崇孔废郑，实在齐、梁之后矣。其《春秋》服氏之废，不知始于何时，裴骃注《史记》引［服］解颇多，梁、陈间未有习《服氏春秋》者。李延寿曰："晋世杜预注《左氏》，预玄孙坦，坦弟骥，于宋朝并为青州刺史，传其家业，故齐地多习之。"是预之子孙多贵显，故其学且流入北方，宜服氏之不能与争。崔灵恩申服难杜，虞僧诞申杜难服，莫能相胜，而小刘规杜过至三百余事，则公论不可诬也。夫江左儒风，渊源典午，专尚浮华，务析名理，其去繁就简，理固宜然。若谓经籍英华尽在于是，是以汉学为糟粕也。盖已隐然开驾空立说之端矣。按：《隋·经籍志》于《易》云："梁、陈，郑玄、王弼二注列于国学，齐代唯传郑义，至隋，王注盛行，郑学寖微。"于《书》云："梁、陈所讲，有孔、郑二家，齐代唯传郑谊，至隋，孔、郑并行，而郑氏甚微。"于《春秋》云："《左传》唯传服谊，至隋，杜氏盛行，服谊寖微。"是梁、陈间非不言郑学，但甚微耳。其谓《左传》唯传服谊者指北朝也。独惜隋氏起北方，混一华夏，而《易》《书》《春秋》徇南人之浮夸，损北学之精实，甚至以姚方兴之《舜典》窜入《孔传》，于伪之中又有伪焉。唐贞观中奉诏撰《五经正义》，因循不革。案：康成闻服虔解《左传》多与己同，遂以所注畀之，是服学即郑学，行郑、服，则学出于一，行王、杜、伪孔，则学分为三。故有两经之疏，同为一人所作，而互相矛盾，使学者茫然不知真是之归，此宋儒所以乘间而起也。要之，儒林之卓绝者，南北各有［其］人。以南言之，如雷次宗礼服与康成并称，号为"雷、郑"。释慧远遁迹沙门，周续之事之，作《诗序谊》，独得毛、郑微旨。庾蔚之《丧服要记》载在《通典》，最为详核。何承天《礼论》多至三百卷，［而何佟之略皆上口，］至孔子袪又续成一百五十卷。崔灵恩《三礼义宗》，说《礼》之总龟也。其以浑盖为一，在僧一行前，可谓卓识。或谓其书当于零陵、桂阳间求之。嗜古之士，曷留意焉。他若沈麟士、沈峻、沈文阿、太史叔明，博通五经，非其彰彰者乎？北则刘献之、徐遵明，蔚为名儒，刘焯、刘炫，后来之秀。至如释《论语》八寸策为八十宗，撰《孝经闺门章》目为古文，虽有小疵，无伤大体。且卢广以北人而光价江南，沈重以南人而胜芳河朔，杰出之才又可以地限哉？抑犹有可憾者，施雠、梁丘之《易》亡矣，孟、京不［尚］存乎？欧阳、夏侯之书亡矣，马融不尚存乎？《齐诗》久亡，《鲁诗》不至江左，不有《韩诗》薛君章句乎？《左氏》之外，犹有《公羊》《穀梁》。服虔之外，犹有贾逵。《礼记》有卢氏，与郑氏同师。若此之类，南人既未暇及，北学亦寂寂无闻，徒守一先生之言，斤斤然唯恐失之。

经术之不逮魏晋，亦奚足怪？义疏之学，自为一派，惟六朝为最盛。宋明帝之《周易》，雷肃之之《礼记》，其尤著者。《易》则褚仲都，《书》则费甝、三刘、顾彪，《诗》与《春秋》则刘炫，《礼》则黄庆、李孟悊，《礼记》则皇侃、熊安生、贺玚。凡所发明，俱有可观。其确守一家，不使稍有出入，亦古来释经之通例，非其弊也。唯自二刘、熊安生之外，率皆南人，故未有为郑氏《书》《易》、服氏《春秋》作疏者。唐之《正义》，不能改用郑、服，殆亦以前无所承，难于倡造，故与六朝经学之书散佚略尽，惟《经典释文》岿然独存，前此上作音，惟陆氏兼释经义；前此止音经，惟陆氏兼音注。体例独别于诸家，而能集诸家之成，故为不刊之典。其中《周易音义》最为精博，虽以王为主，特采子夏、京房、孟喜、马、郑、刘表、荀爽、虞翻、陆绩、王肃、董遇、姚信、王廙、干宝、蜀才、黄颖，旁及《九家易》、张璠《集解》，萃十数家于两卷之中，视李鼎祚尤简而该。窥其微意，似嫌王注空疏，故博征古训以弥缝之。余如《书》之马融，《诗》之韩婴，亦存其概。不幸生于南国，故郑、服之学不得赖以流传。然音训之详，无逾于此，非徐爰、沉重、戚衮、王元规辈所可同年而语矣！皇侃《论语义疏》虽非正经，亦经解之类。窃谓何晏本清谈之祖，而《论语集解》独能存汉学之什一，其体例谨严，迥非王弼《易注》可比。而皇氏乃取江熙《集解》以为之疏，制度、名物略而不详，惟以清言取胜，似欲补平叔所未及者，与所作《礼记疏》大相径庭。只以秘籍流传，罕而见珍，故不以空谈废云。崔氏《义宗》，王伯厚、周草窗俱征引及之，则宋末尚存。今去宋世不过四百余年，故以为不应遽佚。两汉传业，各有专家，故三史作《儒林传》，分经叙述，于授受源流载之特详。魏晋以降，稍涣散矣。盖经术既不如古，而史才又不逮前，故记载有所未详。要其师友渊源，初未尝绝，读《北史》所序，居然有两汉遗风。胜国西亭王孙著《授经图》，因章氏考索而加详焉。然止述两汉，不及魏晋以降，未为赅备。且南北区分，风尚不一，苟非支分派别，兼综条贯，则承学之士，何繇考其异同，定其得失耶？试取朱氏之书，次第缵续，必更有可观者。

邵保初①《六朝经术流派论》②：

南北朝经术流派，见于《北史·儒林传序》者甚详。虽短长互见，而宗法所在，孰得孰失，诚不可以无辨，尝试论之。王弼，名士也，非经师也；杜预，名将也，亦非经师也。非经师则学无所授，信心而谈，空疏滉漾，游衍无归，拨弃旧诂，竞标新说，何足称颛门之业？若孔安国，则真经师矣。使果为真孔氏，虽康成亦应低首，而无如其伪也。今习古文，是率天下而伪也，呜呼可？然而揆其所始，厥由东晋。方晋氏渡江而东，修学校，简省博士，置《周易》王氏，《尚书》郑氏，《古文尚书》孔氏，《毛诗》郑氏，《周官》《礼记》郑氏，《春秋左传》杜氏、服氏，《论语》《孝经》郑氏，博士各一人。太常荀崧上疏请增置郑《易》《仪礼》及《春秋公羊》《穀梁》博士各一人，会王敦之难，不果行。盖郑《易》之废，实始于此。故张璠所集二十二家，仅依向秀之本，而谢万等各注《系辞》，以续王弼之书，玄风大畅，古义遂湮。陆澄贻王俭书云："《易》自商瞿之后，虽有异家之学，同以象数为宗，后乃有王弼之说。"王济云："弼所误者多，何必能顿废前儒?"是郑氏之不可废，王氏之不可行，南人固有知之者矣。犹幸河北学者专习郑《易》，故其书至唐犹存，陆氏《释文》、李氏《集解》间述一二，而王注传习既久，终不能夺，竟至失传，岂不深可惜哉？然晋时郑《易》虽废，而《尚书》犹兼习郑、孔，《春秋》犹兼习服、杜，其后乃废郑、服而专用孔、杜。《释文》云："江左中兴，梅颐奏上《孔传》，学徒遂盛。"后范宁变为今文集注，俗间或取《舜典》篇以续孔氏。夫范宁固号为能遵守郑学者，而古文孔传则王肃之徒伪撰以难郑氏者，乃笃信不疑，且为之集注，是表章《孔传》，偏自遵守郑学者为之倡始，异哉！而一时趋向，亦于此可卜矣。然刘宋时郑氏犹未废绝，故裴骃《史记集解》兼采郑、

---

① 邵保初，浙江归安人，字履咸，号春皋。事迹具《同治湖州府志》卷 76。

② 《清经解》卷 1385。

孔两家，无所偏主。《释文》又云：“近惟崇尚古文，马、郑、王注遂废。”《释文》之作，在于陈末，而曰“近”，则崇孔废郑实在齐、梁之后矣。其《春秋》服氏之废，不知始于何时，裴骃注《史记》引服解颇多，梁、陈间未有习服氏《春秋》者。李延寿曰：“晋世杜预注左氏，预元孙坦，坦弟骥，于宋朝并为青州刺史，传其家业，故齐地多习之。”是预之子孙多贵显，故其学且流入北方，宜服氏之不能与争。崔灵恩申服难杜，虞僧诞申杜难服，莫能相胜，而小刘规杜过至三百余事，则公论不可诬也。夫江左儒风渊源典午，专尚浮华，务析名理，其去繁就简，理固宜然。若谓经籍英华尽在于是，是以汉学为糟粕也。盖已隐然开驾空立说之端矣。按：《隋·经籍志》于《易》云：“梁、陈，郑玄、王弼二注列于国学，齐代唯传郑义，至隋，王注盛行，郑学寖微。”于《书》云：“梁、陈所讲，有孔、郑二家，齐代唯传郑义，至隋，孔、郑并行，而郑氏甚微。”于《春秋》云：“《左传》唯传服义，至隋，杜氏盛行，服义寖微。”是梁、陈间非不言郑学，但甚微耳。其谓《左传》唯传服义者指北朝也。独惜隋氏起北方，混一区夏，而《易》《书》《春秋》徇南人之浮夸，损北学之精实，甚至以姚方兴之《舜典》窜入《孔传》，于伪之中又有伪焉。唐贞观中奉诏撰《五经正义》，因循不革。按：康成闻服虔解《左传》多与己同，遂以所注畀之，是服学即郑学，行郑、服，则学出于一，行王、杜、伪孔，则学分为三。故有两经之疏，同为一人所作，而互相矛盾，使学者茫然不知真是之归，此宋儒所以乘间而起也。要之，儒林之卓绝者，南北各有其人，以南言之，如雷次宗礼服与康成并称，号为雷、郑。释慧远遁迹沙门，周续之事之，作《诗序义》，独得毛、郑微旨。庾蔚之《丧服要记》载在《通典》，最为详核。何承天《礼论》多至三百卷，而何佟之略皆上口，孔子袪又续成一百五十卷。崔灵恩《三礼义宗》，说《礼》之总龟也。其以浑盖为一，在僧一行前，可谓卓识。或谓其书当于零陵、桂阳间求之。嗜古之士，曷留意焉。他若沈麟士、沈峻、沈文阿、太史叔明，博通五经，非其彰彰者乎？北则刘献之、徐遵明，蔚为名儒，刘焯、刘炫，后来之秀。至如释《论语》八寸策为八十宗，撰《孝经·闺门章》目为古文，虽有小疵，无伤大体。且卢广以北人而光价江南，沉重以南人而胜芳河朔，杰出之才又可以地限哉？抑犹有可憾者，施雠、梁丘之《易》亡矣，孟、京不尚存乎？欧阳、夏侯之书亡矣，马融不尚存乎？《齐诗》久亡，《鲁诗》不至江左，不有《韩诗》薛君章句乎？《左氏》之外，犹有《公羊》《穀梁》。服虔之外，犹有贾逵。《礼记》有卢氏，与郑氏同师。若此之类，南人既未暇及，北学亦寂寂无闻，徒守一先生之言，斤斤然唯恐失之。经术之不逮魏晋，亦奚足怪？义疏之学，自为一派，唯六朝为最盛。宋明帝之《周易》，雷肃之之《礼记》，其尤著者。《易》则褚仲都，《书》则费甝、三刘、顾彪，《诗》与《春秋》则刘炫，《礼》则黄庆、李孟悊，《礼记》则皇侃、熊安生、贺玚。凡所发明，俱有可观。其确守一家，不使稍有出入，亦古来释经之通例，非其弊也。唯自二刘、熊安生之外，率皆南人，故未有为郑氏《书》《易》、服氏《春秋》作疏者。唐之《正义》，不能改用郑、服，殆亦以前无所承，难于倡造，故与六朝经学之书散佚略尽，惟《经典释文》岿然独存，前此止作音，惟陆氏兼释经义；前此止音经，惟陆氏兼音注。体例独别于诸家，而能集诸家之成，故为不刊之典。其中《周易音义》最为精博，虽以王为主，特采子夏、京房、孟喜、马、郑、刘表、荀爽、虞翻、陆绩、王肃、董遇、姚信、王廙、干宝、蜀才、黄颖，旁及《九家易》、张璠《集解》，萃十数家于两卷之中，视李鼎祚尤简而赅。窥其微意，似嫌王注空疏，故博征古训以弥缝之。余如《书》之马融，《诗》之韩婴，亦存其概。不幸生于南国，故郑、服之学不得赖以流传。然音训之详，无逾于此，非徐爰、沈重、戚衮、王元规辈所可同年而语矣！皇侃《论语义疏》虽非正经，亦经解之类。窃谓何晏本清谈之祖，而《论语集解》独能存汉学之什一，其体例谨严，迥非王弼《易注》可比。而皇氏乃取江熙《集解》以为之疏，制度、名物略而不详，惟以清言取胜，似欲补平叔所未及者，与所作《礼记疏》大相径庭。只以秘籍流传，罕而见珍，故不以空谈废云。崔氏

《义宗》，王伯厚、周草窗俱征引及之，则宋末尚存。今去宋世不过四百余年，故以为不应遽佚。两汉传业，各有专家，故三史作《儒林传》，分经叙述，于授受源流载之特详。魏晋以降，稍涣散矣。盖经术既不如古，而史才又不逮前，故纪载有所未详。要其师友渊源，初未尝绝，读《北史》所序，居然有两汉遗风。胜国西亭王孙著《授经图》，因章氏考索而加详焉。然止述两汉，不及魏晋以降，未为赅备。且南北区分，风尚不一，苟非支分派别，兼综条贯，则承学之士，何繇考其异同，定其得失耶？试取朱氏之书，次第缵续，必更有可观者。

本篇结论：

经过仔细比勘，《经解入门·南北经术流派》完全抄自《六朝经术流派论》，仅有几处文字点窜，如改“南北朝”为“六朝”，改“义”为“谊”。其他删改之处，在《南北经术流派》文中以[ ]表示，不一一赘述。奇怪的是，作伪者又将邵保初原文“郑氏之不可废，王氏之不可行”一句删为“郑氏之不可行”，语义正好相反，留下笑柄。

四、《近儒说经得失》辨伪

《经解入门·近儒说经得失》：

予既录治经诸儒，以明国朝经学之盛，乃复就诸儒著述之行世者，略分轩轾，俾学者知所率从。

司马按：此段系伪造者模拟江藩语气而为之。此篇确实是通篇抄袭江藩《国朝经师经义目录》一书，但有小的删改。下面逐一比勘。

《经解入门·近儒说经得失》：

国朝治《易》诸老，亦有攻王弼之《注》，击陈抟之《图》者。如黄宗羲之《易学象数论》，虽辟陈抟、康节之学，而以纳甲、动爻为假象，又称辅嗣注简当无浮词，失之。黄宗炎之《周易象数图书辨惑》，亦力辟宋人图书之说，然不宗汉学，皆非笃信之儒。毛奇龄《仲氏易》《推易始末》《春秋占筮书》《易小帖》四书，颇宗旧旨，不杂芜词，然以“交易”为伏羲之《易》，“反易”、“对易”之外又增“移易”为文王、周公之《易》，牵合附会，不顾义理，务求胜词。凡此诸书，皆不取。惟胡渭《易图明辨》、惠士奇《易说》、惠定宇《易汉学》《易例》《周易本义辨证》、洪榜《易述赞》、张惠言《周易虞氏学》《虞氏消息》、顾炎武《易音》为善。

江藩《国朝经师经义目录·易》：

国朝老儒，亦有攻王弼之《注》，击陈抟之《图》者。如黄宗羲之《易学象数论》，虽辟陈抟、康节之学，而以纳甲、动爻为假象，又称王辅嗣《注》简当无浮（义）［词］①。黄宗炎之《周易象（辞）［数］图书辨惑》，亦力辟宋人图书之说，可谓不遗余力矣②。然不宗汉学，皆非笃信之士③也。惟毛奇龄《仲氏易》《推易始末》《春秋占筮书》《易小帖》四书，颇宗旧旨，不杂芜词；但以“变易”、“交易”为伏羲之《易》，“反易”、“对易”之外，又增“移易”为文王、周公之《易》，牵合附会，不顾义理，务求胜词而已。凡此诸书，不登兹录。

《易图明辨》十卷，胡渭撰。《易说》六卷，惠士奇撰。《周易述》二十三卷、《易汉学》八卷、《易例》二卷、《周易本义辨证》五卷，惠定宇撰。《易述赞》二卷，洪榜撰。《周易虞氏学》九卷、《虞氏消息》二卷，张惠言撰。《易音》三卷，顾炎武撰。《易学》四十卷，焦循撰。④

《经解入门·近儒说经得失》：

国朝阎氏、惠氏出，而伪古文寖微，马、郑之学复显，其余注《尚书》者十有余家，然不知伪古文、伪孔传者，概无足取。毛西

---

① 司马按：《经解入门》于此加“失之”二字。

② 司马按：《经解入门》删去此七字。

③ 司马按：《经解入门》将“士”改为“儒”。

④ 司马按：《经解入门》改变编排方式，且将末种删去。

河、胡朏明虽知古文之伪，而一作《冤词》，一作《洪范正论》，《正论》辟汉学"五行"、"灾异"之说，而不知夏侯始昌之《洪范五行传》亦出伏生，皆误也。惟阎若璩《古文尚书疏证》、胡渭《禹贡锥指》、惠定宇《古文尚书考》、宋鉴《尚书考辨》、王鸣盛《尚书后案》、江艮庭《尚书集注音疏》《尚书经师表系》、段玉裁《尚书撰异》为善。

江藩《国朝经师经义目录·书》：

逮国朝阎氏、惠氏出，而伪古文寖微，马、郑之学复显于世矣①。国朝注《尚书》者十有余家，不知伪古文、伪孔传者概无著录。如胡朏明《洪范正论》虽力攻图书之谬，而辟汉学五行灾异之说，是不知夏侯始昌之《洪范五行传》亦出伏生也。朏明虽知古文之伪，而不知五行传之不可辟，是以黜之。

《古文尚书疏证》八卷，阎若璩撰。《禹贡锥指》二十卷、图一卷，胡渭撰。《古文尚书考》二卷，惠定宇撰。《尚书考辨》四卷，宋鉴撰。《尚书后案》三十卷，王鸣盛撰。《尚书集注音疏》十二卷、《尚书经师系表》一卷，江艮庭撰。

司马按：《经解入门》在《国朝经师经义目录》的基础上增加段玉裁的《尚书撰异》，肯定为善书。另外，又将毛西河的《古文尚书冤词》与胡朏明的《洪范正论》一起批判。总之，此段虽小有改动，但痕迹仍然非常明显。

《经解入门·近儒说经得失》：

国朝治《诗》诸老，莫不黜朱子而宗毛、郑，然朱鹤龄之《通义》，虽力驳废序之非，而又采欧阳修、苏辙、吕祖谦之说，盖好博而不纯者也。鹤龄与陈启源商榷《毛诗》，启源著《稽古编》三十卷，惠定宇亟称之。其书宗毛、郑，训诂声音以《尔雅》为主，草木虫鱼以陆疏为则，可谓专门名家矣。然其解"西方美人"，则盛称佛教东流始于周代，至谓孔子抑藐三皇而独圣西方；解"捕鱼诸器"，谓广杀物命，绝不知怪，非大觉缘异之文，莫能

① 司马按：《经解入门》删去"于世矣"三字。

救之，妄下断语，谓庖牺必不作网罟，殊为诞怪。顾震沧之《毛诗类释》亦多凿空之言，非专门之学。惟惠周惕《诗说》、戴震《毛郑诗考正》、顾炎武《诗本音》、钱坫《诗音表》、陈奂《毛诗疏》、马瑞辰《毛诗传笺通释》为善。

江藩《国朝经师经义目录·诗》：

国朝崇尚实学，稽古之士崛起。（司马按：《经解入门》将此句改为："治《诗》诸老，莫不黜朱子而宗毛、郑。"）然朱鹤龄之《通义》虽力驳废《序》之非，而又采欧阳修、苏辙、吕祖谦之说，盖好博而不纯者也。鹤龄与陈启源商榷《毛诗》，启源又著《稽古编》三十卷，惠征君定宇亟称之。其书虽宗郑学，训诂声音以《尔雅》为主，草木虫鱼以陆疏为则，可谓专门名家矣。然而解"西方美人"，则盛称"佛教东流，始于周代"，至谓"孔子抑藐三皇而独圣西方"。解"捕鱼诸器"，谓"广杀物命，恬不知怪，非大觉缘果之文莫能救之"，妄下断语，谓"庖牺必不作网罟"。吁！可谓怪诞不经之谈矣！顾震沧之《毛诗类释》多凿空之言，非专门之学，亦在删汰之列。

《诗说》三卷，惠周惕撰。《毛郑诗考正》四卷，戴震撰。《诗本音》十卷，顾炎武撰。《诗音表》一卷，钱坫撰。

司马按：《经解入门》在《国朝经师经义目录》的基础上增加两种：陈奂《毛诗疏》、马瑞辰《毛诗传笺通释》。

《经解入门·近儒说经得失》：

国朝治三礼者，万斯大、蔡德晋、盛百二诸人皆致力甚深，然或取古注，或参妄说，吾不取焉。方苞辈更无足道。其善者：沈彤《周官禄田考》、惠定宇《禘祫说》、江永《周礼疑义举要》、戴震《考工记图》、任大椿《弁服释例》、钱坫《车制考》、张尔岐《仪礼郑注句读》《监本正误》《石经正误》、沈彤《仪礼小疏》、江永《仪礼释官谱增注》、胡培翚《仪礼正误》、金日追《仪礼正讹》、褚寅亮《仪礼管见》、张惠言《仪礼图》、凌廷堪《礼经释例》、黄宗羲《深衣考》、惠定宇《明堂大道录》、江永《礼记训义择言》《深衣考误》、任大椿《深衣释例》、惠士奇《礼说》、江永

《礼书纲目》、金榜《礼笺》。

江藩《国朝经师经义目录·礼》：

至国朝，如万斯大、蔡德晋、盛百二虽深于礼经，然或取古注，或参妄说，吾不取焉；方苞辈更不足道矣。

《周官禄田考》三卷，沈彤撰。《禘祫说》二卷，惠定宇撰。《周礼疑义举要》七卷，江永撰。《考工记图》二卷，戴震撰。《弁服释例》十卷，任大椿撰。《车制考》一卷，钱坫撰。

《仪礼郑注句读》十七卷、《监本正误》一卷、《石经正误》一卷，张尔岐撰。《仪礼小疏》一卷，沈彤撰。《仪礼释官谱增注》一卷，江永撰。《仪礼管见》四卷，褚寅亮撰。《仪礼正讹》十七卷，金日追撰。《仪礼图》六卷，张惠言撰。《礼经释例》十三卷，凌廷堪撰。

《深衣考》一卷，黄宗羲撰。《明堂大道录》八卷，惠定宇撰。《礼记训义择言》八卷、《深衣考误》一卷，江永撰。《深衣释例》三卷，任大椿撰。

《礼说》十四卷，惠士奇撰。《礼书纲目》八十五卷，江永撰。《礼笺》十卷，金榜撰。

司马按：《经解入门》在《国朝经师经义目录》的基础上增加一种，即胡培翚《仪礼正误》。

《经解入门·近儒说经得失》：

国朝为《公羊》之学者，阮君伯元、孔君广森最深，凌曙次之，其余不名家法者不取。《穀梁》之学，钟文烝颇有得。《左氏》则吴江朱氏、无锡顾氏皆为之，而鹤龄杂取邵宝、王樵之说，不采贾、服；震沧《大事表》虽精，然实以马宛斯之书为蓝本，且不知著书之体，有不必表者亦表之，是其短也。其善者：孔广森《公羊通义》、凌曙《公羊礼疏》、钟文烝《穀梁补注》、侯康《穀梁礼征》、顾炎武《左传杜解补正》、马骕《左传事纬》并附录、陈厚耀《春秋长历》《春秋世族谱》、惠定宇《左传补注》、沈彤《左传小疏》、江永《春秋地理考实》、惠士奇《春秋说》。

江藩《国朝经师经义目录·春秋》：

国朝为《左氏》之学者，吴江朱氏、无锡顾氏。而鹤龄杂取邵宝、王樵之说，而不采贾、服；震沧之《大事表》虽精，然实以宛斯之书为蓝本，且不知著书之体，有不必表者亦表之，甚至如江湖术士之书，以七言为歌括，不值一噱矣。兹不著录。宋以后贵文章，治《左氏》，《公》《穀》竟为绝学。阮君伯元云："孔君广森深于《公羊》之学。"然未见其书，不敢著录，余仿此云。

《左传杜解补正》三卷，顾炎武撰。《左传事纬》十二卷、附录八卷，马骕撰。《春秋长历》十卷、《春秋世族谱》一卷，陈厚耀撰。《左传补注》六卷，惠定宇撰。《春秋左传小疏》一卷，沈彤撰。《春秋地理考实》四卷，江永撰。

附三传总义。

《春秋说》十五卷，惠士奇撰。

司马按：《经解入门》在《国朝经师经义目录》的基础上增加孔广森《公羊通义》、凌曙《公羊礼疏》、钟文丞《穀梁补注》、侯康《穀梁礼征》。江藩明言："宋以后贵文章，治《左氏》，《公》《穀》竟为绝学。阮君伯元云：'孔君广森深于《公羊》之学。'然未见其书，不敢著录。"江藩著《国朝经师经义目录》之时，西汉今文经学早成绝学，并未复兴，要等到晚清才重放光明，所以他连孔广森的《公羊通义》都没有著录。至于《公》《穀》之优劣，他也未置一词。《经解入门》增加评论："国朝为《公羊》之学者，阮君伯元、孔君广森最深，凌曙次之，其余不名家法者不取。《穀梁》之学，钟文丞颇有得。"阮元不以《公羊》之学著名，此处将他与孔广森相提并论，可能是对《国朝经师经义目录》所引阮君伯元云"孔君广森深于《公羊》之学"一语的误读。

《经解入门·近儒说经得失》：

《论语》《孟子》《大学》《中庸》，至宋而后大行。国朝作注者：阎若璩《四书释地》《续》《又续》《三续》《释地余论》、江永《乡党图考》、戴震《孟子字义疏证》、焦循《孟子正义》、宋翔凤《孟子赵注补正》，皆善。

江藩《国朝经师经义目录·论语》：

至南宋，朱子始以《论语》《孟子》及《礼记》中之《大学》《中庸》二篇合为《四书》，盛行于世。

《四书释地》一卷、《四书释地续》一卷、《四书释地又续》二卷、《四书释地三续》二卷、《四书释地余论》一卷，阎若璩撰。《乡党图考》十卷，江永撰。《孟子字义疏证》三卷，戴震撰。《论语后录》五卷，钱坫撰。《论语骈枝》一卷，刘台拱撰。

司马按：《经解入门》将《国朝经师经义目录》的钱坫《论语后录》、刘台拱《论语骈枝》替换为焦循《孟子正义》、宋翔凤《孟子赵注补正》。

《经解入门·近儒说经得失》：

《孝经》惟阮福《义疏》有据。

司马按：江藩《国朝经师经义目录》没有为《孝经》立目，此语为《经解入门》所加。

《经解入门·近儒说经得失》：

《尔雅》：邵氏《正义》、郝氏《义疏》皆博大。

司马按：江藩《国朝经师经义目录·尔雅》仅著录了邵晋涵《尔雅正义》二十卷，但没有录郝氏《义疏》。

《经解入门·近儒说经得失》：

其释群经总义者：朱彝尊《经义考》、翁方纲《经义考补正》、吴陈琰《五经古今文考》、冯登府《十三经诂答问》、陈澧《东塾读书记》。其余尽荟萃于《皇清经解》中，此尽阮氏伯元所辑，为说经家一大统宗，学者不可不读。

司马按：江藩《国朝经师经义目录》经总义类附录于论语类，但所著录之书与《经解入门》无一相同。

本篇结论：

《经解入门·近儒治经得失》首先在前面加一门面语，模拟江藩口气，然后逐字逐段抄袭《国朝经师经义目录》，可谓名正言顺，最后一节来一掉包计，将《国朝经师经义目录》所著录之书全部换成其他书。但也留下了狐狸尾巴：陈澧与江藩时代不相及，江藩决不会著录《东塾读书记》一书！

五、《经与纬相表里》辨伪

《经解入门·经与纬相表里》：

纬候之书，说者谓起于哀、平之世，非也。纬候所言多近理，与经相表里①，本古圣遗书，而后人以怪诞之说纂入其中，遂令人不可信耳。其醇者盖始于孔氏，故郑康成以为孔子所作，其驳者亦亦起于周末、战国之时。何以知之？秦始皇时已有“亡秦者胡”之谶，则谶纬由来久矣。孟喜，汉初人也，而卦气图之用，本于《易纬》。司马迁，武帝时人，而《史记》所载简狄吞燕卵生契之事，本于《尚书中候契握》。大毛公，亦汉初人也，《诗传》所谓尊而君之，则称皇天；元气广大，则称昊天；仁覆闵下，则称旻天，本于《尚书帝命验》。伏生，秦时人也，所作《尚书大传》，言主春者鸟昏中可以种谷，主夏者大昏中可以种黍，本于《尚书考灵耀》，所言夏以十三月为正，殷以十二月为正，周以十一月为正，本于《乐纬稽耀嘉》。翼奉，宣帝时人也，元帝初上封事，言《诗》有五际，本于《诗纬泛历枢》。又《易通卦验》云：“失之毫厘，差以千里。”《礼记·经解》及《太史公自序》皆引之，言：“差若毫厘，谬以千里。”《中候摘洛戒》云：“周公践阼。”《礼记·明堂位》引用其文。《春秋汉含孳》云：“三公，九卿，二十七大夫，八十一元士。”《礼记·王制》引用其文。由是观之，秦、汉之间，以至昭、宣之世，已有其书，岂始于哀、平哉？秦、汉既引其文，故知其起于战国也。《河图括地象》言：“昆仑者，地之中，东南地方五千里，名曰神州。”与邹衍大九州之说合，则《括地象》之书或即邹衍之徒为之。此起于战国之证也。至若“失之毫厘，差以千里”，其言最精。又《孝经勾命决》言：“孔子曰：吾志在《春秋》，行在《孝经》。”《孝经援神契》言：“日者天之

---

① 司马按：“与经相表里”，原文作“可以翼经”。

明，月者地之理。”皆有精义，足以羽翼经训①。又若《礼元命包》言：“天子五庙：二昭，二穆，以始祖而五。”与《丧服小记》“王者立四庙”相表里②。《春秋含文嘉》言：“天子射熊，诸侯射麋，大夫射虎、豹，士射鹿、豕。”与《乡射礼记》相表里③。《礼稽命征》言：“天子旗九仞十二旒，诸侯七仞九旒。”此类又足补《礼经》之缺，故知其始于孔氏也。《隋书·经籍志》云：“说者谓孔子既叙六经，知后世不稽同其意，故别立纬及谶，以遗来世。”其书出于前汉。《书·洪范》孔疏：“纬候之书，不知谁作，通人讨核，谓伪起哀、平，虽复前汉之末，始有此书，以前学者必相传此说。”然则谓纬候起哀、平，孔冲远亦不以为然矣。吾得断之曰：纬候创始于孔氏，增纂于战国，盛行于哀、平。而其书实与经相表里。学者取其瑜而弃其瑕，斯得矣。

金鹗《纬候不起于哀平辨》④：

纬候之书，说者谓起于哀、平之世，非也。纬候所言多近理，可以翼经，本古圣遗书，而后人以怪诞之说纂入其中，遂令人不可信耳。其醇者盖始于孔氏，故郑康成以为孔子所作，其驳者盖亦起于周末、战国之时，何以知之？秦始皇时已有“亡秦者胡”之谶，则谶纬由来久矣。孟喜，汉初人也，而卦气图之用，本于《易纬》。司马迁，武帝时人，而《史记》所载简狄吞燕卵生契之事，本于《尚书中候契握》。大毛公，亦汉初人也，《诗传》所谓尊而君之，则称皇天；元气广大，则称昊天；仁覆闵下，则称旻天，本于《尚书帝命验》。伏生秦时人也，所作《尚书大传》，言主春者鸟昏中可以种谷，主夏者大昏中可以种黍，本于《尚书考灵耀》，所言夏以十三月为正，殷以十二月为正，周以十一月为正，本于《乐纬稽耀嘉》。翼，奉宣帝时人也，元帝初上封事言《诗》有五

① 司马按：“足以羽翼经训”，此六字为《经解入门》所加。

② 司马按：“相表里”三字，原文作“合”。

③ 司马按：“相表里”三字，原文作“合”。

④ 《诂经精舍文集》卷12第14页；《求古录礼说》卷15第3页；《清经解》卷1390。

际，本于《诗纬泛历枢》，又《易通卦验》云："失之毫厘，差以千里。"《礼记·经解》及《太史公自序》皆引之言："差若毫厘，谬以千里。"《中候摘洛戒》云："周公践阼。"《礼记·明堂位》引用其文。《春秋含孳》云："三公，九卿，二十七大夫，八十一元士。"《礼记·王制》引用其文。由是观之，秦、汉之间，以至昭、宣之世，已有其书，岂始于哀、平哉？秦、汉既引其文，故知其起于战国也。《河图括地象》言："昆仑者，地之中，东南地方五千里，名曰神州。"与邹衍大九州之说合，则《括地象》之书或即邹衍之徒为之。此起于战国之证也。至若"失之毫厘，差以千里"，其言最精。又《孝经句命决》言："孔子曰：吾志在《春秋》，行在《孝经》。"《孝经援神契》言："日者天之明，月者地之理。"皆有精义。又若《礼元命包》言："天子五庙：二昭，二穆，以始祖而五。"与《丧服小记》"王者立四庙"合。《春秋含文嘉》言："天子射熊，诸侯射麋，大夫射虎、豹，士射鹿、豕。"与《乡射礼记》合。《礼稽命征》言："天子旗九仞十二旒，诸侯七仞九旒。"此类又足补《礼经》之缺，故知其始于孔氏也。《隋书·经籍志》云："说者谓孔子既叙六经，知后世不稽同其意，故别立纬及谶，以遗来世。"其书出于前汉，《书·洪范》孔疏："纬候之书，不知谁作，通人讨核，谓伪起哀、平，虽复前汉之末，始有此书，以前学者必相传此说。"然则谓纬候起哀、平，孔冲远亦不以为然矣。吾得断之曰：纬候创始于孔氏，增纂于战国，盛行于哀、平。

本篇结论：

经过比勘，我们发现，《经解入门·经与纬相表里》与金鹗《纬候不起于哀平辨》有着惊人的相似之处，几乎就是赤裸裸的抄袭！仅在文末加以断语："而其书实与经相表里，学者取其瑜而弃其瑕，斯得矣。"另外，在文字上稍加点窜，原文作"可以翼经"，改为"与经相表里"；原文作"与……合"，改为"与……相表里"。改动极少，均为扣题之笔。如此点窜，可谓拙于作伪矣！《经解入门》第四十条为"不可剿窃成说"，若以子之矛，攻子之盾，则万难自解矣！

六、《经与子相表里》辨伪

《经解入门·经与子相表里》：

周秦诸子皆与经相出入。如《管子》之治术，《司马》之兵法，《墨子》之引《书》，《荀子》之传《诗》，皆得于经之古义。而读者取其事实，可以补证经传之简略；知其旨归，可以补证经传之讹文、佚文；知其古训古音，可以订经传音注之得失。即汉魏诸子亦然。盖汉魏去古未远，微言大义犹未绝于人间，故其义理虽纯杂不一，而所以发明经义仍瑕不掩瑜，与唐以后所谓子部者大别。惟读之宜以细心，务在先求训诂，必使确实可解，勿徒空论其文，臆度其理，即如《庄子》寓言，多乌有、子虚之事，而其文字名物，仍凿凿可据。盖凡古人著书，断未有故令其语在可解未可解之间者。况天地间人情物理、猥琐纤末之事，经史所不能尽者，子部无乎不有。其趣妙处，较之经史，尤易引人入胜。以经学家"实事求是"之法读之，斯其益无限。因取先秦以上传记（子史及解经之书，古人通名传记）真出古人之手，及汉魏著述中理者，约举其名于后，俾学者知所趋焉。

三代古传记，《国语》《战国策》《大戴礼》最要。《七经纬》，国朝人搜集，较《古微书》为备。纬与谶异，乃三代儒者说经逸文，勿以耳食而议。其余《山海经》《世本》《逸周书》《竹书纪年》《穆天子传》上三书虽有假托，皆秦以前人所为。《周髀》《素问》《司马法》之类，皆足为考证经义之用。

周秦间诸子，《荀子》《管子》《吕氏春秋》最要。《庄子》《墨子》之属，理虽悠谬，可证经传者甚多。此外，《老子》《孙子》《晏子春秋》《列子》《庄子》《文子》《吴子》《韩非子》《鹖冠子》《孔丛子》《楚辞》《楚辞》集类，以其可证经者多，故附此。皆善。至于《尸子》《商子》《尹文子》《关尹子》《燕丹子》，近人均有采集校本。其余子部尚繁，或伪作，或佚存无几，不录。

汉至隋说经之书，许氏《五经异义》、郑氏《驳异义》、陆氏《经典释文》为要。注家得失篇已举之矣。其余善者：《乾凿度郑注》《尚书大传》《韩诗外传》《春秋繁露》《白虎通》《春秋释例》《陆玑诗疏》《皇侃论语疏》《李氏周易集解》《虞氏易注》《郑氏易注》《荀氏九家易注》《尚书马郑注》《左传贾服注》《蔡邕明堂月令章句》《郑氏箴膏肓·起墨守·发废疾》《毛郑异同评》《刘炫规杜》之属。《汉魏遗书》《古经解汇函》《古经解钩沈》等书，或原部收入，或原书亡佚，各家从他书中辑出，亦备存焉。

汉至隋小学之书，《说文》《玉篇》《广雅》《广韵》最要。而《急就篇》《方言》《释名》《字林》四书亦善。《字林》久佚，近人任大椿搜集成书，名《字林考逸》。《广韵》即陆法言《切韵》，略有增修，故列入隋。此下唐人《一切经音义》为胜（东洋刻本）。其余《汗简》《集韵》《韵补》《韵会》《薛尚功钟鼎款识》之属，亦资考证，但少缓耳。《仓颉》《凡将》诸书久亡，任大椿搜集之，名《小学钩沈》，与《小学汇函》皆宜读。

汉后隋前传记诸子，《新序》《说苑》《列女传》《水经注》最要，而《吴越春秋》《越绝书》《家语》王肃所集，故列此。《汉官六种》《三辅黄图》《华阳国志》《淮南子》《法言》《盐铁论》《新论》《潜夫论》《论衡》《独断》《风俗通》《申鉴》《齐民要术》《文中子》《中说》《颜氏家训》《九章算术》皆宜读。算经隋以前尚有六种，乃专门之学，极有实用。（至）［自］唐至明，其书不少，后出愈善，至国朝而极精。此取其古，为通经之用。此外，子部如《太玄经》《易林》《物理论》《中论》《人物（识）志》《高士传》《博物志》《古今注》《南方草木状》《洛阳伽蓝记》《荆楚岁时记》《世（记）［说］》《抱朴子》《金楼子》之属，虽颇翔实雅驯，仅资词章、谈助，非其所急；《难经》《参同契》，无关儒术；《理惑》《拾遗》，违正害理；与其余伪作之书，咸宜辨别。

张之洞《輶轩语·语学第二》：

读子为通经。以子证经，汉王仲任已发此义。

子有益于经者三：一证佐事实。一证补诸经伪文、佚文。一兼通古训、古音韵。然此为周、秦诸子言也，汉、魏亦颇有之。至其义理虽不免偏驳，亦多有合于经义可相发明者，宜辨其真伪、别其瑜瑕，斯可矣。唐以后子部书最杂，不可同年而语。

读子宜求训诂，看古注。

诸子道术不同，体制各别，然读之亦有法。首在先求训诂，务使确实可解，切不可空论其文，臆度其理。如俗本《庄子因》《楚辞灯》《管子评注》之类，最害事。即如《庄子》寓言，谓其事多乌有耳，至其文字、名物，仍是凿凿可解，文从字顺，岂有箸书传后，故令其语在可晓不可晓之间者乎？以经学家实事求是之法读子，其益无限。大抵天地间人情、物理，下至猥琐纤末之事，经、史所不能尽者，子部无不有之。其趣妙处，较之经、史，尤易引人入胜。故不读子，不知瓦砾、糠秕无非至道；不读子，不知文章之面目变化百出，莫可端倪也。今人学古文以为古文，唐、宋巨公学诸子以为古文，此古文家秘奥。此其益人，又有在于表里经、史之外者矣。

读书宜多读古书。

……兹将先秦以上传记子、史及解经之书，古人通名传记。真出古人手者，及汉、魏著述中理切用者，约举其名于后。

《国语》《战国策》《大戴礼》《七经纬》国朝人搜集，较《古微书》为备。纬与谶异，乃三代儒者说经逸文，勿以耳食而议之。《山海经》《世本》近人秦嘉谟辑补。《逸周书》《竹书纪年》《穆天子传》三书虽有假托，皆秦以前人所为。《周髀》《素问》《司马法》。《班志》列入礼家，其书皆言军礼。以上诸书皆有考证经义之用。

以上三代古传记。其余皆是汉后伪书，断不可信，《国语》《战国策》《大戴》最要。

《老子》《管子》《孙子》《晏子春秋》《列子》《庄子》《文子》《吴子》《墨子》《荀子》《韩非子》《鹖冠子》《孔丛子》《吕氏春秋》《楚辞》。此集类，然可证经，故附此。此外，尚有《尸子》《商子》《尹文子》《关尹子》《燕丹子》，国朝人均有采集校本。

以上周秦间诸子。其余尚多，或伪作，或佚存无几。《荀》《管》《吕》最要，《庄》《墨》之属，理虽悠谬，可证经传者甚多。

《乾凿度郑注》《尚书大传》《韩诗外传》《春秋繁露》《白虎通》《春秋释例》《陆玑诗疏》《皇侃论语疏》《周易集解》《经典释文》。二书虽唐初人集，乃汉魏、六朝人旧说。此外，尚有《五经异义》《驳五经异义》《虞氏易注》《郑氏易注》《荀九家易注》《尚书马、郑注》《左传贾服注》《蔡邕明堂月令章句》《箴膏肓》《起墨守》《发废疾》《毛郑异同评》《刘炫规杜》《汉魏遗书》《古经解钩沈》等书，或元书亡佚，国朝人从他书采集者。

以上汉至隋说经之书。唐至国朝，经学书太多，俟他日择要标目。

《说文》《方言》《释名》《急就篇》《字林》书久佚，国朝任大椿搜集成书，名《字林考逸》。《玉篇》《广韵》。《广韵》即陆法言《切韵》，略有增修，故列隋。此后唐人《一切经音义》最胜。尚有《汗简》《集韵》《韵补》《韵会》《薛尚功钟鼎款识》之属，亦资考证，但可少缓耳。《仓颉》《凡将》诸书，久已亡佚，任大椿搜集之，名《小学钩沈》，最好。

以上汉至隋小学之书。《说文》《玉篇》《广韵》尤要。

《新序》《说苑》《列女传》《吴越春秋》《越绝书》《家语》王肃所集，故列此。《汉官六种》《三辅黄图》《水经注》《华阳国志》《淮南子》《法言》《盐铁论》《新论》《潜夫论》《论衡》《独断》《风俗通》《申鉴》《齐民要术》《文中子》《中说》虽门人所作，体制未善，词理颇精，不可废。《颜氏家训》《九章算术》。此外，隋以前算经尚有六种，算乃专门之学，极有实用。自唐至明，算书不少，后出愈精，至国朝而极精。此取其古，为通经之用。

以上汉后隋前传记、诸子。此外，如《太玄经》《易林》《物理论》《中论》《人物志》《高士传》《博物志》《古今注》《南方草木状》《洛阳伽蓝记》《荆楚岁时记》《世说》《抱朴子》《金楼子》之属，虽颇翔实雅驯，仅资词章、谈助，非其所急；《难经》《参同》，无关儒术；《理惑》《拾遗》，违正害理；其余多是伪作，宜辨。《新序》《说苑》《列女传》《水经注》最要。

本篇结论：

《经解入门·经与子相表里》无论观点还是材料，完全仿照《輶轩语》而成。仅删去"《新序》《说苑》《列女传》《水经注》最要"，"虽门人所作，体制未善，词理颇精，不可废"等语，又于书目中添加《古经解汇函》《小学汇函》两种，可谓依样画瓢，不善作伪矣。

七、《说经必先审句读》辨伪

武亿《经读考异》：

《易》

《乾》九三："夕惕若厉无咎。"

亿按：近读皆以"夕惕若"为句，"厉"一读，"无咎"一读。考汉唐旧读并连"夕惕若厉"为句。《淮南子·人间训》："夕惕若厉，以阴息也。"《汉书·王莽传》引《易》曰："夕惕若厉。"《说文》"夤"字引《易》曰："夕惕若厉。"《风俗通》引《易》曰："夕惕若厉。"……古读似可依。

《象》曰："天行健君子以自强不息。"

亿按：李氏《集解》引何妥曰："天体不健，故能行之，德健也，犹如地体不顺，承弱之势顺也，所以乾卦独变名为健。"……此诸说并以"天行健"连读为义。愚谓乾古字作健，见《古今韵会》，传写者因转写作健，即健即乾字之转，圣人释象皆以卦本名言之，不宜自变其例，是"天行"为一读，"健"为一读，"天行"与坤象地势语正相比，而注家因文牵附，皆凿说也。

《坤》："元亨利牝马之贞。"

亿按：旧读作"利牝马之贞"，利字连下为义。考《程传》："坤，乾之对也。四德同而贞体则异，乾以刚固为贞，坤则柔顺而贞。牝马柔顺而健行，故取象曰牝马之贞。"是以"利"为一读，"牝马之贞"另为句。

"先迷后得主利西南得朋东北丧朋。"

亿按：旧读并以"利"字属上"主"字为句。考此宜以"后得主"绝句，"利"字属下"西南"读。《文言》曰："后得主而有常。"则主字绝句。又《蹇》："利西南。"则"利"字属下，又可举证。

《屯》初九："盘桓利居贞。"

亿按：近读以“利居贞”为句。考魏明帝征管宁诏：“盘桓利居。”又以“居”字为读，“贞”字另为义，不与“居”连文。

六三：“君子几不如舍往吝。”

亿按：近读以“几”字为句（朱子云：“君子见几，不如舍去。”），考《淮南子·缪称训》：“《易》曰：即鹿无虞，惟入于林中，君子几不如舍往吝。”注：即，就也；鹿以喻民；虞，欺也；几，终也……高氏又以“几不如舍”连读为句。

《需》九二象词：“需于沙衍在中也。”

亿按：近读从“沙”绝句。据《九经古义》，《穆天子传》云：“天子东征，南绝沙衍。辛丑，天子渴于沙衍，求饮未至（郭璞云：“沙衍，水中有沙者。”）。水少沙见，故象云需于沙衍”或以“衍”属下句读，非也。愚谓虞翻云：“衍，流也。”似当作流沙之义，则虞氏亦以衍字绝句为训，此又可举证。

《讼》：“有孚窒惕中吉。”

亿按：此凡两读：《释文》“有孚窒”一句，“惕中吉”一句。又荀爽曰：阳来居二而孚于初，故曰“讼有孚”，则以“孚”字为句。虞翻云：“窒，塞止也。惕，惧也。”则“窒”一字为句，“惕”一字为句。孔氏《正义》同。

九二：“不克讼归而逋其邑人三百户无眚。”

亿按：此凡两读：《正义》曰：“若能以惧归窜其邑，乃可免灾者。”如此注意，则经称“其邑”二字连上为句，“人三百户”合下为句。朱子《本义》：“邑人三百户，邑之小者。”则以“逋”字绝句，“其邑人三百户”绝句，“无眚”又另为句。

六三：“食旧德贞厉终吉。”

亿按：此凡两读：朱子《本义》：“守旧居正，则虽危而终吉。”如此注意，以“贞”字绝句，“厉”下属“终吉”为句。虞翻云：“贞厉得位，故终吉也。”王辅嗣云：“处两刚之间，而皆近不相得，故曰贞厉。”如此注意，则以“食旧德”为句，“贞厉”为句。愚谓象词明言“食旧德”，是“贞厉”连文下属，从虞、王读为正。

《师》：“贞丈人吉。”

亿按：此凡两读：朱子《本义》："用师之道，利于得正。"则"贞"为句，近多从之。考《周礼》天府注，郑司农云："贞，问也。《易》曰：师贞丈人吉。"问于丈人，则"师"为一读，"贞"字连下"丈人"为句。……

九二："在师中吉无咎。"

亿按：《九家易》曰："虽当为王，尚在师中，为天所宠，事克功成，故吉无咎。"王辅嗣注："在师而得其中。"《正义》曰："观注之意，以'在师中'为句，其'吉'字属下。"又云："观象之文，在师中吉，承天宠者，则似'吉'字属上。"此吉之一字，上下兼该，故注文属下，象文属上，此孔氏已从两读。愚谓"在师"亦可为句，"中吉"当连为句。《讼》："有孚窒惕中吉。"亦以"中吉"属读，是其义也。

《小畜》六四："有孚血去惕出无咎。"

亿按："血去惕出"旧读并连文。考"血去"当属上"有孚"为义。血，阴属，群小也，四以一阴蓄众阳，而群小乘之，惟赖诚结主知，则三不见侵，邪害亦消阻矣。故云"有孚血去"，与下九五"有孚挛如"正相比。

上九："尚德载妇贞厉。"

亿按：旧读并以"载"字绝句。考此宜以"尚德载妇"属读。如《履》九五："夬履，贞厉。"《噬嗑》六五："贞厉，无咎。"……并可举证。

《谦》九三："劳谦君子有终吉。"

亿按：荀爽曰："君子有终，故吉也。"是以"君子有终"为句。吴氏据初六"谦谦君子"，则此爻当"劳谦君子"为句。

六四："无不利㧑谦。"

亿按：此凡两读：荀爽曰："四得位，处正，家性为谦，故无不利……"此以"无不利""㧑谦"分属二句，孔氏《正义》、朱氏《本义》同。程传……又以"无不利㧑谦"为一句。

《蛊》初六："有子考无咎厉终吉。"

亿按：此凡两读：……王肃以"考"字绝句。王弼注……以"有子"为句，"考"字属下为句。《困学纪闻》云……从辅嗣读也。

《观》六三："观我生进退。"

亿按：此读多连五字为一句。证以下九五"观我生"、上九"观其生"，则此"观我生"亦宜为句，"进退"另为句。

《剥》初六："剥床以足蔑贞凶。"

亿按：虞氏翻曰："失位无应，故蔑贞凶。"孔氏《正义》："蔑贞凶者，蔑削也。"朱子《本义》："蔑正则凶。"《程传》："蔑，无也，谓消亡于正道也。"并以"蔑贞"为读。愚谓象文"剥床以足，以灭下也"，则"剥床以足"为句，"蔑灭也"另为句，"贞凶"亦另为句，不宜以"蔑贞"连文。

六三："剥之无咎。"

亿按：此凡两读："剥之"为句，"无咎"为句。又"剥之无咎"亦可连读为句。

《无妄》象曰："天下雷行物与无妄。"

亿按：此凡两读：《九家易》："天下雷行，阳气普遍，无物不与，故曰物与也。"是以"物与"绝句。又云"物受之生无有灾妄，故曰物与无妄也。"是又以"物与无妄"连读。虞翻曰："与谓举，妄，亡也，谓雷以东之震为反生万物出震无妄者也，故曰物与无妄。"王辅嗣注："天下雷行，物皆不可以妄也。"皆从《九家易》后一读。愚谓以《易》例推之，凡象释卦名则卦名皆另读，不宜此独连为句，从《九家易》前一读为是。

《大畜》："刚健笃实辉光日新其德刚上而尚贤。"

亿按：此凡三读：近读从"刚健笃实辉光"为句。《郑氏周易》"辉光日新"为句，"其德刚上而尚贤"为句。蜀才本并同。王辅嗣注："夫唯辉光日新其德者，唯刚健笃实也。"又以"辉光日新其德"为句。

《颐》六二："颠颐拂经于丘颐征凶。"

亿按：此凡两读：王肃云："二宜应五，反下养初，岂非颠颐违常于五也，故曰拂经于邱。"王辅嗣注亦曰："颠颐，拂经于丘。"此以"颠颐"为句，"拂经于丘"为句。《本义》曰："求养于初，则颠倒而违于常理，求养于上，则往而得凶。"此又以"拂经"为句，“于丘颐”为句。

《坎》六四：“樽酒簋贰用缶。”

亿按：《释文》云：“樽酒”绝句，“簋贰”绝句，“用缶”绝句；旧读“樽酒簋”绝句，“贰用缶”绝句。虞翻曰：“震主祭器，故有尊簋。又坤为缶礼，有副尊，故贰用缶。”王辅嗣云：“一樽之酒，贰簋之食。”孔氏并以“樽酒簋贰”为句。此旧读也。礼器疏案：六四：“樽酒簋贰用缶。纳约自牖终无咎。”郑云：“六四上承九五，又互体在震上，天子大臣以王命出会诸侯，尊于簋，副设元酒而用缶也。”孔氏既依郑言“尊于簋，副设元酒”，是从旧读之证。朱子《本义》：“晁氏云：先儒读‘樽酒簋’为一句，‘贰用缶’为一句。今从之。”……

“纳约自牖终无咎。”

亿按：旧读以“纳约自牖”为句，朱子《本义》、程《传》并同。考崔憬曰：“于重险之时，居多惧之地，近三而得位，比五而承阳，修其洁诚，进其忠信，虽祭祀省薄，明德惟馨，故曰樽酒簋贰用缶内约，文王于纣王时行此道，从羑里内约，卒免于难，故曰自牖终无咎也。”据此注意，是“内约”绝句，“自牖”又连下为义。

《离》象曰：“明两作离。”

亿按：此凡两读：虞翻曰：“两谓日月也，乾五之坤成坎，坤二之乾成离。离、坎，日月之象，故明两作离也。”此连卦名读。又云或以“日与火为明两作也”，则又以“明两作”绝句。愚谓此读宜以后说为据。

初九：“履错然敬之无咎。”

亿按：旧读并从“然”字绝句。考象词明言“履错然敬之”，则“履错然敬之”五字连读，亦可为义。

上九：“王用出征有嘉折首获匪其丑。”

亿按：《周易稽疑》云：“旧传以‘有嘉’为句，……小象多有韵，此当曰‘有嘉折首’，庶与韵协也。”顾氏《易本音》与此同。

《恒》六五：“恒其德贞妇人吉夫子凶。”

亿按：王辅嗣注意以“恒其德贞”为句，孔氏《正义》、朱子《本义》、程《传》并同。考虞氏翻曰：“东正成乾，故恒其德……”此又以“德”字绝句，“贞”字属下为句。象词妇人贞吉，则贞字宜连妇人取义，虞氏读为是。

《遯》初六：“遯尾厉。”

亿按：此凡两读：“遯尾厉”三字连文为句；“遯尾”一读，“厉”一读。义并得通。

《晋》初六：“罔孚裕无咎。”

亿按：此凡两读：虞氏翻：“应离为罔，四坎称孚，坤弱为裕。”王氏安石云：“孔子曰：我待价而贾者也，此罔孚而裕如进也。孟子久于齐，此罔孚而裕如退也。”胡氏炳文云：“罔孚在人，而吾不可以不裕。”是并以“罔孚裕”连文为义。王辅嗣注及孔氏《正义》、程《传》、朱子《本义》悉以“罔孚”为句，“裕”连下无咎为句。据象词“裕无咎未受命也”，则“裕”字连下读为是。

《明夷》九三：“得其大首不可疾贞。”

亿按：旧读皆以“不可疾贞”四字为句。考此宜从“不可疾”为句，“贞”为句……

《解》上六：“公用射隼于高墉之上获之无不利。”

亿按：旧读皆以“公用射隼于高墉之上”九字为句，“获之”为句。考象词明言“公用射隼”，则宜四字为句，“于高墉之上获之”连文为句，义较长。

《损》九：“弗损益之。”

亿按：《周易稽疑》：弗损益之，先儒皆连读，惟晁氏客语“弗损”绝句。

《夬》九二：“惕号莫夜有戎勿恤。”

亿按：此凡两读：王辅嗣注：“虽有惕惧号呼，莫夜有戎不忧不惑，故勿恤也。”据此注意，是以“惕号莫夜有戎”为句，“勿恤”为句。孔氏《正义》云：“虽复有人惕惧号呼，语之云：莫夜必有戎卒来害已。”据此疏意，是以“惕号”为句，“莫夜有戎”为句。后儒多同此。考象词明言“有戎勿恤”，则宜以“惕号莫夜”绝句为正。

《萃》初六："若号一握为笑。"

亿按：此凡两读：孔氏《正义》云："已为正配，三以近宠，若自号比，为一握之小，执其谦退之容，不与物争。"观此疏此意，"若号一握为笑"六字为句。后儒解作呼号，则以"若号"为句，"一握为笑"另为句。古《易》用韵多如是者。

《困》："亨贞大人吉。"

亿按：此凡两读：程《传》云："如卦之才，困而能亨，且得贞正。"是以"贞"另读为义。王辅嗣注："处困而用刚，不失其中，履正而能，体大者也，能正而不能大博未能济刚者也，故曰贞大人吉。"是以"贞"连"大人"属读为义。据象传明言"贞大人吉，以刚中也"，从王读为正。

《井》上六："井收勿幕有孚。"

亿按：此凡两读：虞氏翻曰："幕，盖也。……故井收勿幕。"此以"井收勿幕"连读为义。王辅嗣注："幕，覆也，不擅其有，不私其利，则物归之，往无穷矣。故曰勿幕有孚元吉也。"此以"勿幕"下属"有孚"为句。

《渐》初六："小子厉有言。"

亿按：旧读皆以"小子厉"断句，"有言"另为句。据程《传》云："危惧而有言。"则以"厉"下属连读取义。

《巽》九二："巽用史巫纷若吉。"

亿按：荀爽云："史以书勋，巫以告庙，纷变若顺也。"又云："征伐既毕，书勋告庙。当变而顺五，故曰用史巫纷若吉无咎。"……据经文明言"纷若之吉"，则"纷若"宜连下属"吉"字为读。

《系词上》："君子居其室出其言善则千里之外应之。"

亿按：旧读多以"出其言善"为句。考此当以"出其言"为句，"善"字连下读为句。

《杂卦》："亲寡旅也。"

亿按：此凡两读：王辅嗣注："亲寡故寄旅。"以"亲寡"为句。《释文》云：荀本丰多故"亲"绝句，"寡旅也"别为句。是又以"亲"属上"丰多故"为句。

《书经》

《尧典》

“曰若稽古帝尧曰放勋。”

亿按：有读“曰若稽古”句，有读“曰若稽古帝尧”句。①

“明明扬侧陋。”

亿按：此凡两读：孔《传》：“明举明人在侧陋者”，是以“明明”连下为一句。蔡氏《集传》：“明明，上明谓明显之，下明谓已在显位者。扬，举也；侧陋，微贱之人也。”则以“明明”断句，“扬侧陋”又一读。

“克谐以孝烝烝乂不格奸。”

亿按：有读“克谐”句，“以孝烝烝乂不格奸”句；有读“克谐”句，“以孝烝烝”句，“乂不格奸”句；有读“克谐以孝烝烝乂”句“不格奸”句。②

“正日同律度量衡。”

亿按：此凡两读：孔《传》：“律法制及尺丈斛斗斤两皆均同。”则以“同”字属“律度量衡”为句。……此又以“正日”连下“同律度量衡”为一句。

“让于殳斨暨伯与。”

亿按：孔《传》：“殳斨、伯与，二臣名。”则以“殳斨”连文为读。据吴斗南《两汉刊误补遗》云：“垂逊于殳斨伯与，逊于朱虎熊罴，若均为二臣，史无异辞可也。”今于殳斨伯与加“暨”字于其间，而朱虎熊罴则不然者，盖有谓也。殳斨为二人，伯与为一人，故加“暨”字以别之。……是殳斨为二人，则“殳”为一读，“斨”为一读。

“舜生三十征庸三十在位五十载陟方乃死。”

亿按：孔《传》、蔡《传》并以“庸”字、“位”字、“死”字绝句。据郑康成读此经云：“舜生三十，谓生三十年也。登庸二十，谓历试二十年。在位五十载，陟方乃死，谓摄位至死五十

① 此条例证被删。

② 此条例证被删。

年。”则以“舜生三十”为句，“征庸三十”为句，“在位五十载”为句。又证之《大戴礼》，二十以孝闻乎天下，三十在位，嗣帝所五十乃死。“嗣帝所”连“五十”为句，是亦位字为断。

“若稽古皋陶。”

亿按：此凡两读：蔡氏《集传》：“稽古之下即记皋陶之言者，谓考古皋陶之言如此也。”是读从一句。孔氏疏引郑氏云：“以皋陶下属为句。”是郑读从“古”字句绝。《白虎通》：“何以皋陶为圣人也？以自篇曰若稽古皋陶圣人而能为舜陈道。”亦以“若稽古”句绝。桓谭《新论》云：“秦延君能说尧典，篇目两字之说至十万余言，但说‘曰若稽古’三万言。”则“若稽古”为句，汉时儒者所读皆然。

“予未有知思曰赞赞襄哉。”

亿按：此凡两读：孔《传》：“言我未有所能思致于善。”《正义》云：“此承而为谦知其自言未有所知，未能思致于善也。”“思”字属上读。《史记·夏本纪》：“予未有知思赞道哉。”《正义》曰：“皋陶云：我未有所知思之审赞于古道耳。”此又以“知”字绝。

《禹贡》：“冀州既载壶口。”

亿按：旧读从“既载”为句，《夏本纪》《汉书·地理志》《周礼》载师郑注引此文并与孔《传》同。惟宋毛晃《禹贡指南》“冀州”一读，“既载”属下“壸口”为句。

“厥赋贞作十有三载乃同。”

亿按：此凡两读：郑康成云：“贞，正也。治此正作不休，十三年乃有赋。”则以“厥赋”绝句，“贞”字连下读。孔《传》云：“贞，正也。州第九赋正与九相当。”则以“贞”字绝句，“作十有三载乃同”为句。蔡氏《集传》同孔氏。考《禹贡》经文言厥赋厥田并读断，则郑氏以“厥赋”为句，与经例合，从郑读为是。

“云土梦作乂。”

亿按：此凡两读：一读以“云土梦”为句，“作乂”为句。孔《传》：“云梦之泽，其中有平土，邱水去，可为耕作畎亩之治。”

《史记·夏本纪》《汉书·地理志》同此。一读以“云土”为句，“梦作乂”另为句。蔡《传》云：“云土者，云之地，土见而已。梦作乂者，梦之地已可耕治也。今读从此。”

“包匦菁茅。”

亿按：此凡两读：据孔《传》云：“包橘柚。”《正义》：“菁茅既以匦盛，非所包之物明。包必有裹也。此州所出与扬州同。厥包橘柚，知此包是橘柚也。”是以“包”一读，“匦菁茅”一读。郑玄以菁茅为一物，匦犹缠结也。菁茅之有毛刺者重之，故既包裹而又缠结也。是以“包匦菁茅”连文为读。蔡氏《集传》云：“既包而又匦之，所以示敬也。”同郑氏。

“西倾因桓是来浮于潜。”

亿按：孔《传》云：“桓水自西倾山南行，因桓水是来浮于潜。”是以“因桓是来”属下文为读。《禹贡锥指》引吴氏云：“西倾山虽属雍州，然山趾必广西倾之戎，盖在梁州境内。此句特为织皮之贡而言，章末乃总言一州贡物达于帝都之道。旧注以此句属下文，非是。”是又以“因桓是来”断句为读。又马融云：“治西倾山因因桓是来，言无余道也。”此即吴氏所本。

“朔南暨声教讫于四海。

亿按：《史记·禹本纪》从“暨”字断句，今《尚书》从“暨声教”断句。考《后汉书·杜笃传》：“朔南暨声，诸夏是和。”注引《尚书》曰：“朔南暨声教。”据此则汉人已以“暨声”连句，《孔传》读当有所据。《文选·东都赋》注引又作“声教讫于四海”，李氏并从两读。《元丰类稿》：“卧禅师净土堂铭跋”引《书》亦作“朔南暨声教”。程大昌《进禹贡论序》亦作“朔南暨声教”。近胡朏明谓裴骃《史记集解》其注在暨字下，则自刘宋时已不从孔传，而以声教属下句，此殆疑孔传伪托，宜从旧读为是，然不知孔传已有所袭，非可尽置也。

《盘庚》：“今予命汝一。”

亿按：读从“一”字为句。孔氏《正义》云：“今我命汝，是我之一心也。”盖以以“命汝”为读，“一”字又为一读，说过曲，疑不可从。

《金縢》:“史乃策祝曰惟尔元孙某遘厉虐疾。”

亿按:孔《传》:“史为策书祝辞也。”是以“策祝”连读。蔡《传》同。考郑康成氏云:“策,周公所作,谓简书也。祝者读此简书以告三王。”是以“史乃策”为读,“祝”属下“曰”字读。

《康诰》:“我西土惟时怙冒闻于上帝。”

亿按:读从“怙冒”为句,“闻于上帝”为一句,见蔡《传》。据赵台卿注《孟子》引“冒闻于上帝”,则古读以“怙”字属句。证之孔《传》:“我西土岐周惟是怙恃文王之道,故其政教冒被四表,上闻于天。”伪孔传解义断句亦与赵氏同。

《酒诰》:“不克畏死辜在商邑越殷国灭无罹。”

亿按:旧读以“死”字绝句,考此当以“死辜”连文为句。“在商邑越殷国”属词相比,谓言自都城至庶邦坐任其亡而不恤。孔《传》言纣聚罪人在都邑而任之过为骈曲,于义非也。

《梓材》:“皇天既付中国民越厥疆土于先王肆王惟德用。”

亿按:孔《传》:“能远拓其界壤,则于先王之道遂大。”《正义》曰:“肆,遂也。……”是旧读以“肆”字属上为句。考此非是。“肆”字在句首者,于《书》最多……“肆”皆属下读……

《洛诰》:“厥攸灼叙弗其绝。”

亿按:此凡两读:《释文》:“厥攸灼叙”绝句,马读“叙”字属下。孔《传》云:“其所及灼然有次序不其绝。”是以“叙”绝句,《蔡传》同。

《立政》:“三亳阪尹。”

亿按:此凡两读:孔《传》云:“亳人之归文王者三,所为之立监及阪地之尹长者用贤。”是以“三亳”为一读,“阪尹”为一读。蔡《传》同。痒康成以“三亳阪尹”者共为一事……则“三亳阪尹”连读。

《顾命》:“今天降疾殆弗兴悟。”

亿按:此凡两读:《正义》曰:“孔读殆上属为句,今天下疾我身甚危殆也。”蔡《传》……又以“殆”字属下读。

《吕刑》：“王享国百年耄荒度作刑。”

亿按：此凡两读：孔《传》以“耄荒”为句，蔡《传》同。苏氏轼曰：“荒，大也。大度作刑，犹禹曰予荒度土功。”“荒”当属下句，亦通。朱子亦称之。①

本篇结论：

《经解入门·说经必先审句读》文长，不录。经过仔细比勘，我们发现，该文全部抄自清代著名经学家武亿的《经读考异》一书，仅删去少数例证，作伪者又将文中“亿案”字样删去，在开头加上“群经句读，古今各有不同，说经者不可不审”，结尾又来一段：“此《易》与《尚书》各家之异读也。《诗》《礼》《春秋传》《孝经》《论语》《孟子》，各有异读，繁不胜举，故特举二经以见例，学者不可不审（又有注中句读与疏家异读，惟在读时字字留意，斯能有得）。”

八、《说经必先明家法》辨伪

《经解入门·说经必先明家法》：

家法者，即左雄传注所谓“儒有一家之学，故称家法”是也。其大旨在守师说。如《易》有施、孟、梁丘、费、高，《书》有伏、孔，伏之传下有欧阳、大小夏侯，《诗》有毛与齐、鲁、韩，《礼》有二戴、庆氏，《春秋》有左、公、榖。其间文字异同，章句错互，各守师傅，不相沿袭。故赵宾变箕子之训，《易》家证其非；焦赣本隐士之传，光禄明其异。

田何之《易》，实渊源乎商瞿，毛公之《诗》，公、榖之《传》，乃权舆于子夏。申公之于《鲁诗》，张苍之于《左氏》，并溯源于荀卿。伏生传今文，先秦之博士也。安国传古文，孔氏之旧

① 以上引文载《清经解》卷727-728。

文也。高堂博士礼，鲁国老师也。由七十二子迄四百余年，如高曾之授曻孙，仍渊流之衍枝渎，则前汉之家法也。

而后汉何独不然？《易》则刘昆受施氏《易》于沛人，洼丹诸人，则传自孟氏，戴冯、孙期、魏满诸儒并出自费氏，马融、郑康成之徒亦并传费氏。《尚书》则济阴曹曾受业欧阳歙，北海牟融传大夏侯，东海王良传小夏侯，马、郑诸儒传孔安国。《诗》则后汉皆传毛公，《礼》则皆传戴氏。《公》《穀》《左氏》，各守其传，《论语》《孝经》，两出张氏。此后汉之家法，厘然可考。而汉学之可贵，即于此可见。

赵春沂①《两汉经师家法考》：

六籍之学，盛于汉氏，诸儒必从一家之言以名其学。《左雄传》注所谓“儒有一家之学，故称家法”是也。《宋书·百官志》：“汉武建元五年，初置五经博士。宣、成之间，五经家法稍增，经［置］博士一人。至东京凡十四人。”《后汉·儒林传》：“光武中兴，爱好经术……于是立五经博士，各以家法教授。”《续百官志》云：“博士十四人，《易》四：施、孟、梁丘、京氏，《尚书》三：欧阳、大、小夏侯，《诗》三齐、鲁、韩氏，《礼》二：大、小戴氏，《春秋》严、颜氏，掌教弟子。”此博士分经之目。故博士立而经学之家法严。东京经术所以盛于西都也。且汉世之尊家法，不独严于立博士而已。《质帝纪》：“本初元年，夏四月，令郡国举明经，年五十以上、七十以下诣大学。自大将军至六百石，皆遣子受业。……四姓小侯先能通经者，各令随家法。”然则汉举孝廉亦严家法也。又宦者《蔡伦传》：“元初四年，帝以经传之文多不正定，乃选通儒谒者刘珍及博士良史诣东观，各校雠家法。”此虽宦官犹知之，况博士乎？家法又谓之师法。……大抵前汉多言师法，而后汉多言家法。有所师乃能成一家之言。师法者，溯其源；家法者，衍其流也。盖汉世治经，凡不守家法者，世不见信。……夫家法

① 赵春沂（生卒年不详），字雩门，浙江仁和人。嘉庆十六年进士。著有《国朝谥法考》。事迹具《杭州府志》卷146。

明，则流派著。可以见经学之衍别，可以知经文之同异，可以知众儒之授受，可以存周秦之古义。汉学之盛，盛于家法也。故前、后《汉书》多言家法如此……

胡缙①《汉经师家法考》：

汉儒家法大略有三：一曰守师说。如《易》有施、孟、梁丘、费、高，《书》有伏、孔，《诗》有毛、齐、鲁、韩，《礼》有二戴、庆氏，《春秋》有左、公、穀。其间文字异同，章句错互，各守师傅，不相沿袭。故赵宾变箕子之训，《易》家证其非，焦赣本隐士之传，光禄明其异。田何之《易》，实渊源乎商瞿，毛公之《诗》，公、穀之《传》，乃权舆于子夏。申公之于《鲁诗》，张苍之于《左氏》，并溯源于荀卿。伏生传今文，先秦之博士也，安国传古文，孔氏之旧文也。高堂博士礼，鲁国老师也。由七十二子迄四百余年，如高曾之授冪，仍渊流之衍枝渎，是之为守师说……

本篇结论：

《经解入门·说经必先明家法》主体部分抄自《两汉经师家法考》《汉经师家法考》二文，作伪者又在文章尾部缀以结语："国朝经师，亦莫不以此为重。昆山、太原，特开其先；吴江、南皖，相继而起；臧氏、惠氏，则皆绍厥先；武进、高邮，则世继其业；二云之传，则源本晓征；巽轩之学，则独出东原；伯渊、稚存，资乎师友；诚斋、千里，受业于芸台。累叶相维，前后崛起。上之松崖，倡率江左。近之高邮，私淑顾氏。"

九、《有训诂之学》辨伪

《经解入门·有训诂之学》：

所谓训诂，前已详言之矣，而其学实可专门而名者，何也？说

① 胡缙（生卒年不详），字骏卿，号湘帆，浙江乌程人。嘉庆九年举人。事迹具《同治杭州府志》卷76。

经之道，以训诂为第一要事。训诂通，斯经义无不通矣。

诂者，古言也，谓以今语解古语也；训者，顺也，谓顺其语气以解之也。以今语解古语，则逐字解释者也。顺其语气以解之，则逐句解释也。时俗讲义，何尝不逐字逐句解释，但字义多杜撰，语意多影响，与所谓训诂有别。

训诂者，必古有是训，确而见之故书，然后引而释经，不附会，不穿凿，不凭空而无据。两汉诸儒类皆明于训诂，故其说切实可靠，不同宋人之以空言说理者。国朝经学家，如顾氏、阎氏而下，亦皆精通乎此，故能上接汉代，且有发汉儒所未发者。不然，凭空臆造，蔑古又孰甚哉！

总之，解经有至切至要之诀，但能以一字解一字，不添一虚字，而文从字顺，疑义顿晰者，便是绝好。经解若须添数虚字，补缀斡旋方能成语者定非。

张之洞《輶轩语·语学第二》：

读经宜明训诂。

诂者，古言也，谓以今语解古语，此逐字解释者也；训者，顺也，谓顺其语气以解之（或全句，或两三字），此逐句解释也。时俗讲义，何尝不逐字逐句解释，但字义多杜撰，语意多影响耳。

训诂有四忌：一望文生义……一向壁虚造……一卤莽灭裂……一自欺欺人……

总之，解经要诀，若能以一字解一字，不添一虚字，而文从字顺者，必合。若须添数虚字，补缀斡旋方能成语者，定非。

《经解入门·有训诂之学》：

然欲通训诂，宜讲汉学。汉学者，汉人注经讲经之说也。经是汉人所撰注，是汉人创作，义有师承，语有根据，去古最近，多见古书，能识古文，通古语，故必以汉学为本而推阐之，乃能有得。

张之洞《輶轩语·语学第二》：

宜讲汉学。

汉学者何？汉人注经、讲经之说是也。经是汉人所传，注是汉人创作，义有师承，语有根据，去古最近，多见古书，能识古字，通古语，故必以汉学为本而推阐之，乃能有合。以后诸儒传注，其义理精粹足以补正汉人者不少，要之，宋人皆熟读注疏之人，故能推阐发明。朱子论贡举治经，谓“宜讨论诸家之说，各立家法而皆以注疏为主”云云，即如南宋理学家如魏鹤山、词章家如叶石林，皆烂熟注疏，其它可知。傥倘不知本源，即读宋儒书，亦不解也。方今学官所颁《十三经注疏》，虽不皆为汉人所作，然注疏所言即汉学也。国朝江藩有《汉学师承记》，当看。阮元《经籍纂诂》，为训诂最要之书。

本篇结论：

《经解入门·有训诂之学》大致抄袭张之洞《輶轩语·语学第二》。作伪者将“训诂有四忌”一段改写为：“训诂者，必古有是训，确而见之故书，然后引而释经，不附会，不穿凿，不凭空而无据。两汉诸儒类皆明于训诂，故其说切实可靠，不同宋人之以空言说理者。国朝经学家，如顾氏、阎氏而下，亦皆精通乎此，故能上接汉代，且有发汉儒所未发者。不然，凭空臆造，蔑古又孰甚哉！”

前段对“训诂”的解释甚好：“诂者，古言也，谓以今语解古语也；训者，顺也，谓顺其语气以解之也。以今语解古语，则逐字解释者也。顺其语气以解之，则逐句解释也。”所谓“说经之道以训诂为第一要事”，亦不失为知言。

十、《不可增字解经》辨伪

王引之《经义述闻》卷三二“增字解经”条：

经典之文，自有本训。得其本训，则文义适相符合，不烦言而已解；失其本训，而强为之说，则杌陧不安。乃于文句之间增字以足之，多方迁就，而后得申其说。此强经以就我，而究非经之本义也。

如《蹇》六二：“王臣蹇蹇，匪躬之故。”故，事也，言王臣不避艰难者皆国家之事，而非其身之事也（详本条下，后仿此）

而解者曰："尽忠于君，汇以私身之故，而不往济君。"(《正义》)则于"躬"上增"以"字、"私"字，"故"下增"不往济君"字矣。《既济》六四："繻有衣袽。"繻乃"襦"之借字，言人之于襦，或衣其敝坏者也。而解者曰："繻当言濡衣，袽所以塞舟漏也，夫有隙之弃舟，而得济者有衣袽也。"（王《注》）则于"繻"上增"舟"字，"有衣袽"下增"塞"字矣。《系辞传》："圣人以此洗心。"洗与先通，先犹道也，言圣人以此道其心思也。而解者曰："洗濯万物之心。"（韩《注》）则于"心"上增"万物"字矣。《序卦传》："物不可终壮，故受之以《晋》。"晋者，进也，言物不可终止，故进之也；壮者止也（见下）。而解者曰："晋，以柔而进止也。"（韩《注》）则于"晋"上增"柔"字矣。《杂卦传》："大壮则止。"言"壮"之训为"止"也。而解者曰："大正则小人止。"（韩《注》）则于"大"下增"正"字、"止"字上增"小人"字矣。"嚣速也。"言咸之训为速也，而解者曰："物之相应，莫速乎咸。"（韩［郑］《注》）则于"速"上增"相应"字矣。

《尧典》："汤汤洪水方割。"方，旁也，遍也，言洪水遍害下民也。而解者曰："大水方方为害。"（某氏传）则于"方"下增"方"字矣。"柔远能迩。"能，善也，言善于近者也。而解者曰："能安远者，先能安近。"（王《注》）则于"能"下增"安"字矣。《皋陶谟》："烝民乃粒。"粒读为立，立，定也，言众民安定也。而解者曰："众民乃服粒食。"（郑《注》）则于"粒"下增"食"字矣。《盘庚》："由乃在位。"由，正也，而解者曰："教民使用汝在位之命。"（某氏传）则于"在位"下增"命"字矣。"暂遇奸宄。"暂之言渐也、诈也，遇之言隅也、差也。而解者曰："暂遇人而劫夺之。"（某氏传）则于"暂遇"下增"人"字及"劫夺"字矣。"无遗育。"育读为胄，胄，裔也，而解者曰："无遗长其类。"（某氏传）则于"育"下增"类"字矣。《洪范》："聪作谋。"谋读为敏，言聪则敏也。而解者曰："上聪则下进其谋。"（马注）则于"谋"上增"下进"字矣。《金縢》："敷佑四方。”敷，遍也，言遍佑四方之民也。而解者曰：“布其道以佑助四方。”（某氏传）则于“敷”下增“道”字矣。《康诰》：“应保殷民。”应，受也，言受保殷民也。而解者曰：“上以应天，下以安我所受殷之民众。”（某氏传）则于“应”下增“天”字矣。《召诰》：“用乂民若有功。”言用此治民乃有功也。而解者曰：“顺行禹、汤所以成功。”（某氏传）则于“若”下增“禹汤”字矣。《无逸》：“则知小人之依。”依之言隐也，痛也，言知民隐也。而解者曰：“知小人之所依怙。”又曰：“小人之所依，依仁政。”（并某氏传）则于“依”下增“所”字矣。“以庶邦惟正之供。”以，与也，正，与政同，言与庶邦惟政是奉也。而解者曰：“以众国所取法，则当以正道供待之故。”（某氏传）则于“惟正之供”下增“故”字矣。《君奭》：“有殷嗣天灭威。”威，德也，言有殷之君，继天出治，而乃灭德不务也。而解者曰：“有殷嗣子不能平，至天灭亡，加之以威。”（某氏传）则于“威”上增“加”、“以”字矣。“以予监于殷丧大否。”言与予共鉴于殷之丧亡，皆由大不善也。而解者曰：“以我言视于殷丧亡大否。”（某氏传）则于“予”下增“言”字矣。“罔不率俾。”言莫不率从也。而解者曰：“率，循也，俾，使也，四海之内无不循度而可使。”（某氏传）则于“率”下增“度”字、“俾”下增“可”字矣。《吕刑》：“罔有择言在身。”择读为斁，斁，败也，言罔有败言出乎身也。而解者曰：“无有可择之言在其身。”（某氏传）则于“择”上增“可”字矣。“哲人惟刑。”哲读为折，折之言制也，言制民人者惟刑也。而解者曰：“言智人惟用刑。”（某氏传）则于“刑”上增“用”字矣。《泰誓》：“我尚有之。”有者，相亲也，言我尚亲之也。而解者曰：“我庶几欲有此人而用之。”（某氏传）则于“有”下增“欲”字矣。

《周南》：“振振公姓。”姓，子孙也。而解者曰：“公姓，公同姓。”（《毛传》）则于“姓”上增“同”字矣。《邶风》：“终风且暴。”终犹既也，言既风且暴也。而解者曰：“终日风为终风。”（《毛传》）则于“终”下增“日”字矣。《卫风》：“虽则佩觿，能不我知。”能读为而，言虽则佩觿而不知我也。而解者曰：“不自谓无知以骄慢人也。”（《毛传》）则于“不”下增“自谓”字、“知”上增“无”字矣。《小雅》：“有实其猗。”猗读为阿，言实实然广大者山之阿也。而解者曰：“以草木平，沟其旁，倚之畎谷。”（郑笺）则于“有”下增“草木”字、“猗”下增“畎谷”字矣。“曾是不意。”言曾是不度也。而解者曰：“女增不以为意乎？”（郑笺）则于“是”上增“以”字、“意”上增“为”字矣。“昊天罔极。”极犹常也，言昊天无常，降此鞠凶也。而解者曰：“昊天乎我心无极。”（郑笺）则于“罔极”上增“我心”字矣。《大雅》：“依其在京。”依，盛貌，言文王之众之盛，依然其在京地也。而解者曰：“文王发其依居京地之众。”（郑笺）则于“依”上增“发”字矣。“摄以威仪。”摄，佐也。而解者曰：“摄者收敛之言，各自收敛以相佐助，为威仪之事。”（《正义》）则于“佐”上增“收敛”字矣。“无纵诡随。”诡随，谲诈也。而解者曰：“诡人之善，随人之恶。”（毛传）则于“诡”下增“善”字、“随”下增“恶”字矣。“曾是强御。”御亦强也。而解者曰：“强梁御善也。”（毛传）则于“御”下增“善”字矣。

《檀弓》：“忌日不乐。”谓不作乐也。而解者曰：“惟忌日不为乐事。”（《正义》）则于“乐”上增“为”字、“乐”下增“事”字矣。《月令》：“措之于参保介之御间。”当依《吕氏春秋》作“参于”。而解者曰：“勇士参乘。”（郑注）则于“参”下增“乘”字矣。《礼器》：“设于地财。”言合于地财也。而解者曰：“所设用物为礼，各是其土地之物。”（《正义》）则于“设”下增“物”字、“地财”上增“是其”字矣。《郊特牲》：“不敢私觌，所以致敬也，承执圭而使言之。”谓聘非谓朝也。而解者曰：“其君亲来，其臣不敢私见于主国君。”（郑注）则于“不敢私觌”上增“其君亲来”字矣。“为人臣者，无外交，不敢贰君也。”贰，并也，言不敢比并于君也。而解者曰：“不敢贰心于他君”（《正义》）则于“贰”下增“于他”字矣。《乐记》：“感条畅之气，灭和平之德。”条畅读为涤荡，涤荡之气，谓逆气也。而解者曰：“动人条畅之善气。”（郑注）则于“气”上增“善”字矣。《儒行》：“居处齐难。”难与熯同，敬也。而解者曰：“齐庄可畏难。”（郑注）则于“难”下增“可畏”字矣。

隐六年《左传》：“恶之易也，如火之燎于原。”谓恶之延也。而解者曰：“言恶易长。”（杜注）则于“易”下增“长”字矣。九年传：“宋公不王。”谓不朝于王也。而解者曰：“不供王职。”（杜注）则于“王”上增“共”字、“王”下增“职”字矣。桓二年传：“今灭德立违。”违之言回也、邪也，谓立邪臣也。而解者曰：“谓立华督违命之臣。”（杜注）则于“违”下增“命”字矣。庄十八年传：“王飨醴命之宥。”言命虢公、晋侯与王相酬酢也。而解者曰：“命以币物，所以助欢敬之意。”（杜注）则于“命”之下增“以币物”字矣。僖九年传：“以是藐诸孤。”诸读为者，言藐然小者孤也。而解者曰：“言其幼稚与诸子县藐。”（杜注）则于“诸”下增“子”字矣。二十四年传：“昔周公吊二叔之不咸。”言管、蔡不和睦也。而解者曰：“伤夏、殷之叔世，疏其亲戚，以至灭亡。”（杜注）则于“叔”下增“世”字、“不咸”上增“亲戚”字矣。二十八年传：“有渝此盟，以相及也。”及乃反之讹，相反者相违也。而解者曰：“以恶相及。”（杜注）则于“以”下增“恶”字矣。宣二年传：“舍于翳桑。”翳桑，地名也。而解者曰：“翳桑，桑之多阴翳，故宣子舍于其下也。”（杜注）则于“翳桑”下增“下”字矣。成二年传：“余虽欲于巩伯。”谓好巩伯也。昭十五年传：“臣岂不欲吴。”谓好朝吴也。而解者于“欲于巩伯”曰：“欲受其献。”（杜注）则于“欲”下增“受其献”字；于“岂不欲吴”曰：“非不欲善吴。”（杜注）则于“欲”下增“善”字矣。成十八年传：“师不陵正，旅不偪师。”谓群有司也。而解者曰：“师二千五百人之帅也，旅五百人之帅也。”（杜注）则于“师”、“旅”下增“帅”字矣。襄十四年传：“商旅于市。”旅谓传言也。而解者曰：“陈其货物，以示时所贵尚。”（杜注）则于“旅”下增“货物”字矣。二十三年传：“则季氏信有力于臧氏矣。”臧乃孟之讹，谓有功于孟氏也。而解者曰：“季氏有力过于臧氏。"（杜注）则于"有力"下增"过"字矣。二十九年传："五声和，八风平。"谓八音克谐也。而解者曰："八方之气，谓之八风。"（杜注）则于"八"下增"方"字矣。三十年传："女待人归，义事也。"义读为仪，仪度也，谓妇当度事而行不必待人也。而解者曰："义从宜也。"（杜注）则于"义"上增"从"字矣。昭元年传："造舟于河。"造，比次也，言比次其舟，以为梁也。而解者曰："盖造为至义，言船相至而并比也。"（《正义》）则于"比次"上增"至"字矣。七年传："愿与诸侯落之。"落，始也，与诸侯升也。而解者曰："以酒浇落之。"（《正义》）则于"落"下增"以酒浇"字矣。"圣人有明德者，若不当世，其后必有达人。"圣人谓弗父正考父也。而解者曰："圣人之后，有明德而不当大位，谓正考父。"（杜注）则于"圣人"下增"之后"字矣。"官职不则。"则犹等也、钧也。而解者曰："治官居职不一法。"（杜注，盖训"则"为"法"）则于"则"上增"一"字矣。十年传："孤斩焉在衰绖之中。"斩之言憯，哀痛忧伤之貌。而解者曰："既葬未卒哭，故犹服斩衰。"（杜注）则于"斩"下增"衰"字矣。二十九年传："官宿其业。"宿与夙通，谓官敬其业也。而解者曰："宿，安也。"（杜注）"安心思其职业。"（《正义》）则于"宿"下增"思"字矣。哀九年传："宋方吉不可与也。"与犹敌也。而解者曰："不可与战。"（杜注）则于"与"下增"战"字矣。

隐三年《公羊传》："曰某月某日朔，日有食之者，食正朔也。"正，当也，言日食当月之朔也。而解者曰："食不失正朔也。"（何注）则于"正"上增"不失"字矣。"以吾爱与夷，则不若爱女。"当作"以吾爱女，则不若爱与夷。而解者曰："以吾爱于与夷，则不止如女而已。"（疏）则于"不"下增"止"字矣。九年传："何异尔俶甚也。"谓厚甚。而解者曰："俶，始怒也。"（何注）则于"俶"下增"怒"字矣。桓十一年传："突可，故出，而忽可，故反。"故，必也，言突可使之必出，忽可使之必反也。而解者曰："突可，以此之故，出之；忽可，以此之故，反之。"（疏）则于"故"上增"以此"字矣。"是不可得则病，然后有郑国。"言突可出，忽可反，若不可得，则以为大耻，谋国之权如是，然后能保有郑国也。而解者曰："已虽病逐君之罪讨出突，然后能保有郑国。"（何注）则于"然后"上增"讨出突"字矣。庄四年传："此非怒与。"怒者大过也。而解者曰："怒，迁怒。"（何注）则于"怒"下增"迁"字矣。僖十二年传："吾虽丧国之余。"谓宋为殷后也也。而解者曰："我虽前几为楚所丧，所以得其余民以为国。"（何注）则于"丧"上增"几为楚所"字、"余"下增"民"字矣。二十六年传："师出不必反，战不正胜。"谓师出不必反，战不必胜也。而解者曰："不正，自谓出当复反，战当必胜。"（何注）则于"不正"下增"自谓"字矣。"未得乎取谷也。"言未为计之得也。而解者曰："未可为得意于取谷。"（何注）则于"得"下增"意"字矣。襄五年传："相与往，殆乎晋也。"殆乃治之假借。而解者曰："殆疑疑谳于晋。"（何注）则于"殆"下增"谳"字矣。

庄元年《穀梁传》："接练时，录母之变，始人之也。"人与仁通，谓怜哀之也。而解者曰："始以人道录之。"（范注）则于"人"下增"道"字矣。《文八年传》："其以官称之，无君之辞也。"言其专擅无君也。而解者曰："无人君之德。"（范注引郑氏《释废疾》）则于"君"下增"德"字矣。

《尔雅·释诂》："尸，审也。"审即主宰之宰。而解者曰："谓审地。"（郭注）则于"审"下增"地"字矣。"审，官也。"审即官宰之宰。而解者曰："官地为审。"（郭注）则于"官"下增"地"字矣。"写、繇，忧也。"写即鼠之假借。而解者曰："有忧者思散写。"（郭注）则于"写"下增"思散"字矣。繇，慉之假借。而解者曰："繇役亦为忧愁。"（郭注）则于"忧"上增"亦"字矣。"伦、敕、愉，劳也。"伦当读勋劳之勋，敕当作劳勑之勑，愉即当读愈病也之愈。而解者曰："伦理事务以相约，敕亦为劳。"（郭注）则于"劳"上增"亦为"字矣。又曰："劳苦者多惰愉。"（郭注）则于"愉"下增"多惰"字矣。"载、谟，伪也。"伪即作为之为。而解者曰："载者，言而不信；谟者，谋而不忠。"（郭注）则于"载"下增"不信"字、"谟"下增"不忠"字矣。"功、绩、明，成也。"盖成谓之功，又谓之绩，又谓之明也。而解者曰："功绩皆有成事，有分明，亦成济也。"（郭注）则于"成"上增"有"字、"亦"字矣。"仪，干也。"直训仪为干也。而解者曰："仪表亦体干。"（郭注）则于"干"上增"亦"字矣。"强，当也。"直训强为当也。而解者曰："强者好与物相当值。"（郭注）则于"当"上增"好与物相"字矣。"苦，息也。"苦即《诗》"王事靡盬"之"盬"。而解者曰："劳苦者宜止息。"（郭注）则于"息"上增"宜"字矣。"荐，臻也。"谓荐与臻皆训为至也。而解者曰："荐，进也，故为臻臻至也。"（郭注）则于"臻"上增"进"字矣。《释言》："昵，亟也。"昵为相亲爱之亟。而解者曰："亲昵者亦数。"（郭注）则于"亟"上增"亦"字矣。"矜，苦也。"直训矜为苦也。而解者曰："可矜怜者亦辛苦。"（郭注）则于"苦"上增"亦辛"字矣。"栗，戚也。"戚读为蹙，栗与蹙皆敬谨之义也。而解者曰："战栗者忧戚。"（郭注）则于"戚"上增"忧"字矣。"坎，铨也。"坎乃次之讹。而解者曰："坎卦水也，水性平，铨亦平也。"（郭注）则于"坎"下增"水性平"字矣。"窕，肆也。"谓极深也。而解者曰："轻佻者好放肆。"（郭注）则于"肆"上增"好放"字矣。"肆，力也。"肆读为肄，肄与力皆谓勤劳也。而解者曰："肆极力。"（某氏传）则于"力"上增"极"字矣。"谋，心也。"谓思虑也。而解者曰："谋虑以心。"（郭注）则于"心"上增"以"字矣。"烝，尘也。"烝与尘皆谓久也。而解者曰："人众所以生尘埃。"（郭注）则于"尘"上增"所以生"字矣。"服，整也。"直训服为整也。而解者曰："服御之令齐整。"（郭注）则于"整"上增"令"字矣。"讯，言也。"讯与言皆问也。而解者曰："讯问以言。"（郭注）则于"言"上增"以"字矣。《释器》："绚谓救之。"谓罥也。而解者曰："救丝以为绚。"（郭注）则于"救"下增"丝"字矣。"律谓之分也。"谓捕鸟毕也。而解者曰："律管可以分气。"（郭

注）则于“分”上增“可以”字、“分”下增“气”字矣。《释山》：“重甗隒。”甗即岸之假借。而解者曰：“山形如累两甑。”(郭注）则于“重甗”上增“如”字矣。

此皆不得其正解，而增字以迁就之。治经者，苟三复文义，而心有未安，虽舍旧说以求之可也。

本篇结论：

《经解入门·不可增字解经》全部抄自《经义述闻》卷三二“增字解经”条。作伪者于原文略有删节，且画蛇添足：“如欲增其字以解之，则断断乎不可。”

黄侃对增字解经问题曾提出过不同看法：“不增字解经，可以药唐、宋以后诸儒之病，而不可以律汉儒。盖古人言辞质朴，有时非增字解之，不足以宣言意。”黄焯认为：“古经典行文简奥，虽得其本训，有时亦须增字解之……王氏所言，盖为浮文寡要者言之也。”①

① 《训诂学笔记》“增字解经”条，《黄侃国学讲义录》第268页，中华书局2006年版。

第四篇 《经解入门》待质录

近年来，笔者为《经解入门》的真伪问题绞尽脑汁，虽然取得了重大突破，大体可以结案，但仍有少数条目查无出处，别纸录出，题为《待质录》，望天下同道协力攻关。

一、群经辨异第三

古者传经多以口相授，故异者滋多。在汉白虎观讲五经同异，后许慎著《五经异义》，郑康成有《驳异义》，此即辨异之所始也。习经者当知其同，尤不可不辨其异，约举异例，厥有数端：曰文异，曰义异，曰篇异。

何谓文异？如《易》“体仁足以长人”，京氏作“体信”；“圣人作而万物睹”，马氏作“圣人起”；“君子以经纶天下”，郑氏作“经论”；“射鲋”，荀氏作“取鲋”；“其惟圣人乎”，王氏作“愚人”；“明辨晢也”，陆绩作“明辨逝也”；“利用侵伐”，王廙作“寖伐”；“官有渝”，蜀本作“官有馆”；“嫌于无阳”，李鼎祚作“兼于无阳”之类。推之《尚书》之今古文，《诗》之齐、鲁、韩与毛四家，《周礼》《仪礼》之古书、今本，《春秋》之《左氏》《公》《榖》三传，《孝经》《论语》《孟子》《尔雅》诸书之各本不同，而此外诸子、《史》《汉》所引各经之略，又不可以枚举，此文之异也（又如施、孟、梁邱三家之《易》，无“无咎悔亡”句，亦属异文之例）。

何谓义异？即如“周易”二字，《易纬》云：“因代以名周。”

则以周为周家之周。郑康成云："《周易》者，《易》道周普，无所不备。"则以周为周遍。纬书云："日月为易。"郑康成云："易一名而含三义，简易一，变易二，不易三。"虞翻云："字从日下月。"所说不同，即其例。而经中一篇一章一句一字之异者，尤不可以缕述，此义之异也。

何谓篇异？如《尚书》伏生所传今文二十九篇，孔安国所传多二十五篇；《孝经》十八篇，古文别有《闺门》一篇，总为二十二篇；《论语·齐论》别有《问王》《知道》二篇，为二十二篇，《古论语》凡二十一篇；《尔雅》一云十九篇，一云二十篇之类，此篇之异也。

知其所异，而考其所通，是在学者之善会其微也。

二、注家有得有失第六

经非注不明，故治经必须研求古注。云注家者，举凡释经之书，若传、若笺、若疏而赅言之也。然注家之得失不知，则胸中之去取无据，平日无所致力，临时无所折衷。兹就古注之见存者，稍分优劣，以定趋向。

《周易》注疏本王、韩二注，空言说理，失汉家法。孔疏依注敷衍，毫无足据。外如马、郑逸注，及唐李氏鼎祚《集解》中所采者，皆有师传。王肃说经，好与郑难，皆不免于支离，惟言《易》则本诸父朗，多同郑说，其不同者亦与马融相合，则非难郑可知。康成言《易》皆有本，言爻辰则就嫌穿凿。虞翻五世传《孟氏易》长于通变，其纳甲则大为无理，且好议郑学，是其短也。自唐而下，多近王辅嗣一派，言汉学者不取居多。

《尚书》孔安国传，真伪错乱，《辨伪篇》所举二十五篇之传，则枚氏作也。治《尚书》者固所不取。孔氏《正义》不知其伪，从而附之，其失孰甚。就其所引，则较《易》疏为富。此外伏生大传，郑、王之佚注，皆如散珠可宝。司马迁从安国问故，而

《史记》多古文家说，贾逵、范宁、杜预诸人，亦得《书传》。其他注之于《书》者，皆（是）［足］援据。所行《蔡传》，则取宋人之说为多。

《诗》惟毛公独得古义，三家异同足资考订，郑玄笺《诗》，实以宗毛为主，即下己意，亦有识别。人以郑好易毛议之，则孔疏莫辞其咎，何也？郑君申毛之处，《疏》有未达，即以郑为异，则《疏》之咎也。王肃述毛意在难郑，往往大背毛意，《毛传》所引仲梁子、孟仲子、高子之类，则引师说解经，并非别出异义。荀子说《诗》，本得《诗》传，其义较精，三家、孙毓、陆玑得失相参，元朗《释文》音义尽善。其最古者：《尔雅》所释，《左氏》所引，《论语》《孟子》之所述。至唐以后，惟王应麟《诗地理考》为可。朱子之废《诗序》，则其误有不待言。《三礼》惟康成为折中，故礼学先儒，即称郑学，讥其改字，议其引纬，皆不知者之谈。公彦二疏，不及《礼记正义》之详核，《仪礼疏》则不在孔下。杜子春、郑司农、郑大夫、卢植、射慈、马融诸儒之散见于注疏者，虽存异义，亦多有合于郑。王肃之说，则本以难郑。郊祀朝庙诸议，皆为后世之制。自唐而下，惟唐卫湜《礼记集说》为长。祥道《礼书》、陈澔《集说》，其原本汉儒者则得，其依据宋人者则失。盖《礼》不能以宋儒之臆度而得也。

《春秋公羊》何（邱）［邵］公深得大义，确守师说，以为谬诞者非是。徐疏则微嫌冗沓。《穀梁》范注亦慎且密，扬［疏］则与徐不相高下。《左氏杜注》名为《集解》，实则多弃古说。贾逵、服虔之注间存《正义》，则孔氏之功多也。至其回护杜注，疏例当然，不可以此为责。杜预《释例》则颇有功左氏，而自唐而下，其掊击三传、妄立己意者，皆可以得罪《春秋》论。《春秋》之义固具于公、穀，《春秋》之事固具于左氏，而束三传于高阁，可乎哉？

《孝经》玄宗注遵用今文，而古文后乃渐微，是其罪也。邢疏无足长短，所遗郑小同注，古义存焉。司马光之《指解》，朱子之《刊误》，窃不取也。《论语》何注本集安国、包咸、马、郑、王诸家之成，间参己意，而古意犹备。邢氏之疏则尚不如皇侃之善。退之《笔解》，伪托无疑，祥道《全解》，驳杂奚似？《孟子》赵注可称完善，孙奭之疏则陋甚也。《尔雅》郭注，去古未远，其所不知，善在能阙。疏亦就范，间采樊、李诸家，尤为有得。郑樵之注，无足算也。

外此总释群经，班氏之《白虎通义》，扬子之《方言》，许氏之《说文解字》《五经异义》，《郑志》，陆氏之《释文》，古义咸在，精核靡遗。若乃智者百密，不无一疏，愚者千虑，必有一得。诸家之善，未必无疵。其不纯者，融有得当，则在善学者之详审焉。

三、汉宋门户异同第十五

何谓汉学？许、郑诸儒之学也。何谓宋学？程、朱诸儒之学也。二学何以异？汉儒释经皆有师法，如郑之笺《诗》则宗毛为主，许氏著《说文解字》，则博采通人，至于小大，信而有证，即其中今人所视为极迂且曲之义，亦必确有所受，不同臆造。宋儒不然，凡事皆决于理，理有不合，即舍古训而妄出以己意。如《论语》“正名”注，则易“名字也”之训，而指卫父子之名；子路问“闻斯行诸”，则易包咸“振穷救乏”之说。而以言学问，其说礼制，且有据汉化世之说，释三代之书之弊。此汉、宋二家之所以异，而经学之所以不取宋儒也。至辨《尚书》古文之伪，发于宋儒，实为巨功。学者治经宗汉儒，立身宗宋儒，则两得矣。

四、古有六书第三十

《周官》：“保氏教国子，先以六书。”郑注六书：“象形、会意、转注、处事、假借、谐声。”《汉书·艺文志》云：“象形、象事、象意、象声、转注、假借。”许氏《说文解字叙》云：“一曰指事、二曰象形、三曰形声、四曰会意、五曰转注、六曰假借。”其次第各有不同。郑樵《通志》云：“六书也者，象形为本；形不可象，则属诸事；事不可指，则属诸意；意不可会，则属诸声，声则无不谐矣。五不足而后假借生焉。”

许君首指事，即以其书之例，首列“一部”之故。至解六书之义，诸家皆与许同，云：

指事者，视而可见，察而见意，“上”、“下”是也；

象形者，画成其物，随体诘诎，“日”、“月”是也；

形声者，以字为名，取譬相成，“江”、“河”是也；

会意者，比类和义，以见指拂，“武”、“信”是也；

转注者，建类一首，同意相授，“考”、“老”是也；

假借者，本无其字，依声托事，“令”、“长”是也。

然考《通志》曰：“独体为文，合体为字。”

观乎天文，观乎人文，而文生焉。天文者，自然而成，有形可象者也；人文者，人之所为，有事可指者也。故文统象形、指事二体。字者孳乳而寖多也，合数字以成一字者皆是，则会意、形声二体也。四者为经，造字之本也；转注、假借为纬，用字之法也。

或疑既分经纬，即不得名曰六书；不知六书之为名，后贤所定，非皇颉先定此例而后造字也。犹之左氏释《春秋》例，皆以意逆志，比类而得其情，非孔子作《春秋》先有此例，而六书次第，自唐以来，易其先后者凡数十家，要以班书为是。象形、指事皆独体也，而有物然后有事，故宜以象形居首。会意、形声皆合体也，而会意两体皆义，形声则声中大半无义，且俗书多形声，其会意者千百之一二耳，即此足知其先后矣。转注、假借在四事之中，而先后亦不可淆也。转注合数字为一义，假借分一字为数义，故以六书分为三耦论之。象形实，指事虚，物有形事无形也。会意实，形声虚，合二字三字以为意，而其义已备，形声则不能赅备，如炼、练一字，所炼者金，练之者火，镘、槾一字，其器兼用金木，而皆分为两体，此尤不能赅备之明验也。转注实，假借虚，“考”

自成为“考”，“老”自成为“老”，其训互通，而各有专义，即如椭、榱、挹、抒，同为一物一事，而名从主人，各有所谓而不可改也。若夫“令”为号令而借为“令”，善长为久长而借为君长，须于上下文法求之，不能据字而直说之，故为虚也。凡变乱班书之次者，皆不察其虚实者也。

且一字之蕴，“形”、“声”、“义”尽之，即六书之名，亦可以“形”、“声”、“义”统之，如“天”字，一、大，其形也；“颠”，其义也；“他前切”，其声也。兼明之，而一字之蕴尽矣。象形，形也；指事、会意，义也；形声、转注、假借，皆声也。

夫转注、假借，在形、事、意、声四者之中，而可专属之声者，假借固无不以声借也。有去形存声者，《石鼓文》“其鱼佳可”即“维何”也，是谓省借；有字外加形者，《檀弓》“子盖言之志于公乎？然则盖行乎？”郑注：“盖当作盍。”《商颂》“百禄是荷。”儋何其本义也。《左·隐公三年》引作“荷”是也。是谓增借；有省之增之其声无不同者，故亦借及偏旁不同而声同之字，如《礼》云“射之为言绎也”，知“射”古音“绎”。绎、斁同从“睪”声。《振鹭》：“在此无斁。”《中庸》引之作“射”也。

至于转注，则同一物也，而命之者不同，则字不同；同一事也，而谓之者不同，则字不同；古人用字，贵时不贵古，取其地之方言而制以为字，取足达其意而已。而圣人所生之地不同也。唐虞三代，递处于山西、陕西之境，孔子又生于山东，各用其地之方言，不得少转注一门矣。故同一“持”也，而县持曰挈，胁持曰拑，阅持曰揲，握持曰挚，则不同也。此然犹有“县”、“胁”、“阅”、“握”之分也。乃“揃”、“搣”、“批”、“揤”皆“捽”也，“殀”、“媛”皆“美”也，“娱”、“媅”皆“乐”也，义无异而名不同也。以至《尔雅·释诂》一名而累数十字未已，是又兼假借而为转注者矣。盖意有轻重，则语之所施亦有轻重。是以有假借者一字而数义，何为其数义也？口中之同声也；转注者数字而一义，何为其数字也？口中之声不同也。故其始也，呼为天地，即为天地字，以寄其声；呼为人物，即造人物字，以寄其声，是声者造字之本也，及其后也，有是声即以声配形而为字，形声一门之所以广也。综四方之异，极古今之变，则转注之所以分，著其声也。无其字而取同声之字以表之，即有其字而亦取同声之字以通之，则假借之所以荟萃其声也。是声者用字之极也，此六书之旨之大略也。明乎六书之旨，又何以有难解之字哉？

五、有目录之学第三十二

目录之学，由来久矣。《礼记·经解》："温柔敦厚，《诗》教也；疏通知远，《书》教也；广博易良，《乐》教也；絜静精微，《易》教也；恭俭庄敬，《礼》教也；属辞比事，《春秋》教也。"此数语已为目录之先河。

而其后国史之作，则有《经籍志》《艺文志》之属，载著书者姓氏以及卷帙部数，班史而下，八代皆然。至宋，王尧臣等有《崇文总目》，郑樵有《艺文略》，晁公武则有《郡斋读书志》，赵希弁则有《读书志考异》并《附志》，尤袤则有《遂初堂书目》，陈振孙则有《直斋书录解题》，马端临则有《经籍考》，王应麟则有《汉书艺文志考证》，明杨士奇则有《文渊阁书目》，朱睦㮮则有《授经图》，皆详加考订，不仅留其书之名目。而国朝则有《钦定天禄琳琅书目》及《四库全书提要》，编校异同，参究得失，为古来诸家书目所未及。至黄虞稷《千顷堂书目》、朱彝尊《经义考》、谢启昆《小学考》，又灿然大备，精核靡遗。盖目录者，本以定其书之优劣，开后学之先路，使人人知某书当读，某书不当读，则为学易而成功且倍矣。吾故尝语人曰："目录之学，读书入门之学也。"

六、有考据之学第三十五

考据者，考历代之名物、象数、典章、制度实而有据者也。

此其学至博至大而至难精。古人有考一事而聚讼至数十百家，积千载而不能晰者。学者非熟读十三经，纵览诸子、各史及先儒传注记载之属，不足以语于此。国朝顾炎武、阎若璩、毛奇龄、朱彝尊、戴震、钱大昕、纪昀、阮元诸人，皆该贯六艺，斟酌百家，故其考据始有可信。若夫偏袒一家，得此失彼，依前人之成说，作附会之空谈，是丹非素，毫无所得，则一孔之论也。此学切实，有益于用，凡读子读史及言积极者，皆当讲求。但非仓猝可辨，学者必积数十年之实力，乃可以言贯通。不然，则泥今非古，皆无当也。

余列目录之学，示人以读书之门径；列校勘之学，示读书之当细心；由是而通训诂，精考据，则经学之事尽矣，即凡为学之事亦尽矣。由是而见诸躬行，发为经济，则视其人之善自立也。

七、解经不尚新奇第三十六

经义平允，解者不可以新奇求胜。盖凡新则不古，奇则不正。十三经皆先圣遗言，意义醇厚，岂有如后世子部、说部之书，徒快一时口舌哉！故如或解“豚鱼”二字，谓即今之“江豚”；解“旧井无禽”，谓“桔槔之上似禽，旧井无水，不用桔槔，故云无禽”；解“西方美人”，谓“佛教东流，始于周代”之类，皆说经家所不取。无论汉儒、宋儒及国朝诸儒，各说之新奇无理者，皆当订正，斯为有功于经。如旧说本平允可据，而解者妄生议论，好逞新奇，于古书毫无所据，固为蔑古，即或有子部之言，及隋以前说家之书可证，然怪诞荒谬，皆于经旨无当，虽有证亦不尚。盖经为三代之文，解经者即说三代之语，安得以新奇自喜、矜为心得乎？大凡学解经者，读书不多，见理不足，往往好立新说，以为醒目。不知此是说经第一大病。学者切宜力戒！倘此病深入，则终身不能进益矣。

八、解经不可虚造第三十七

凡说经，一字一义必当求其实据，原原本本，叙出来历，方为可靠。若以“想当如是”之法行之，依稀仿佛，似是而非，此名“虚造”。昔许氏《说文叙》尝云：“世人诡更正文，向壁虚造不可知之书，变乱常行，以耀于世。”然则虚造之弊，汉时已有，故许君有《说文解字》之作。然汉俗虚造，大半由于无书可考。今人生经学昌明之会，典策图书，无乎不备。老师大儒，互相讲明。而犹不能自勉，力穷源委，以蹈虚造之习，其得罪许君孰甚！学者有志穷经，必先力除此病，然后可与入道。

九、不可妄诋古训第三十九

汉人解经，皆守师说，即其作训，亦必确有所本，不同臆造。或当时传闻本皆如此，或前代语言与今不同，学者遇古训不可猝解者，必须详考时代，求其实情，果有不安，然后可以订正，不得粗心流览，于我未解，妄加诋毁。如或斥康成《礼》注八十一御妻及冕旒之属，非是古人有失，实其自己浅陋，初学万不可蹈此轻薄习气！

又如宋人之说，近今言汉学者，无论是与不是，辄摒斥之不贷。抑知宋人说经，未尝尽背汉说。蔡氏《书传》、朱氏《诗传》，其遵古训者实十之八，易古训者十之二，且其所辨出是非，万不可以耳食之余轻议前哲！但要平心自思，前人之敢立说者，胸中必非一无所据，且诸名儒类皆万卷罗网众家，岂以我能见到者彼反失之不及之理？由是以思，自不敢轻肆舌锋，妄诋古训矣。不诋古训，即能深研其义，而虚侨之气除，为学之力日益进矣。

十、不可剽窃旧说第四十

《史记·酷吏列传》云："攻剽为群盗。"《叔孙通传》云："鼠窃狗盗。"初学解经，见书不多，而妄取前人旧说，没其姓名，以为己说，则与盗贼何异？且安知我能剽之窃之，而人不能发之捕之乎？为所读之书，人人必读，我所未读之书，人之已读者正多，倘事剽窃，欺人乎？实欺己耳！人而欺己，则终身无实获之事，又乌足以知圣贤之道哉？故为学戒剽窃。

十一、不可穿凿无理第四十一

孟子曰："所恶于智者，为其凿也。"穿凿二字，智者往往不免。此为说经大病。盖穿凿未有不失之无理者，岂有圣贤经传可以无理解之乎？试多取古人说经之书，及国朝经学家各书读之，自可渐祛此病。如不读古书，而妄自恃其聪明，其不至于穿凿无理不止。学者切宜自勉！

十二、不可有骑墙之见第四十三

群经异义，自汉及今，甚有聚讼至数十百家者，解经者当审择精当，衷于一是，罗列群说，加以辩驳，合吾者吾引之而为证，背吾说者吾驳之而明其非。先在审定明白，融会贯通，自无以可为否，以可为否之病。若平日看书不多，临时全无把握，调停两可，不能自主，是为骑墙之见。说经家甚所不取。

十三、不可作固执之谈第四十四

孟子谓高子说《诗》之固，以其不能通《诗》之义与意也。学者解经，何独不然？经义简质，必证以他经，旁通诸子及诸家传记之说，贯串靡遗，于义不背，方为通达。若徒守一家之言，妄加臆断，斯为固执。固执之弊，亦由读书不多而来。故欲治经，不可不博览群书。

十四、制度沿革不可不知第五十

历代制度互有异同。大而朝庙典章，小而服物器具，今为约略言之。有唐虞之制度，有三代之制度，有秦汉之制度，有魏晋以下之制度。执魏晋以下之制以考秦汉，未必不失秦汉矣。执秦汉之制以考三代，未必不失三代矣。执三代之制以考唐虞，亦未必不失唐虞矣。何也？一朝之制，有因，有革，有损，有益，据末世之事释上古之文，安知今之所有者非皆古之所无乎？今之所无者非古之所有乎？故凡考制度，宜多读古书。古未有专考制度之成书，而其中间有论及前事，证之他书，其说适合，则即可引以为据。至《通典》《通考》出，斯为考据专书。依类读之，异同自见。又不可不多读国朝人之书。国朝考据之学精，凡说经诸儒，俱通考古人制度，如顾、阎以下诸人皆是。而秦氏《五礼通考》，又为考礼之一大宗，其中虽不能有得而无失。制度甚难考，学者慎勿易言（又舆地代有沿革，学者尤宜留心），融会贯通，久而稽之，庶乎其不失欤！

十五、科场解经程序第五十二

一国朝取士，文、诗、策论外，兼及经义，故国子监南学及州郡岁科试经古诸场均有经解。士子通经原期致用，不第沐稽古之荣而已，故学者不可不致力于此，列此条目以为之的。

一经解与策不同，通体皆无抬头。其抬头者乃引御纂、钦定等书耳，然引此书且须三抬，以其皆先王所定故也。

一遇避讳字皆不可用。倘古书既有其字，而亦不能不引，则将此字空一格并写“敬避”二字，亦不犯禁。

一场屋解经，国朝人所著各书收入《四库》者可以引用，用时亦只举其书名，不宜及其人之姓名，其未入《四库》而已现行者但称“或说”可也。

一场屋中解题，率在《易》《书》《诗》《春秋》《礼记》五经，风檐寸晷，时有不及，不必求多，与其多作不善，不若少而精也。

一场屋解经，与平时稍有各别。平时为日宽，题目少，故可细心博考，以求尽善，应试则时日仓猝，顿成数篇，其不能尽善可知。惟眉目最要清楚，先列诸家异说，后下己意。或驳去数说，而于中独宗一说而申发之，或贯通诸说，而以己意融会之。必须头绪了然，使阅者知为胸有把握，便可若自出新意，恐弄巧成拙。至或云有著作家之经解，有场屋中之经解，著作家则繁稽博考者，折中一是，场屋则罗列诸说而已，此言实不足信。

第五篇　论司马迁的历史地位

班固赞曰："自孔子后，缀文之士众矣，唯孟轲、荀况、董仲舒、司马迁、刘向、扬雄，此数公者，皆博物洽闻，通达古今，其言有补于世。传曰：'圣人不出，其间必有命世者焉。'岂近是乎？"① 把司马迁与孟轲、荀况、董仲舒等人相提并论，视为命世之才，定位不可谓不高。司马迁是中国的文化伟人，也是世界的文化伟人。他不仅是中国史学之父，也是杰出的哲学家、思想家和文学家。我们力图在前人研究的基础上，拟对司马迁的历史定位作出更深入细致的分析探讨。不当之处，敬请方家教正。

一、历史学家

"殷鉴不远，在夏后之世。"② 司马迁以史为鉴，始终注重"通古今之变"。析言之，司马迁是中国历史上第一个具有明确的历史哲学意识的历史学家，他从变化的观点、发展的观点和社会改革的观点出发，最终完成了"通古今之变"的预期目标。

（一）原始察终

原始察终，有人以为乃历史因果之观点③，有人以为乃历史变

① 班固：《汉书·楚元王传》。

② 《诗·大雅·荡》。

③ 吴忠匡：《史记太史公自序注说会纂》，黑龙江人民出版社 1985 年版，第 162 页。

化之观点①。笔者认为，当以后者所论为长。无论自然还是人类社会，都处在变化之中。变化的观点是司马迁历史哲学中最为重要的部分之一。这一思想直接承自《周易》。《易传·系辞下》云："穷则变，变则通，通则久。"司马迁已经清醒地认识到："《易》长于变。"司马迁发现，宇宙万物变化复杂多样，社会变化也从未停止过，他纵观古今，总结出"四变"，即"天变"、"时变"、"人变"、"事变"：

幽、厉以往，尚矣。所见天变，皆国殊窟穴，家占物怪，以合时应，其文图籍机祥不法。是以孔子论六经，纪异而说不书。至天道命，不传；传其人，不待告；告非其人，虽言不著。……太史公推古天变，未有可考于今者。盖略以春秋二百四十二年之间，日蚀三十六，彗星三见，宋襄公时星陨如雨。天子微，诸侯力政，五伯代兴，更为主命，自是之后，众暴寡，大并小。秦、楚、吴、越，夷狄也，为彊伯。田氏篡齐，三家分晋，并为战国。争于攻取，兵革更起，城邑数屠，因以饥馑疾疫焦苦，臣主共忧患，其察机祥候星气尤急。近世十二诸侯七国相王，言从衡者继踵，而皋、唐、甘、石因时务论其书传，故其占验凌杂米盐……日变修德，月变省刑，星变结和。凡天变，过度乃占。国君强大，有德者昌；弱小，饰诈者亡。太上修德，其次修政，其次修救，其次修禳，正下无之。夫常星之变希见，而三光之占亟用。日月晕适，云风，此天之客气，其发见亦有大运。然其与政事俯仰，最近天人之符。此五者，天之感动。为天数者，必通三五。②

终始古今，深观时变，察其精粗，则天官备矣。③

丞相李斯曰："五帝不相复，三代不相袭，各以治，非其

---

① 庞天佑：《秦汉历史哲学思想研究》，中国社会科学出版社2002年版，第212~215页。

② 司马迁：《史记·天官书》。

③ 司马迁：《史记·天官书》。

相反，时变异也。”①

秦之积衰，天下土崩瓦解。虽有周旦之材，无所复陈其巧，而以责一日之孤，误哉！俗传秦始皇起罪恶，胡亥极，得其理矣。复责小子，云秦地可全，所谓不通时变者也。②

叔孙通笑曰：“若真鄙儒也，不知时变。”……叔孙通希世度务，制礼进退，与时变化，卒为汉家儒宗。③

白圭，周人也。当魏文侯时，李克务尽地力，而白圭乐观时变，故人弃我取，人取我与。……故曰：“吾治生产，犹伊尹、吕尚之谋，孙吴用兵，商鞅行法是也。是故其智不足与权变，勇不足以决断，仁不能以取予，强不能有所守，虽欲学吾术，终不告之矣。”盖天下言治生祖白圭。白圭其有所试矣，能试有所长，非苟而已也。④

非兵不强，非德不昌。黄帝、汤、武以兴，桀、纣、二世以崩，可不慎欤？《司马法》所从来尚矣，太公、孙、吴、王子能绍而明之，切近世，极人变。作《律书》第三。⑤

太史公曰：农工商交易之路通，而龟贝金钱刀布之币兴焉。所从来久远，自高辛氏之前尚矣，靡得而记云。故《书》道唐虞之际，《诗》述殷周之世，安宁则长庠序，先本绌末，以礼义防于利；事变多故，而亦反是。是以物盛则衰，时极而转，一质一文，终始之变也。禹贡九州，各因其土地所宜，人民所多少而纳职焉。汤武承弊易变，使民不倦，各兢兢所以为治，而稍陵迟衰微。⑥

“天变”指天象的变异，如日蚀、星陨等。“时变”即四时季节的变化。它出自《易·贲》：“观乎天文，以察时变。”孔颖达

---

① 司马迁：《史记·秦始皇本纪》。
② 司马迁：《史记·秦始皇本纪》。
③ 司马迁：《史记·刘敬叔孙通列传》。
④ 司马迁：《史记·货殖列传》。
⑤ 司马迁：《太史公自序》。
⑥ 司马迁：《史记·平准书》。

疏："以察四时变化。"司马谈《论六家之要指》也重视"时变"："道家无为，又曰无不为，其实易行，其辞难知。其术以虚无为本，以因循为用。无成势，无常形，故能究万物之情。不为物先，不为物后，故能为万物主。有法无法，因时为业；有度无度，因物与合。故曰圣人不朽，时变是守。""人变"指人事的变化。它在《史记》中仅出现一次，但却贯串在全书之中。"事变"泛指事物的变化。他分门别类，一一加以考察，并运用到对历史现象的深入分析之中。

"通古今之变"，探讨古今变化的轨迹，察"天变"、"时变"、"人变"、"事变"，是司马迁撰写《史记》的主要目的。本纪、世家、列传及表皆反映历史变化，八书也同样反映古今之变化。《乐书》以辨古今治乱安危："天下从之者治，不从者乱；从之者安，不从者危。"《乐书》以辨雅俗正邪："雅颂之音理而民正，嘄嗷之声兴而士奋，郑卫之曲动而心淫。"《律书》从武王伐纣记到孝文即位，以兵事而"合符节，通道德"，从而"切近世，极人变"。《历书》"明时正度"，"夏正以正月，殷正以十二月，周正以十一月。盖三王之正若循环，穷则反本。天下有道，则不失记序；无道，则正朔不行于诸侯"。《天官书》"终始古今，深观时变"。《封禅书》"论次自古以来用事于鬼神者，具见其表里"，从舜一直写到汉武帝。《河渠书》载大禹至汉武帝天下江河"水之为利害"。《平准书》亦"以观事变"。

"通古今之变"，总结历史规律，也是司马迁撰写《史记》的最终目的。《外戚世家》论外戚与国家兴亡之关系："自古受命帝王及继体守文之君，非独内德茂也，盖亦有外戚之助焉。夏之兴也以涂山，而桀之放也以末喜。殷之兴也以有娀，纣之杀也嬖妲己。周之兴也以姜原及大任，而幽王之禽也淫于褒姒。"可谓"兴也外戚，亡也外戚"。褚先生引汉武帝语："往古国家所以乱也，由主少母壮也。女主独居骄蹇，淫乱自恣，莫能禁也。"虽出补作，亦深明兴亡之理。毋庸讳言，司马迁所归纳的历史规律，不少与天命紧密联系在一起，带有浓厚的宿命论色彩。这是时代的局限，无可厚非。

(二) 见盛观衰

见盛观衰，乃司马迁之历史发展观①。表征盛衰，殷鉴兴废②，通过王朝兴衰，总结历史经验，这正是司马迁的绝活。他曾引古语“日中则移，月满则亏”证明：“物盛则衰，天地之常数也。进退盈缩，与时变化，圣人之常道也。”③

以《殷本纪》为例，司马迁以大手笔写出了商朝从汤王之兴起到纣王之灭亡的发展过程，特别是将雍己之衰以后的轨迹总结为：复兴→复衰→复兴→衰→复兴→复衰→复兴→复衰→益衰→亡。我们从《周本纪》也可以清楚地看到西周自文、武、成、康之治以后的历史轨迹：王道微缺→王道衰微→复宁→王室遂衰→诸侯不朝→诸侯复宗周→周将亡矣→遂杀幽王。《秦本纪》写秦朝的兴起，《秦始皇本纪》写秦一统天下，从盛世走向灭亡，写到秦始皇之死，二世自杀，子婴被杀。

殷鉴不远，周当引为炯戒。令人遗憾的是，殷不鉴夏，周不鉴殷，秦亦不鉴周。前人之失，可以殷鉴。汉高祖比较高明，他非常重视前车之鉴：

> 高祖置酒雒阳南宫。高祖曰：“列侯诸将无敢隐朕，皆言其情。吾所以有天下者何？项氏之所以失天下者何？”④
>
> 高帝谓陆生曰：“试为我著秦所以失天下，吾所以得之者何，及古成败之国。”陆生乃粗述存亡之徵，凡著十二篇。每奏一篇，高帝未尝不称善，左右呼万岁，号其书曰《新语》。⑤

---

① 吴忠匡：《史记太史公自序注说会纂》，黑龙江人民出版社 1985 年版，第 162 页。

② 刘勰：《文心雕龙·史传》。

③ 司马迁：《史记·范睢蔡泽列传》。

④ 司马迁：《史记·高祖本纪》。

⑤ 司马迁：《史记·郦生陆贾列传》。

秦代既近，殷鉴尤明。陆贾、贾谊等思想家纷纷探讨秦所以亡、汉所以兴的道理，《新语》是钦定的“国家级重大攻关项目”，而《过秦论》当时可能没有来得及“立项”，但都写得很精彩，对司马迁产生过相当大的震撼。司马迁透过历史的迷雾，“网罗天下放失旧闻，王迹所兴，原始察终，见盛观衰”，记录了从三代到汉武帝的历史兴亡的全过程。《史记》一书，意存殷鉴，卓然有良史之风。

（三）承敝通变

承敝通变，乃司马迁之社会改革观。一般论者误以为是循环论史观，汪荣祖先生从中西史学比较的角度对此加以矫正：

> 人事既非天定，则兴亡何自？此迁所以欲通古今之变也。夫今者，乃古来“行动”之积累，故“由古而知今，原始而察终”。太史公熟知“史学乃察变之学”，即郑樵所言会通之旨，为司马氏所擅长。其会通也，虽上起轩辕，下讫汉武，实以秦汉之际为要。……太史公论变也，承敝通变一语尽之矣。曰：“夏之政忠。忠之敝，小人以野，故殷人承之以敬。敬之敝，小人以鬼，故周人承之以文。文之敝，小人以僿，故救僿莫若以忠。三王之道若循环，终而复始。周秦之间，可谓文敝矣。秦政不改，反酷刑法，岂不缪乎？故汉兴，承敝易变，使人不倦，得天统矣。”论者或以此乃迁信循环论之证。凯恩女士论中西循环论哲学，谓《史记》“以黄帝始，以汉武终，乃盛世之循环”，并据之谓谈迁父子开中国循环论史观之先河云。其谬甚矣！夫史观约而有三，一曰“循环观”，二曰“进步观”，三曰“怀疑观”。循环以史周而复始，进步以史前进不息，怀疑以史无轨迹可寻。马迁显非怀疑论者，亦不足以言进步史观，殆无庸议。其所谓“三王之道若循环”，若也，非果也；所欲言者，乃承敝而变通耳。敬可救忠之敝，文可救敬

之敝，忠可救文之敝，故若循环然，非一一复始如仪也。秦不知承敝而亡，汉因承敝易变而兴，道兴亡之由也。当马迁之世，武帝在位，汉兴约已百年，国家无事，府库充实，家给人足，然“京师之钱累巨万，贯朽而不可校；太仓之粟陈陈相因，充溢露积于外，至腐败不可食”。又“网疏而民富，役财骄溢，或至兼并豪党之徒，以武断于乡曲。宗室有土，公卿大夫以下，争于奢侈，室庐舆服僭于上，无限度”。则“物盛而衰”，敝又见之矣。见盛观衰，所以承敝而变之也。《高祖功臣侯者年表》曰：“居今之世，志古之道，所以自镜也，未必尽同。”志古所以自镜，非必返古。是以太史公通古今之变。愿古为今用，以承敝变通耳。岂阴阳五行生克之论所能尽之哉！司马氏之史观，似有循环之意，实非循环论可汉括者也。①

汪氏以会通观解之，可谓妙达神旨！一个社会、一个国家，在发展过程中会出现许多问题，有时问题会很严重，甚至到了亡国的边缘，山穷水尽，此时统治者就要承敝通变。只有变通，进行社会改革，才能走出困境。“穷则变，变则通，通则久。”久则敝，敝则变，变则通。看似循环，实则不然。社会的进步，国家的发展，从来都是螺旋式的上升，而不是圆圈式的循环。“周秦之间，可谓文敝矣。秦政不改，反酷刑法”，秦并六国，生灵涂炭，经济凋敝，民不聊生。秦始皇这个战争狂人习惯了战争思维，不知承敝通变，没有把工作中心转移到经济建设上来，反而滥用民力，横征暴敛，把百姓推向绝境，结果弄得人民揭竿而起，秦帝国很快就土崩瓦解。西汉肇兴，承敝易变，使人不倦，与民休息，节省民力，发展生产，恢复经济，废除严刑酷法，改革敝政。至汉武帝即位，汉代建国已经七十余年，国家平安无事，百姓人给家足，城乡仓廪皆满，府库货财充足。国库之米陈陈相因，在露天之下堆积如山，至腐败不可食。街头巷尾，阡陌之间，马匹成群，驴子欢鸣。连守门

---

① 汪荣祖：《史传通说》，中华书局2003年版，第70～73页。

的保安都吃上了精美的膳食。当此之时，法网不严，百姓富足；而干部骄横跋扈，子弟称王称霸，皇亲国戚大兴土木，领导干部腐败成风，奢侈无度，五子登科，房子、车子、票子、女子、儿子上不封顶，多多益善，没有限度。表面上到处歌舞升平，其实社会弊端日渐显露。“物盛而衰，固其变也。”司马迁见微知著，提醒当局要承敝通变，实现社会变革。盛极而衰，若不及时变革，就有改朝换代之忧。

二、哲学家

（一）究天人之际

张大可先生在《史记研究·后记》中写道：“老生常谈的问题也并非题无剩义。例如‘究天人之际’，以往的论述大多还只是停留在思辨哲学的基础上空言论道，未能建立在古代天文学和《易》学的基础上立论，司马迁在这个问题上究竟是怎么想的，似乎至今还是混沌一片。”我们试图将此老生常谈的问题稍微向前推进一点。至于凿破混沌，俟诸来哲。

何谓“究天人之际”？究即研究、探求。天人之际，《汉语大词典》解释为：“天道与人事相互之间的关系。”张大可先生解释为：“天与人的关系。”① 这些还只是语文释义，不足以尽其哲学底蕴。有人以为：“‘天人之际’、‘古今之变’都属于历史学的范畴。”② 李长之将“究天人之际”视为司马迁的历史哲学③。

我们认为，“古今之变”属于历史学的范畴，但“天人之际”属于哲学的范畴。“天人”是中国哲学的基本范畴。中国哲学早在

---

① 张大可：《史记研究》，华文出版社 2002 年版，第 21 页。

② 赵生群：《史记编纂学导论》，凤凰出版社 2006 年版，第 8 页。

③ 李长之：《司马迁之人格与风格》，三联书店 1984 年版，第 201 页。

孔子以前，已有“天道”和“人道”的讨论。孔子从人本学的立场出发，提出了天人关系问题。他认为，只有“知天命”，才能达到“从心所欲不逾矩”的自由境界。虽说“夫子之言性与天道，不可得而闻也已”，但孔子已经提出了这个问题，孟子、荀子、董仲舒对此问题都有所推进，司马迁也非常关注天人问题。关于“天道”，《史记》多次引用前人说法，并无重大推进，只是在《伯夷列传》中提出了大胆质疑。

（二）“人道”与礼乐

关于“人道”，司马迁有重大发现，即“人道”与礼乐存在高度关联：

> 礼者，人道之极也。①
>
> 太史公曰：余至大行礼官，观三代损益，乃知缘人情而制礼，依人性而作仪，其所由来尚矣。人道经纬万端，规矩无所不贯，诱进以仁义，束缚以刑罚，故德厚者位尊，禄重者宠荣，所以总一海内而整齐万民也。②
>
> 凡音者，生于人心者也；乐者，通于伦理者也。是故知声而不知音者，禽兽是也；知音而不知乐者，众庶是也；唯君子为能知乐。是故审声以知音，审音以知乐，审乐以知政，而治道备矣。是故不知声者不可与言音，不知音者不可与言乐。知乐则几于礼矣。礼乐皆得，谓之有德。德者得也。是故乐之隆，非极音也；食飨之礼，非极味也。清庙之瑟，朱弦而疏越，一倡而三叹，有遗音者矣。大飨之礼，尚玄酒而俎腥鱼，大羹不和，有遗味者矣。是故先王之制礼乐也，非以极口腹耳目之欲也，将以教民平好恶而反人道之正也。③

---

① 司马迁：《史记·礼书》。
② 司马迁：《史记·礼书》。
③ 司马迁：《史记·乐书》。

> 夫乐者乐也，人情之所不能免也。乐必发诸声音，形于动静，人道也。声音动静，性术之变，尽于此矣。故人不能无乐，乐不能无形。形而不为道，不能无乱。先王恶其乱，故制雅颂之声以道之，使其声足以乐而不流，使其文足以纶而不息，使其曲直繁省廉肉节奏，足以感动人之善心而已矣，不使放心邪气得接焉，是先王立乐之方也。是故乐在宗庙之中，君臣上下同听之，则莫不和敬；在族长乡里之中，长幼同听之，则莫不和顺；在闺门之内，父子兄弟同听之，则莫不和亲。故乐者，审一以定和，比物以饰节，节奏合以成文，所以合和父子君臣，附亲万民也，是先王立乐之方也。故听其雅颂之声，志意得广焉；执其干戚，习其俯仰诎信，容貌得庄焉；行其缀兆，要其节奏，行列得正焉，进退得齐焉。故乐者，天地之齐，中和之纪，人情之所不能免也。①

此外，司马迁认为："夫妇之际，人道之大伦也。"② 其实，夫妇之际也与礼乐密切相关："礼之用，唯婚姻为兢兢。夫乐调而四时和，阴阳之变，万物之统也。可不慎与?"③

（三）六经与天人之际

《太史公自序》云："《易》著天地、阴阳、四时、五行，故长于变；《礼》纲纪人伦，故长于行；《书》记先王之事，故长于政；《诗》记山川、溪谷、禽兽、草木、牝牡、雌雄，故长于风；《乐》乐所以立，故长于和；《春秋》辩是非，故长于治人。是故《礼》以节人，《乐》以发和，《书》以道事，《诗》以达意，《易》以道化，《春秋》以道义。"据此，我们欣喜地发现，六经与"天人之际"之间存在高度关联，列表如下：

---

① 司马迁：《史记·乐书》。
② 司马迁：《史记·外戚世家》。
③ 司马迁：《史记·外戚世家》。

经名	内容	特点	作用	学术
《易》	著天地、阴阳、四时、五行	长于变	《易》以道化	天文
《礼》	纲纪人伦	长于行	《礼》以节人	
《书》	记先王之事	长于政	《书》以道事	
《诗》	记山川、溪谷、禽兽、草木、牝牡、雌雄	长于风	《诗》以达意	人文
《乐》	乐所以立	长于和	《乐》以发和	
《春秋》	辩是非	长于治人	《春秋》以道义	

从上表可知，六经之中惟有《易》属天学，而其他五经皆为人学。准此，似有别解："究天人之际"即"究六经之学"。司马迁试图构建出一个新的经学知识谱系，以《易》统摄五经，并以此作为自己的理论基础；然后在此基础上"通古今之变"。六经之中惟有《易》长于变。"《易》以道化"，一说"《易》以神化"①，为用甚大。如果不通《易》学，恐怕难以做到"通古今之变"。司马谈曾受《易》于杨何，可以说《易》学乃司马迁之家学，也成为他思想的基本生长点。司马谈弥留之际，特命司马迁"正《易传》"。那么，司马迁在这方面到底做了什么？他真正认识了《易》的内容与特点："著天地、阴阳、四时、五行，故长于变。"并以易学作为他学术研究的出发点。同时，他学术思想的基石也来自《易传》："天下一致而百虑，同归而殊途。"太史公在《田敬仲完世家》中据《易》理以论时势："《易》之为术，幽明远矣，非通人达才孰能注意焉！故周太史之卦田敬仲完，占至十世之后；及完奔齐，懿仲卜之亦云。田乞及常所以比犯二君，专齐国之政，非必事势之渐然也，盖若遵厌兆祥云。"

---

① 司马迁：《史记·滑稽列传》。

(四) 天官、道论与《易》学

天官（即天文学）与道论在学术上与《易》学也有紧密联系，司马迁也学有师承。史官兼有记事与司天的双重任务。这给中国史学带来了双重影响。一是史官容易把“天”与“人”联系起来解说社会现象。史官把自然现象与人事相附会，从而形成天人相关的理论。二是从天地、阴阳、四时、五行的变化中受到启发，发现社会人事也处在变化之中。这一点无疑与董仲舒所谓“道之大原出于天，天不变，道亦不变”① 的观点针锋相对。司马迁是史学家，也是天文学家。司马迁的时代，天人合一思想弥漫于思想界，天人感应也成为人们普遍的思维模式。有的学者指出，司马迁的天人思想存在深刻的内在矛盾②。一方面，司马迁更多的是相信天人感应。董仲舒的天人感应思想对他的影响也不容低估。《天官书》即以天人之际为中心。《太史公自序》云：“星气之书，多杂禨祥，不经；推其文，考其应，不殊。比集论其行事，验于轨度以次，作《天官书》第五。”尽管不相信星气之书的荒诞不经，还是研究了大量的相关材料，极尽比附、穿凿之能事，将天象变化与人事变化一一挂钩。另一方面，他对天命存在怀疑，如他批评项羽将失败归于天命：“乃引‘天亡我，非用兵之罪也’，岂不谬哉！”又如《伯夷列传》对天命提出了大胆的质疑：

> 或曰：“天道无亲，常与善人。”若伯夷、叔齐，可谓善人者非邪？积仁絜行如此而饿死！且七十子之徒，仲尼独荐颜渊为好学。然回也屡空，糟糠不厌，而卒蚤夭。天之报施善人，其何如哉？盗跖日杀不辜，肝人之肉，暴戾恣睢，聚党数千人，横行天下，竟以寿终。是遵何德哉？此其尤大彰明较著

---

① 班固：《汉书·董仲舒传》。

② 庞天佑：《秦汉历史哲学思想研究》，中国社会科学出版社 2002 年版，第 235～241 页。

> 者也。若至近世，操行不轨，专犯忌讳，而终身逸乐，富厚累世不绝。或择地而蹈之，时然后出言，行不由径，非公正不发愤，而遇祸灾者，不可胜数也。余甚惑焉，傥所谓天道，是邪？非邪？

此举引起清高宗的极大不快，他在《御制读伯夷列传》中对司马迁横加指责："夷齐不食周粟，盖谓义；不仕周受禄，贫饿以终其身而死耳。自司马迁有采薇食之，遂饿死首阳山之言，而谯周《古史考》遂举野妇之语以实之，后世率谓夷齐果不食而饿馁以死。夫夷齐大节固在不仕周，而不在死与不死也。而迁乃更举颜渊、盗跖之事，谓天之报施善恶有或爽者，夷齐之死有或怨者，此则大谬，而不可以不辨也。盖穷通寿夭，人事之适然，而善恶邪正，天道之至公。千载之下，以夷齐、颜渊为何如人，以盗跖为何如人，则夷齐之死固不怨，使其怨，当早食周粟而求生矣。杀身成仁者岂皆怨乎？孔子曰：'不怨天，不尤人。'迁实未知此耳。彼其犯国法，身残处秽，动而见尤，愤懑不堪，怨天尤人，谬论天道之是非，是以迁之心为夷齐之心，而夷齐必不若是也。余故以为大谬，而不可以不辨也。"清高宗站在汉武帝的立场上，以天子自居，不允许别人怀疑"天道"的存在，所以他对司马迁的一点点疑问都要格式化掉。

（五）别究天人之际

现代史家汪荣祖先生从中西史学比较的角度解释"究天人之际"：

> 钱先生默存曰："马迁奋笔，乃以哲人析理之真，通于史家求事之实。"神目如电，洞若观火矣，《太史公书》固非史实之汇编，复有史家之生命在焉。迁精神所贯注者，乃欲"究天人之际，通古今之变，成一家之言"耳。究天人之际，盖欲明"史中之动力"（driving forces in history）。西洋中古

之世，耶教鼎盛，基督史家，莫不以“上帝”（Providence）为史之动力，神魔相高，善恶竞胜，而神必制魔，善必克恶。故史者乃“上帝选民之圣事”（the sacred story of the chosen people）……当马迁之世，天人感应，五德终始，方士求仙，皆风尚不衰。作史者不能无记，而迁独能疑之，别究天人之际，其识可谓高矣。……夫虽尽人事，事未必有成；人事未尽，事固无成。天命既无准，唯有尽人事以听之耳。迁或仍采信天象气数之事，为古人所难免，然其不以宿命论史，殆无可疑者也。①

汪荣祖先生亦可谓“神目如电，洞若观火”，以西人之镜，鉴照史迁之心，剖析了司马迁在天人关系问题上存在的内在矛盾，指出司马迁不惑于当时的风尚，别究天人之际，以明“史中之动力”。

天人之际，存在巨大的张力。经过痛苦而持久的上下求索，司马迁始则惑于天，究于人，察于史；继而明察于史，深究于人，不惑于天，终于由史学家得以攀升而为哲学家、思想家。

三、思想家

何以说司马迁是思想家？因为他欲“成一家之言”。

（一）“成一家之言”是时代的要求

中国文化源远流长，学术文化不断在总结中提高。至殷周之际，文王演《周易》，周公制礼作乐，对中国文化做了一次空前的整理，使涓涓溪流汇为中国文化之总源头。春秋末期，《易》衍儒道，孔子整理六经，笔削《春秋》，开出儒家一系；老子作《道德

① 汪荣祖：《史传通说》，中华书局2003年版，第69～70页。

经》，开出道家一系。孔、老对中国文化又做了一次大总结，他们整理了旧典，并创造了新的经典之作。战国时期，诸子蜂起，著书立说，相互诘辩，百家争鸣，异彩纷呈。《庄子·天下篇》说："天下大乱，贤圣不明，道德不一，天下多得一察焉以自好……是故内圣外王之道，暗而不明，郁而不发，天下之人各为其所欲焉以自为方。悲夫，百家往而不反，必不合矣！后世之学者，不幸不见天地之纯，古人之大体，道术将为天下裂。"百家争鸣，势必"道术将为天下裂"，这是大开。西汉初期，黄老之学兴起。无为而治的政治，反映在学术思想上只能取包容姿态。汉武帝时期，大一统的帝国已然崛起，于是时代呼唤一家之言，天下学术又需要来一次大合——"道术将为天下合"。

汉武帝时期出现了两种学术整合的模式。一种是董仲舒式的。他曾上《天人三策》，向汉武帝建议："《春秋》大一统者，天地之常经，古今之通谊也。今师异道，人异论，百家殊方，指意不同，是以上亡以持一统；法制数变，下不知所守。臣愚以为诸不在六艺之科孔子之术者，皆绝其道，勿使并进。邪辟之说灭息，然后统记可一而法度可明，民知所从矣。"① 他明确提出使用行政的手段来"罢黜百家，独尊儒术"。他的这一建议不幸被汉武帝采纳，定为国策。另外一种就是司马迁式的。司马迁的父亲是西汉时期博学的黄老学者，司马谈主张融会众家之长，综合创新，形成一种新的学说。司马谈在学术上想继承周、孔之业，无奈壮志难酬，临终前庄重地嘱托司马迁："自周公卒五百岁而有孔子，孔子至于今五百岁，有能绍而明之，正《易传》，继《春秋》，本《诗》《书》《礼》《乐》之际。"② 责无旁贷，何敢攘焉！绍述周公、孔子之业，本是司马谈的遗志。司马迁继承父亲的职业与志业，继承孔子的《春秋》事业，网罗百代，甘将热血写春秋。从周公到孔子，相隔五百年；从孔子到司马迁，又是五百年！五百年一循环，中国文化又需要一次空前的总结。这既是司马迁父亲的遗愿，也是时代

① 班固：《汉书·董仲舒传》。

② 班固：《汉书·司马迁传》。

的呼唤。从春秋战国到汉武帝，学术从百家争鸣到学术汇于一，和历史从分裂到大一统的过程相平行。司马迁在前人的基础上，用心血和汗水铸成一家之言，对从远古到汉代二千多年的历史文化做了一次彻底的盘点，进行了空前的文化整合。

（二）“一家之言”的内容与形式

司马迁一再提到“成一家之言”。他在《报任少卿书》中如是说：“欲以究天人之际，通古今之变，成一家之言。”这可以看作是他撰写《史记》的指导思想。他在《太史公自序》中说得更详细：

> 网罗天下放失旧闻，王迹所兴，原始察终，见盛观衰，论考之行事，略推三代，录秦、汉，上记轩辕，下至于兹，著十二本纪；既科条之矣，并时异世，年差不明，作十表；礼乐损益，律历改易，兵权、山川、鬼神，天人之际，承敝通变，作八书；二十八宿环北辰，三十辐共一毂，运行无穷，辅弼股肱之臣配焉，忠信行道以奉主上，作三十世家；扶义俶傥，不令己失时，立功名于天下，作七十列传。凡百三十篇，五十二万六千五百字，为《太史公书》。序略，以拾遗补艺，成一家言，协六经异传，齐百家杂语，藏之名山，副在京师，以俟后世圣人君子。

这段自序，是司马迁的写作纲领，他已经将其“一家之言”和盘托出。他所谓“一家之言”包括两个方面：

第一，从内容上看，他关注的是历史的兴衰成败。他放宽历史视野，广泛搜集史料，“原始察终，见盛观衰”，“承敝通变”，总结历史的经验教训与发展规律。司马迁要“成一家之言”，就是要独立成“家”，自立为“言”。这既是针对先秦诸子百家说的，也是针对汉代大师说的。司马谈总结先秦思想为六家，即阴阳、儒、墨、名、法、道德，汉代大师也有董仲舒、公孙弘等春秋学家，而

司马父子要在这些先圣时贤之外自成一家，自立一格，自创一个思想体系。“一家之言”的核心内容，即“稽其成败兴坏之理”，也就是通过考察天人关系、古今变化，总结历史发展规律，并以此指导现实。

第二，从形式上看，他通过整理历史文献，精心编纂五体结构，构筑了一个充满神秘气息的史学殿堂。他自己说三十世家取象于“三十辐共一毂”，后来的研究者进一步加以解释：

> 本纪十二，象岁星之一周；八书有八篇，法天时之八节；十表放刚柔十日；三十世家比月有三旬；七十列传，取悬车之暮齿；百三十篇，象闰余而成岁。①

司马迁《史记》五体结构，使用的全是神秘数字——12、8、10、30、70、130，它们一一与岁时历法相配，反映的是一种神秘的天道观，也是他惨淡经营，苦苦探索天人之际的一大收获。

上述内容与形式的完美结合，正是司马迁传之后世的《史记》，正是他用心血和汗水浇铸而成的一家之言。

（三）“一家之言”的学术类别

众所周知，一家之言，通常属子书。司马迁的“一家之言”究竟属于哪一家呢？学术界历来存在较大的争议，主要有以下几种观点：

（1）道家说。班彪《史记论》：“孝武之世，太史令司马迁采《左氏》《国语》，删《世本》《战国策》，据楚、汉列国时事，上自黄帝，下讫获麟，作本纪、世家、列传、书、表百三十篇，而十篇缺焉。迁之所记，从汉元至武以绝，则其功也。至于采经摭传，分散百家之事，甚多疏略，不如其本，务欲以多闻广载为功，论议浅而不笃。其论术学，则崇黄老而薄五经；序货殖，则轻仁义而羞

---

①　司马贞：《补史记序》。

贫穷；道游侠，则贱守节而贵俗功：此其大敝伤道，所以遇极刑之咎也。然善述序事理，辩而不华，质而不野，文质相称，盖良史之才也。诚令迁依五经之法言，同圣人之是非，意亦庶几矣。”① 这段话大致不差，但对司马迁的学术宗旨的理解存在偏差，“崇黄老而薄五经”者乃其父司马谈也。扬雄《法言·寡见篇》云：“司马子长有言曰：‘五经不如《老子》之约也。当年不能极其变，终身不能究其业。’”扬雄在这里也错把司马谈的话认作司马迁之言。钱钟书先生就此末节专门为司马迁辩诬：“迁录谈之《论》入《自序》，别具首尾，界画井然，初非如水乳之难分而有待于鹅王也。”② 他尖锐地批评班彪、扬雄、朱熹等人读书鲁莽灭裂。

司马谈对道家的态度与阴阳、儒、墨、名、法各家有所不同。司马谈认为：“道家使人精神专一，动合无形，澹足万物。其为术也，因阴阳之大顺，采儒、墨之善，撮名、法之要，与时迁徙，应物变化，立俗施事，无所不宜，指约而易操，事少而功多。”可见他的立场是道家的，且能升堂入室。司马谈“主道家，而不嗜甘忌辛、好丹摈素”③。司马谈对先秦诸子的扬弃，为司马迁“成一家之言”奠定了理论基础。但是，研究者如果因此把司马迁定为道家，却与史不合。自班彪以下诸说皆误认父子，难免贻笑大方。

（2）儒家说。司马迁对于孔子可谓顶礼膜拜，称为“至圣”，特撰《孔子世家》。正面的证据很多，但反面的证据也有不少。扬雄批评司马迁：“及太史公记六国，历楚汉，讫麟止，不与圣人同，是非颇谬于经。”④ 班固也认为“其是非颇缪于圣人”，班彪指出了“史公三失”：“论大道则先黄老而后六经，序游侠则退处士而进奸雄，述货殖则崇势利而羞贱贫。”⑤ 在汉代正统儒家眼中，司马迁无疑脑后长有反骨，绝非儒家者流。“其是非颇缪于圣人”，

---

① 范晔：《后汉书》卷四〇上。

② 钱钟书：《管锥编》第一册，中华书局 1986 年版，第 392 页。

③ 钱钟书：《管锥编》第一册，中华书局 1986 年版，第 390 页。

④ 班固：《汉书·扬雄传》。

⑤ 班固：《汉书·司马迁传》。

司马迁虽尊孔子，但是他并不暖暖姝姝守孔子一家之言，也绝不以孔子之是非为是非，而是有自己独立的价值判断。如果司马迁是正统儒家，毫无出格之处，他为何会平白无故地遭到卫道者流的一致非议？

(3) 嗜道好儒说。有人折中前面两种说法，认为司马迁出入儒道之间，既尊重道家，也尊重儒家。司马迁不是什么新道家，也不是儒家，而是自成一家。后面我们还要继续分析，此处不展开谈。

(4) 杂家说。白寿彝先生一度持此说："司马迁的成一家之言，事实上也是杂家，其主导思想则是道家的思想。"① 司马迁"厥协六经异传，整齐百家杂语"，走的是综合百家的新路子。一家之言难成，综合百家，弄不好往往沦为杂家。早在东汉，就有人问扬雄："淮南、太史公者其多知欤？曷其杂也。"扬雄回答道："杂乎杂。人病以多知为杂，惟圣人为不杂。"② 什么叫"杂乎杂"？吴秘曰："唯其不纯，所以为杂。"司马光曰："言二书诚杂也。"司马迁已经"整齐百家杂语"，为什么还要说他杂呢？为什么还要把他与《淮南子》相提并论？我们的回答是："杂乎哉？不杂也！"司马迁不能称为杂家，原因有三：第一，他出于史官，而不出于议官。第二，他"采获古今，贯穿经传"③，如此广博，加之博而能约，断以己意，最后自成一家；而杂家只是简单地兼儒、墨，合名、法，融会众家之长，还没有达到贯通的境界。第三，司马迁并非像杂家那样"漫羡而无所归心"，而是归心于孔子，效法《春秋》。总之，他出身正，底子好，路子正，博综今古，参考异同，得其要领，将六艺经传、九流十家、方技数术、天文地理、兵书诗赋冶于一炉，经过长期的精心打造，渐修顿悟，由艺入道，最后炉火纯青，臻于化境，遂可自为一家矣。

(5) 史家说。白寿彝先生放弃了原来的"杂家说"，后来转而

---

① 白寿彝：《史记新论》，求实出版社 1981 年版，第 30 页。

② 《法言》卷四《问神篇》。

③ 范晔：《后汉书》卷四〇上。

坚持此说："司马迁的工作，他自认为是继《春秋》以后的有关工作，是以史学成家的。事实上也是如此。"① 张大可先生认为，司马迁的时代还没有"史家"之称，故他自称"成一家之言"②。自司马迁以后的史家，多非通人，而大多沦为历史编纂家，俗称"史匠"。司马迁虽为中国史学之开山祖师，但他决不肯与那些没有思想、没有灵魂的匠人为伍。

（6）通家说。笔者以为，上述说法皆有所见，亦皆有所蔽，皆不足以尽司马迁之长。司马迁亦儒亦道，非儒非道；亦杂亦史，非杂非史。可见，司马迁实为通家。究天人之际，通古今之变，以此而成一家之言。如此一家之言，非通家而何？论者以为，"究天人之际，通古今之变，成一家之言"是一种"意境"③，可谓绝妙之论！此"意境"乃高明广大之"艺境"，由此可通于孔子之境界。达巷党人曰："大哉孔子，博学而无所成名。子闻之谓门弟子曰：'吾何执？执御乎？执射乎？吾执御矣。'"④ 执御乃最下之事，孔子比较谦虚，不及后世大师张扬。孔子"博学而无所成名"，正在于他学贯天人，博通古今。司马迁时刻以孔子为楷模，亦学贯天人，博通古今。常人之学，多以一长而得称成名，俗称"专家"。"不成乎名"，"博学而无所成名"，皆非专家之谓，因其博通之故也。司马迁学兼三长，集良史才、哲人眼、才子笔于一身，由艺入道，故能成为一代通家。正因为司马迁是一代通家，我们可以说，他是有思想的史学家，或曰史学家型的思想家。至于文学，不过余事而已。

四、文学家

自古良史无不工文。司马迁以经铸史，体史用文，既是一位天

① 白寿彝：《中国史学史论集》，中华书局1999年版，第99页。

② 张大可：《史记研究》，华文出版社2002年版，第529页。

③ 彭卫：《穿越历史的丛林》，三联书店1997年版，第35页。

④ 《论语·子罕第九》。

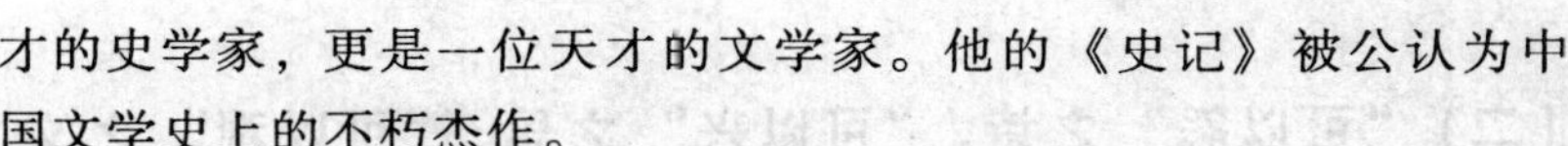

才的史学家，更是一位天才的文学家。他的《史记》被公认为中国文学史上的不朽杰作。

(一)“史家之绝唱，无韵之《离骚》”

鲁迅在《汉文学史纲要》一书中指出：

> 况发愤著书，意旨自激，其与任安书有云：“仆之先人，非有剖符丹书之功，文史星历，近乎卜祝之间，固主上所戏弄，倡优畜之，流俗之所轻也。假令仆伏法受诛，若九牛亡一毛，与蝼蚁何异。”恨为弄臣，寄心楮墨，感身世之戮辱，传畸人于千秋，虽背《春秋》之义，固不失为史家之绝唱、无韵之《离骚》矣。惟不拘于史法，不囿于字句，发于情，肆于心而为文，故能如茅坤所言“读游侠传即欲轻生，读屈原、贾谊传即欲流涕，读庄周、鲁仲连传即欲遗世，读李广传即欲力斗，读石建传即欲俯躬，读信陵、平原君传即欲养士”也。①

因为鲁迅的特殊历史地位，“史家之绝唱、无韵之《离骚》”的十字评语几乎成了定论。对于“史家之绝唱”现在没有异议，但在历史上一直存在班马优劣之争议。至于“无韵之《离骚》”，也值得分析。《离骚》者，司马迁以为离忧，班固以为遭忧，王逸释以离别之愁思，扬雄则解为牢骚②。因为鲁迅对屈原其人、《离骚》其文不无微词，有人据此推断“史家之绝唱、无韵之《离骚》”未必不是皮里阳秋之笔法。“不拘于史法，不囿于字句，发于情，肆于心而为文”云云，其实也不是鲁迅自己的观点，而是直接吸取茅坤之言。大师如鲁迅者，亦可谓巧取豪夺矣。自郐以下，可以无讥焉。

---

① 鲁迅：《鲁迅全集》第9册，人民文学出版社1981年版，第420页。
② 鲁迅：《鲁迅全集》第9册，人民文学出版社1981年版，第371页。

（二）“可以怨”之诗、“可以兴”之思、“可以观”之文、“可以群”之史

撇开他人的评价，我们看司马迁自己是如何看待《离骚》的：

> 离骚者，犹离忧也。夫天者，人之始也；父母者，人之本也。人穷则反本，故劳苦倦极，未尝不呼天也；疾痛惨怛，未尝不呼父母也。屈平正道直行，竭忠尽智以事其君，谗人间之，可谓穷矣。信而见疑，忠而被谤，能无怨乎？屈平之作《离骚》，盖自怨生也。《国风》好色而不淫，《小雅》怨诽而不乱。若《离骚》者，可谓兼之矣。上称帝喾，下道齐桓，中述汤武，以刺世事。明道德之广崇，治乱之条贯，靡不毕见。其文约，其辞微，其志絜，其行廉，其称文小而其指极大，举类迩而见义远。其志絜，故其称物芳。其行廉，故死而不容。自疏濯淖污泥之中，蝉蜕于浊秽，以浮游尘埃之外，不获世之滋垢，皭然泥而不滓者也。推此志也，虽与日月争光可也。①

这是司马迁对屈原其人其书的评价，也可看作夫子自道。诚然，一部《史记》在某种程度上也可以说是一部司马迁的《离骚》。“信而见疑，忠而被谤，能无怨乎？”我们可以套用为：“信而见疑，忠而被割，能无怨乎？”虽然司马迁经历了奇耻大辱，但他经过了生命意识的洗礼与升华，勇敢地面对汉武帝的淫威，威武不屈，沉着冷静，秉笔直书，将“可以怨”之诗、“可以兴”之思转化为“可以观”之文、“可以群”之史。后世仅以“谤书”视之者，可谓不贤识小矣！

① 司马迁：《史记·屈原贾生列传》。

(三) 史迁文章得江山之助

司马迁的文章岂止“可以观”，而是有一股奇气扑面而来。史迁之文，号称千古奇文，大气磅礴，有如长江大河，一泻千里。他的文章得江山之助。名山大川，奇山异水，可以陶冶情操，司马迁早已将天地之灵气吸摄于心底，至此秉笔之际，郁然勃发，气贯长虹，横亘于天地之间。设若无万里游观，览观江山人物之盛，何以感大汉之气势、壮大汉之声威？夫疏荡之气，源自乾坤，发自丹田，书于简帛，令人荡气回肠，良有以也。司马迁既感受到了无处不在的“安以乐”的治世之音，当然这是大汉王朝的主旋律，象征“其政和”；同时他也敏锐地闻到了“怨以怒”的乱世之音，汉武帝穷兵黩武，“武皇开边意未已”，足征其政之乖。因此，他结合自己的身世的感受和亲见亲闻而形成了对抗正宗思想的异端思想①。

---

①　白寿彝：《中国史学史论集》，中华书局 1999 年版，第 59 页。

第六篇　《乐庵语录》真伪考

一、问题的提出

文渊阁本《乐庵语录》卷首提要云：

> 臣等谨案：《乐庵语录》五卷，宋龚昱撰，昱字立道，昆山人。从学于李衡，录衡平日讲学之语为此书。乐庵者，衡所居也。衡为学以《论语》为本，尝有得于洛人赵孝孙之说。孝孙之父受业伊川，故衡亦渊源程氏。所著《周易义海撮要》，已别著录。是编阐明理学，间论诗文，亦有涉及二氏者，如因缘、地狱诸说，未能粹然无疵，而超悟处自非浅人所及。卷末载衡本传及遗事数则，又有吴仁杰《后序》，王蔺、孙侨、游泽、周必大、范成大、王遂、刘炜诸人跋语甚详。观其抗章论事，不避权贵，临殁从容，笃于任恤，真能脱然于富贵生死之际。以之印证所言，庶几躬行实践，非空谈性命者可比。仁杰《后序》云："吾友龚君立道，笃意于学，从先生游者六年，闻微言要指，必书于策，亦可谓不忘其师者矣。"明方鹏《昆山人物志》称，昱蔚有文学，安贫乐道，乡人谓之龚山长，所居曰栖闲堂，陆游、刘过皆为赋诗云。乾隆四十七年二月恭校上。①

---

① 文渊阁《四库全书》（电子版），香港迪志文化出版有限公司与上海人民出版社 1996 年版。

以上文字与《翁方纲纂四库提要稿》（以下简称《翁稿》）中的观点相近：

谨按：《乐庵语录》五卷，宋李衡撰，其门人龚昱所编也。衡字彦平，江都人。官监察御史、司封郎中，出知温、婺、台三州，除秘阁修撰致仕。《宋史》有传。虽不载入道学、儒林二传中，而其学本之程氏，得之《论语》。此卷本所载南京诸人题跋，所以推其造诣者甚至。应存其目，入之儒家。①

上引两段文字均不以《乐庵语录》为伪书。令人奇怪的是，《四库全书总目》（以下简称《总目》）卷一一七中的《乐庵遗书》提要则将《乐庵语录》定为伪书：

《乐庵遗书》四卷，旧本题宋李衡撰，其门人龚昱编。衡有《周易义海撮要》，已著录。昱字立道，昆山人。据隆庆元年沈珠序，称旧本五卷，今定为四卷，旧曰"语录"，今更曰"遗书"。然珠但称初得语录一册，不言其所自来。又言随失去，复得郡守曹紫峰抄本。所谓初得一本，当即指天顺癸未成廷珪所刻者。而卷末天顺己卯郑文康跋，在刻前四年，亦称仅得抄本，是终莫详此书授受之的也。考书中所言，大抵与隆、万间心学相合。卷首吴仁杰序与所作《两汉刊误》《离骚草木疏》《古周易》诸序截然如出二手。其大旨以悟为宗。又述周必大书曰："乐庵临行一着，实是难得。禅和子亦服他，盖寻常说时甚易，腊月三十日直是不能瞒人。此老平生跌宕，到此乃得力，可敬可羡！"亦殊不似必大之语。考《宋史》衡本

① 翁方纲：《翁方纲纂四库提要稿》，上海科技文献出版社 2000 年版，第 4 册第 268 页。

传，有："临没，沐浴冠巾，翛然而逝。周必大闻之曰：'世谓潜心释氏，乃能达生死。衡非逃儒入墨者，而临终超然如此，殆几孔门所谓闻道者欤？'"云云。无乃姚江末流，借此语以影撰此书之序，借以助心学之澜？并所谓天顺刻本之序跋亦出影撰欤？不然，岂此编出于淳熙中，正与朱子同时，何以朱子于张九成、陆九渊辨析不遗余力，而此书混儒、墨而一之，至轮对上殿，敢谓周公亦坐禅，而朱子寂无一语也？疑以传疑，存备杂家之一种可矣。①

此则提要与《乐庵语录》卷首提要如出二手，未审其故。《总目》与《翁方纲纂四库提要稿》也存在严重分歧，大致有三：第一，书名不同，旧曰"乐庵语录"，更曰"乐庵遗书"；第二，分类也不同，此种未入儒家存目，而是抄入《四库全书》杂家类；第三，解题不同，其核心问题是观点不同。《翁稿》旨在表彰李衡其人其学，并没有将它定为伪书，而《总目》极力贬斥之，列为疑伪之作。

《总目》认为《乐庵语录》系伪书，理由有三：第一，《乐庵遗书》传播源流不详；第二，书中所言大抵与明代隆庆、万历年间之心学相合；第三，所谓天顺刻本序跋亦出影撰。

然耶？否耶？下面我们将从三个方面深入探讨《乐庵语录》一书的真伪问题。

二、《乐庵语录》传播源流之考察

关于《乐庵语录》的传播源流，明郑文康《平桥稿》卷一七《书李乐庵语录后》有较为翔实的记载：

---

① 永瑢等：《四库全书总目》，中华书局 1965 年版，第 1012 页。

《乐庵先生语录》五卷，门人龚昱立道集其师李衡彦平之言也。昱，殿中侍御史识之曾孙，安贫乐道，乡人称为龚山长云。愚按：《昆山旧志》载衡所著有《易说》《论语说》《易义海撮要》《乐庵文集》《和寒山拾得诗》，总若干卷，行于世。噫！未三百年，今沓不可见矣。独幸此书抄本尚存，使吾昆后生小子，略可考见先生之正学直道，非俗儒备臣比也。先生，江都人。初布衣，流落吾昆，王葆彦光见而异焉，以女弟归之。后致仕，舍江都而就昆山，岂以妇家之故欤？今县之通阛桥东有尼僧庵，云是前元邵万户舍宅为庵，平正修广，右有小巷，深不百步，题曰李侍御巷，又岂万户宅先即先生所居欤？又按：至正廿三年，知昆山州事高昌偰侯偰斯，因州人袁华、殷奎言先生与王御史葆、刘龙洲过，皆宋豪杰士，皆有言行，其墓近皆废坏，宜用修复。侯乃一一追访旧迹而封表之。当时若会稽杨维祯诸公，皆有诗文以纪盛事。……三公墓之所在，见于殷奎所撰《墓田记》甚详。记曰："……李先生，字彦平，号乐庵，墓在州治南六里圆明村。刘先生，字改之，墓在马鞍山东斋。"……今先生之墓，漫不可寻矣。……余得此书于钝庵，买纸亲手录之。谨附区区怀抱于书尾，深有待于今之偰侯与好事君子焉耳。

今按：《易义海撮要》即《周易义海撮要》，并未失传，且被抄入《四库全书》。《平桥稿》卷七《李氏家乘记》又有所补充：

昆山辛居陋家多旧书，近得其宋人旧抄一集，惜乎首尾脱散颇多，中间又被毁裂去者三之一，其幸存而未亡者计纸三十有九翻，所抄多宋侍御史乐庵李衡彦平祖孙三世祭文、挽章。予乃以类相从，誊录一册，分为六卷，题曰《李氏家乘》附装《语录》之后……余既书完，仍令学子别录一册留于墓邻杨俊家，使里中之来者得以考征李氏文献之遗，或可因此保存其抔土于永远也。

郑文康是最早见到《乐庵先生语录》抄本的人。我们首先有必要对这位传播者加以考察。郑文康为明代中叶一位知名文学家，据明王鏊《姑苏志》卷五四记载："郑文康字时乂，昆山人，性豪俊，有奇志，登正统戊辰进士，见者咸以公辅期之。既而父病，得请归养，未抵家而父亡，母亦寻卒，文康悲悼数年，加苦宿疾，遂不复仕。叹曰：'功业由人，亦由乎天。'顾箧中得平日所为诗文数千首，手自去取，取其记载时事有益劝惩者为《平桥稿》十卷。"《江南通志》卷一六五亦云："以父母继丧，遂不仕，居家枕籍经史，尚友古人，操觚顷刻千言，稿成辄为人持去。其存者有《平桥集》十八卷，多记载时事，有益劝惩，而文尤简质有法度。"考叶盛《明进士开封郑君寿藏志》："君之寿五十有三，君之寿止于成化元年正月二十四日。"可见郑文康生于1411年，卒于1465年。

《总目》卷一七〇对郑文康其人其学评价不错：

> 平桥稿十八卷，明郑文康撰。文康字时乂，号介庵，昆山人。其先世徙自开封，故集中亦自署曰开封平桥者，其所居地也。登正统戊辰进士，释褐后，绝意仕进，闭门讲学，手定所作诗文为十八卷，天顺辛巳叶盛为序而传之。……文康笃志经史，下笔顷刻千百言，丹铅矻矻，虽病不少休。其诗意主劝惩，词旨质直，颇近《击壤集》体，而温柔敦厚，蔼然可挹，要不失为风人之遗。文章亦不屑以修词为工，而质朴之中自中绳墨，较其诗为尤胜。朱彝尊以比之石介、尹洙。虽其所造之境地浅深不同，而意度波澜亦庶几近之者矣。

郑文康所谓"独幸此书抄本尚存，使吾昆后生小子，略可考见先生之正学直道"，"余得此书于钝庵，买纸亲手录之"，"近得其宋人旧抄一集，惜乎首尾脱散颇多，中间又被毁裂去者三之一，其幸存而未亡者计纸三十有九翻"，叙述较为真切，应该是可信的。

三、书中所言是否与隆万心学相合

《乐庵语录》云：

学者当以心明经，不当以经明经。（卷一）

曰心，曰性，曰天，曰命。此四物难为分别，挥而散之，一者为四；敛而归之，四者为一。（卷一）

昔有学无心者，前辈谓之曰将学无心，即有心矣。求之六经，曰存心也，养心也，治心也，正心也，知此然后可以无心。

圣人著书立言，皆所以开导后学，但一堕言诠，未免一偏之蔽，要当言语断绝处，默识而意会。

欲知天心，但看人心。（卷二）

或问："如何斯可以安心？"曰："乐则安，若早夜戚戚然，以得失荣辱为虑，虽一日亦不能安矣。古人穷亦乐，通亦乐，未有其心不乐，而能安之者也？"（卷二）

禅者论一百二十种心，人只有一心。自其能宰制万物，则谓之心君；能经纬万方，则谓之心神。其本则一而已。《易》曰："一致而百虑。"所谓一致者，心之常；而百虑者，皆其变也。（卷二）

一日召对选得德，奏事毕，上因与论禅。乃奏云："所谓禅之说，儒家亦有之。但今人只于释氏留意，殊可怪。昔周公亦坐禅，惟孟子能知之。"上愕然。又徐奏曰："周公思兼三王，以施四事，其有不合者，仰而思之，夜以继日，幸而得之，坐以待旦，岂非坐禅乎？天下只有一理，周公平日坐而思之者，无非爱人利物之事，只此便是佛心，何须更问禅？"上颔之。（卷三）

先生曰：向守婺，女有学者贽文求见，因问诗活法，遂赠之诗曰：学诗如参禅，初不在言句。伛偻巧承蜩，梓庆工削鐻。借问孰师承，妙处应自悟。向来大江西，洪徐暨韩吕。山谷擅其宗，诸子为之辅。短句与长篇，一一皆奇语。卓尔自名家，无愧城南杜。君诗亦可人，羞作女工蠹。正临百尺竿，到此方进步。我性文字空，志在学农圃。老矣甘摧颓，肯复事雕组。少读《三百篇》，每自叹无补。一念绝邪思，得处忘我所。学诗如参禅，无舍亦无取。立雪谩齐要，断臂徒自苦。君欲问活法，活法无觅处。(卷三)

言“心”言“禅”之处确实不少，但其时代特征不明。是否就一定是明代之心学呢？恐怕还难以遽断。须知明代之心学也是源自宋代！从陆象山到王阳明，心学经过了比较长的发展。我们不能因为见到“心”就以为是明代之心学。所谓“姚江末流借此语以影撰此书之序，借以助心学之澜”纯属猜想，并无任何真凭实据。

另外，值得注意的是，《乐庵语录》卷一论“读书须识字”：

人读书须是识字。固有读书而不识字者，如汉之孔光、张禹，唐之许敬宗、柳宗元。非不读书，但不识字或问其说。先生曰：“孔光不识进退字，张禹不识刚正字，许敬宗不识忠孝字，柳宗元不识节义字。”

此说片言居要，颇为警策，曾被后人反复征引。宋儒王应麟《困学纪闻》卷八云：

韩文公曰：“凡为文辞，宜略识字。”杜子美曰：“读书难字过字，岂易识哉？”李衡《识字说》曰：“读书须是识字，固有读书而不识字者，如孔光、张禹、许敬宗、柳宗元，非不读书，但不识字。孔光不识进退字，张禹不识刚正字，许敬宗不识忠孝字，柳宗元不识节义字。”此可为学者之戒。

旧本题明胡炌《拾遗录》亦云：

> 韩文公曰："凡为文辞，宜略识字。""读书难字过字，岂易识哉?"李衡《识字说》曰："读书须是识字，固有读书而不识字者，如孔光、张禹、许敬宗、柳宗元，非不读书，但不识字。孔光不识进退字，张禹不识刚正字，许敬宗不识忠孝字，柳宗元不识节义字。"此可为学者之戒。

胡氏所引与王应麟《困学纪闻》大致相同，只是删去"杜子美曰"四字，容易引起误解。明人喜欢剿袭前人成说，但又不太遵守学术规范，鲁莽灭裂，亦为一代之通病，不必专责胡氏一人。①

清儒朱彝尊《曝书亭集》卷三四《合刻集韵类篇序》亦曰：

> 六艺，其五曰书。书有六体，比类象形谓之文，形声相益谓之字，声成文谓之音。……昌黎韩子有云："凡为文辞宜略识字。"江都李氏亦云："人读书须是识字。"其亦不得已而言之也。与今夫声音文字之学讲之正非易易已。五方之民，风土各异，发于声不能无偏，轻土多利，重土多浊，北人诋南为鴃舌，南人诋北为荒伧，北人不识盰眙，南人不识盩厔，此限于方隅者也。楚骚之音殊于风雅，汉魏之音异于屈宋，此易于时代者也。书文既同，而音之不一者统归于一，斯声音文字必相辅以行，而义始备也。

序中亦引用江都李氏"人读书须是识字"之说。宋代王应麟、清代朱彝尊均为一代之博学鸿儒，当今所谓国学大师均难以望其项背。他们均明引其文，足见其"识字说"曾在历史上产生过相当大的反响。其文既然自宋、明、清均见征引，据此我们可以推论，此书文本至少部分为真。

---

① 《拾遗录》系抄袭王应麟《困学纪闻》而成。胡玉缙、余嘉锡已有考证，其结论可信。

四、《乐庵语录》所载序跋之真伪

吴仁杰《乐庵先生语录后序》云：

> 乐庵先生，享年七十有九，阅天下之义理居多。自其中年，清修寡欲，不啻如道人衲子，静极而通，故凡吾儒与佛、老二氏所谈性命之奥，心融神会，超然独得，推其余波，沾丐学者，每语辄更仆不少倦，盖以是为燕居之乐。吾友龚君立道，笃意于学，从先生游者六年，闻微言要指必书于策，积之为五卷，以示余。余闻古人学道，要必有所悟入。颜子繇“克己复礼”悟，曾子繇“一以贯之”悟，近世如徐节孝繇“莫安排”而悟，元城先生繇“不妄语”而悟。然知道易，蹈道难，此四君子见于履践者，皆可考也。余观先生始见赵公而悟，于“学而时习之”之一言，此其入道之门户。至于履践之实，又无愧于四君子者。然则先生之学，所谓“非苟知之，亦允蹈之”者与！其没也，今翰林周公子充诒书所亲曰：“乐庵临行一着，实是难学，禅和子亦须服他。盖寻常说时甚易，腊月三十日直是不能谩人。此老平生跌荡到此，乃得力，可敬可羡！”翰林直道正学，其言不妄，故具著之。学者欲知先生讲学之妙，是书固不可无。欲知学力至到之地，则观诸翰林之言，思过半矣。淳熙五年八月二日，河南吴仁杰谨序。

序末署淳熙五年，即公元1178年。乐庵殁于是年。此跋可能写于乐庵刚刚羽化之时。序中所谓“余观先生始见赵公而悟，于学而时习之之一言，此其入道之门户”与《宋史》相合：“衡自宣和间入辟雍，同舍有赵孝孙者，洛人也，其父实师程颐，家学有源，劝衡读《论语》，曰：‘学非记诵词章之谓，所以学圣贤也，不可有丝毫伪实处，方可以言学。’衡心佩其训，虽博通群书，而以《论语》为根本。”或问孟子知言之要、知德之奥，孟子对曰：

“非苟知之，亦允蹈之。”吴仁杰序以此语论乐庵先生之学，可谓推崇致极矣。吴仁杰与《乐庵语录》的编辑者龚昱为友，对乐庵先生讲学之妙亦深有体会。《总目》云：“卷首吴仁杰序，与所作《两汉刊误》《离骚草木疏》《古周易》诸序，截然如出二手。”宋吴仁杰，字斗南，一字南英，别号蠹隐居士，昆山人。其称河南者，举郡望也。淳熙中登进士，官国子学录。《易图说》提要云：“《宋史·艺文志》：仁杰有《古周易》十二卷，《易图说》三卷，《集古易》一卷，今《古周易》世罕传本，仅《永乐大典》尚有全文，此书其图说也。”明言《永乐大典》尚有全文，却未见辑本，真乃奇事也！《两汉刊误补遗》与《古周易》序均未载，仅见《离骚草木疏后序》：

仁杰少喜读《离骚》文，今老矣，犹时时手之，不但览其昌辞，正以其竭忠尽节，凛然有国士之风。每正冠敛衽，如见其人，凡芳草嘉木，一经品题者，谓皆可敬也。因按《尔雅》《神农书》所载根茎花叶之相乱，名实之异同，悉本本元元，分别部居，次之于椠，荟萃成书，区以别矣。……得是书，形见色屈，或庶几焉举无以乱其真。昔刘杳为《草木疏》二卷，见于本传，其书今亡矣。杳《疏》凡王逸所集者皆在焉，而仁杰独取诸二十篇之文，故命曰《离骚草木疏》。夫子不云乎：“《诗》可以兴，可以观，可以群，可以怨。迩之事父，远之事君，多识于鸟兽草木之名。”班固讥三闾怨恨怀王，是未知《离骚》之近于《诗》，而《诗》之可以怨也。刘勰亦讥三闾鸩鸟媒娀女为迂怪诡异之说。又王逸注：“鸩媒谓鸩，食虵，羽有毒，可以杀人者。”按：鸩有二焉，瑶碧之山，有鸟如雉，其名曰鸩。郭璞谓此更一种非食蛇者也。《离骚》之文，多怪怪奇奇，亦非凿空置辞，实本之《山经》。其言鹥鸾皇鸩鸟，与《诗》麟驺凤凰何异？勰又何足以知之？《离骚》以芗草为忠正，莸草为小人。荪芙蓉以下凡四十有四种，犹青史忠义独行之有全传也。薋菉葹之类十一种，傅著卷末，犹佞幸奸臣传也。彼既不能流芳后世，姑使之遗臭万载

> 云。岁在庆元丁巳四月三日，通直郎行国子录河南吴仁杰书。

《乐庵先生语录后序》与《离骚草木疏后序》确实风格不类，《总目》的判断大致不错。但仅据风格辨伪，难以定案。因为同一人风格前后也会有变化，《乐庵先生语录后序》时间在前，与《离骚草木疏后序》的时间相差二十年以上，风格难保不发生变化。况且，写不同文体的文章，也会有不同的风格。

《宋史》卷三九〇列传第一四九有李衡传：

> 李衡，字彦平，江都人。高祖昭素仕至侍御史。衡幼善博诵，为文操笔立就。登进士第，授吴江主簿。有部使者怙势作威，侵刻下民，衡不忍以敲扑迎合，投劾于府，拂衣而归。后知溧阳县，专以诚意化民，民莫不敬。夏秋二税，以期日榜县门，乡无吏迹，而输送先他邑办。因任历四年，狱户未尝系一重囚。
>
> 隆兴二年，金犯淮堧，人相惊曰："寇深矣！"官沿江者多送其孥，衡独自浙右移家入县，民心大安。盗猬起旁境，而溧阳靖晏自如。帅汪澈、转运使韩元吉等列上治状，诏进一秩，寻召入为监察御史。历司封郎中、枢密院检详，出知温、婺、台三州，惟婺尝莅其治。加直秘阁，而衡引年乞身，恳恳不休，上累却其奏，除秘阁修撰致仕。上思其朴忠，旋召落致仕，除侍御史，以老固辞，不获命。差同知贡举。会外戚张说以节度使掌兵柄，衡力疏其事，谓"不当以母后肺腑为人择官"，廷争移时。改除起居郎，衡曰："与其进而负于君，孰若退而合于道。"章五上，请老愈力，上知不可夺，仍以秘撰致仕。时给事中莫济不书敕，翰林周必大不草制，右正言王希吕亦与衡相继论奏，同时去国，士为《四贤诗》以纪之。衡后定居昆山，结茅别墅，杖屦徜徉，左右惟二苍头，聚书逾万卷，号曰"乐庵"，卒，年七十九。
>
> 衡自宣和间入辟雍，同舍有赵孝孙者，洛人也，其父实师程颐，家学有源，劝衡读《论语》，曰："学非记诵词章之谓，

所以学圣贤也，不可有丝毫伪实处，方可以言学。”衡心佩其训，虽博通群书，而以《论语》为根本。临没，沐浴冠栉，翛然而逝。周必大闻之，曰：“世谓潜心释氏，乃能达死生，衡非逃儒入释者，而临终超然如此，殆几孔门所谓闻道者欤?”①

吴仁杰《乐庵先生语录后序》后半部分与《宋史》李衡本传所载正相吻合。《总目》将其定为影撰尚嫌证据不足。《总目》又怀疑书末所附各篇跋语的真实性。《乐庵语录》书后跋语共有七则。跋一曰：

太平全盛时，三光五岳之气，未（以下原文阙——引者注）……厚，与今不同，况贤于人者哉！余自幼侍先尹相山及诸叔父行，见其年余七十，率皆强健，不甚服温补药，余兄弟尝自斟酌，气血已为弗类。今见子侄辈，才二三十岁，往往饵雄附如常膳，又远不逮吾曹矣。以此较彼，无怪乎人物之卑弱也。相山年七十有七，前知死期，当盛暑中，了无疾苦，挥扇坐逝。是其平生为人，清明刚正之所发见，非强勉积习而然。今观乐庵李公遗墨，而稽其行事，盖吾相山一等人，皆生于太平，而经历兵火忧患，仕路龃龉，摧挫抑厌，有人所不能堪，而气至死不屈，可以见其中之所存。夜旦去来，自应不乱，亦何待学佛而后有所得哉！公位不满德，四子皆从宦，而两子以才学自致，所谓不在其身，而在其子孙者。甥陈振，少孤，养于公家，亦登科第，今为余婿云。绍熙辛亥九月辛酉，无为王蔺书。

今按：王蔺，字谦仲，庐江人，乾道五年（1169）擢进士第，以敢言称。《宋史》有传。王蔺与乐庵时代相接，且为姻亲，所言似非虚语。此跋距乐庵逝世已经14年。

---

① 脱脱等：《宋史》，中华书局1977年版，第11947~11948页。

跋二曰：

世俗以了悟生死为禅僧衲子一希世异事，殊不知，吾夫子负手曳杖之歌，曾子易箦反席之际，盖吾儒之所优为者。侍御先生，理学之妙，见于践履，及处死生之变，若将归焉。其超然冥悟，殆禅衲之所不如，非学力所至，独可强哉？观其治命，以供佛斋僧为戒，则先生所得，盖在此而不在彼明矣。侨于先生为门下士，得邑，兹来虽不及侍杖履，而犹得诵遗书于阙里之藏，再拜三复，辄疏于后，庶几发扬先生诚明之学，始终践履之实，如此吾党观之，可以默喻云。绍（兴）［熙］辛亥仲春中瀚，吴兴孙侨谨书。

今按："绍兴辛亥"即公元1131年，似为"绍熙辛亥"之误，绍熙辛亥即公元1191年。此跋距离乐庵逝世亦有14年。孙侨出乐庵门下，跋语旨在发扬先生诚明之学，所言真实感人，亦似虚语。

跋三曰：

侍御先生李公，年逾七袠，孝宗皇帝起公于家，擢首风宪。一旦节度使张说本兵柄，抗章五上，与天子意不合，翩然而去。当血气既衰之年，略无一毫利禄之念。暨将逝之日，遗命以戒子孙，泚笔以别新故，雍容暇裕，初无异于平时，又何其了达如是耶？嗟夫！人之所以通乎死生之间者，惟一心尔。喜与悲，一物也；觉与梦，一致也。此心动摇于利害得丧之场，则必眩惑颠冥于变故之际。果能以浮云视富贵，则自能以昼夜视存亡，曳杖而歌，易箦而逝，兹岂一时勉强所能至？孔门义命之学，处死则为重，视死则为轻久矣。今公优游以观化，整暇以归全，后日之心，即前日勇于去国之心也，是乌可以二观之哉！泽居僻而生晚，虽不及侍杖席聆謦欬，而公之孙渭出示公之圹志遗墨石刻，反复壮诵，既以见公始终之大略，而且以知人心之果不可以无定守也。嘉定甲申季秋上瀚，建安后学游泽谨书。

今按：游浄出生较晚，虽不及见乐庵，但见公之孙溍出示公之圹志遗墨石刻，仰慕其人，所言亦非浪言。此跋距离乐庵逝世亦有47年。

跋四曰：

孔子曰："朝闻道，夕死可矣。"是理也，载于《易·系辞》，杂出于礼经。三代时，佛教未入中国，儒者于启手足之际，往往不乱，此理素明也。及汉晋之后，释教始行，乃谓欲达生死之理，非潜心释氏不可，故好之者心溺，攻之者辞费，盍亦反求其本而已。予与乐庵李彦平，既亲且旧，知其非逃儒而入释者。临终超然，自在如此，殆闻道乎？其子嗣宗等屡求一言，发明遗训，敬题其后。平园周必大题。

今按：周必大为一代文豪，"与乐庵李彦平，既亲且旧"，一时与乐庵等人并称"四贤"，后因其子嗣宗等之请，而留此跋语。《总目》对此跋再三质疑："周必大闻之曰：'世谓潜心释氏，乃能达生死。衡非逃儒入墨者，而临终超然如此，殆几孔门所谓闻道者欤？'云云。无乃姚江末流，借此语以影撰此书之序，借以助心学之澜？并所谓天顺刻本之序跋亦出影撰欤？不然，岂此编出于淳熙中，正与朱子同时，何以朱子于张九成、陆九渊辨析不遗余力，而此书混儒、墨而一之，至轮对上殿，敢谓周公亦坐禅，而朱子寂无一语也？"此疑未必有当，因为此跋明明见于周必大文集，又为《宋史》所引用。不当疑处生疑，此之谓也。

跋五曰：

乐庵先生，少年豪放任侠，抵掌功名之场，及其独抱圣经，坐进此道，遂知死生之说，于去来起灭之际，逍遥如此，盖所谓未有天地自古固存者。先生既自得之，彼去来生灭，特旁观所见云尔。何足以窥先生之具况、谆谆遗令之细耶？石湖范成大书。

今按：范成大字至能，号石湖居士，吴县人。绍兴二十四年进士，官至参知政事，事迹具《宋史》本传。此跋未载其集中。

跋六曰：

孔子曰："朝闻道，夕死可矣。"盖道者，日用常行之理，苟闻之，则虽死无憾。又曰："未知生，焉知死。"盖生之道，有所未知，则何暇于死？二者皆尽其所当闻，所当知而死，非其所计也。昔者先大父好学，闻善如恐不及。宰长洲时，公为他邑簿，闻其学而学焉，公闻道于程门之学者，惠爱著于再领中山之日，直节见于立朝去国之时，而于死生之际，了达如此，亦可谓卓然不惑者矣。自程氏没，而诸弟子得其传者，类有见于死生之大节，而不能无坐忘立脱之偏。至文公兴于闽南，轩作于湘，而后孔孟之论始定，然而学者能如渡江诸贤所见者鲜矣。可不惧乎？可不惧乎？嘉熙丁酉孟秋仲澣后学王遂。

今按：此跋距离乐庵逝世亦有60年。卓荦之行，超越生死，横亘时空，可谓力量无穷。

跋七曰：

炜韦布时从乐庵游，最蒙奖知。乐庵没于淳熙之戊戌，闻其属纩之前，贻书亲朋，治命子孙，留意周急，了如平时。后十有四年，始获观遗墨于无为之漕舍。乌乎！钟鸣漏尽之际，士大夫闻道之浅深见矣。至于逆知其期，湛然不昧，如乐庵者，自邵康节之后，一人而已。拊卷三叹，于是乎书。绍熙辛亥夏至，秣陵刘炜。

上引七则跋语有六则无法查找原始出处，但我们也无法将其证伪，因其内容皆与《宋史》"临没，沐浴冠栉，翛然而逝"一事相合。乐庵德尊一代，学传一方，名隆一朝，其言流芳百世，其行感天动地。临终超然之举，为人津津乐道，可谓备极哀荣。且各位作者或为乐庵之门生故吏，或为姻亲后学，无不仰慕乐庵其人其学，因此毫无伪造之动机。

特别值得注意的是，跋四已被我们证真。今检四库本《文忠集》卷四九，周必大确实撰有《题李彦平遗书后》一文，且与此文一字不差！白纸黑字，可以一一覆按！《总目》于此集提要有云："必大字子充，庐陵人，绍兴二十一年进士，复中宏词科，官至右丞相，封益国公，致仕赠太师，谥文忠，事迹具《宋史》本传。必大以文章受知孝宗，其制命温雅，文体昌博，为南渡后台阁之冠。考据亦极精审，岿然负一代重名。著作之富，自杨万里、陆游以外，未有能及之者。是集即史所称《平园集》者是也，开禧中其子纶所手订。"可见，《文忠集》出自其子手订，集中所收文字之真实性应该不容置疑。奇怪的是《总目》疑及此跋，顾此失彼，殃及池鱼，未免过犹不及。

五、结论

综上所述，《总目》认为《乐庵语录》系伪书的三条理由均被否定掉了。从《乐庵语录》的传播源流来看，宋人著作以抄本传世，经过数百年后为明人发现并整理，完全符合古籍整理的历史真实；且传播者为原著者之同乡，表彰乡贤之举亦代有其人。从文本内容来看，书中所言很难判断与明代隆庆、万历年间心学相合；况且"识字说"自宋、明、清均见征引，说明文本部分真实可信。从天顺刻本序跋来看，周必大之跋绝非影撰，至今尚在其集中；其他跋语大多出自友生亲朋之手，且与《宋史》相合，据情理而论，也应为真。

《总目》的猜测缺少证据支撑。"伪书说"有两点难以说通：其一，无法证伪周必大之跋。其二，集中卷一所论"读书须识字"说被后人反复征引。《困学纪闻》《曝书亭集》均为常见名著，《总目》也多有征引，不知馆臣何以走了眼，而失之眉睫之前！

因此，《乐庵语录》是伪书还是真书，一时还难以下绝对的定论。但根据“无罪推定”、“疑罪从无”的原则，我们不妨将其视为真书。《总目》轻于疑古，拔茅以汇，连类而及，不免主观臆断，因而其结论也就不足为凭。

第七篇 《黄侃传》徐复序辨伪

一、问题的提出

叶贤恩《黄侃传》① 一弓“失之太假，失之太粗”（叶氏后记中批评他人之语），是一部集伪造、虚构、剽窃之大成的欺世之作②。特别吸引读者眼球的是，该书前面冠以当代学界泰斗徐复先生的序。经笔者反复推敲，断定这是一篇彻头彻尾的伪作。

为了讨论的方便，现将序文照录如次：

A 去年十月，本师黄侃先生的蕲春同乡、原湖北省鄂州市人民政府秘书长叶贤恩同志送来他撰写的《黄侃传》初稿，恳请我撰写序言，以弁卷首。我很高兴，抓紧时间浏览一过。黄先生辞世已近七十年了，时深向往。可欣幸的是他的论著已在陆续整理出版，全集也可望不久问世。同时，海峡两岸的学术界、教育界还为纪念黄侃先生多次举行研讨会，但还未见为黄先生写出全面的历史传记，给他的一生以全面的探索和总结。今天，叶贤恩同志撰写的这本书，洋洋四十万言，可算是填补一个历史人物传记的空白，对深入研究黄氏学术思想，弘扬他的爱国主义和“学而不厌，诲人不倦”的精神，具有重

① 2004 年 1 月中国文史出版社出版，2006 年 5 月又由湖北人民出版社修订出版。

② 笔者拟另外撰文，此处主要辨徐序之伪。

要的现实意义。

B黄先生的一生是革命的一生，爱国的一生，追求光明的一生，也是锲而不舍、以乐育为怀的一生。他为了祖国，为了人民，像许多辛亥革命先驱一样，把个人的生死安危置之度外，走出家门，奔走呼号，宣传群众，组织群众，为推翻反动腐朽的清王朝统治作出了卓越的贡献。辛亥革命后，先生才高气盛，自度不能与世俗谐；又见革命之成，实由民气；民气发扬实赖数千年姬汉学术柯典不绝，历代圣哲贤豪精神流注，便以继绝学、明旧章、存国故、植邦本、固种性为己任，以毕生之精力研究传播中华民族的优秀传统文化。虽然他的一生是短暂的，但他成功地衔接了两个时代的中国文化，在逆境中坚守着民族文化的立场，向当代和后代呈出一颗滚烫的、诚挚的、坚贞不屈的爱国心。为一个世纪的学者们作出不媚俗、不媚权、不阿贵、不阿众、是所是、非所非、爱所爱、憎所憎的典型中国文人的崇高榜样。先生其人，其文其行，是我们中华民族的一笔巨大的精神财富。作者对黄先生这伟大而光辉的一生，如家庭身世、人生道路、读书学习、择师事师、教学科研、诗文创作、做人处世等方面，作了全面系统的叙述，凸显一个辛亥革命先驱、国学大师伟大而光辉的形象，用以昭示世人。

C就现在来说，研究黄氏学术思想，撰写黄氏的长篇传记是有一定难度的。主要是他的成套著作不多，及门弟子健在的极少。作者为了克服这方面的困难，采取首先用大量的时间阅读研究黄氏的遗著，了解他一生的梗概，明确探索其重点所在。在此基础上，以对历史、对后人认真负责的态度，不怕困难，不辞劳苦，走出家门，实地查访，凡黄先生生活过工作过的单位，作者都坚持去调查去采访。先后到了武汉、四川、山西、江苏、浙江、上海、山东、辽宁、北京等九个省市，走访上百个单位、二三百有关人员，阅读上千万字资料，从而使所写传记，全部建筑在真实材料之上。作者这种精神，真是值得崇扬和称道的！

D作为历史人物的传记，除了史学研究性质的工作，还需要文学的描写。因为不能仅仅将史料和相关研究“抽象”地展示给读者，人物形象还需要血肉丰满形象生动地展现出来。《黄侃传》则正是史学研究与文学描写结合为一体。它以通俗平易的语言、形象描写和不少生动的细节，给读者还原了一个有血有肉的活生生的历史人物。不言而喻，这种人物传记的写作方法是应当提倡的。

E“惟楚有材，蕲春为最”。《黄侃传》的问世，不仅可以告慰辛亥革命先驱、国学大师黄先生的在天之灵，而且对于“地灵人杰”的蕲春县是一个有力的宣传，必将对它的开放引进和旅游事业起着重要的推动作用。因此，我们怀着无比喜悦的心情向它的作者叶贤恩司志表示祝贺！向黄冈市和蕲春县表示祝贺！同时也希望广大学人，在阅读宣传此书的基础上，对黄氏的生平和学术开展更全面更深入的研究，不断使“章黄之学”开出更鲜艳的花朵，结出更丰硕的果实，为实现祖国的和平统一，加速祖国的两个文明建设作出更加重要的贡献。

2004年1月8日撰，时年九十有三

二、徐序条辨

第一，B段最为无耻。这段基本上是抄袭潘重规、王宁的文章而成。潘重规《季刚公传》云：

未几，清亡。侃才高气盛，自度不能与世俗谐，不肯求仕宦。又亲见革命之成，实由民气；民气发扬，实赖数千年姬汉学术柯典不绝，历代圣哲贤豪精神流注，俾人心不死，文字不灭，种姓不亡，是以国祚屡斩而不殊，民族频危而复安。于时清廷虽覆而外患益深，人新益荡，民族前途隐忧未艾，将欲继绝学，明宪章，存国故，植邦本，固种姓者匪异人任，故自民国缔成，即高蹈不问政治。平生兴国爱族之心一寄于学术文辞。

北京师范大学王宁教授在1995年黄侃国际学术研讨会上发表题为“既往对未来的召唤”的闭幕词，她对黄侃予以了比较准确的定位：

黄季刚先生和他的老师章太炎先生，是中国近现代史上杰出的国学家和国学教育家。他们是19—20世纪之交推动中国文化延续和发展的跨世纪的名人和伟人。季刚先生以50寿龄而终，他只在多灾多难的中国建业和奋斗30年左右；但是，他成功地衔接了两个时代的中国文化，在逆境中坚守着民族文化的立场，向当代和后代呈现出一颗滚烫的、诚挚的、坚贞不屈的爱国心，为一个世纪的学者们作出了不媚俗、不媚权、不阿贵、不阿众、是所是、非所非、爱所爱、憎所憎的典型中国文人的崇高榜样。我们是以追随他为幸、为荣的。①

显而易见，上述两段话被稍加点窜就搬进序中，然后缀以狗尾：“先生其人，其文其行，是我们中华民族的一笔巨大的精神财富。作者对黄先生这伟大而光辉的一生，如家庭身世、人生道路、读书学习、择师事师、教学科研、诗文创作、做人处世等方面，作了全面系统的叙述，凸显一个辛亥革命先驱、国学大师伟大而光辉的形象，用以昭示世人。”又在段首冠以套话：“黄先生的一生是革命的一生，爱国的一生，追求光明的一生，也是锲而不舍、以乐育为怀的一生。他为了祖国，为了人民，像许多辛亥革命先驱一样，把个人的生死安危置之度外，走出家门，奔走呼号，宣传群众，组织群众，为推翻反动腐朽的清王朝统治作出了卓越的贡献。”

---

① 《古汉语研究》1996年第2期第1页。

显而易见，B 段是全文的核心部分，涉及如何评价黄侃的根本问题。徐复先生与潘重规先生是同门，王宁教授是陆宗达先生的学生，论辈分，也是徐复先生的学生辈。徐复先生虽为朴学大师，亦为文章高手，早年即以文章鸣于当时，何况他对于自己的老师是有评价的，怎么还会去抄袭潘重规、王宁的文章呢？以徐复先生之谦谦道德、尔雅文章，他决不会干如此低级无聊之事。由此可以断定——此序是他人伪造的。为了澄清事实，希望伪造者赶快自首，还徐复先生以清白。

第二，E 段最为蹊跷。在中国文史版中出现，在湖北人民版中竟然被删掉了。如果序真是徐复先生所为，可谓一字千金，为什么要删去呢？明眼人一看就知道这段话决不是出自徐复先生的手笔，完全是用于虚假宣传的酸套腐语。徐复先生会说这种媚俗语吗？凡是熟悉徐复先生文风的人都知道，他笔力高古，从不写此类假大空的口号。

第三，C 段最为搞笑。这分明是叶贤恩用于自我宣传的虚假材料，却要打作徐复先生的旗号，为他那些不可告人的行径遮羞。我们拟另题讨论，兹不赘述。

第四，D 段最为荒唐。《黄侃传·后记》：“作为历史人物的传记，除了史学研究性质的工作，还需要文学的描写。因为不能仅仅将史料和相关研究抽象地展示给读者，人物形象还需要血肉丰满形象生动地展现出来。《黄侃传》则正是史学研究与文学描写结合为一体。它以通俗平易的语言、形象描写和不少生动的细节，给读者还原了一个有血有肉的活生生的历史人物。”这是叶贤恩虚构黄侃的所谓理论根据，却借“徐序”称赞“这种人物传记的写作方法是应当提倡的”，徐复先生毕生致力于文史考据之学，他怎么会认同这种所谓的“还原”方法？我们拟另题讨论《黄侃传》是如何在此荒唐的理论指导下虚构历史人物的，兹不赘述。

第五，A 段最为粗鄙。完全不是徐复先生的套路。一上来居然就是什么“本师黄侃先生”！弟子尊师如父，从不直呼其名。徐复先生在其他文章中均称“季刚先生”。更为可耻的是，本段出现“黄氏”1 次，后面又连续出现 4 次，请问这能是徐复先生的口气吗？“黄氏”也是黄门弟子叫的吗？试问有哪一位黄门弟子如此称呼过黄侃？

三、结论

综上所述，我们认为，《黄侃传》前面所冠“徐序”，不是徐复先生的手笔，而是一篇彻头彻尾的伪作。最遗憾的是，在徐复先生逝世一周年之际出版的《徐复语言文字学晚稿》居然又根据中国文史出版社出版的《黄侃传》将它全文录入，未免真伪杂糅。“蛇固无足，子安能为之足？”今后应该别裁伪体，剔除蛇足。徐复先生人格高尚，文笔古朴，怎能以如此假冒伪劣之文相亵渎？

笔者二十年间多次探访徐复先生，对其道德文章佩服得五体投地。但可惜的是，徐复先生长于治学，却暗于察人。及门弟子虽众，但真传其法如王继如先生者亦绝少焉。某些宵小之徒，善于钻营，投机取巧，奔走其门，往往得售其奸。更有拉大旗做虎皮者流，寡廉鲜耻，毫无操守，压制学生，欺师灭友，造谣诽谤，无中生有，丑态百出，斯文蒙羞，伤天害理，众盼速朽！其为人也，“告之则顽，舍之则嚚，傲很明德，以乱天常”；其为文也，不通文理，不明时代，不辨真伪，不懂规矩。此辈伪君子，较之“三乐老人”徐复先生，何啻云泥之别，又遑论薪火相传！每念及此，未尝不痛心疾首，徒唤奈何。

后　记

是夕冬至，寒潮骤至，杜门却扫，闭门思过。自发蒙迄今，已逾三十年矣。古称三十年为一世。每念及此，惶恐不已。夫子三十而立，四十而不惑。大哉孔子！吾何人哉，十五而志于学，弱冠而游学四方。自南而北，类如转蓬；自西而东，首如飞蓬。然三十不立，四十而惑。易简工夫为何难以久大？支离事业为何难以陆沉？惑而难解，惑之甚矣。今蹶然而起，草拟对联一副。联曰：

上联：下笨功夫
下联：做死学问
横批：霸蛮

铭之座右，矢以天日。我乃南蛮之人，“霸蛮”乃蛮夷之共性。或谓：“天下聪明人多矣，然多不用功，不足畏也。聪明人若下笨功夫，可畏哉！”自古文章出司马，史迁“蠢”来温公“傻”。史迁不会察言观色，雷霆万钧之际，胆敢为叛将说话，何其“蠢”哉！温公放弃高官厚禄，组团编纂史书，不亦“傻”乎！“司马”合音谐“傻”，我亦甘做司马家中一大傻，行年四十，故改号曰“傻公”。傻公若不下笨功夫，只有笨死一途矣。既为傻公矣，模拟古人之文，特撰《傻公移山》一文以言志。文不足千字，全录如次：

四窟、鞭尾、乌金三山，呈品字形，巍然矗立，直插云霄，终年云遮雾绕，故不知其高几千仞，方几万平方公里也。本不在神州之域，不知从何而来也。或谓自天而降，或谓天边飞来，或谓地底窜出，或谓圣人造就，皆未可知也。湖南傻公者，年且四十，面山而居，惩山北之塞，出入之艰也，聚室而谋曰："吾与汝毕力平险，打通四窟，疏通鞭尾，挖掘乌金，可乎?"杂然相许。其妻献疑曰："以君之力，曾不能损尼山之丘，如四窟、鞭尾、乌金三山何？且焉置土石?"杂曰："投诸洞庭之尾，湖南之北。"遂偕友人荷担者七夫，即石垦壤，箕畚运于洞庭之尾。

湖北慧叟笑而止之曰："甚矣，汝之不惠！全民经商，发家致富者不知其几亿万矣。多快好省，立竿即可见影矣。汝以英年硕学，正可大有作为，却不务正业，日事毁山，劳神费力，既不能立为国家级重点工程，亦不能列入跨世纪重大项目，岂可得一毛之补助、获一分之收益乎？何苦哉！何苦哉！且毁掉三座大山，环境破坏，生态恶化，水土流失，吾侪何处安身？何不转换脑筋，调整视角，利用三座奇山，开发旅游资源，吸引天下闲人，招徕四方之客？汝等充任向导，既可日餐秀色，亦可日进斗金，坐享其成，何乐不为乎?"湖南傻公长息曰："汝心之固，固不可彻。百家好酒，坛坛兑水，犹可饮也；国产奶粉，袋袋添毒，曷可食乎？见利忘义，急功近利，无异于饮鸩止渴也。汝辈羽扇纶巾，坐而论道，空谈误国，不思悔改，反欲继续忽悠，阻我大业。我岂好利哉？我岂好名哉？富贵于我如浮云，虚声于我如粪土也！夫四窟、鞭尾、乌金之山，诚天下之奇山也。四窟山中，赤豹文狸，神出鬼没；鞭尾山下，薜荔女罗，时闻呜咽；乌金山上，光怪陆离，怪影绰绰，恰如UFO，来无影，去无踪。我若充任向导，诱人前往，无异乎谋财害命也。我若移走三山，可谓为后世开太平矣。至于破坏眼前环境，妨碍既得利益，实两害相较取其轻，不得已而为之也。"湖北慧叟亡以应，永杜田巴之喙（于丹教授念"喙"字为"篆"音，良堪喷饭）矣。

扯蛋之神闻之，惧其不已也，告之于帝。帝曰："天下名山何其多，挖掉几座又何妨？有道是，慧叟干好事，傻公干大事。傻公是个好同志，由他挖去吧。"扯蛋之神奉此最高指示，亦永杜田巴之喙矣。湖南傻公闻之大笑，曰："我虽至傻，我心至坚。我心天知，畏途终将化为通衢焉。"

文中所谓"四窟"、"鞭尾"、"乌金"，即四库、辨伪、五经之学也，乃吾致力之三大领域，亦吾心头之三座大山也。打通四库，辨明真伪，挖掘五经，诚傻公之愚志也。虽不能至，心向往之。

夫望远之镜，不见细菌；高射之炮，难中蚊子。义理、考据，各有其能，亦各有其不能。望远之镜，高射之炮，非吾之具；高谈义理，空论宇宙，亦非吾之能。嗟夫！道之在天下，贤者识其大者，不贤者识其小者。"极高明而道中庸"，于我可望而不可及也。天生我材，何曾不欲"阐旧邦以辅新命"？惜乎傻而不贤，太不成器，做点材料工作，为贤者供给铺路石子焉。"伯也执殳，为王前驱。"扑蚊灭菌，扫雷探路，如是而已，岂有他哉！然学问并非坦途，有陷阱焉，有暗礁焉，有地雷焉，有暗箭焉。若不小心求证，则随处可入陷阱焉，触暗礁焉，踩地雷焉，中暗箭焉。古今多少贤者，沙上可筑金字塔，胆不可谓不大矣；口中若悬通天河，识不可谓不高矣。若一时疏忽，甚或聪明过头，信口开河，妄下雌黄，难免授人以柄，贻笑大方，可谓不幸之甚矣。此所以辨伪考证为国故研究之第一难关也。新世纪之巨擘大王，笔墨澜翻之际，若能去伪存真，免遭种种无妄之灾，尽展其才，则幸之甚矣！

献　堂

戊子冬至深夜草拟

翌日上午敲定

补记

孔子谓子夏曰："女为君子儒，无为小人儒。"汉儒马融曰："君子为儒，将以明其道；小人为儒，则矜其名也。"所言极是。清儒刘宝楠《论语正义》云："君子儒，能识大而可大受；小人儒，则但务卑近而已。君子小人，以广狭异，不以正邪分。"其说似是而非。君子小人历来以正邪分。君子儒道贯古今，德陪天地，胸中洒落，如光风霁月，代有其人，在孔门为颜回、曾参，在汉为司马迁、郑玄、卢植，在唐为颜真卿，在宋为周、程、张、朱及司马光，在现代为熊十力、梁漱溟。小人儒巧言令色，既骄且吝，伤天害理，史不绝书，在孔门为樊须，在汉为公孙弘，在三国为曹操，在五代为冯道，在宋为王安石，在明为严嵩，在清为李光地，在现代为胡适之。善乎宋代胡铨对策曰："臣尝论东汉之亡与李唐大略相似。东汉之季，阉童乱政，毒被生灵，豪杰据郡而起，天下遂裂为三国。唐末宦者蠹于内，藩镇溃于外，天下遂磔为五代。然三国之士，其好恶去就尚有可观，虽天厌汉德，而刘氏犹拥虚器，亦卒以禅代终。五季之乱，其臣皆凶狠顽鄙，戕贼君亲，专为枭雄。岂天于东汉之季独多君子，而唐末专为小人哉？诚风俗染激然也。"唐末五代被饶宗颐先生称之为"无耻时代"。历史往往循环无端，现在斯文扫地，群起逐利，小人道长，君子道消，似乎又进入了新一轮"无耻时代"。

我乃科班出身，这本是毋庸置疑的，然而一位自视甚高的专家却别有用心地诬称我为"自学成才"，我不明白他的居心何在。该专家喜欢无事生非，乐于传播谣言，素以毁人不倦而昭著于学界。纵观他的全部著作，全是"校释"、"丛考"、"丛稿"之类，既没有一部真正意义上的学术专著，也没有一篇完全合符现代学术规范的论文。一言以蔽之，其人其学可以用三个词概括——小气、俗气、老气。其文貌似老吏断狱，实则锻炼周纳，罗织成经。这与我所追求的正好背道而驰。我自弱冠即问字于珞珈诸老先生之门，钻研文字声韵训诂之学。虽说没有吃过猪肉，但也见过猪跑！一部《说文解字》也可以说得上是韦编三绝，也曾一字一句抄录《尔雅》《小尔雅》《释名》等书，也曾一字一句啃过九经三传，也曾在寒窗下籀读《太史公书》，并以先秦典籍对读。我还不会无耻到弄虚作假，公然发布虚假通报，更不会在欺师灭友之余还要百般掩饰，让老师被欺骗之后还要宣称“只有某某某最厚道”，叫朋友被愚弄之后还要感恩戴德。我生性愚鲁，博士及第太迟，到而立之年才金榜题名。我曾两度冲击汉语史专业博士考试，第一次报考因为准备太仓促，赤膊上阵，结果名落孙山；第二次因为名额问题，我从武汉大学文学院转入信息管理学院，从汉语史专业转入文献学专业。学术方向虽然有所转向，由约转博，出文入史，浏览四部，但在小学方面未能继续深造，愧对那些对我寄予殷切希望的老前辈们！奇怪的是，某些所谓的专家居然怀疑我的小学功底，诬蔑我“完全不懂语言学”。好在我决不肯以所谓小学专家自居，我也决不会花几十年宝贵时间去死啃某一部缺乏灵魂的厚黑书，冬烘到连文献与文献学、图书馆与图书馆学、《四库全书》与《四库全书总目》这些基本概念都闹不清；我更不会在写了几本兔园册子后就恬不知耻地自命为“正史名家”、“著名语言学家”，连自己的本子还没有问世就自吹自擂为“权威本子”，甚至宣称只需将他人已经出版的成果点窜一下摇身一变就成了自己的东西。我年轻时也曾迷信过某些俗不可耐、老气横秋的专门家，后来，我深切地感受到他们身上发散出来的种种小气、俗气与老气，我气得浑身发抖，我为他们的无耻行径难过得要命，甚或感到深深的悲哀——他们的学术之路为什么越走越窄？他们的心胸为什么越来越老？他们的手眼为什么越来越俗？他们的器量为什么越来越小？他们的手段为什么越来越毒？唐代大儒韩愈诗云：“《尔雅》注虫鱼，定非磊落人。”现代哲人张申府亦云：“有的人日日所斤斤的不出乎字句之间。当然这也自有其好处，并不可以抹杀。可是度量却难期其宽宏了。”

(《所思》三联书店 1986 年版第 6 页)信哉斯言!某专家终其一生不过章句之儒,所成之业不过饾饤之学,又何必沾沾自喜、剌剌不休?众所周知,躁佻反复、倾邪险薄之小人儒绝对不会因为学问而变化气质,因为他们的目的不在“明其道”,而在“矜其名”,从而获其利。因此,在他们身上绝难发现宽宏之大气、雅气与新气。他们考这考那,考东考西,就是不肯去考考自己的心术!悲哉!悲哉!可不大悲矣哉!设若不幸与这些心术不正者流邂逅,丝毫没有入芝兰之室的感觉,更没有如坐春风的感受,而只有一股股小气、俗气、老气,同时伴随着一股股依稀可辨的酸气、腐气、晦气、霉气、朽气、秽气、臭气甚至毒气扑面而来,让你时而恶心,时而呕吐,叫一个大老爷们都鬼使神差地产生一种莫名其妙的“妊娠反应”!古语云:“与善人居,如入芝兰之室,久而不闻其芬,与之化矣。与不善人居,如入鲍鱼之肆,久而不知其臭,与之变矣。是以古人慎所与处。”于是,我甘拜下风,割席而去,退避三舍,落荒而逃,从此告别小人儒,扫除结习,澡雪精神,闭门潜修,朝乾夕惕,敬德修业,走我自己的路。

最后,缀以《四十自述》一首。诗虽不工,歌以咏志。诗曰:

我本南蛮农家子,家在洞庭湖中湖。
我亦乾坤一腐儒,平生酷爱读诗书。
十三喜诵李杜诗,十四沉湎暴风雨。
十五披阅三家村,十六默记八家书。
十七误读烦恼辞,十八始编黄侃谱。
廿七发愤读周易,乐在其中不知苦。
而立之年苦攻博,日夜披览四库书。
恰似刘姥入大观,又如迷路之渔夫。
一字一句究来源,上天入地觅证据。
由表及里辨真伪,由此及彼顺藤摸。
不幸染上辨伪癖,人生难得是糊涂。
黄鹤楼下未过瘾,复乘黄鹤下黄浦。
旦复旦兮啃提要,恍兮惚兮如吸毒。

中毒太深不可救，日夜草就百万书。
博士论文不值钱，中华书局不肯出。
商务虽号印书馆，不见银子亦不出。
山穷水尽疑无路，忽闻社科可资助。
苦等一百八十日，欣闻拙编入文库。
遍告海内师与友，冲上山巅鼓与呼。
林间山禽皆惊起，山花冲落半山路。
暂别沪上光华楼，从此结庐在东湖。
东边开门即湖山，南边林木好葱郁。
西边紧靠疗养院，北边号称环保局。
博士行年已不惑，闭门只读圣贤书。
而今但做磊落人，尔雅何必注虫鱼！

献　堂

己丑清明记于珞珈山下·东湖之滨

数字时代图书馆学情报学研究论丛

（第二辑）

书　目

竞争情报与企业危机管理	查先进　陈明红　杨凤
现代服务管理理论与实践	李枫林
数字信息生命周期管理	马费成
信息资源集成	唐晓波
多语种叙词本体	邓仲华
企业竞争情报智能采集	张玉峰
数字化信息服务	胡昌平
泛在环境下的信息采集理论与应用	张李义
数字化信息时代的图书馆管理	肖希明
基于业务规则的档案信息资源管理	王新才
现代人事档案管理理论与实践	朱玉媛　周耀林
图书馆与信息领域知识产权问题研究	陈传夫
数字信息资源的开放存取	黄如花
XML信息检索	陆　伟
现代企业信息系统的演进	张晓娟
抗战时期中国出版业研究	吴永贵
信息相似性研究	沈　阳
国故新证	司马朝军
商务信息检索理论与技术	李湘东